LES ARCHIVES DÉPARTEMENTALES DE FRANCE.

ANNUAIRE DE L'ARCHIVISTE

DES

PRÉFECTURES, DES MAIRIES ET DES HOSPICES,

1864

(QUATRIÈME ANNÉE)

POUR FAIRE SUITE AU

MANUEL DE L'ARCHIVISTE.

CONTENANT

. LES LOIS, DÉCRETS, ORDONNANCES, RÈGLEMENTS, CIRCULAIRES
ET INSTRUCTIONS RELATIFS AU SERVICE DES ARCHIVES ;

DES RENSEIGNEMENTS PRATIQUES POUR LEUR EXÉCUTION ET POUR LA RÉDACTION
DES INVENTAIRES ;

PAR M. Aimé CHAMPOLLION-FIGEAC.

PARIS,

IMPRIMERIE ET LIBRAIRIE ADMINISTRATIVES
DE PAUL DUPONT,
RUE DE GRENELLE-SAINT-HONORÉ, 45

LIBRAIRIE ARCHÉOLOGIQUE
DE J.-B. DUMOULIN
QUAI DES AUGUSTINS, 13.

1864.

NOTE PRÉLIMINAIRE.

L'*Annuaire* de 1864 a été rédigé sur le plan de celui de 1863 : il peut servir ainsi de complément au *Manuel de l'Archiviste*, auquel le public a bien voulu faire un accueil favorable. Comme dans le précédent *Annuaire*, on trouvera dans celui de 1864 :

ARCHIVES DÉPARTEMENTALES. — 1° L'état du personnel du Bureau des Archives du ministère de l'intérieur. — La liste des Archivistes des Préfectures, la date de leur nomination, leurs titres honorifiques, leur traitement et celui de leur adjoint, ou bien de leur auxiliaire ; la nomenclature des ouvrages qu'ils ont publiés, principalement en ce qui concerne les Archives et l'histoire départementale.

2° Les délibérations des Conseils généraux pendant les sessions des mois d'août 1862 et 1863 relatives au service des Archives Départementales, Communales, Hospitalières et aux Bibliothèques Administratives. Elles sont précédées des rapports des Préfets, contenant de précieux renseignements sur les collections formant chaque dépôt, sur les plus notables accroissements qu'ils ont reçus, enfin sur les travaux de classement et d'inventaire exécutés pendant les deux dernières années. On peut ainsi connaître l'état de ces quatre branches d'un même service et apprécier l'intérêt que chaque département attache à ses Archives et on suit, par cette publication annuelle, toutes les phases d'améliorations diverses des Archives Départementales depuis l'année 1838, époque où la loi relative aux Conseils généraux a rendu obligatoires les dépenses de garde et d'entretien des Archives Départementales.

Pour l'année 1863, surtout, les renseignements donnés soit par les Préfets, soit par les Archivistes ont pris un développement des plus intéressants. Nous n'avons donc pas cru pouvoir laisser, à l'avenir, notre *Annuaire* en retard d'une session pour le compte rendu des délibérations des Conseils généraux. Afin de réaliser cette amélioration demandée par plusieurs Archivistes, nous avons retardé l'époque de la mise en vente de l'*Annuaire* de 1864 jusqu'au mois de mai et nous donnerons ainsi, tous les ans, les extraits des procès-verbaux de la dernière session des Conseils généraux en ce qui concerne les Archives Départementales. L'*Annuaire* de 1864 contient donc les extraits des procès-verbaux des Conseils généraux pour les sessions 1862 et 1863.

3ᶜ Les noms des départements et des arrondissements dont les Archives ont été inspectées en 1863.

4° Les décrets et les nouvelles décisions, circulaires, instructions et comptes rendus du Ministre de l'intérieur concernant les Archives Départementales, ainsi que quelques précédents administratifs utiles à connaître pour MM. les Archivistes.

5° Nous avons ajouté, cette année comme l'année dernière, un chapitre spécial, destiné à constater l'état d'avancement de la publication, dans chaque département, des inventaires-sommaires des Archives civiles, et à donner quelques notions particulières sur les collections historiques ou administratives analysées dans ces inventaires imprimés. Ce travail nous a paru devoir servir de complément au chapitre suivant.

6° Des *Notices historiques* sur les Archives des Préfectures de l'Aude, de l'Aveyron, des Bouches-du-Rhône. Ces *Notices* ont été rédigées par MM. Mouynès, Affre et Blancard, archivistes de ces départements. Elles font connaître l'origine de ces dépôts, leur formation, la liste des collections dont elles se composent et les documents les plus importants pour l'histoire ou l'administration que l'on peut y consulter.

ARCHIVES COMMUNALES. — La suite des noms des secrétaires et des employés de Mairies, ou des élèves de l'École des Chartes et des littérateurs chargés de rédiger les inventaires des Archives Communales; des renseignements sur les documents les plus importants des dépôts municipaux destinés à faire connaître le haut intérêt qu'ils présentent.

ARCHIVES DES HOSPICES. — Il en est de même pour les Archives des Hospices. Nous mentionnons les pièces les plus importantes des dépôts qui ont été inventoriés, soit par des élèves de l'École des Chartes, soit par des érudits des départements.

BIBLIOTHÈQUES ADMINISTRATIVES. — Elles ne sont pas oubliées, et nous faisons connaître, avec quelques détails, celles des départements qui ont une certaine valeur bibliographique; mais le manque d'espace ne nous a pas permis de nous étendre cette année sur ces deux dernières parties du service du Bureau des Archives.

Comme les années précédentes, nous faisons un appel au concours de MM. les Archivistes; leur *Annuaire* pourra devenir d'une utilité plus générale, s'ils veulent bien nous communiquer, comme quelques-uns d'entre eux l'ont déjà fait, des renseignements intéressants, des questions spéciales relatives à leur service administratif. Ces communications de leur part seront accueillies avec empressement et publiées sous leur nom, lorsqu'ils le désireront (1).

---

(1) Toutes communications, réclamations, ou renseignements historiques doivent être adressés *franco* à M. Aimé Champollion, rue Joubert, 28, à Paris.

ANNUAIRE DE L'ARCHIVISTE

POUR 1864.

SERVICE CENTRAL DES ARCHIVES DÉPARTEMENTALES.

Le service des Archives des Préfectures, des Mairies, des Hospices et des Bibliothèques administratives est du ressort du Ministère de l'Intérieur, sous la direction de M. Chamblain, conseiller d'État, secrétaire général du Ministère, et dans la division du secrétariat.

Chef de division : M. de Martres ✤ ✤.

2ᵉ Bureau. — *Archives départementales, communales et hospitaliè-res. — Bibliothèques administratives.*

Chef de bureau : M. Aimé Champollion-Figeac ✤.

Conservation et classement des Archives des Préfectures, des Mairies et des Hospices. — Correspondance administrative. — Examen des Archivistes. — Révision et centralisation des inventaires des documents antérieurs à 1790 déposés aux Préfectures, aux Mairies et aux Hospices. — Impression de ces inventaires, d'après un cadre uniforme (décision du 12 août 1861).—Contrôle des suppressions et des ventes de papiers inutiles appartenant à toutes les administrations départementales. — Recherche et réunion aux dépôts départementaux de titres provenant des établissements supprimes en 1790 et dispersés dans diverses administrations. — Récolement des inventaires. — Inspection des Archives; suite à donner aux rapports des Inspecteurs généraux. — Recherches à prescrire dans l'intérêt du domaine de l'État ou des travaux historiques ordonnés par les Ministres; — communication, avec déplacement, des documents pour les travaux de l'Institut impérial de France et d'autres sociétés savantes. — Questions à soumettre à la Commission centrale des Archives. — Bibliothèques administratives des Préfectures et Sous-Préfectures.

Sous-chef : M. Jacob. — *Rédacteurs* : MM. Rochas, Baudillon, Pautet Du Rosier ✳, Cramail, comte de Bardonenche, Rivière.

INSPECTEURS GÉNÉRAUX DES ARCHIVES DÉPARTEMENTALES.

De première classe : MM. de Stadler (O ✳), Francis Wey (O ✳); — *de seconde classe* : MM. de Rozière ✳, Bertrandy.

BIBLIOTHÈQUE ADMINISTRATIVE DU MINISTÈRE DE L'INTÉRIEUR (1).

Bibliothécaire : M. Niel ✳; — *Bibliothécaire-adjoint* : M. Boulay-Paty ✳.

COMMISSION DES ARCHIVES DÉPARTEMENTALES, COMMUNALES
ET HOSPITALIÈRES.

Son Exc. M. le Ministre de l'Intérieur, *président.*

MEMBRES : MM. Chamblain, conseiller d'État, secrétaire général du Ministère de l'Intérieur; Mérimée, sénateur; de Saulcy, sénateur; comte Caffarelli, député; comte Léon de Laborde, directeur général des Archives de l'Empire; N. de Wailly, membre de l'Institut; Paulin Paris, membre de l'Institut; de La Saussaye, membre de l'Institut; Lacabane, directeur de l'École impériale des Chartes; de Martres, chef de division du secrétariat; de Stadler, inspecteur général; Francis Wey, *idem;* de Rozière, *idem;* Bertrandy, *idem;* Marion, archiviste paléographe; E. de Barthélemy, membre de la commission du sceau ; Champollion, chef de bureau des Archives, et, en cette qualité, secrétaire de la Commission (2).

---

(1) Indépendamment de cette bibliothèque, S. Exc. M. le Ministre de l'Intérieur a réuni dans son cabinet une collection des principaux ouvrages relatifs aux arts, à la littérature et à l'histoire.

(2) L'examen des inventaires des Archives Départementales, Communales et des Hospices, fournis en exécution des circulaires des 24 avril 1841, 20 janvier 1854, 10 juin 1854 et 25 août 1857, exige beaucoup de temps Ces instructions ont prescrit un cadre de classement uniforme pour tous les dépôts départementaux de la France : il importe au plus haut point que les travaux dont il s'agit soient contrôlés et centralisés, tant pour assurer l'uniformité d'exécution que pour réunir les éléments d'une publication complète et régulière de toutes les richesses historiques et administratives de la France. Les travaux d'inventaire ont pris depuis quelques années un développement considérable et donnent lieu à une correspondance étendue.

Son Exc. M. le Ministre de l'Intérieur a ordonné l'impression de ces inventaires par circulaire en date du 12 août 1861 ; les Conseils généraux se sont associés avec empressement à la pensée de Son Excellence. La copie et toutes les épreuves de cette publication sont revisées par le Bureau des Archives, qui donne le *bon à tirer* de chaque feuille.

I. ARCHIVES DÉPARTEMENTALES.

1° PERSONNEL.

Ain. — *Archiviste* : M. Baux (Jules), nommé le 1er août 1838, confirmé par le Ministre le 24 juillet 1840; chevalier de la Légion d'honneur (1853) et officier de l'ordre des SS. Maurice et Lazare. — Le Conseil général lui a voté plusieurs fois des félicitations sur ses travaux, notamment aux sessions de 1840, 1847 et 1851. M. Baux est inspecteur des Archives Communales et Hospitalières et Correspondant du Comité historique du Ministère de l'Instruction publique, membre des Académies de Lyon, Dijon, Savoie, etc.

Traitement : 2,400 fr.; un auxiliaire, 1,000 fr.; matériel, 400 fr.

Publications : Histoire de l'église de Brou, in-8°; — Histoire de la réunion à la France des provinces de Bresse, Bugey, etc.; — L'église de Notre-Dame de Bourg; — Nobiliaire de la province de Bresse.

Aisne. — *Archiviste* : M. Matton (Auguste), nommé le 1er avril 1848, confirmé par le Ministre le 1er mars 1850; — il est Correspondant du Comité des arts, de l'histoire et de la langue près le Ministère de l'Instruction publique et licencié en droit. Le Conseil général lui a voté plusieurs fois des félicitations. M. Matton est inspecteur des Archives Communales et Hospitalières du département.

Traitement : 2,200 fr.; frais d'inspection, 500 fr.; un auxiliaire, 1,200 fr.; matériel, 1,700 fr.

Publications : Annuaire historique du département de l'Aisne; — Armoiries des villes du département; — Notice sur l'Assemblée provinciale du Soissonnais; — Mémoire sur le collége de Laon fondé en l'Université de Paris; — Notice sur le bailliage de Marles, in-8°, 1857; — Sur les bureaux de Laon et de Soissons (les sociétés d'agriculture).

Allier. — *Archiviste* : M. Chazaud (Alphonse), *élève de l'École des Chartes*, licencié ès lettres, nommé le 30 août 1852. — Le Conseil général l'a chargé de rechercher, dans les Archives et les Bibliothèques de Paris les documents concernant le département et d'en rédiger l'inventaire analytique.—Il est inspecteur des Archives Communales et Hospitalières. L'Académie des inscriptions et belles-lettres de l'Institut a accordé une mention très-honorable à un de ses ouvrages envoyé au concours des Antiquités nationales de 1861.

Traitement : 2,700 fr.; frais d'inspectiun, 300 fr.; un auxiliaire, 800 fr.; matériel, 450 fr.

Publications : Divers articles sur l'histoire du Bourbonnais, dans la Bibliothèque de l'École des Chartes et dans le Recueil de la Société d'émulation de l'Allier ; — Fragments du Cartulaire de la chapelle Aude, in-8°, 1860.

ALPES (BASSES-). — *Archiviste :* M. Isnard (Marie-Zéphirin), nommé le 4 mai 1864, confirmé par le Ministre le...................

Traitement : 1,400 fr. et un logement; classement extraordinaire, 100 fr.

Publications : (Aucune.)

ALPES (HAUTES-). — *Archiviste :* M. Bing, *élève de l'École des Chartes,* nommé par arrêté du 3 juin 1863. — Il est inspecteur des Archives Communales.

Traitement : 2,200 fr.; dépouillement extraordinaire et inspections, 820 fr.; un auxiliaire, 600 fr.

Publications : (Aucune.)

ALPES-MARITIMES. — *Archiviste* : M. Gallois-Montbrun, nommé à titre provisoire en juillet 1861.

Traitement : 2,400 fr.; un auxiliaire, 1,200 fr.; matériel et dépouillement extraordinaire, 400 fr.; Bibliothèque administrative, 1,000 fr.

Publications : (Aucune.)

ARDÈCHE. — *Archiviste* : M. Mamarot (Hippolyte), bachelier ès lettres et en droit, nommé le 15 février 1844. — Le Conseil général lui a voté plusieurs fois des félicitations.

Traitement : 2,800 fr. ; inspection et frais divers, 500 fr. ; Bibliothèque administrative, 500 fr.

Publications : (Aucune.)

ARDENNES. — *Archiviste* : M. Sénemaud, nommé le 16 septembre 1862, confirmé le 24 novembre 1863 ; ancien professeur au lycée d'Angoulême, secrétaire de la Société archéologique de la Charente.

Traitement : 2,000 fr.; inspection, 300 fr.

Publications : La Bibliothèque de Charles d'Orléans, comte d'Angoulême, au château de Cognac, in-8°, 1861 ; — Notice historique sur la principauté de Marcillac, in-8°, 1862; — Journal de l'enterrement de Jean d'Orléans, comte d'Angoulême, in-8°, 1863.

ARIÉGE. — *Archiviste* : M. Orliac (Jean-Lucien), avocat, nommé le 19 décembre 1844, confirmé par le Ministre le 5 avril 1845. — Il est inspecteur des Archives Communales.

Traitement : 2,400 fr.; un auxiliaire, 600 fr.; inspection, 300 fr.; matériel, 320 fr.; reliure, 30 fr.

Publications : (Aucune.)

AUBE. — *Archiviste* : M. d'Arbois de Jubainville (Henri), *élève de l'École des Chartes*, licencié en droit, nommé le 27 janvier 1852; — a obtenu de l'Académie des inscriptions et belles-lettres une première médaille au concours des Antiquités de la France en 1859 ; un rappel de médailles en 1860 et quatre autres mentions très-honorables les années suivantes. En 1861, le Ministre de l'Instruction publique lui a décerné le premier prix pour son *Répertoire archéologique* de l'Aube ; en 1862, l'Académie des inscriptions et belles-lettres a décerné le deuxième prix Gobert à son *Histoire des comtes de Champagne ;* ce prix lui a été continué en 1863. — Il est inspecteur des Archives Communales, Correspondant du Comité historique du Ministère de l'Instruction publique et officier d'Académie.

Traitement : 3,600 francs : un Archiviste-adjoint, 1,200 francs ;

matériel et estampillage des documents, 700 francs ; frais d'inspection, 300 francs.

Publications : Recherches sur la minorité et ses effets en droit féodal ; — Pouillé du diocèse de Troyes ; — Voyage paléographique dans le département de l'Aube ; — Essai sur les sceaux des comtes de Champagne ; — Quelques observations sur les six premiers volumes de l'Histoire de France de M. Henri Martin ; — Histoire des ducs et des comtes de Champagne (4 volumes in-8° ont déjà paru) ; — Études sur l'état intérieur des abbayes Cisterciennes aux XIIe et XIIIe siècles, un volume in-8° ; — Les Archives Départementales de l'Aube et le tableau numérique par fonds, in-8°, 1863 ; — Notice sur les Archives de l'Aube dans l'*Annuaire* de 1863 ; — Repertoire archéologique du département de l'Aube.

AUDE.—*Archiviste* : M. Mouynès (Germain), nommé le 12 mars 1853, confirmé par le Ministre le 25 novembre 1853. — Il est inspecteur des Archives Communales.

Traitement : 2,400 francs ; dépouillement extraordinaire d'Archives, 100 fr. ; frais d'inspection, 400 fr. ; matériel, 200 fr.

Publications : Notice sur les Archives Départementales de l'Aude, dans l'*Annuaire* de 1864.

AVEYRON. — *Archiviste* : M. Affre (Louis-Frédéric-Henri), bachelier ès lettres, ancien professeur d'histoire, membre de la Société des lettres, sciences et arts de l'Aveyron, nommé le 17 janvier 1862, confirmé le 21 mai 1863. — Il est inspecteur des Archives Communales.

Traitement : 3,000 fr. ; matériel, 900 fr.

Publications : Simple récit historique sur Espalion, in-8°, 1850 ; — Lettres à mes neveux sur l'histoire de l'arrondissement d'Espalion, in-8°, 1858 ; — Saint-Hilarion, patron d'Espalion ; — Notice sur les Archives de l'Aveyron dans l'*Annuaire* de 1864.

BOUCHES-DU-RHÔNE. — *Archiviste* : M. Blancard (Louis), *élève de l'École des Chartes*, avocat, nommé le 25 mai 1858.—Il est membre correspondant du Comité historique du Ministère de l'Instruction publique.

Traitement : 3,000 francs ; un adjoint, 1,700 francs; entretien du matériel, 400 francs.

Publications : Catalogue des sceaux et bulles conservés aux Archives Départementales, un volume in-fol. de texte et un volume de planches; – Notice sur les Archives anciennes des Bouches-du-Rhône, in-8°, 1861 ;—Éloge de Gabriel Jourdan, in-8°, 1861 ; — Chronologie des souverains de Provence de la maison de Catalogne, reconstiuée d'après les titres, in-8°, 1864.

CALVADOS. — *Archiviste* : M. Châtel (Eugène), *élève de l'École des Chartes,* nommé le 1er janvier 1855.

Traitement : 3,500 francs; deux auxiliaires, 1,200 et 800 francs ; un auxiliaire temporaire, 600 fr. ; dépouillement extraordinaire, 600 francs ; dépenses diverses, 820 francs; transport des papiers des greffes, 300 fr.

Publications : Études historiques sur Jean de La Bruyère, trésorier de France au Bureau des finances, in-8°; — (avec M. de Rozière), Table méthodique et analytique des Mémoires des Académies des inscriptions et belles-lettres et des sciences morales et politiques ; — l'un des rédacteurs du Journal général de l'Instruction publique ; — Rapport à M le Préfet sur les Archives départementales, in-8°, 1861.

CANTAL. — *Archiviste* : M. Dacier, nommé le 13 avril 1861, confirmé par le Ministre le 20 du même mois ;—il est inspecteur des Archives Communales.

Traitement : 2,000 francs; matériel, 300 francs; inspection des Archives Communales, 400 francs.

Publications : Divers articles littéraires. — Inventaire sommaire des Archives Départementales, série C, in-4°, 1863.

CHARENTE.— *Archiviste* : M. Babinet de Rancogne, nommé le 22 décembre 1860, confirmé le 10 décembre 1863.

Traitement : 2,500 francs ; frais d'inspection, 300 francs; matériel, 520 fr.

Publications : Rapport sur les Archives du greffe de la sénéchaussée et siége présidial de l'Angoumois, in-8°, 1860.

CHARENTE-INFÉRIEURE. — *Archiviste* : M. Fauvelle (Jean-François), nommé le 15 juillet 1854, confirmé par le Ministre le 12 avril 1854. — Archiviste-adjoint : M. de Richemont, nommé le 4 avril 1862, confirmé le 21 mai 1863.

Traitement : 2,400 francs ; un adjoint... ;—gratification extraordinaire, 500 fr. ; à l'adjoint, 200 fr.

Publications : Par M. Fauvelle : Mémoire sur la conservation du Cadastre. — Par M. de Richemont : Recherches sur l'origine et le progrès de la réformation à La Rochelle, in-12 ; — Le monde sousmarin, ou les rochers des baleines, in-12 avec atlas in-4°, 1862.

CHER. — *Archiviste* : M. Barberaud (Guill.-Ant.-Charles), *élève de l'École des Chartes*, licencié en droit, nommé le 1er février 1856. L'inspection des Archives Communales a été conservée à M. Barberaud père, ancien Archiviste.

Traitement : 2,000 francs ; un adjoint, 1,000 francs ; inspection des Archives Communales, 400 francs ; matériel des Archives, 100 francs ; dépouillement extraordinaire, 200 francs ; reliure des manuscrits, 250 francs.

Publications : (Aucune.)

CORRÈZE. — *Archiviste* : M. Lacombe (Oscar), licencié en droit, nommé le 2 décembre 1854, confirmé par le Ministre le 4 février 1855. — Il est inspecteur des Archives Communales et Correspondant du Comité historique du Ministère de l'Instruction publique.

Traitement : 2,500 francs ; matériel, 100 francs.

Publication : Recherches sur la langue du bas Limousin, travail pour lequel il a reçu des félicitations de Son Exc. M. le Ministre de l'Instruction publique.

CORSE. — *Archiviste* : M. Friess-Colonna (Camille-Antoine), bachelier ès lettres et en droit, nommé le 19 août 1848, confirmé le

18 juin 1849. — Il est Correspondant du Comité historique du Ministère de l'Instruction publique.

Traitement : 2,800 francs; deux employés, 1,300 et 1,000 francs; matériel, 300 francs; classement des papiers des sous-préfectures, 150 francs.

Publications : Histoire de la Corse, in-8°; — Histoire générale de la Corse, adoptée pour les écoles.

Côte-d'Or. — *Archiviste* : M. Garnier (Joseph), ancien employé des Archives Départementales, ancien Archiviste de la ville de Dijon, nommé Archiviste départemental le 25 mars 1862. — M. Garnier a obtenu, en 1841, une médaille de première classe au concours des Antiquités nationales de l'Institut de France; il est membre de la Commission des Antiquités du département et de l'Académie de Dijon.

Traitement : 2,500 francs, plus un logement; deux employés, 800 et 700 francs, et un surnuméraire, 600 francs; matériel, 870 francs. — M. de Gouvenin, Archiviste de la ville de Dijon, est inspecteur des Archives Communales et Hospitalières, au traitement de 1,000 francs.

Publications : Histoire du quartier de Bourg, à Dijon, in-8°, 1853; — Galerie Bourguignonne (en collaboration avec M. Muteau), 3 volumes in-18; — Annuaires de la Côte-d'Or (1858-1862); — Histoire du château et du village du Gilly; — du château de Tallart; — de l'hôtel de la préfecture de Dijon; — Nomenclature historique et statistique des noms de lieux de la Côte-d'Or; — divers articles dans le recueil de l'Académie de Dijon et dans l'Annuaire du département.

Côtes-du-Nord. — *Archiviste* : M. Lamare (Jules), nommé le 7 mai 1860, confirmé le 13 novembre 1860; — il est bachelier ès lettres, officier d'Académie et inspecteur des Archives Communales.

Traitement : 2,400 francs; un auxiliaire, 1,500 francs; un expéditionnaire, 360 francs; frais divers à la disposition de l'Archiviste, 300 francs; matériel, 300 francs; inspection des Archives Communales, 300 francs.

Publications : (Aucune.)

CREUSE. — *Archiviste* : M. Richard, *élève de l'École des Chartes*, nommé le 23 janvier 1864.

Traitement : 2,600 francs ; matériel, 400 francs ; Bibliothèque administrative, 700 francs.

Publications : Inventaire-sommaire des Archives Communales de Saint-Maixent, in-4°, 1863.

DORDOGNE. — *Archiviste* : M. Dessalles (Jean-Léon), ancien Archiviste aux Archives générales de l'Empire à Paris, lauréat de l'Institut, nommé le 4 décembre 1854.—Il est inspecteur des Archives Communales.

Traitement : 2,000 francs ; frais d'inspection, 400 francs ; un adjoint, 600 francs ; matériel, 700 francs ; Bibliothèque administrative, 500 francs.

Publications : Rapport sur les anciennes Archives des comtes de Périgord, in-8° ; — Mémoire sur le Trésor des Chartes des rois de France ; — Périgueux et les deux derniers comtes de Périgord ; — Quelle a été l'influence de la croisade contre les Albigeois sur la langue et la littérature romanes?

DOUBS. — *Archiviste* : M. Babey (François-Eugène), ancien Archiviste-adjoint, nommé Archiviste, après douze années de service, le 11 octobre 1853, confirmé le 7 janvier 1854, sur la demande du Conseil général.

Traitement : 2,000 francs ; matériel, 400 francs ; un aide, 800 francs.

Publications : (Aucune.)

DRÔME. — *Archiviste* : M. Lacroix (André), nommé le 13 décembre 1860, confirmé le 24 novembre 1863.—Il est inspecteur des Archives Communales et membre de la Société française d'Archéologie.

Traitement : 2,000 fr. ; un auxiliaire, 600 fr. ; matériel, 150 fr.

Publications : Notice historique sur le village d'Hauterive, 1854 ; — Lettres historiques sur la seigneurie de Pierrelate, in-12, 1862.

EURE. — *Archiviste* : M. l'abbé Lebeurier (Pierre), *élève de l'École des Chartes*, licencié ès lettres, nommé le 12 mai 1851. — Il est inspecteur des Archives Communales. Il a obtenu, au concours des Antiquités nationales de l'Institut une mention très-honorable en 1863.

Traitement : 2,400 fr. ; frais d'inspection, 500 fr. ; un auxiliaire, 1,500 fr. ; un expéditionnaire, 800 fr. ; matériel, 200 fr. ; Bibliothèque administrative, 300 fr.

Publications : Rôle des taxes de l'arrière-ban du bailliage d'Évreux en 1562, avec une introduction. Paris, 1861 ; — Quelques articles dans la Bibliothèque de l'École des Chartes et dans les Mémoires de la Société libre de l'Eure ; — Notice historique sur la commune d'Acquigny, in-8°, 1862.

EURE-ET-LOIR. — *Archiviste* : M. Merlet (Lucien-Victor-Claude), *élève de l'École des Chartes*, licencié ès lettres, bachelier ès sciences, nommé le 17 octobre 1852. — Il est inspecteur des Archives Communales et Correspondant du Comité historique du Ministère de l'Instruction publique.

Traitement : 3,000 fr. ; frais d'inspection, 200 fr. ; matériel, 1,500 fr.

Publications : Cartulaire de Vaux de Cernay ; — divers articles dans la Bibliothèque de l'École des Chartes ;—Inventaire des Archives départementales antérieures à 1790, tome Ier, série B.

FINISTÈRE. — *Archiviste* : M. Le Men (René), bachelier ès lettres, nommé le 17 décembre 1851, confirmé par le Ministre le 19 juillet 1853. — Il est inspecteur des Archives Communales.

Traitement : 2,400 fr. ; un auxiliaire, 600 fr. ; matériel, 500 fr.

Publications : Monographie de la cathédrale de Quimper.

GARD. — *Archiviste* : M. Bessot de Lamothe (Alexandre), *élève de l'École des Chartes*, nommé le 20 juin 1863.

Traitement : 3,000 fr.; un auxiliaire, 600 fr.; matériel 350 fr.

Publications : (Aucune.)

GARONNE (HAUTE-). — *Archiviste* : M. Baudouin (Auguste-Adolphe), *élève de l'École des Chartes*, ancien Archiviste de la Haute-Marne; nommé dans la Haute-Garonne le 31 décembre 1856.—Il est Correspondant du Comité historique du Ministère de l'Instruction publique.

— M. Judicis, premier adjoint, chargé des Archives judiciaires; deuxième adjoint, M. Lapierre.

Traitement : 3,000 fr., frais d'inspection, 400 fr.; deux adjoints archivistes, 1,500 et 1,400 fr.; deux employés, 1,100 et 400 fr.; matériel, 350 fr.

Publications : Par M. Baudouin : Des articles dans la Bibliothèque de l'École des Chartes.

GERS.—*Archiviste :* M. Niel (Gabriel), nommé le 7 août 1858, confirmé le 5 mai 1859, membre de la Société de l'Histoire de France, secrétaire du Comité archéologique de la province d'Auch. — Il est inspecteur des Archives Communales.

Traitement : 2,500 fr.; matériel, 400 fr.; Annuaire départemental, 500 fr.

Publications : Lectoure, ville libre ; — Mémoire sur les manuscrits d'Aignant Du Saindat ;— Note sur Mgr. de Salinis, archevêque d'Auch ;—Sur la décentralisation artistique et littéraire ; —Origine de Condom; — L'art en province et l'exposition des beaux-arts d'Auch; — Les assemblées provinciales de la généralité d'Auch.

GIRONDE. — *Archiviste :* M. Gras (Jean-Baptiste), nommé le 31 décembre 1837.

Traitement : 3,000 fr., plus un logement; deux employés, 1,200 fr. et 700 fr.; matériel, 580 fr.; inspection des Archives Communales par les inspecteurs de l'Instruction primaire, 1,000 fr.; frais de déménagement, 2,000 fr.— M. P. Champmas est chargé de la Bibliothèque administrative.

Publications : Manuel des poids et mesures.

HÉRAULT. — *Archiviste :* M. Thomas (Eugène), bachelier ès lettres, trois fois lauréat de l'Institut, nommé le 31 décembre 1838, confirmé par le Ministre le 29 juin 1840. — Il est inspecteur des Archives Communales; Correspondant du Comité historique du Ministre de l'Instruction publique, officier d'Académie, et a obtenu du même ministre une première médaille d'argent pour son Dictionnaire topographique.

Traitement : 4,000 fr., y compris les frais d'inspection des Archives Communales ; un auxiliaire, 1,500 fr. ; matériel, 200 fr.

Publications : Annuaire départemental ; — Description du département, 1838 ; — Tableau historique et descriptif de Montpellier ; — Introduction bibliographique à l'histoire du Languedoc ; — Mémoire sur l'histoire, la géographie, etc., du département, 2 volumes in-4 ; — Dictionnaire topographique de l'Hérault.

ILLE-ET-VILAINE. — *Archiviste :* M. Quesnet (Édouard), Correspondant du Comité historique du Ministère de l'Instruction publique, nommé le 25 avril 1853. — Il a été employé aux travaux de la collection des *Documents inédits* de l'histoire du Tiers État ; — à la transcription d'anciens Cartulaires pour les Archives de l'Empire ; — à classer les Archives judiciaires de Beauvais ; — la collection des *Diplomata, Cartœ,* etc., de la Bibliothèque impériale ; — les Conseils généraux de l'Oise, en 1850 et 1851, et d'Ille-et-Vilaine, en 1863, lui ont voté des félicitations. — Il est inspecteur des Archives Communales et Hospitalières, officier d'Académie et secrétaire archiviste de la Société d'archéologie d'Ille-et-Vilaine.

Traitement : 2,500 fr.; un auxiliaire, 920 fr.; matériel, 240 fr.

Publications : Documents divers, dans les *Mélanges de la Collection des documents inédits ;* — Rapport sur les Archives judiciaires de Beauvais ; — Aperçu sur les Archives d'Ille-et-Vilaine ; — Mélanges d'histoire et d'archéologie bretonne ; — Notice sur l'emplacement de Bratimpautins.

INDRE. — *Archiviste :* M. Hubert, *élève de l'École des Chartes,* nommé le 1er juillet 1863, ancien archiviste de la Lozère.

Traitement : 2,000 francs; un adjoint, 1,200 francs; matériel, 400 francs

Publications : (Aucune.)

INDRE-ET-LOIRE. — *Archiviste :* M. L. Grandmaison (Charles), *élève de l'École des Chartes,* nommé le 7 décembre 1852.

Traitement : 3,000 francs; un auxiliaire, 800 francs; frais d'inspection, 200 francs; matériel, 294 francs.

Publications : Du commerce au moyen âge; — Dictionnaire héraldique; — Des appels en cour de Rome jusqu'au concile de l'an 347; — Notice sur les Archives d'Indre-et-Loire; — La Touraine sous la domination des comtes d'Anjou; — Aperçus historiques sur les moyens employés pour défendre la ville de Tours contre les inondations de la Loire et du Cher; — Huon de Bordeaux; — Procès-verbal du pillage par les huguenots du Trésor de Saint-Martin de Tours; — La grille d'argent de Saint-Martin de Tours, donnée par Louis XI, enlevée par François Ier; — Notice sur les fouilles exécutées en 1860-61 dans l'abside de la basilique de Saint-Martin de Tours.

ISÈRE. — *Archiviste :* M. Pilot-Déthorey (Jean-Joseph-Antoine), ancien Archiviste-adjoint, nommé Archiviste le 20 juillet 1850, confirmé par le Ministre le 31 du même mois.

Traitement : 2,500 francs, plus un logement; un adjoint, 600 fr.; classement des Archives de la sous-préfecture de La-Tour-du-Pin, 100 fr.; inspection, 250 francs.

Publications : Recherches sur les antiquités dauphinoises; — Histoire municipale de Grenoble; — Statistique de l'Isère; — Histoire de Grenoble.

JURA. — *Archiviste :* M. Junca (Étienne), *élève de l'École des Chartes*, nommé le 15 octobre 1859.

Traitement : 2,600 francs; un adjoint, 1,200 francs; matériel, 400 francs; Archives des greffes et domaines, 200 francs.

Publications : (Aucune.)

LANDES. — *Archiviste :* M. Tartière (Jean-Henri), bachelier ès lettres, ancien professeur de l'Université, nommé Archiviste le 7 mars 1861, confirmé le 24 septembre de la même année. — Il est inspecteur des Archives Communales.

Traitement : 2,000 fr.; inspection, 400 fr.; matériel, 100 fr.

Publications : Simples notices sur les Mont-de-Marsan, Saint-Sever et Dax, in-12, 1862 ; — Sur Aire, Gaune, Grenale, Roquefort et Tartas, in-12, 1864.

LOIR-ET-CHER. — *Archiviste* : M. de Martonne (Alfred), *élève de l'École des Chartes*, nommé le 30 janvier 1854; ancien professeur d'histoire, Associé correspondant de la Société impériale des Antiquaires de France. — Il est, de plus, inspecteur des Archives Communales et Hospitalières et Correspondant du Comité historique du Ministère de l'Instruction publique.

Traitement : 2,400 francs; inspection des Archives Communales, 200 francs ; un auxiliaire, 600 francs; matériel, 300 francs.

Publications : Les Grandes Écoles et le Collége de Blois,1855, in-8°; —Notice sur les Archives de l'église Saint-Martin de Vendôme, 1855, in-8°;—Rapports sur les Archives Départementales, Communales et Hospitalières de Loir-et-Cher; in-8°, 1857 à 1862 (six rapports);— Le grand Cartulaire de Blois (prospectus); — Notice historique sur l'église de Saint-Martin de Vendôme, 1860, in-8°; — Notice historique sur l'abbaye de La Guiche, près Blois, 1863, in-8° ; — L'ancien pont de Blois et sa chapelle, in-8°, 1863.

LOIRE. — *Archiviste* : M. Chaverondier (Auguste), docteur en droit, nommé le 31 mai 1861, confirmé le 16 février 1862. — Il est inspecteur des Archives Communales; il a obtenu au concours des Antiquités nationales de l'Institut de France une mention honorable.

Traitement : 2,500 francs; frais d'inspection, 400 francs; matériel, 200 francs; un auxiliaire, 300 francs; agrandissement du local, 2,800 francs; transports des papiers des greffes, 42 fr.

Publications : Inventaire des titres du comté de Forez, dressé en 1532 par J. Luiller, auditeur des Comptes, in-8°, 1860; — Notice pour servir à la biographie de J.-M. de La Mure, historien du Forez, in-8°, 1861.

LOIRE(HAUTE-).—*Archiviste:* M. Aymard (Auguste), nommé le 23 janvier 1840, Correspondant du Comité historique du Ministère de l'Instruction publique et de la Commission des monuments historiques du Ministère d'État. Cette dernière Commission a décerné une médaille d'honneur à M. Aymard, etc., etc.—Il est, de plus, inspecteur des Archives Commu nales (voyczle *Manuel*, p.176, pour les travaux de M. Aymard relatifs aux Archives des Communes), et vice-président de la Société académique du Puy.

Traitement : 2,600 francs; matériel, 200 francs ; inspection des Archives Communales, 400 francs.

Publications : Catalogue des titres de la Maison consulaire de la ville du Puy; — Album photographique d'archéologie religieuse; — nombreux mémoires sur des questions d'histoire et d'archéologie; — Le Géant du rocher de Corneille au Puy-en-Velay, in-8°, 1861; — Études archéologiques sur le lac du Bouchet, in-8°, 1862.

LOIRE-INFÉRIEURE. — *Archiviste* : M. Ramet (François-Mathurin), bachelier ès lettres, nommé le 1er janvier 1841; il était employé aux Archives depuis 1836.

Traitement : 3,000 francs; un auxiliaire, 1,200 francs, qui est chargé de rédiger les inventaires-sommaires des documents antérieurs à 1790; matériel, 200 francs.

Publications : (Aucune.)

LOIRET. — *Archiviste* : M. Maupré (François-Alphonse), *élève de l'École des Chartes*, nommé le 8 janvier 1861.

Traitement : 3,000 francs; un auxiliaire,... francs; dépouillement extraordinaire des Archives, 600 francs; — Inspection des Archives Communales, 300 francs.

Publications : (Aucune.)

LOT. — *Archiviste* : M. Combarieu (François), nommé le 15 janvier 1850. Il est inspecteur des Archives Communales.

Traitement : 2,000 fr.; un adjoint, M. Combarieu fils,...fr.; matériel, 400 fr.; classement des Archives des sous-préfectures, 200 fr.

Publications : (Aucune.)

LOT-ET-GARONNE.—*Archiviste* : M. Bosvieux (Jean-Baptiste-Auguste), *élève de l'École des Chartes*, bachelier ès lettres, avocat, ancien Archiviste de la Creuse, nommé Archiviste de Lot-et-Garonne le 3 février 1864. — Il est inspecteur des Archives Communales et Correspondant du Comité historique du Ministère de l'Instruction publique.

Traitement : 2,000 francs; matériel, 400 francs; inspection, 900 francs; matériel et Bibliothèques administratives, 1,000 francs.

Publications : Rapports sur les établissements féodaux de la Creuse et les Archives qui en proviennent, in-8°, 1862, pour servir d'intro duction à une Histoire de La Marche;—Dans la Revue archéologique : Vie de J. Geoffroi; — Rôles de l'arrière-banc de la province de La Marche; — Les guerres de religion et de la Ligue en Limousins; — Divers articles dans les Bulletins des Sociétés archéologiques de la Haute-Vienne et de la Creuse.

Lozère. — *Archiviste :* M. André (Ferdinand), ancien adjoint aux Archives des Bouches-de-Rhône, nommé dans le Lozère le 15 avril 1864, à titre provisoire.

Traitement : 1,800 francs; inspection des Archives Communales, 200 francs; matériel, 150 francs.

Publications : Histoire de l'abbaye des religieuses de Saint-Sauveur, in-8°, 1863.

Maine-et-Loire. — *Archiviste :* M. Port (Célestin), *élève de l'École des Chartes,* licencié ès lettres, lauréat de l'Institut, nommé le 20 décembre 1854. — Il est inspecteur des Archives Communales et Correspondant du Comité historique du Ministère de l'Instruction publique.

Traitement : 3,000 francs; frais d'inspection, 100 francs; un auxiliaire, 1,200 francs; matériel, 300 francs.

Publications : Mémoire historique sur les inondations dans le département de Maine-et-Loire; — divers articles dans la Bibliothèque de l'École des Chartes; — et dans la Biographie générale de Firmin Didot; — collaborateur de l'ouvrage *Le Maine et l'Anjou;* — Essai sur l'histoire du commerce maritime de Narbonne, in-8°, 1855; — Inventaire analytique des Archives anciennes de la mairie d'Angers, suivi de documents inédits, 1861, grand in-8°; — Inventaire-sommaire des Archives départementales, tome Ier (première partie).

Manche. — *Archiviste :* M. Dubosc (François), nommé le 31 décembre 1838; — Correspondant du Comité historique du Ministère de l'Instruction publique et membre de la Société des Antiquaires de Normandie.

Traitement : 3,000 francs ; un adjoint, 1,200 francs ; un expéditionnaire, 600 fr. ; inspection des Archives Communales, 500 fr.

Publications : Notice sur la baronnie de La Haye–du–Puits; — L'Eglise Notre–Dame de Saint–Lô; — L'abbaye de la Perrine; — L'occupation de la Normandie au XVe siècle;— La paroisse d'Agneux; — La famille Panteul; — Jean Dubois, procureur du Roi à Saint-Lô.

MARNE. — *Archiviste* : M. Halat (Noël), nommé le 15 janvier 1850, confirmé par le Ministre le 27 mai 1851.

Traitement : 2,000 francs ; un auxiliaire, 1,200 francs ; matériel, 400 francs; inspection, 300 francs; classement des papiers des sous-préfectures, 700 francs.

Publications : (Aucune.)

MARNE (HAUTE-). — M. Chéron (Paul), *élève de l'École des Chartes*, nommé le 26 novembre 1860. — Il est inspecteur des Archives Communales.

Traitement : 2,000 francs; un employé, 800 francs; matériel, 250 francs; inspection, 300 francs.

Publications : (Aucune.)

MAYENNE. — *Archiviste* : M. Noël (Joseph-Julien), nommé le 20 mai 1843, confirmé par le Ministre le 31 mai 1844. — Il est inspecteur des Archives Communales.

Traitement : 1,900 francs; un auxiliaire, 400 francs; matériel, 100 francs; frais d'inspection, 300 francs; Bibliothèque administrative, 300 fr.; classement des Archives du tribunal de Laval, 600 fr.

Publications : (Aucune.)

MEURTHE. — *Archiviste* : M. Lepage (Amédée-Henri), chevalier de la Légion d'honneur et de l'ordre de François-Joseph d'Autriche, bachelier ès lettres, nommé le 8 janvier 1846, confirmé par le Ministre le 4 février suivant — Il est correspondant du Comité historique du Ministère de l'Instruction publique, président de la Société archéologique Lorraine, correspondant de plusieurs sociétés savantes françaises et étrangères. Il a obtenu neuf mentions très-honorables à l'Institut impérial de France.

Traitement : 3,000 francs, plus un logement; matériel, 2,000 fr.

Publication : Histoire de Nancy, in-8º ; — Statistique de la Meurthe, 2 volumes, in-8º;—Statistique des Vosges, 2 volumes, in-8º; — Les communes de la Meurthe, 2 volumes, in-8º; — Jeanne d'Arc est-elle Lorraine? in-8º; — Recherches sur l'origine et les premiers temps de Nancy, in-8º; — Le Palais ducal de Nancy, in-8º; — Le Trésor des Chartes de Lorraine, in-8º; — L'Abbaye de Rouzières, in-8º; — Les Archives du Notariat à Nancy, in-8º; — Commentaires sur la chronique de Lorraine, in-8º; — Documents inédits sur la guerre des Rustauds, in-8º; — Inventaire des Archives Communales et Hospitalières de la Meurthe antérieures à 1790, in-8º; — Dictionnaire topographique de la Meurthe, in-8º; — Annuaire de la Meurthe; — Rapports annuels (au nombre de huit) sur les travaux opérés dans les Archives Départementales; — Dissertations historiques dans les Mémoires de l'Académie de Stanislas et dans les publications de la Société d'archéologie lorraine; — Les Archives de la Cour impériale de Nancy, in-8º, 1862.

MEUSE. — *Archiviste* : M. Marchal (Pierre-Adolphe), nommé le 1ᵉʳ janvier 1839, confirmé par le Ministre le 14 août 1854. M. Guillotel, adjoint.

Traitement : 2,400 francs; matériel, 180 francs; indemnité temporaire à l'archiviste-adjoint, 800 francs.

Publications : (Aucune.)

MORBIHAN. — *Archiviste* : M. Rosenzweig (Louis-Théophile), *élève de l'École des Chartes*, nommé le 1ᵉʳ mai 1855. — Il est bachelier ès sciences, inspecteur des Archives Communales et Correspondant du Comité historique du Ministère de l'Instruction publique.

Traitement : 2,600 francs; frais d'inspection, 200 francs; un auxiliaire, 800 francs; matériel, 300 francs.

Publications : De l'office de l'amiral en France du XIIIᵉ au XVIIᵉ siècle; — Recherches historiques dans les Archives Départementales, Communales et Hospitalières du Morbihan, in-12, quatre brochures, 1861-1864; — Statistique archéologique de Vannes, in-8º, 1862;—*idem,* de l'arrondissement de Lorient, in-8º, 1860;— *idem,* de l'arrondissement de Napoléonville, in-8º, 1861; —*idem,* de

l'arrondissement de Ploërmel, in-8°, 1862;—Mémoire sur les ordres
religieux militaires du Temple et de l'Hôpital, leurs établissements
et leurs églises observés dans le département du Morbihan; — La
Chartreuse d'Auray et le Monument de Quiberon, in-12, 1863.

MOSELLE. — *Archiviste :* M. Sauer (Charles-Louis), nommé le 24 décembre 1838, confirmé par le Ministre le 9 octobre 1840.

Traitement : 2,100 francs avec logement; un auxiliaire, 1,000
francs; matériel, 600 francs.

Publications : La Moselle administrative; — Almanach spécial du
commerce de Metz; — Aide-mémoire de l'officier de l'état civil.

NIÈVRE. — *Archiviste :* M. Leblanc-Bellevaux (Félix), bachelier ès
lettres et en droit, nommé le 14 mai 1855, confirmé le 13 novembre 1856.

Traitement : 2,000 francs; matériel, 300 francs.

Publications : (Aucune.)

NORD. — *Archiviste :* M. Desplanques (Alexandre), *élève de l'École
des Chartes,* nommé le 19 décembre 1863. Il est inspecteur des
Archives Communales.

Traitement : 3,500 francs, avec logement; inspection des Archives Communales, 500 francs; un chef du bureau, 2,500 francs ;
un employés, 1,600 francs; matériel, 900 francs.

Publications : L'abbaye de Fontgombaud et les seigneurs d'Aloi-
gny de Rochefort, in-8°, 1861; — Du pillage de quelques abbayes
de l'Indre dans le courant du XVIe siècle, in-8°, 1862; — L'église et
la féodalité dans le Bas-Berry, in-8°, 1862; — Inventaire sommaire
des Archives Départementales de l'Indre, titres féodaux et titres
de familles, in-4°, 1863 ; — Mémoire sur les Archives de l'Indre.

OISE. — *Archiviste :* M. Desjardin (Gustave-Adolphe), *élève de
l'École des Chartes,* ancien Archiviste de l'Aveyron, nommé en
juillet 1862 dans le département de l'Oise. — Il est inspecteur
des Archives Communales et chargé de la Conservation des Archives antérieures à 1790 du greffe de Beauvais.

Traitement : 2,500 francs; frais d'inspection, 300 francs; un adjoint, 900 francs; matériel, 1,500 francs.

Publications : Armoiries de la ville de Rodez, in-8°;—Les évêques de Rodez aux IXe, X^e et XIe siècles, supplément au catalogue publié par la *Gallia Christiana*, étude critique d'après les documents; Paris, in-8°, 1863.

ORNE. — *Archiviste* : M. Gravelle-Désulis (Pierre-Jacques), membre de plusieurs sociétés savantes des départements, nommé le 15 octobre 1849. —Il est inspecteur des Archives Communales.

Traitement : 2,800 francs; un auxiliaire, 600 francs; matériel, 300 francs.

Publications : Notices sur les abbayes de Silly;—sur Saint-Martin-du-vieux-Bellême;—sur Almenêches;— sur la ville d'Argentan, etc.

PAS-DE-CALAIS. — *Archiviste* : M. Godin (Georges), ancien Archiviste-adjoint, nommé Archiviste le 1er janvier 1837. — Il est inspecteur des Archives Communales, et a obtenu une mention honorable au concours de l'Académie des inscriptions et belles-lettres.

Traitement : 3,000 francs, avec logement; un premier employé 1,400 fr. et un second, 400 fr.; matériel, 450 fr.; inspection, 300 fr.

Publications : Notice sur le beffroi de l'Hôtel-de-Ville d'Arras; — Dictionnaire historique des rues d'Arras, etc.; — Divers articles dans le Bulletin de la Commission des Antiquités du Pas-de-Calais.

PUY-DE-DÔME. — *Archiviste* : M. Cohendy (Michel), bachelier ès lettres, nommé le 26 décembre 1848, confirmé le 13 janvier 1854.

Traitement : 2,600 fr.; un aide, 600 fr.; matériel, 1,400 fr.; inspection des Archives Communales, 400 fr.

Publications : Lettres autographes adressées à des personnages de la province par des rois, reines, etc., in-8°, 1858; — Chronique d'Auvergne, in-8°.

PYRÉNÉES (BASSES-). — *Archiviste* : M. Raymond (Paul), *élève de l'École des Chartes*, nommé le 18 janvier 1858 ; — Correspondant du Comité historique du Ministère de l'Instruction publique.

Traitement : 2,500 francs; reliure et matériel, 350 francs; un auxiliaire, 1,050 francs.

Publications : La Bibliothèque de don Carlos, prince de Vianne; — Lettres inédites du roi Henri IV.

Pyrénées (Hautes-). — *Archiviste* : M. Magenties, nommé le 1er janvier 1842, confirmé le 24 novembre de la même année. — Il est inspecteur des Archives Communales et membre de la Société académique des Hautes-Pyrénées.

Traitement : 2,300 francs; un aide, 800 francs; matériel, 100 fr.

Publications : (Aucune.)

Pyrénées-Orientales. — *Archiviste* : M. Alart (Julien-Bernard), bachelier ès lettres, nommé le 8 mars 1862, confirmé le 10 décembre 1863, ancien professeur de l'Université.—Il est inspecteur des Archives Communales.

Traitement : 2,300 francs; un auxiliaire, 600 francs; frais d'inspection, 200 francs.

Publications : Quelques chartes et priviléges de Villefranche de Conflent; — Dissertation historique, avec insertion de 25 chartes antérieures au XIVe siècle, in-8°, 1852; —Bérenger de Palasol, étude historique et littéraire sur ce troubadour roussillonnais; — Excursions des Routiers en Roussillon au XIVe siècle;— Le style de Villefranche de Conflent; — Les Patronnes d'Elne; — Géographie historique des Pyrénées-Orientales sous les Romains, les Wisigoths et les Arabes (transmis au Ministère pour la Commission de la Carte des Gaules); — Le Chant catalan, dit *Goigs dels Ous*; — Les anciens monastères du diocèse d'Elne; — le Prieuré des Trinitaires de Corbiach ; — L'Abbaye cistercienne de Jau.

Rhin (Bas-). — *Archiviste* : M. Spach (Adolphe), chevalier de la Légion d'honneur, bachelier ès lettres et en droit, nommé le 30 octobre 1839, confirmé le 27 juin 1840. — Il est inspecteur des Archives Communales et Correspondant du Comité historique du Ministère de l'Instruction publique, a obtenu une mention honorable au concours des Antiquités nationales de l'Institut en 1863.

Traitement: 4,000 fr.; frais d'inspection, 300 fr.; trois employés à 1,400, 900 et 600 fr.; matériel et dépouillement extraordinaire, 1,200 fr.

Publications : Biographie des Alsaciens illustres; — Correspondance d'Élisabeth d'Autriche; — Rapports annuels sur les travaux exécutés aux Archives Départementales; — Monographie du château de Mohkoenizsbourg et de l'abbaye de Wissembourg; — Lettres sur les Archives Départementales du Bas-Rhin, in-12, 1861; — Conrad de Bussang, évêque de Strasbourg, in-8°, 1861; — Le Minnesinger Godefroy, de Strasbourg, in-8°, 1862;—Divers articles dans le recueil des *Curiosités de l'Alsace*, in-8°; — Études sur quelques poëtes alsaciens du moyen âge, du XVIe au XVIIe siècle, in-12, 1862; — Wolfram von Eschenbach.

RHIN (HAUT-). — *Archiviste :* M. Brièle (Léon), *élève de l'École des Charles,* nommé le 31 juillet 1858. — Il est inspecteur des Archives Communales.

Traitement : 2,400 francs; un auxiliaire, 800 francs; matériel, 200 francs; inspection,...

Publications : Rapport sur le fonds de la Régence d'Ensisheim, in-8°, 1861; — Inventaire sommaire des Archives Départementales antérieures à 1790, t. 1er (première partie).

RHÔNE. — *Archiviste du département du Rhône :* M. Gauthier (Jean-Prosper), nommé le 25 août 1848, confirmé par le Ministre le 27 mars 1850. — Il est inspecteur des Archives Communales, Correspondant du Comité historique près le Ministère de l'Instruction publique et du Comité d'histoire et d'archéologie de Lyon.

Traitement : 5,000 francs; un aide, 1,200 francs; matériel, 500 francs; achat de livres et de cartons, 500 francs.

Archiviste-adjoint chargé des Archives Communales : M. Rolle (Jacques-François), 2,500 francs; deux employés, 1,500 et 1,400 fr.; reliure, 200 francs.

Publications : Par M. Gauthier : Divers articles relatifs à l'histoire du département dans la Revue Lyonnaise; — Documents inédits relatifs au connétable de Richemont. — Par M. Rolle : Documents historiques (dans les Archives de l'art français et dans la Revue Lyonnaise) sur le peintre Perréal; — Catalogue raisonné des estampes de la bibliothèque de Lyon.

SAÔNE (HAUTE-). — *Archiviste :* M. Noël (Jean), nommé le 25 août

1842, confirmé par le Ministre le 24 décembre de la même année. — Il est inspecteur des Archives Communales.

Traitement : 2,000 francs; un adjoint (M. Besson), 800 francs; frais d'inspection, 300 francs.

Publications : (Aucune.)

Saône-et-Loire. — *Archiviste :* M. Ragut (Camille), ancien bibliothécaire, nommé aux Archives le 15 août 1842, confirmé le 5 avril 1845.—Il est inspecteur des Archives Communales et Correspondant du Comité historique du Ministère de l'Instruction publique.

Traitement : 2,200 francs; frais d'inspection, 300 francs; un aide, 600 francs; matériel, 650 francs; Bibliothèque administrative de la Préfecture et des sous-préfectures, 1,100 francs.

Publications : Statistique du département de Saône-et-Loire; — Cartulaire de Saint-Vincent de Mâcon; — Comptes rendus des travaux de la Société du Mâconnais.

Sarthe. — *Archiviste :* M. Bellée (Armand-Pierre-Vincent), ancien professeur d'histoire, nommé le 6 mai 1863, bachelier ès lettres et ès sciences, confirmé le   . — Il est inspecteur des Archives comunales.

Traitement : 2,500 francs; matériel, 305 francs; un adjoint, 900 francs; inspection des Archives communales, 600 francs.

Publications : (Aucune.)

Savoie. — *Archiviste :* M. de Jussieu (Antoine-Alexis), ancien Archiviste de la Loire et de la Charente; nommé le 30 juin 1860 en Savoie. — Il est officier d'Académie, Correspondant du Comité historique du Ministère de l'Instruction publique, membre de l'Académie impériale de Savoie et de sept autres sociétés savantes, inspecteur des Archives Communales et Hospitalières et des monuments historiques de la Savoie.

Traitement : 3,000 fr.; inspection des Archives Communales, 500 fr.; un adjoint, chargé du cadastre, 1,600 fr.; un auxiliaire, 1,000 fr.; matériel, 500 fr.; Bibliothèque administrative, 800 fr.

Publications : Histoire de la chapelle N.-D. des Bezines, in-8°, 1857; — Mémoires sur les Assemblées provinciales des Protestants qui eurent lieu après la conversion d'Henri IV; — Mémoire sur les franchises accordées par Charlemagne à la paroisse de Benays (Charente); — Annuaire historique et administratif du département de la Savoie, in-8°, 1863.

SAVOIE (HAUTE-). — *Archiviste :* M. Lecoy de La Marche (Albert), *élève de l'École des Chartes,* nommé le 21 mai 1861. — Il est inspecteur des Archives Communales.

Traitement : 2,500 francs ; inspection des Archives Communales, 400 francs.

Publications : De l'autorité de Grégoire de Tours, Paris, in-8°, 1861; — De l'autorité de Grégoire de Tours, Réponse à M. Bordier, in-8°, 1862; — Histoire de l'Histoire, in-8°, 1862.

SEINE-INFÉRIEURE. — *Archiviste :* M. de Robillard de Beaurepaire (Charles-Marie), *élève de l'École des Chartes,* nommé le 31 mars 1851. — Il est inspecteur des Archives Communales, bachelier en droit, et a obtenu une mention honorable au concours des Antiquités nationales de l'Académie des inscriptions et belles-lettres.

Traitement : 4,000 francs; frais d'inspection, 200 francs ; un employé, 1,800 francs; un expéditionnaire, 800 francs; matériel, 250 francs; Archives des sous-préfectures, 300 francs; réparations au local, 6,000 francs.

Publications : Notice sur Jean Masselin, auteur du Journal des États de 1444; — Entrée de Charles VIII à Rouen en 1485; — Essai sur l'asile religieux dans l'Empire romain et la Monarchie française; — De la Vicomté de l'Eau de Rouen et de ses coutumes aux XIII° et XIV° siècles;— Note sur la prise du château de Rouen.

SEINE-ET-MARNE. —*Archiviste :* M. Lemaire (Côme), nommé le 13 novembre 1839, confirmé par le Ministre le 31 janvier 1844. — Il est inspecteur des Archives Communales.

Traitement : 3,200 francs; frais d'inspection, 600 francs; un employé, 1,200 francs; matériel, 700 francs.

Publications : Inventaire-sommaire des Archives Départementales antérieures à 1790 (tome I°ʳ), in-4°, 1863.

Seine-et-Oise. — *Archiviste* : M. Sainte-Marie Mévil (Charles-Henri), *élève de l'École des Chartes*, avocat, auxiliaire de l'Académie des inscriptions et belles-lettres, nommé le 20 décembre 1859. — Il est inspecteur des Archives Communales.

Traitement : 3,000 francs; trois employés, 1,600, 1,300 et 1,200 francs; gratification, 500 francs; frais d'inspection, 300 francs; matériel, 700 francs; papiers des greffes, 300 francs.

Publications : Chartes de la Charité de N.-D. de la Couture; — Documents relatifs à Bernai; — Caffa et les colonies génoises de la Crimée; — L'Abbaye N.-D. d'Yerres; — Inventaire sommaire des Archives Départementales antérieures à 1790, série A, in-4°, 1863.

Sèvres (Deux-). — *Archiviste* : M. Goujet, *élève de l'École des Chartes*, nommé le 30 juillet 1859.

Traitement : 3,000 francs; un auxiliaire, 600 francs; matériel, 300 francs.
Publications : (Aucune.)

Somme. — *Archiviste* : M. Boca (Louis-Napoléon), avocat, *élève de l'École des Chartes*, nommé le 4 décembre 1850.

Traitement : 2,800 francs; un adjoint, 500 francs; matériel, 200 francs; Bibliothèque administrative, 300 francs; achat de cartons, 120 francs.

Publications : Li romans de Bauduin de Seboure, 2 volumes in-8°.

Tarn. — *Archiviste* : M. Jolibois (Émile), bachelier ès lettres, ancien Archiviste communal, nommé le 22 août 1859 Archiviste du Tarn, confirmé le 16 février 1862. — Il est Correspondant du Comité historique du Ministère de l'Instruction publique; le Conseil général lui a voté des félicitations.

Traitement : 2,700 francs; un auxiliaire, 1,000 francs; matériel, 500 francs; inspection des Archives Communales, 500 francs.

Publications : La Haute-Marne ancienne et moderne, ouvrage illustré de gravures sur bois et de cartes, grand in-8°, 1858; — Annuaire du département du Tarn pour l'année 1862, in-8°; — idem, pour l'année 1863; — et pour l'année 1864.

Mémoire sur les Archives de la Haute-Marne, 1838 ; — Les Chroniques de l'évêché de Langres, traduites du latin et continuées jusqu'en 1789 ; — Histoire de la ville de Rhétel ; — Mémoire sur quelques monuments de la Champagne ; — Histoire de la ville de Chaumont ; — La Roue de fortune, chronique du xive siècle ; — Le Livre des consuls de la ville d'Albi, in-8°, 1863.

TARN-ET-GARONNE. — *Archiviste :* M. Devals aîné, bachelier ès lettres, nommé le 29 mars 1862, confirmé le 21 août de la même année.

Traitement : 2,100 francs; un employé, 500 francs; matériel, 300 francs ; frais d'inspection des Archives Communales, 200 francs.

Publications : Histoire de Montauban, in-8°, 1855 ; — Études sur la juridiction des consuls de Montauban, in-8°, 1838 ; — Une visite au camp romain de Saint-Porquier, in-8°, 1860 ; — Études sur les limites des anciens peuples qui habitaient le département de Tarn-et-Garonne, in-8°, 1862 ; — Mémoire sur les habitations troglodytiques en général et spécialement sur celles du département de Tarn-et-Garonne, in-12, Montauban 1864.

VAR. — *Archiviste :* M. Ricaud (Antoine), nommé le 8 septembre 1847, confirmé par le Ministre le 19 février 1848. — Il est inspecteur des Archives Communales.

Traitement : 2,500 francs ; un auxiliaire, 800 francs; matériel, 400 francs.

Publications : (Aucune.)

VAUCLUSE. — *Archiviste:* M. Achard (Paul-Xavier), nommé le 29 janvier 1839, confirmé le 1er octobre 1853. — Il est inspecteur des Archives Communales.

Traitement : 3,000 francs, avec logement ; frais d'inspection, 300 francs; deux employés, 1,600 francs ; matériel, 300 francs.

Publications : Annuaire statistique et historique de Vaucluse ; — Notice sur la culture de la garance ; — Notice sur les anciens remparts d'Avignon ; — Notice sur l'ancienne Aumône générale d'Avignon ; — Notice sur quelques anciens artistes d'Avignon ; — Dictionnaire historique des rues et des places publiques d'Avignon.

Vendée. — *Archiviste :* M. Filaudeau (Louis-Marie), bachelier ès lettres, nommé le 20 septembre 1837, confirmé le 7 juillet 1840.

Traitement : 2,000 francs.

Publications : (Aucune.)

Vienne. — *Archiviste :* M. Rédet (François-Xavier-Louis), *élève de l'École des Chartes,* correspondant du Comité historique du Ministère de l'Instruction publique, nommé le... avril 1834.—La Commission des Archives près le Ministère de l'Intérieur l'a recommandé à la bienveillance du gouvernement.

Traitement : 3,000 francs ; un aide à 1,200 francs ; inspection des Archives Communales, par les inspecteurs des écoles primaires, 600 francs.

Publications : Table chronologique des chartes contenues dans les 27 premiers volumes du recueil de D. Fontenau, in-8° ; — Chartes du chapitre de Saint-Hilaire de Poitiers, 2 volumes in-8° ; — Notice sur les abbayes de Fontaine-le-Comte et de Moreaux ; — Divers autres travaux publiés dans les Mémoires de la Société des antiquaires de l'Ouest.

Vienne (Haute-). — *Archiviste :* M. Ardant (Jean-Maurice), lauréat de l'Institut, nommé le 14 janvier 1854, confirmé le 4 juin 1855. — Il est inspecteur des Archives Communales.

Traitement : 2,000 francs ; matériel, 150 francs ; dépouillement extraordinaire, 300 francs ; Bibliothèque administrative, 400 francs.

Publications : Histoire de l'église de Saint-Pierre-Duqueyroix ; — Les émailleurs et les émaux ; — Traduction de Suétone, etc.

Vosges. — *Archiviste :* M. Guéry (Charles-Constant), nommé le 13 mai 1853, confirmé par le Ministre le 21 décembre 1855. — Il est inspecteur des Archives Communales et Hospitalières.

Traitement : 2,000 francs ; un auxiliaire, 600 francs ; matériel, 200 francs ; inspection, 500 francs.

Publications : Dans les Annales de la Société d'Émulation des

Vosges : Inventaire sommaire des Archives Départementales des Vosges.

YONNE. — *Archiviste :* M. Quantin (Mathieu-Maximilien), chevalier de la Légion d'honneur (1853), nommé Archiviste le 28 avril 1833, confirmé par le Ministre le 5 juillet 1843 ; — il est inspecteur des Archives Communales et correspondant du Comité historique du Ministère de l'Instruction publique. Une médaille d'or lui a été décernée par l'Institut pour son Cartulaire général de l'Yonne, et, par le Ministre de l'Instruction publique, un premier prix pour son Dictionnaire topographique du même département.

Traitement : 3,000 francs, avec logement, et 800 francs comme Bibliothécaire de la ville ; — matériel des Archives, 500 francs ; achat de chartes, 100 francs.

Publications : Dictionnaire diplomatique ; — Inventaire des Archives historiques de l'Yonne ; — Cartulaire général de l'Yonne ; — Mémoires sur l'histoire du diocèse d'Auxerre ; — Notices historiques dans l'Annuaire du département.

2° DÉLIBÉRATIONS DES CONSEILS GÉNÉRAUX RELATIVES AUX ARCHIVES PENDANT LES SESSIONS DU MOIS D'AOUT 1862 et 1863 (Budgets de 1863 et 1864) (1).

AIN. — (Voyez les précédentes délibérations de cette Assemblée, *Manuel*, p. 342, *Annuaire* de 1862, p. 29 et *Annuaire* de 1863, p. 34.)

---

(1) D'après les réclamations de plusieurs de MM. les Archivistes, sur ce que l'Annuaire était en retard d'une session pour reproduire le résumé des procès-verbaux des délibérations des Conseils généraux en ce qui concernait les Archives, et qu'ils étaient ainsi privés de renseignements utiles et de précédents à invoquer pour leur service, M. Dupont s'est décidé à retarder tous les ans, jusqu'au mois de février, l'impression de l'Annuaire, afin de donner les délibérations de la dernière session des Conseils. L'Annuaire de 1864 contiendra donc le résumé des procès-verbaux des sessions de 1862 et 1863 des Conseils généraux. On y reconnaîtra les améliorations accordées successivement par ces assemblées en faveurs des Archivistes et du service auquel ils consacrent tous leurs soins.

Rapport du préfet, 1862. — Le département de l'Ain recueille en ce moment les fruits produits par l'impulsion donnée par le Ministère de l'Intérieur aux travaux des Archivistes départementaux. L'un des résultats de la visite et de l'exploration faite par M. l'Archiviste de nos principales Archives Communales a été d'enrichir notre dépôt central d'une assez notable quantité de documents, que plusieurs communes ont consenti à lui céder.

Pour ne parler que des acquisitions les plus importantes, je mentionnerai en premier lieu les volumineux dossiers retirés de la sous-préfecture de Belley, qui se rattachent par leur nature à peu près exclusivement aux séries G et H, c'est-à-dire aux établissements religieux antérieurs à 1790, tant séculiers que réguliers du Bugey.

Une autre acquisition, d'une richesse incomparable au point de vue de notre histoire locale, est celle des archives des comtes de Montrevel, que feu Mme la duchesse de Saulx-Tavannes a bien voulu, sur la demande qui lui en fut faite par M. l'Archiviste, léguer au département de l'Ain. Les titres dont se compose cette précieuse collection se poursuivent sans interruption du xiiie siècle jusqu'à 1790. Ce legs a une importance très-grande, car la maison de Montrevel, durant la longue période de temps ci-dessus mentionnée, a été la plus puissante de la Bresse, par ses alliances, par le grand nombre de terres, fiefs et châteaux qu'elle a possédé dans la Bresse, la Bourgogne, la Franche-Comté, la Provence, et même dans le royaume de Naples, enfin par les fonctions éminentes et le rôle diplomatique et militaire que les comtes de Montrevel ont constamment remplis sous l'autorité des ducs de Savoie, comme sous celle des rois de France.

Les communes de Ceyzériat, Poncin, Condamine-la-Doye et Teyziat ont volontairement envoyé leurs titres aux Archives Départementales. Ces titres, classés et inventoriés, ont été portés à l'inventaire en voie d'impression aux articles 81 et suivants de la série E.

Le registre contenant la procédure faite à l'occasion de l'ouverture de la succession de Monseigneur Du Dousset, évêque de Belley, a été, suivant les prescriptions du Ministre de l'Intérieur, apporté aux Archives Départementales et forme le n° 2 de la série G, actuellemènt en voie d'impression. Dans ce registre se trouve un inventaire des titres de l'évêché de Belley, titres détruits ou égarés, que l'archiviste départemental a vainement recherché sur les lieux.

Un autre registre récemment réintégré contient la correspondance de l'ingénieur Marie, concernant les travaux publics de la province de Dombes (1770-1781).

M. le directeur de l'enregistrement et des domaines a versé 36 pièces afférentes au chapitre de Pontdevaux, aux Dominicains et aux Cordeliers de Bourg, aux chanoinesses de Neuville-les-Dames, aux Ursulines de Bourg et de Châtillon-les-Dombes.

Il a été encore réintégré neuf registres du greffe civil et criminel de la baronnie de Saint-Trivier (1531-1631), contenant ensemble 1267 feuillets in-4°, papier, couverts en parchemin. L'inventaire a été fait en double expédition, dont chacune forme un volume in-folio de 590 feuillets. Ces neufs registres sont les seuls éléments que nous possédons applicables à la série B. Les démarches faites par l'Archiviste pendant sa tournée auprès des greffiers ont été, à la réserve de celui de Saint-Trivier-sur-Moignan, infructueuses. Ces fonctionnaires craignent, en déférant à la demande qui leur est faite, de diminuer la valeur vénale de leurs charges.

Toutefois, l'Archiviste va très-prochainement se remettre en tournée pour achever l'exploration des Archives Communales qu'il n'a pas encore visitées. Il prendra particulièrement à tâche d'obtenir plus de succès auprès de MM. les greffiers. J'aurai l'honneur, à son retour, de transmettre à Son Excellence le rapport qu'il devra m'adresser sur l'ensemble de ses recherches et spécialement sur le résultat des démarches qu'il aura faites en vue d'obtenir les pièces déposées dans les greffes, dont Son Excellence désire la réintégration et le placement dans les Archives de la préfecture.

Rapport de l'Archiviste, 1863.—Le local a été augmenté, pendant l'année 1863, de deux pièces affectées antérieurement au logement du concierge. Ces deux pièces, qui mesurent ensemble 50 mètres carrés, ont permis d'établir 14 travées en sus des 68 qui existaient déjà : ce qui porte le nombre total des travées à 82.

Les quatorze travées supplémentaires ont été destinées à recevoir les documents antérieurs à 1790, qui sont l'objet de l'inventaire sommaire actuellement en voie d'exécution. Ce nouveau local ayant, après examen, paru plus convenable pour le dépôt de ces titres, qui y prennent leur place au fur et à mesure que la rédaction de l'inventaire a été approuvée par Son Exc. M. le Ministre de l'Intérieur.

Les séries A, C, D de l'inventaire sommaire sont imprimées. La série G, approuvée, est sous presse. La série E, par suite de l'adjonction du fonds Montrevel, exigera deux mois encore pour son complet achèvement. Ce dernier fonds nous ayant été livré dans le plus complet pêle-mêle, j'ai dû en faire plusieurs triages et classements successifs, afin de mettre d'abord les matières en ordre. J'ai ensuite trié et classé les documents qui se rattachent plus directement à l'histoire de cette illustre maison, tenant compte, comme j'ai pris l'engagement de le faire vis-à-vis de la donatrice, des conditions qui ont déterminé la cession de ce fonds au département de l'Ain. Cette classification définitive comprend, en premier lieu, les pièces constitutives de l'histoire de la famille La Baume-Montrevel, les généalogies, alliances, provisions d'offices, testaments, documents diplomatiques, correspondances avec le pouvoir, avec les membres de la famille, etc.

Ces documents originaux sont revêtus des conditions propres à en établir l'authenticité, telles que sceaux, signatures autographes des souverains de France, de Bourgogne, de Savoie, etc.

En dehors des pièces que je viens d'indiquer, se trouve une collection assez volumineuse de documents qui ont trait aux nombreuses seigneuries possédées par les comtes de Montrevel, aux droits, priviléges et autres modes de jouissance qui y étaient attachés.

Lorsque l'inventaire de ce fonds sera achevé, il restera pour compléter entièrement la série E, à y joindre la partie supplémentaire puisée dans les inventaires fournis par les communes.

Une portion de la série H a déjà été fournie et approuvée par Son Exc. M. le Ministre de l'Intérieur. Immédiatement après l'expédition de la série E, je reprendrai la suite de la série H, dont l'achèvement, que j'espère opérer avant l'expiration de l'année 1864, mettra fin à l'inventaire sommaire des pièces antérieures à 1790.

Les titres réintégrés aux Archives de la préfecture ont été répartis dans chacune des séries auxquelles ils appartiennent, savoir :

Fonds de la chartreuse d'Arvières, de Pierre-Châtel, des prieurés d'Inimont, Ordonnaz, Bernardines de Belley et de Seyssel, Capucines de Seyssel, toutes pièces qui feront partie de la série H.

Ville de Gex. Pièces au nombre 131, provenant des Capucins de Gex, relatives à des conférences qui eurent lieu dans cette ville, lors de l'établissement de la Réforme à Genève (1534), entre les ministres protestants et les Capucins sur divers points de doctrine religieuse, et notamment sur la *transsubstantiation*. Pièces restituées par l'administration de l'enregistrement et des domaines, au nombre de 36, qui se rapportent aux Cordeliers de Bourg, aux Ursulines de la même ville, et au chapitre noble de Neuville-les-Comtesses. Ce sont toutes pièces de procédure et de peu d'intérêt.

Je mentionne encore au nombre des pièces dont notre dépôt s'est enrichi durant le cours de cette année, 27 brochures imprimées, relatives à la période révolutionnaire dans le département de l'Ain. Ces 27 brochures ont été données à notre dépôt par M. le comte Léopold Le Hon, député de l'arrondissement de Bourg.

AISNE. — (Voyez les précédentes délibérations, *Manuel*, p. 343, *Annuaire* de 1862, p. 29, *Annuaire* de 1863, p. 34.)—*Rapport du Préfet*, 1862. — Les locaux des Archives départementales qui s'encombraient de papiers que les limites de temps permettaient de supprimer, après un triage intelligent, ont été débarrassés de pièces modernes sans intérêt, dont la vente faite conformément à l'autorisation du Ministre, a produit à l'État une somme de 1,050 francs et au département celle de 107 francs.

L'inventaire sommaire des Archives des maîtrises, antérieures à 1790, a été adressé à M. le Conservateur des eaux et forêts afin qu'il puisse décider quelles pièces doivent rester à son administration. Celles du greffe du tribunal de Laon, qui avaient été signalées à l'attention du Ministre, sont examinées en ce moment par M. le Procureur impérial, d'accord avec M. le Procureur général.

Les Archives Départementales se sont encore enrichies cette année. M. Gobert, instituteur à Montaigu, a fait don d'une matrice de sceau provenant d'un seigneur de Mayot. La commune d'Azy-Bonneil a adressé des parchemins anciens qui lui devenaient inutiles. M. Castelain, avoué à Laon, a donné un registre des causes de la seigneurie de Manicamp, de 1575 à 1583. Une carte in-folio, oblong, du canal de Picardie, fort bien exécutée par l'ingénieur Laurent de Lionne, a été acquise par les soins de M. Pourrier, secrétaire général de la préfecture. Différentes chartes provenant de la succession de M. Clerc de Landresse, bibliothécaire de l'Institut, ont également été acquises par le département à des prix élevés, qui témoignent de l'importance attachée en France à la possession des trésors de paléographie.

Rapport du Préfet, 1863. — La rédaction des inventaires sommaires a été faite selon les intentions du Ministre, avec le soin et tous les développements nécessaires pour faciliter les recherches des documents antérieurs à 1790. Des analyses fidèles et précises offrent de précieux éléments de comparaisons entre les usages de l'ancienne administration et les avantages de la nouvelle ; elles indiquent les progrès accomplis depuis deux siècles. Quatorze feuilles de la série C, qui comprennent 1024 articles approuvés par le Ministre, ont été imprimées dans le cours de l'année. Les séries B et E, préparées en partie, seront presque entièrement imprimées avant le mois d'août prochain.

La publication des inventaires sommaires des Archives Départementales, qui a pour but de faire connaître les titres, les origines et les diverses phases de notre histoire, donnera à beaucoup de personnes d'utiles renseignements sur leurs propriétés et leurs familles. Elle restera comme une preuve du désir de l'administration de servir les intérêts de tous et de conserver au département le rang qu'il occupe toujours lorsqu'il s'agit de réaliser un progrès. Cette publication sera complétée par celle des inventaires des Archives Hospitalières et Communales. Le nombre des inventaires approuvés des Archives Communales, qui n'était que de 163 l'année dernière, est maintenant de 280. Le fonds de l'intendance de Soissons a été augmenté de documents adressés par le département de la Marne. D'autres du même fonds ont été restitués à ce département et à ceux de Seine-et-Marne, Oise et Somme. Enfin, M. Matton, Archiviste, a fait don de sept cartes assez rares relatives à la Généralité de Soissons, en 1763.

ALLIER. — (Voyez les précédentes délibérations, *Annuaire* de 1862, p. 29, *Annuaire* de 1863, p. 35.)—*Rapport du Préfet*, 1862.— Depuis plusieurs années, Son Exc. M. le Ministre de l'Intérieur réclame pour M. l'Archiviste du département une augmentation de traitement qui assimile sa position à celle des autres chefs de service de la Préfecture. Jusqu'alors, le peu de latitude que vous laissaient les fonds de la première section vous a empêché de donner satisfaction à cette demande. Une nouvelle dépêche, que vous trouverez au dossier, encore plus pressante que les précédentes, m'a engagé, malgré notre pénurie, à vous prier d'élever de 2,400 à 2,700 francs le traitement de M. Chazaud, qui, de cette façon, sera égal à celui des chefs de division de 3e classe à la Préfecture de l'Allier.

Le classement des Archives est entièrement terminé et l'inventaire s'imprime actuellement. Je mets sous vos yeux les exemplaires des bonnes feuilles des séries A et D, les seules terminées. Les divers fonds des séries B, C et H, se sont encore accrus, cette année, des documents remis par les administrations des domaines et des forêts. Il manque toujours aux archives judiciaires la partie restée au tribunal, faute de place dans le bâtiment actuel de nos Archives.

Le classement des archives modernes est à jour, et les recherches s'y font avec facilité.

M. l'Archiviste a continné, cette année, ses recherches sur le Bourbonnais. Les séries K et M des Archives de l'Empire et les collections Gaignières, Clairambault et Colbert, de la Bibliothèque impériale, ainsi que plusieurs collections particulières, ont été compulsées avec soin.

Rapport du Préfet, 1863. — L'insuffisance du local affecté aux Archives de la Préfecture a été reconnue ; mais la construction d'un bâtiment nouveau ayant été ajournée faute de ressources, mon prédécesseur a fait établir, dans la salle des adjudications, un système de rayonnage, pour le dépôt provisoire des pièces qu'on ne pouvait sans danger accumuler au premier étage. Vous avez alloué pour cela, au budget de 1863, une somme de 977 fr. 50 c. Quelques rayonnages sont encore nécessaires. La dépense en est évaluée à 450 fr. Je vous propose d'inscrire cette somme à l'article 2. C'est donc, avec 400 francs pour assurance des bâtiments départementaux contre les risques d'incendie, une somme de 1,810 fr. qui composera ce sous-chapitre.

Rapport de la Commission, 1863.—Les Archives départementales sont dirigées, en somme, avec zèle, activité et une grande intelligence. Votre commission vous propose de témoigner toute votre satisfaction à M. l'Archiviste.

ALPES (BASSES-). — (Voyez les précédentes délibérations, *Annuaire* de 1862, p. 31 , *Annuaire* de 1863, p. 35.) — *Rapport du Préfet*, 1862.—Les travaux de M. l'Archiviste, en ce qui concerne le dépouillement et le classement des papiers relatifs aux archives modernes, ont été paralysés dans le cours de l'année 1862. Cet employé a dû s'occuper, en exécution de la circulaire du 12 août 1861, de la copie de l'inventaire sommaire des archives antérieures à 1790, destinée à l'impression. Il a également reçu l'ordre, immédiatement après l'inspection générale, de faire au greffe du tribunal de Digne, le relevé sommaire de tous les documents antérieurs à 1790 qui doivent être réintégrés aux Archives du département, documents très-nombreux et pour le dépouillement desquels il a fallu plus de trois semaines ;. enfin, il a dû aussi faire le triage des papiers inutiles provenant des Archives des sous-préfectures de Forcalquier et de Sisteron, antérieures à 1830.

L'inventaire de la série X n'a donc pu être terminé, ainsi qu'on l'espérait, en 1861, et ce travail s'est compliqué par l'envoi aux Archives d'un grand nombre de liasses extraites des bureaux de la Préfecture et se rattachant à cette série. Néanmoins, comme je tiens essentiellement à la mise en ordre complète des Archives, j'ai invité l'Archiviste à ne rien négliger pour atteindre, dans le plus bref délai possible, ce résultat, d'autant mieux qu'il aura beaucoup à faire ensuite pour le dépouillement, le classement et l'inventaire de tous les papiers et registres versés à ce dépôt par les sous-préfectures et les greffes des tribunaux.

Le local occupé par les Archives, qui, jusqu'à présent, avait réuni les conditions indispensables pour assurer la bonne conservation des papiers, est devenu tout à fait insuffisant, par suite de la réintégration d'une partie des Archives des sous-préfectures et des greffes des tribunaux. J'ai dû livrer une salle spéciale pour le dépôt provisoire des documents que j'ai reçus et de ceux que j'attends encore et dont M. le Procureur Impérial de Castellane m'a annoncé le prochain envoi, ou qui doivent être extraits des greffes des tribunaux de Forcalquier et de Sisteron, lorsque les formalités nécessaires à leur transfèrement à la Préfecture auront été remplies.

Rapport du Préfet, 1863. — L'Inspecteur général s'est rendu, ainsi que j'en avais été informé, dans les Basses-Alpes, au mois d'octobre. Il a visité les Archives départementales et les Archives Communales et Hospitalières des villes de Digne, Sisteron, Manosque et Forcalquier. Je me suis entretenu avec lui de ce service à son passage à Digne, et particulièrement des nouvelles dispositions prises par le gouvernement, au sujet de la réunion au chef-lieu des documents antérieurs à 1790, provenant des greffes des tribunaux de première instance et de ceux des sous-préfectures antérieurs à 1830. Cette réunion, qui a fait l'objet principal de la mission de M. l'Inspecteur général, va donner au dépôt départemental beaucoup plus d'importance. Déjà des envois considérables m'ont été faits. M. le Sous-Préfet de Barcelonnette m'a fait parvenir : 1° les archives de l'ancienne église de Saint-Paul ; 2° celles du greffe du tribunal de Barcelonnette, comprenant une collection de registres de l'insinuation sarde ; 3° les Archives de la sous-préfecture antérieures à 1830. J'ai également reçu des sous-préfectures de Forcalquier et de Sisteron les papiers et registres pendant la même époque. La translation d'autres documents sera prochainement opérée. Il en existe au greffe du tribunal de première instance de Digne de fort anciens et très-nombreux, provenant de la senéchaussée de la ville et des juridictions communales supprimées. M. l'Inspecteur général s'en est personnellement rendu compte et a trouvé, parmi ces documents, des titres précieux pour l'histoire locale, dont la place est marquée au dépôt central. Il en sera de même des greffes des tribuuaux des autres arrondissements, entre autres de ceux de Castellane et de Forcalquier, où les archives anciennes exposées à de graves détériorations ont besoin d'être classées et inventoriées avec soin, afin de pouvoir en assurer la conservation et les consulter au besoin. Les autorités judiciaires, avec lesquelles je me suis concerté, ont consenti, avec le plus louable empressement, à mettre à ma disposition tous les titres historiques et autres, antérieurs à 1790, qui sont tout à fait étrangers à leur juridiction.

Le local occupé par les Archives départementales, déjà fort exigu et qui ne pouvait plus contenir les nombreuses liasses extraites chaque année des bureaux de la préfecture et des administrations financières, est devenu tout à fait insuffisant depuis la mise à exécution des instructions ministérielles. Il faut donc, dès à présent, songer sérieusement et d'urgence à créer un local plus spacieux et plus convenablement disposé à cette destination. J'ai chargé M. l'architecte départemental de m'adresser, dans ce but, un avant-projet conçu de manière à satisfaire aux besoins de ce service, sans imposer au département une trop lourde charge. J'en ferai l'objet d'une proposition spéciale.

ALPES (HAUTES-). — (Voyez les précédentes délibérations, *Manuel*, p. 348, *Annuaire* de 1862, p. 31, *Annuaire* de 1863, p. 36). — *Rapport du Préfet*, 1862. — Les travaux entrepris sur les séries M, N, O, P, et qui auront pour résultat la rédaction d'un inventaire détaillé et définitif de ces séries, se poursuivent avec activité. Il a été acheté un millier de chemises en carton pour les dossiers de cette partie de nos Archives.

Les documents antérieurs à 1790 se sont accrus, par suite de réintégration à ce dépôt, de 12 pièces du XVIIIe siècle données par les Archives du département de la Drôme ; ces pièces provenant de l'intendance de Dauphiné, concernent les communes de Tallard, Veynes et Aspres-les-Veynes.

Les inventaires sommaires destinés à l'impression (séries antérieures à 1790) sont aujourd'hui terminés ; ils sont tous à Paris, à l'ex-

ception de la série B, qui ne pourra être dressée qu'après la décision
à intervenir au sujet de la réunion aux Archives départementales des
documents provenant des greffes des tribunaux de Gap et de Brian-
çon. Les premières séries, comprenant les archives civiles, ont été
approuvées et sont imprimées en épreuves.

Rapport du Préfet, 1863. — La mort de M. Charronnet étant
survenue au milieu de l'année, et M. Bing, le nouveau titulaire,
n'ayant été installé qu'au 1er août, il n'a pu être adressé à mon
administration de rapport spécial destiné à être soumis au Conseil
général.

Dès son arrivée, M. Bing, en dehors du service courant, a entrepris le dépouillement des Archives de l'hospice de Gap, dont M. Charronnet avait analysé une partie. Mais ayant reconnu que le travail
restant à faire à cet égard était trop considérable pour être bientôt
terminé, M. l'Archiviste l'a suspendu pour s'occuper de l'inventaire
de la série B, dont il poursuit en ce moment l'achèvement.

Dans les mois de septembre et octobre derniers, M. Bing a fait une
tournée dans les communes.

ALPES-MARITIMES.—(Voyez les précédentes délibérations, *Annuaire*
de 1862, p. 32, *Annuaire* de 1863, p. 36).—*Rapport du Préfet*, 1862.
—Le classement des Archives départementales s'effectue rapidement.
Tous les documents provenant, soit de l'ancien consulat de France,
soit de l'ancienne Intendance, ont été dépouillés avec le plus grand
soin et forment un total de 995 registres et de 1,007 cartons.

Au mois de mars dernier, les riches Archives de l'arrondissement
de Grasse ont pu être transférées de la préfecture de Draguignan au
dépôt départemental. Leur installation s'est opérée dans les meilleures conditions, et leur classement paraît devoir se terminer promptement, grâce à l'intelligente activité que MM. Galois-Montbrun et
Borg apportent dans l'accomplissement de la tâche dont je les ai
chargés provisoirement.

Rapport de la Commission, 1863.—La commission, tout en reconnaissant l'utilité du travail de classement des Archives, considérant
que les inventaires ne sont pas achevés, est d'avis qu'il n'y a pas

lieu, pour le moment, de porter une allocation au budget pour la publication de ce travail.

ARDÈCHE. — (Voyez les précédentes délibérations, *Annuaire* de 1862, p. 32, *Annuaire* de 1863, p. 36). — *Rapport de l'Archiviste*, 1862. — Le classement des Archives départementales de l'Ardèche, antérieures à 1790, est terminé. Les inventaires sommaires sont rédigés et approuvés, et leur publication est commencée.

Conformément aux prescriptions de Son Excellence, j'ai fait des recherches dans les archives de la conservation des eaux et forêts de Nîmes, et dans celles de la direction des domaines à Privas, pour en extraire les documents intéressant le département et sans utilité actuelle pour l'administration des domaines. Ces pièces, au nombre de 119, ont été déposées aux Archives de la préfecture. J'ai visité également, dans le plus grand détail, les archives des greffes des tribunaux de Privas et de Tournon, et tout récemment, j'ai remis les inventaires des papiers et registres qui me paraissent devoir être réintégrés aux Archives départementales. Ces inventaires, contenant ensemble 269 articles, sont soumis en ce moment à l'examen de M. le Ministre de l'Intérieur.

Les archives modernes, depuis l'an VIII jusqu'à nos jours, doivent recevoir un nouveau classement, prescrit par l'instruction ministérielle du 24 avril 1841.

Rapport du Préfet, 1863. — Les soins de l'Archiviste se sont spécialement portés, cette année, sur le classement des papiers qui ont été extraits des greffes des tribunaux civils de Privas et de Tournon et de l'église paroissiale de cette dernière ville. Les Archives présentent de nombreuses lacunes, qui seront bientôt comblées en partie par l'adjonction des documents nombreux provenant du dépôt de Tournon, et dont la restitution a été amiablement obtenue. La reconnaissance de ces pièces s'opère en ce moment et le nombre de celles dont la restitution est réclamée ne s'élève pas à moins de 5,800. Aussitôt que l'Archiviste aura terminé cette reconnaissance, j'aurai l'honneur de rendre un compte détaillé de cette opération.

M. Mamarot continue à s'occuper de la rédaction de l'inventaire sommaire des Archives destiné à l'impression, autant que le lui permettent ses autres travaux. Il a livré, cette année, à l'imprimeur les articles 271 à 473 de la série C. Ce travail se poursuivra régulièrement.

ARDENNES. — (Voyez les précédentes délibérations, *Annuaire* de 1862, p. 33, *Annuaire* de 1863, p. 37, et *Notice sur les Archives*, p.107).— *Rapport de l'Archiviste*, 1863.—Les Archives des Ardennes ont changé plusieurs fois de local, en 1792, en 1814, en 1815. Ces changements de lieu, ces déplacements fréquents, accomplis, surtout en 1814 et 1815, avec une grande précipitation, ont été plus funestes qu'on ne saurait croire aux papiers et documents renfermés dans le dépôt (des papiers immédiatement utiles). Ils ont amené, comme toujours en pareille circonstance, un désordre et une confusion que les travaux de classement ne feront disparaître qu'à la longue. Ils ont, de plus, fait naître l'occasion de détournements nombreux, qu'il est difficile d'évaluer aujourd'hui d'une manière certaine. Les papiers rapportés en 1793 de la ville de Metz par les délégués de l'administration centrale des Ardennes, ont en partie disparu. Des documents très-importants, provenant des bibliothèques et des chartriers de nos établissements religieux, notamment de la chartreuse du Mont-Dieu, ont éprouvé le même sort. Déjà de 1793 à 1795, les auto-da-fé accomplis à Réthel et dans plusieurs communes du district de Vouziers, les dévastations des Prussiens dans le district de Grandpré, les livraisons de parchemins faites par la commune de Sedan au capitaine d'artillerie Bécu, en l'an III; celles de plusieurs autres liasses réclamées au chef-lieu du département à la même époque, l'enlèvement de 59 volumes dits d'église (parmi lesquels pouvaient se trouver des manuscrits) déposés en l'an III par l'administration du district de Mézières dans les magasins d'artillerie de la place, pour servir à la confection de gargousses et de cartouches, la mise au pilon de beaucoup d'autres avaient dû causer de grands ravages et singulièrement appauvrir nos Archives. La loi du 5 brumaire an V vint heureusement mettre un terme à ces désordres. Deux ans plus tard, cependant, en frimaire an VII, l'administration supérieure réclamait tous les cartulaires dispersés dans les dépôts départementaux pour les réunir à Paris. « Ces titres, écrivait le ministre François de Neuf-château dans le style de l'époque, à l'administration centrale des Ardennes, ces titres, fruits des siècles barbares, tiennent trop essentiellement à l'histoire pour en être distraits. Il faut qu'ils attestent à la postérité ce que l'ambition et l'artifice des corporations privilégiées ont obtenu de la crédule ignorance de nos pères et qu'ils lui fassent connaître l'heureuse révolution qui s'est faite dans l'esprit humain. » — Cette mesure n'est pas comparable à celles que nous avons signalées plus haut. On ne détruisait plus, on dépouillait seulement les établissements des départements au profit de Paris. C'est ainsi que fut perdu pour nos Archives le cartulaire du prieuré de Sénac, réuni aujourd'hui aux collections de la Bibliothèque impériale.

Ce n'est guère qu'en 1817 que les premières mesures de conservation sérieuse paraissent avoir été appliquées aux Archives. Déjà, il est vrai, sous l'Empire, la question avait été agitée en 1808 et en 1812, et des renseignements avaient été demandés aux préfets, mais sans produire de grands résultats. En 1820, et encore en juillet 1829, la question fut reprise, des renseignements sur les fonds d'Archives et sur les mesures adoptées à l'effet d'assurer leur conservation furent de nouveau demandés aux préfets. La révolution de 1830 vint arrêter les améliorations projetées, et ce ne fut que près de dix ans plus tard, en 1839, sous le ministère de M. Duchâtel, que l'on procéda à l'organisation complète des Archives et que l'on demanda des travaux d'inventaire aux Archivistes, travaux qui ont reçu une nouvelle et si vive impulsion sous les deux ministères de M. le comte de Persigny.

J'ai parlé de pertes, de détournements accomplis dans des temps malheureux ; ces temps ont duré un demi-siècle pour les Archives des Ardennes, qui paraissent avoir été soumises à un pillage organisé jusqu'en 1837. Vers la fin de l'Empire, un grand nombre de titres originaux, de documents précieux, avaient été extrait du dépôt. Ce ne fut que bien longtemps après, en 1823, à la suite d'une longue correspondance, que le préfet, stimulé par le Ministre, parvint à obtenir la réintégration de tout ou partie des pièces égarées.

Après 1830, les spoliations continuent. Le préfet de la Moselle avait adressé au département, en 1834, vingt-trois manuscrits intéressants l'histoire de Charleville, de Mézières, de Sedan et de l'abbaye de Saint-Hubert. Aujourd'hui, de tous ces manuscrits, il n'y en a plus trace; une note existe cependant dans les cartons qui prouve qu'on s'est occupé de cette disparition. On réclama auprès de la fille d'un ancien secrétaire général, et celle-ci répondit qu'aussitôt après sa mise à la retraite, son père avait remis à l'Archiviste tout ce qui appartenait à la préfecture. La note dont il est question plus haut indique cinq manuscrits, le Préfet de la Moselle en avait envoyé vingt-trois. Je n'en ai retrouvé aucun.

Dans l'année 1834 encore et jusqu'en 1837, un danger plus sérieux menace nos Archives. Ce ne sont plus des larcins honteux, c'est une spoliation pratiquée sur une grande échelle et au grand jour, déguisée, du reste, sous certaines formes administratives, qui est tentée par le maire d'une grande ville d'un département voisin, désireux d'enrichir à peu de frais la bibliothèque publique de la cité qu'il administre. Ces tentatives d'enrichissement au détriment des Ardennes furent encouragées et patronnées par les Ministres de l'intérieur et de l'instruction publique. Heureusement, au moment de céder, le Préfet se ravisa et voulut consulter le Conseil général. Le Conseil refusa de se dessaisir et fit ainsi avorter un projet, qui, s'il eût réussi, enlevait aux Ardennes tout ce qui lui reste d'Archives anciennes.

La nomination d'employés spéciaux et les mesures prescrites depuis 1839 ont rendu le retour de pareils faits impossible. Le classement commencé par M. Royer de 1840 à 1842, continué par M. Hanotel de 1842 à 1862, a contribué à mettre de l'ordre et à faciliter les recherches dans les papiers antérieurs à 1790 et dans les papiers administratifs proprement dits. Il reste cependant beaucoup à faire. L'inventaire sommaire de la partie ancienne pour les séries G, H, a même été rédigé par M. Hanotel, mon prédécesseur, en 1855 et 1856; mais aujourd'hui, ces inventaires, déjà insuffisants et d'ailleurs très-incomplets, ont besoin d'être améliorés, et, pour trancher le mot, d'être refaits en entier. Les réintégrations faites et celles à faire dans un temps rapproché démontrent la nécessité d'une refonte générale. J'ai déjà travaillé à l'inventaire-sommaire de la série C (administrations provinciales), et les premières feuilles livrées à l'impression seront mises sous les yeux de MM. les membres du Conseil général. L'inventaire de cette série, rédigé par mon prédécesseur, comprenait 102 articles. L'inventaire actuel en comprendra plus de 450. Cette augmentation est due aux versements faits par l'Aube, l'Aisne et surtout la Marne, qui nous a envoyé de nombreuses liasses en 1862, pendant l'année 1863 et tout récemment encore.

La totalité des documents antérieurs à 1790 se divise, je l'ai dit, en 2 parties distinctes : 1° Archives civiles, 2° Archives ecclésiastiques. Ces archives, dont les fonds proviennent des anciens établissements religieux, des papiers des émigrés et des intendances de Champagne, de Metz et de Hainaut, ont à recevoir de nombreux accroisements par l'adjonction de pièces, qui, nous l'espérons, feront bientôt partie du dépôt central. Je vais examiner rapidement l'état de chaque série.

La Série A (actes du pouvoir souverain et domaine royal) n'existait pas jusqu'à ce jour. Les pièces que j'ai recueillies permettront de la créer et de faire entrer dans sa composition un certain nombre d'articles. Cette série pourra s'acroître encore par le triage à faire dans les divers dépôts du département non inventoriés.

La Série B (cours et juridictions), composée seulement de 15 articles, recevra de notables accroissements par la réunion des papiers des anciennes Maîtrises des Eaux et Forêts existant dans les inspections forestières du département, dans les dépôts de la conservation de Châlons, de l'inspection de Sainte-Menehould et des greffes de Charleville, Rethel, Rocroy, Sedan et Vouziers, et par quelques liasses de l'inspection d'Épernay.

La Série C (administrations provinciales) comprenait jusqu'ici 102 articles; par suite d'adjonctions et d'une nouvelle mise en ordre, elle se trouvera portée à plus de 450 articles déjà classés. Trois cahiers de l'inventaire-sommaire, comprenant 185 articles analysés et devant former 6 feuilles d'impression, ont été adressés à S. Exc. M. le Ministre de l'Intérieur et soumis à son approbation. Cette série fournit des renseignements précieux pour l'histoire administrative et financière du pays. Je citerai parmi les documents les plus intéressants analysés dans les trois cahiers ceux qui concernent : les demandes de lettres de rémission; les manufactures et fabriques de

Sedan, de Rethel et de Château-Porcien; les forges, les hospices et hopitaux civils ; l'agriculture et les prix des grains de toute espèce ; les épidémies, les épizooties; la pépinière de Rethel et les haras; les fortifications; la construction et l'entretien des casernes d'Attigny, de Château-Porcien, de Donchery, de Launois, de Mézières et de Rocroy ; la maréchaussée, l'école du génie de Mézières ; l'établissement du camp de Villers sous Mézières, en 1753 ; les manufactures d'armes de Charleville, Mézières, Rocroy et Sedan. La fin de la série, composée des papiers relatifs aux ponts et chaussées, à la navigation, aux subdélégations de l'intendance de Champagne, aux intendances de Hainaut et de Metz, aux Élections et aux assemblées provinciales, sera complétement analysée dans le courant de cette année et pourra être livrée à l'impression en janvier 1864 au plus tard.

La Série D (instruction publique, sciences et arts) ne comprend que 8 articles. Elle est déjà classée et analysée et sera livrée à l'impression aussitôt que le cahier aura reçu l'approbation ministérielle. Les documents qu'elle renferme sont relatifs aux colléges de Charleville, de Donchery, de Rethel, des Saints-Apôtres, de Revin et de Sedan.

La Série E (féodalité, communes, bourgeoisie et familles), qui a besoin d'être remaniée, deviendra assez importante par l'adjonction des minutes de notaires.

Les Archives ecclésiastiques, séries G et H (clergé régulier et clergé séculier), se trouveront accrues par les pièces assez nombreuses et les registres et cartulaires que j'ai fait transporter de la Bibliothèque de Charleville et de la mairie de Mézières au dépôt de la Préfecture, en vertu des instructions et des ordres de M. le Ministre.

L'inspection générale avait signalé, en 1860, un certain nombre de documents déposés à la Bibliothèque de Charleville et aux Archives des mairies de la même ville et de Mézières, que leur nature et leur provenance devaient faire réintégrer au dépôt de la Préfecture. Plusieurs lettres de M. le Ministre avaient prescrit ces réintégrations. Arrêtées, pour je ne sais quel motif, à l'époque où j'ai pris possession des Archives, elles ont dû être reprises avec votre autorisation. J'ai obtenu livraison de M. le Bibliothécaire de Charleville de 14 volumes manuscrits provenant, à l'exception d'un seul (registre du domaine de Château-Regnauld), des Archives et Bibliothèques des communautés religieuses. Je mentionnerai parmi ces manuscrits deux beaux cartulaires de l'abbage de Signy : le premier du xiiie siècle, le second du xviiie, et le cartulaire de l'église Saint-Pierre de Mézières du xiiie et du xive siècle. M. le secrétaire de la mairie de Charleville m'a remis le registre terrier de la principauté d'Arches et Charleville. Enfin, M. le Maire de Mézières me laissait enlever des Archives de la ville, pour les déposer à la Préfecture, les papiers et documents provenant du chapitre de l'église de Mézières, consistant en 1 registre, 11 liasses, papier, du xiie au xviiie siècle, et 6 liasses de parchemin renfermant 316 chartes et pièces, dont les plus anciennes remontent au commencement du xiiie siècle. Presque toutes ces chartes sont revêtues de leurs sceaux, dont plusieurs sont dignes d'attention. Je me bornerai à citer une bulle de l'antipape Clément VII, une autre bulle du pape Nicolas V, revêtues toutes les deux de leurs bulles de plomb d'une conservation hors ligne ; une charte de 1323 à laquelle sont appendus 12 sceaux d'archevêques et d'évêques; une charte de 1322, de Simon, archevêque de Reims, munie d'un grand sceau oblong en cire rouge ; un grand nombre d'autres de différentes époques dues aux échevins de Mézières, avec sceaux pendants aux armes de la ville et portant la légende : ✠ S. SCABINORVM MACERIENSIVM ; enfin deux chartes en langue vulgaire, l'une de 1256 avec sceau d'une parfaite conservation, de Guillaume de Voncq, chevalier, et l'autre, de 1253, de Gaucher, comte de Rethel, avec sceau équestré portant pour légende du contre-sceau : SECRETUM COMITIS, aux armes de Rethel dans le champ.

À Épernay, j'ai travaillé au dépouillement des papiers anciens de l'inspection forestière. J'ai formé 5 liasses qui seront transmises plus tard à la préfecture. J'ai également séjourné à Reims, où je savais devoir trouver des pièces importantes, distraites de nos Archives en 1837 ; une note m'avait mis sur la trace de ces documents au nombre de 39, se rapportant à l'abbaye d'Elan et dont l'un de vos prédécesseurs avait autorisé le prêt au dehors. Les chartes fort belles et qui sont très-lisibles, malgré l'annotation dont les avait marquées un ancien Archiviste peu paléographe, étaient considérées comme perdues. Leur existence semble même avoir été ignorée de mes prédécesseurs, et le tableau numérique par fonds, publié en 1848, n'en fait aucunement mention. Après quelques mois de recherches, j'étais parvenu à savoir qu'elles se trouvaient déposées à la Bibliothèque publique de Reims. Je les ai revendiquées au nom du département, et devant lespreuves de propriété légitime que j'ai exhibées, j'en ai obtenu la remise de M. le Bibliothécaire. Ces chartes remontent au xiiie siècle et finissent au xvie. L'une d'elles, datée de 1311, conserve encore le sceau de l'écuyer Jehan de Coucy en Rethelois.

J'ai appris que le greffe du palais de justice de Reims conservait des liasses de papiers qu'il serait urgent de réclamer. Au milieu des minutes de notaires et de cahiers de diverses communautés pour les États Généraux de 1789 appartenant à notre département, on remarque les registres de l'état civil des paroisses de Blagny, Chemery et Landreville, Chilly et Laval, Fléville, Saint-Georges et Tailly, et Saint-Quentin-le-Petit.

Le temps que j'ai donné au classement et à la rédaction de l'inventaire des Archives anciennes ne m'a permis que rarement de m'occuper des papiers modernes. J'ai pu cependant commencer l'enliassement et le classement des budgets et comptes communaux et des comptes des hospices et bureaux de bienfaisance pour les années 1858 à 1861. Ce travail présente 1° pour la comptabilité communale (série O) 500 liasses; 2° pour la comptabilité des hospices, hôpitaux et bureaux de bienfaisance, 100 liasses. J'ai dû enliasser et classer provisoirement une foule de papiers appartenant à toutes les séries qui se trouvaient entassés dans le bureau; ils formaient 75 liasses.

Rapport de la Commission, 1863. — M. l'Archiviste prévoit un travail considérable de classement à effectuer; mais, pour pouvoir le mener à bonne fin, il serait nécessaire qu'il eût à sa disposition quelques ouvrages spéciaux destinés à faciliter ses recherches. Au nombre des ouvrages qui lui seraient utiles, il cite : *Le Glossaire de Du Cange*, *l'Art de vérifier les dates*, *Bibliothèque historique du père Le Long*, le *Gallia Christiana*, tomes ix et x, *Marlot, Métropole de Reims*. L'acquisition s'élèverait à 800 francs.

La section a pensé, avec M. le Préfet, que le défaut d'une Bibliothèque pour les Archives de la Préfecture était une chose regrettable, et qu'il était convenable et utile de s'en occuper. Toutefois, elle est d'avis que la somme de 800 francs nécessaire pour les achats indiqués soit répartie sur plusieurs exercices, et qu'il soit inscrit au budget de 1864 une allocation de 300 francs seulement.

Un second crédit s'élevant à 700 francs est proposé par M. le Préfet, conformément à la demande de l'Archiviste, afin de mettre celui-ci à même de rechercher sur place et de ramener à la Préfecture des documents intéressants qui existeraient dans divers dépôts, tels que greffes de tribunaux, bureaux d'inspection forestière, notamment à Sainte-Menehould et à la concervation de Châlons.

Tout en reconnaissant l'utilité des recherches projetées, la section a pensé que l'Archiviste ne pourrait s'en occuper qu'en partie pendant l'année 1864 ; que, d'un autre côté, puisqu'il doit tout son temps aux Archives, le crédit proposé ne peut s'appliquer qu'à des frais de déplacement et qu'une somme de 350 francs lui paraît suffisante.

L'Archiviste déclare, dans un rapport sur les Archives communales et hospitalières du département, que dans le courant des années 1862 à 1863, des communes, au nombre de 20, ont fait parvenir à la Préfecture les inventaires de leurs Archives. Ces inventaires n'ont point été vérifiés jusqu'alors, et pour le faire utilement, selon M. l'Archiviste, il faudrait que cette opération eût lieu sur place, à la mairie de chaque commune. Il pourrait, paraît-il, se charger de ce soin ; mais alors il réclamerait une allocation de 300 francs pour le prochain exercice.

Par les raisons qu'elle a déjà données, à savoir que M. l'Archiviste ne pourrait accomplir d'une manière complète les recherches qu'il se propose de faire en 1864 dans les différents dépôts des départements voisins, la section a jugé qu'à plus forte raison il ne pourrait s'occuper encore de l'inspection des Archives communales et hospitalières ; en conséquence, la section propose l'ajournement de ce crédit de 300 francs, qui, sans rien préjuger pour l'avenir, est prononcé par le conseil général.

Ariège.—(Voyez les précédentes délibérations, *Annuaire* de 1862, p. 34, *Annuaire* de 1863, p. 37.)—*Rapport du Préfet*, 1862.— Une partie du temps de M. l'Archiviste a dû être consacrée a la rédaction des nouveaux inventaires-sommaires des Archives antérieures à 1790. La série A, comprenant les actes du pouvoir souverain, le domaine public, les apanages et la Famille Royale, est imprimée et sera distribuée aux départements dans le courant de ce mois. La série B, comprenant les cours et juridictions secondaires, les Cours des Comptes, des Aides et des Monnaies, est sous presse. Enfin, la série C, afférente aux administrations provinciales, intendances, subdélégations, élections, bureaux des finances, États provinciaux, principautés et régences, est en voie de préparation.

M. l'Archiviste s'est, en outre, livré de concert avec MM. les Inspecteurs des forêts et dans les greffes des tribunaux, à des vérifications qui ont amené la réintégration d'un certain nombre de titres, parmi lesquels figurent deux registres concernant les bois ayant appartenu aux ecclésiastiques et aux communautés religieuses de divers ordres.

Enfin, par ses soins, un registre provenant de l'ancien couvent des dames de Sainte-Croix, ordre de Fontevrault, et un volumineux protocole de notaire, donné par M. Dufrène, de Foix, et afférent aux XVIᵉ et XVIIᶜ siècles, ont été déposés aux Archives de la Préfecture.

Rapport du Préfet, 1863. On a continué la mise en ordre et la révision des papiers qui doivent être vendus, et cette opération est assez avancée pour que le local des Archives puisse enfin être débarrassé des objets inutiles qui l'encombrent.

La découverte, dans les greffes des tribunaux du département, de divers documents relatifs aux Cours et Juridictions, a suspendu la rédaction de la série B de l'inventaire des Archives antérieures à 1790. Mais, pour que le travail général n'ait rien à perdre à ce retard forcé, M. l'Archiviste a commencé la préparation de la série C, afférente aux administrations provinciales.

Aube. — (Voyez les précédentes délibérations, *Manuel*, p. 338, *Annuaire* de 1862, p. 35, *Annuaire* de 1863, p. 37.)— *Rapport de l'Archiviste* 1862.—Les Archives départementales de l'Aube se sont notablement accrues. cette année. Outre les versements ordinaires des bureaux de la Préfecture et de la recette générale, elles ont reçu une quantité considérable de pièces provenant du greffe du tribunal de Bar–sur–Seine et des sous-préfectures des quatre arronments. Le greffe du tribunal de Bar–sur–Seine a donné 900 liasses et les sous-préfectures 757.

Ces réunions avaient été prescrites, pour les sous-préfectures, par S. Exc. M. le Ministre de l'Intérieur, pour le greffe de Bar–sur–Seine par M. le Ministre de l'Intérieur et M. le Garde des Sceaux. Les documents provenant du greffe de Bar-sur-Seine sont antérieurs à 1790 ; ceux qui proviennent des sous-préfectures sont postérieurs à cette date, mais antérieurs à 1830. Les premiers qui, une fois classés complétement, présenteront un sérieux intérêt historique, doivent, d'après les règlements, être conservés. Les secondes, faisant pour la plupart double emploi avec des documents du même genre versés par les bureaux de la Préfecture, pourront, en grande partie, être vendus sans inconvénient.

L'inventaire sommaire des Archives départementales antérieures à 1790, prescrit par S. Exc. M. le Ministre de l'Intérieur et commencé il y a quelques années, a eu, cette année, pour objet 22,472 pièces formant 373 articles. Les neuf premières feuilles de cet inventaire sont imprimées. Elles forment une livraison dont j'ai l'honneur de vous adresser six exemplaires. Je vous prie de vouloir bien en donner communication au Conseil général.

La dixième feuille est composée ; elle sera sans doute tirée au moment où le Conseil général entrera en session et le crédit alloué par le Conseil sera épuisé. Je vous prierai de demander au Conseil général une nouvelle allocation pour 1863.

Rapport du Préfet, 1863. — L'Archiviste a rédigé l'inventaire sommaire de 16,574 pièces antérieures à 1790, formant 312 articles, qui ont été déposées aux Archives, en exécution d'une décision concertée entre MM. les Ministres de l'Intérieur et des Finances ; 30 liasses de pièces antérieures à 1790 et provenant de la Conservation des Forêts ont été versées depuis un an dans ce dépôt. Les bureaux de la Préfecture et de la Recette générale ont aussi envoyé des pièces. Ces pièces ont été classées et répertoriées.

Parmi les documents antérieurs à 1830 qui ont été transportés des quatre sous-préfectures dans les Archives départementales, 280 liasses ont été reconnues par une commission spéciale de nature à être supprimées. D'après les instructions ministérielles vous devez émettre un avis sur l'opportunité de la vente de ces papiers. L'inventaire qui en a été dressé vous sera en conséquence communiqué.

L'impression de l'inventaire-sommaire des anciennes pièces se poursuit avec activité. La seconde livraison, qui sera mise sous vos yeux, se compose de onze feuilles, ce qui porte à vingt le nombre des feuilles tirées jusqu'à ce jour. M. l'Archiviste espère que dans douze ou quinze mois l'impression de la série C sera terminée. Cette série comprend les Archives administratives antérieures à 1790 ; elle contient des renseignements précieux sur l'administration des intendants de Champagne, sur l'histoire des communes, sur leur population, sur les impôts payés par elles, aux XVII⁰ et XVIII⁰ siècles.

Rapport de l'Archiviste, 1863. — Rien n'est curieux comme les documents qui nous conservent le souvenir de cette organisation de l'ancienne France où les intendants ont précédé les Préfets, où les Subdélégués tiennent la place des Sous-Préfets, où les Élections joignaient aux attributions des Conseils de Préfectures une partie de celle des Conseils généraux. Dans ces vieilles Archives d'administrations monarchiques, que la révolution n'a pu supprimer que pour un temps et que le premier Empire nous a presque rendues, chaque commune du département a une ou plusieurs liasses, souvent fort curieuses, où se trouve réuni ce que nous avons de plus complet sur son histoire au XVII⁰ et au XVIII⁰ siècle. Là se découvre aussi souvent pour elles la solution de procès importants, comme, il y a quelques mois, nous en avons eu la preuve pour les communes de Cormost et d'Isle-Aumont.

On a continué l'estampillage des registres et des liasses antérieures à 1790 provenant des greffes des tribunaux civils du département, qui ont été récemment déposés aux Archives. Il a été jusqu'à présent apposé le timbre des Archives sur 2,042 registres et sur environ 60,000 pièces provenant des greffes de Troyes et de Bar-sur-Seine, près de la moitié de la totalité des documents de cette catégorie.

AUDE. — (Voyez les précédentes délibérations, *Annuaire* de 1862, p. 35, *Annuaire* de 1863, p. 37.)—*Rapport du Préfet*, 1862.—L'une des réintégrations faites aux Archives cette année comprend une partie des papiers du Sénéchal et du Présidial de Limoux, les papiers de la Cour de Chalabre, de la châtellenie de Quillan, du marquisat d'Argues et Couîza, du marquisat de Puivert, de la baronnie de Caderonne, Constanssa et autres justices inférieures, en assez grand nombre ; enfin, des registres de la Maîtrise des eaux et forêts de Quillan, lesquels, bien que ne renfermant que des pièces relatives à la partie judiciaire des attributions du Maître en fonction, ont néanmoins une grande importance à cause des actes qu'ils peuvent contenir sur les limites, les droits, la consistance, les usages, etc., des forêts domaniales ou particulières qui couvrent encore une grande étendue de pays. Cette réintégration serait déjà effectuée, si les locaux actuels des Archives l'eussent permis. Je ne la perds pas de vue.

L'autre réintégration embrasse les papiers administratifs des Maîtres des eaux et forêts de Castelnaudary, de Quillan et de Saint-Pons, dont les territoires se trouvent, en entier ou pour la plus grande partie, compris aujourd'hui dans le département. Il ne m'est pas possible d'apprécier, dès ce moment, l'importance numérique des papiers de ces maîtrises à réintégrer : ce qu'il m'est permis d'avancer, c'est qu'ils auront l'avantage de mettre nos Archives en possession de documents d'une utilité d'application fort grande et notamment en ce qui concerne les jugements de la réformation, qui sont si fréquemment invoqués et produits comme titres. Un travail va être prochainement fait pour avoir le relevé de ces papiers et j'en préparerai la remise dès que j'en aurai l'Inventaire dressé par M. l'Archiviste départemental, qui demeure chargé de sa rédaction.

A ces deux réintégrations, qui sont en cours d'exécution, s'ajoute celle qui m'a été faite par MM. les Administrateurs de l'hospice de Carcassonne. Elle comprend 241 pièces, provenant de Mgr. de Bezons, qui se rapportent toutes à la construction de son palais épiscopal dans la ville basse de Carcassonne, devenu aujourd'hui l'hôtel de la Préfecture. Ce sont des tableaux des acquisitions faites pour asseoir le Palais et des mémoires, comptes des travaux et fournitures pour sa construction, entre les années 1734 à 1763. Je ne crois pas devoir m'attacher à faire ressortir leur intérêt pour nos Archives départementales ; il se déduit suffisamment et de la nature de ces pièces et du bâtiment auquel elles se rapportent.

Dans la partie des Archives correspondant à l'inventaire sommaire, les travaux de rédaction et de classement se sont poursuivis avec une activité et un zèle que je me plais à reconnaître, et qui ont produit des résultats pour lesquels M. le Ministre de l'Intérieur a bien voulu me témoigner sa satisfaction. Par ces travaux, le classement et l'inventaire des juridictions inférieures du ressort de la Sénéchaussée de Carcassonne se trouvent terminés, et, pour la plus grande partie, soumis à l'examen du Ministère. Ils portent sur les articles 1240 à 1962 de la série B, soit 722 articles, qui embrassent 80 registres et 642 liasses, contenant 27,553 pièces en papier, 38 pièces en parchemin et 28 sceaux. La mise au net de l'analyse de ces articles se poursuit activement : 10 cahiers, qui analysent les articles 1240 à 1786, examinés par le Ministre, ont tous été approuvés, et j'espère qu'il en sera de même pour les articles 1787 à 1962, qui restent à expédier. Les chiffres suppléent à toute explication ; je n'ajouterai donc rien aux données de ceux qui précèdent, et je suis persuadé que vous y verrez, comme moi, la preuve persistante de l'assiduité qu'apporte l'Archiviste du département dans l'exercice de ses modestes fonctions.

Rapport du Préfet, 1863.—Vous savez, Messieurs, que, dans le but de faire connaître à la science les richesses renfermées dans les Archives départementales, M. le Ministre de l'Intérieur a ordonné l'impression et la publication des inventaires-sommaires, qui sont rédigés pour la période antérieure à 1790. Il ne m'avait pas été possible de préparer cette impression. Je vous en ai fait connaître les motifs dans mon rapport de l'année dernière. Cependant, la plupart des départements avaient, dès cette époque, publié une partie de leurs inventaires et en poursuivent l'impression. Les instructions qui m'étaient données ne permettaient pas de nouvel ajournement ; j'ai dû, en conséquence, aviser aux moyens d'entreprendre, à notre tour, cette impression, qui ne laissera pas que d'avoir quelque importance. Pour cela, j'ai traité avec M. P. Dupont, aux conditions qui sont communes avec le plus grand nombre des départements.

Pendant l'année, de nouvelles remises de papiers sont venues enrichir notre dépôt. Ainsi, divers terriers m'ont été adressés par l'entremise de mon collègue de l'Hérault, qui en avait lui-même signalé l'existence aux Archives de la Cour impériale, comme provenant des Archives de la Cour des Comptes de Montpellier. A ces terriers a été joint l'inventaire des Archives du Roi, qui se trouvaient dans le château de la Cité, à Carcassonne. Cet inventaire est extrêmement précieux ; c'est peut-être la seule chose qui reste aujourd'hui d'une collection remarquable par l'ancienneté et la diversité de ses titres, qui embrassent tous les actes relatifs à la féodalité dans le comté de Carcassonne. Vous savez, en effet, que cette collection n'existe plus ; elle a été brûlée officiellement en brumaire an II, sur la petite place de Bellevue, comme le constate un procès-verbal en forme, consigné dans les registres de la mairie de Carcassonne. J'ai reçu aussi, de l'Administration des forêts, les Archives de la Maîtrise des eaux et forêts de Quillan, moins les registres de la réformation et de celle de Carcassonne. Ces Archives ont un intérêt pratique, relatif à la jouissance, à l'usage, à la propriété, à la servitude; ils vont être classés aux fonds qui leur seront ouverts dans la série B, à laquelle leur origine les rattache.

Pour faire suite au classement des Archives de la Sénéchaussée de Carcassonne et des juridictions du ressort, j'ai fait commencer le classement des papiers de la Sénéchaussée de Lauragais. Ces papiers m'avaient été versés sans divisions de fonds et dans un ordre de matières qui en rend pénible et longue la reconnaissance sommaire. Commencée au mois de septembre dernier, cette opération s'est poursuivie avec autant d'activité que l'ont permis les autres travaux accomplis dans les Archives et leurs divers déménagements et emménagements. En même temps que la reconnaissance sommaire et la reconstitution des fonds d'où proviennent ces Archives, j'ai fait procéder à leur classement préparatoire et à la rédaction des bulletins analytiques des articles formés. Ce double travail est maintenant opéré sur 294 registres, dont le dépouillement, d'après les bulletins d'analyse, présente, sur le relevé des paginations, un total de 98,570 feuillets, qui ont été parcourus, reconnus et étudiés pour la rédaction de l'analyse des articles.

Comme somme de travail, le classement de ces 294 registres a une importance qui ne saurait vous échapper et que je me borne à vous signaler comme une excellente preuve de l'activité et du zèle de l'employé attaché à nos Archives. Elles sont, grâce à cette activité soutenue, à ce zèle laborieux, dans une situation excellente, que mes efforts tendront encore à faire progresser, et qui m'a valu l'entière approbation de M. le Ministre de l'Intérieur.

AVEYRON. — (Voyez les précédentes délibérations, *Manuel*, p. 343, *Annuaire* de 1862, p. 37, *Annuaire* de 1863, p. 38). — *Rapport de l'Archiviste*, 1862. — J'ai été assez heureux, Monsieur le Préfet, depuis mon entrée en fonction, pour grossir notre trésor d'une vingtaine de registres notulaires destinés, il m'est pénible de le dire, à l'épicier ou au débitant de tabac. Et, à ce sujet, permettez-moi d'émettre ici un vœu qu'un écho bienfaisant transmettra peut-être dans l'Aveyron tout entier : c'est que MM. les notaires possesseurs de minutes dont la lecture exige des connaissances spéciales, malheureusement trop rares, sachent en faire un abandon généreux au profit du dépôt départemental.

Mon prédécesseur fit réintégrer, l'an dernier, aux Archives de l'Aveyron, un fonds considérable et très-intéressant pour l'histoire de notre vieux Rouergue, déposé dans celles de Tarn-et-Garonne. Ce fonds comprend, entre autres choses, 146 cahiers ou registres renfermant les reconnaissances féodales de cinquante-cinq localités différentes du département. Je les ai classés par ordre alphabétique; et cette belle collection, jointe à celle que nous possédions déjà, provenant des fonds de l'évêché et du chapitre cathédral, permet de dire qu'il existe peu de localités dans l'Aveyron qui n'aient aux Archives les descriptions de leur manière d'être comme confrontations, contenance, nature de culture, redevances, etc.

Rapport du Préfet, 1863. — J'appelle, Messieurs, votre sérieuse attention sur le rapport qui m'a été adressé par M. l'Archiviste du département. Vous y verrez avec quel zèle ce fonctionnaire s'occupe du classement du dépôt qui lui est confié, ainsi que du dépouillement et des inventaires, non-seulement des Archives départementales, mais encore de celles qui appartiennent aux communes ou aux hospices.

Rapport de l'Archiviste, 1863. — L'inventaire de la série B, auquel je travaillais encore lors de la dernière session, est entièrement publié et terminé. C'est un document qu'on peut actuellement consulter et à l'aide duquel les recherches seront désormais faciles dans le fonds qu'il concerne.

La série C, faisant immédiatemnnt suite à la précédente, a été attaquée avec la même vigueur que celle-ci. Les premières feuilles de son inventaire, relatives aux contributions antérieures à 1790, sont en ce moment sous presse. Les feuilles suivantes, comprenant avec les autres plus de 280 communautés ou mandements taillables de l'ancien Rouergue, ont été transmises à S. Exc. le Ministre de l'Intérieur pour être revêtues de son approbation. Ce travail marche d'un bon train, et je suis d'autant mieux fondé à garantir sa rapide exécution, que déjà j'ai tout prêt, sur feuilles volantes, l'inventaire dressé dans le courant de cet exercice de plusieurs des éléments qui doivent en faire partie. Tel est l'inventaire de 137 livres terriers venus de Montauban, se rapportant à cinquante-cinq localités de notre pays, et dont j'ai eu l'honneur de vous entretenir dans mon rapport de l'année dernière. Tel est encore celui de 44 registres ou cahiers, provenant de la même ville, offrant, je puis l'affirmer, un intérêt majeur pour l'histoire de notre province. Dans ces derniers documents, en effet, rédigés la plupart en patois ou langue romane, que de détails curieux et inédits! Grâce à ces nouvelles sources, il sera facile d'ajouter considérablement aux travaux de nos historiens, de les redresser même quelquefois. Les renseignements abondent sur l'organisation, l'étendue et les revenus des comtés de Rouergue et de Rodez; sur les sénéchaux et les autres fonctionnaires de tous ordres de ces deux grands fiefs, sur la puissante famille d'Armagnac, le prix des objets de consommation ou autres, l'exercice de la justice, l'abus de la torture et des exécutions capitales, sur les courses des Anglais et les efforts héroïques de nos devanciers pour délivrer le pays de ces fiers et insolents envahisseurs. Il est un volume de cette précieuse collection qui permet de suivre, pas à pas, durant une année, à travers le Rouergue, celui des d'Armagnac qui seconda si bien les patriotes Rouergatz dans leur sainte croisade contre l'étranger. Il en est un autre, remontant au XIVe siècle, qui donne, à propos d'un trésor trouvé, des détails circonstanciés sur un très-ancien aqueduc passant sous les places du Bourg et de l'Olmet à Rodez, détails qui permettront peut-être de compléter l'historique, déjà si intéressant, des bienfaisantes eaux de notre chef-lieu départemental.

Enfin, j'ai pu, aussi heureux qu'en 1862, ajouter encore au dépôt départemental, moyennant une minime dépense, seize registres contenant des documents compris entre 1551 et 1677; quinze de ces volumes renferment des actes notariés reçus à Ségur ou à Vimenet; le seizième est une sorte de livre de la communauté des Canabières.

Rapport de la Commission, 1863.—Les travaux actifs, multipliés, importants, si profitables au département, exécutés par M. l'Archiviste, ont paru à votre Commission de nature à appeler sur ce chef de service la bieinveillance du Conseil général, alors qu'un examen satisfaisant, subi par lui le 21 mai dernier, en conformité du décret du 4 février 1850, lui a permis de faire convertir sa position d'Archiviste provisoire en celle d'Archiviste titulaire. Elle a pensé que le moment était opportun pour mettre son traitement en rapport avec le service pénible et difficile qui lui est confié, et elle vous propose, en conséquence, de le fixer, si nos ressources le permettent, à la somme de 3,000 francs, l'assimilant ainsi, suivant les instructions ministérielles, au traitement de tous les autres chefs de service des Préfectures.

BOUCHES-DU-RHÔNE. — (Voyez les précédentes délibérations, *Annuaire* de 1862, p. 37, *Annuaire* de 1863, p. 38).—*Rapport du Pré-*

fet, 1862.—M. l'Archiviste fait connaître qu'il a entamé, cette année, l'inventaire sommaire de la série B. 400 articles de cet inventaire, qui en comprendra 800 environ, ont été adressés à S. Exc. M. le Ministre de l'Intérieur et approuvés. L'impression de cet inventaire a lieu à Paris, sous le contrôle du Bureau des Archives. La même publication se poursuit pour les autres départements, ce qui a rendu nécessaire de centraliser ainsi le travail.

Le dépouillement complet et le classement analytique des nombreux fonds ecclésiastiques de notre ville, confondus et mêlés sous la dénomination de *Corps religieux*, ont également fait l'objet des travaux de M. l'Archiviste. Les Archives des Récollets, des Récollettes, des Carmes, des Cordeliers, des Observantins, des Augustins, des Augustins Réformés et de la paroisse collégiale des Accoules, sont aujourd'hui classées pièce par pièce, conformément au cadre prescrit, avec lettres de série, numéros de pièces et de liasses, et désignation de fonds.

Il restait à réintégrer dans les Archives du département un certain nombre de pièces provenant des fonds de Saint-Victor et de la Major. Cette opération a été accomplie. Les Archives de Saint-Victor comptent aujourd'hui 2,612 chartes de plus. Celles de la Sénéchaussée de Marseille m'ont été également remises par le maire de cette ville.

Les Archives du Parlement d'Aix vont subir un triage qui tranche la difficulté qui s'était élevée au sujet de la possession de ce précieux dépôt. La partie judiciaire demeurera au greffe de la Cour; quant à la partie administrative, elle sera versée aux Archives du département.

Rapport de la Commission, 1862.—M. le Rapporteur fait part au Conseil de la satisfaction qu'a éprouvée la Commission des établissements départementaux dans la vérification des Archives de la Préfecture. Les classements sont bien ordonnés, les dépouillements extraordinaires donnent des résultats qui peuvent être utilement mis à profit pour l'histoire du pays. L'inventaire prescrit par l'Administration supérieure a été conçu et exécuté de manière à donner un grand intérêt à cet important travail. Enfin, le service des Archives n'a donné lieu qu'à des éloges de la part de la Commission.

Le Conseil déclare s'associer à ce témoignage de satisfaction.

Rapport de l'Archiviste, 1863.—Dans mon rapport de 1862, je signalais d'abord les registres où sont officiellement transcrits tous les actes payant finance, autant vaudrait dire tous les actes généraux et particuliers d'un intérêt majeur émanés pendant toute la durée de l'existence de la Cour des Souverains de la province, où sont des édits des Rois de Sicile et de leurs successeurs les Rois de France. L'inventaire de ces registres est terminé. Il occupe 88 colonnes et, certainement, il est une des pages les plus intéressantes de mon travail.

En effet, tout ce qui, de loin ou de près, touche à l'histoire de notre pays, est renfermé dans ces 135 volumes. Commencé à l'époque même de la création de la Cour par le premier Archiviste de Provence, Hugues Honorat, ils furent formés à cette époque, non-seulement par des transcriptions de documents contemporains, mais encore par des copies de tous les anciens titres que le premier de mes prédécesseurs put découvrir, soit entre les mains des représentants du pouvoir souverain, soit entre celles des princes de la maison régnante, ou des héritiers de Raymond Bérenger, soit enfin à la tour du Trésor et au monastère de N.-D. de Nazareth, où nos comtes, depuis longtemps, déposaient les doubles de leurs actes les plus précieux.

Le volume intitulé *Pergamenorum*, et connu sous ce nom dans tous les inventaires anciens et dans toutes les histoires provençales dont les auteurs ont puisé aux sources, est le recueil, presque complet, de toutes les chartes comtales du XIIIe siècle. On y trouve même plusieurs des actes du siècle précédent, et notamment celui signalé tant de fois, relatif au partage de la Provence entre le comte de ce pays, Raymond Bérenger, et le comte de Toulouse, Ildefonse de Saint-Gilles (1125).

C'est par ce registre, d'une valeur et d'une autorité sans égales, que s'ouvre la série des 135 volumes d'enregistrement, dont le dernier porte la date dans son titre (Assemblée nationale). Il serait difficile de dire quels sont les événements accomplis en Provence ou l'ayant intéressée à quelque point de vue durant cette période de 650 ans dont on ne trouve au moins la trace, si ce n'est l'histoire, dans cette série de volumes.

Au nombre des pièces inédites, je ne puis citer d'important que les chapitres de paix de Marseille. Les priviléges, chartes du Consulat et autres titres de diverse nature qui complètent le recueil ont été imprimés parmi les preuves des histoires de Ruffi, de Papon, d'Amibert, etc. (Voyez au sujet de ces registres la Notice sur les Archives des Bouches-du-Rhône, ci-après.)

Rapport du Préfet, 1863.—Le rapport de M. l'Archiviste du département est accompagné cette année du premier fascicule imprimé de l'inventaire sommaire des Archives des Bouches-du-Rhône. Ce fascicule se compose de 10 feuilles d'impression à deux colonnes. Il renferme l'analyse des 250 premiers numéros du fonds de la Cour des Comptes. Ce n'est que le commencement du grand travail qui doit se poursuivre.

L'allocation portée au budget de 1863 pour l'impression des inventaires n'était que de 500 francs ; j'aurais désiré pouvoir vous proposer de la porter à 1,000 francs, afin que le travail de l'impression pût être poussé plus activement; mais je me vois forcé, à regret, de vous demander uniquement le maintien du précédent crédit. Dans le compte rendu de ses travaux de 1862-1863, M. l'Archiviste fait ressortir l'importance historique du fonds de la Cour des Comptes, dont il a terminé l'inventaire sommaire.

Le fonds de l'abbaye de Saint-Sauveur, composé de 102 liasses ou registres déposés dans des sacs, a été inventorié en minute. L'inventaire indique le nombre de pièces par liasse et les principales pièces dans l'ordre alphabétique des matières.

L'analyse du fonds de l'église de la Major a été continuée : ce fonds se compose de 2,500 chartes environ ; l'an dernier, 700 chartes avaient été inventoriées et analysées. Cette année, le même travail a été fait pour environ 200 autres chartes. Le fonds des Trinitaires d'Arles a été classé d'après un ancien inventaire. Il se compose de 100 registres ou dossiers, comprenant de 4 à 5,000 pièces. Il en a été de même de celui de Saint-Césaire.

Quant à la partie moderne dont l'importance, au point de vue des affaires courantes, est des plus considérables, nos Archives sont également l'objet de soins et d'améliorations constants. Diverses séries ont été classées, des liasses refaites, enfin un ordre de plus en plus complet règne dans cette collection. M. l'Archiviste Blancard, assisté du sous-Archiviste M. André, remplit avec zèle la tâche qui lui a été confiée.

CALVADOS. — (Voyez les précédentes délibérations, *Annuaire* de 1862, p. 38, *Annuaire* de 1863, p. 39.) —*Rapport de l'Archiviste*, 1862. —La visite dans les greffes des tribunaux de votre département, que réclamait avec instance le Ministère et dont vous avez bien voulu me charger, a été très-fructueuse, puisque j'ai pu inventorier près de 15,000 liasses, registres et paquets des documents provenant des divers bailliages et devant faire retour aux Archives du Calvados, pour compléter des lacunes regrettables que nous constations dans la série B. Nous avons dressé un inventaire sommaire de tous ces documents, ainsi que des nombreux registres de l'état civil qui devront être l'objet d'échanges entre les divers greffes qu'ils concernent.

Madame Desmarais de Monchèvre nous a fait remettre les titres de l'ancienne famille des Le Bourgeois, après les avoir fait trier avec soin par son petit-fils, M. Paul Du Murand, Archiviste paléographe, naguère sorti pensionnaire de l'École des Chartes. De son côté, M. de Petiville nous a envoyé des documents sur les familles Du Rozel et de Petiville, et se propose de nous remettre encore une immense caisse de papiers et de parchemins déposés. à Vire, où, lors de notre tournée dans les greffes, nous avons pu les visiter, superficiellement, sans doute, mais assez pour. nous en faire désirer le prompt dépôt aux Archives. Ils appartiennent aux XIIIᵉ, XIVᵉ, XVᵉ, XVIᵉ et XVIIᵉ siècles.

Ce sont là des exemples que le Conseil général ne saurait trop encourager, pour compléter des collections intéressantes au point de vue de l'histoire de notre passé normand.

Rapport du Préfet, 1862.—Dans leur état actuel, les Archives des sous-préfectures se composent d'un amas plus ou moins volumineux de pièces, à peine enliassées, presque toujours sans connexité, rassemblées au hasard et confondues pêle-mêle ; collections confuses, indigestes, surchargées de paperasses inutiles, appartenant à tous les temps, à tous les régimes, où l'on trouve tout, excepté ce que l'on cherche.

Je le dis à regret, l'état déplorable dans lequel sont encore aujourd'hui les Archives de la plupart des sous-préfectures donne à penser que celles des allocations antérieures qui ont été employées ont été ou insuffisantes ou mal utilisées ; mais il explique sous l'empire de quelle préoccupation le Conseil général a refusé à diverses reprises, notamment en 1855 et 1856, d'allouer de nouveaux crédits pour un travail qui, entrepris à une autre époque, a produit si peu de résultats.

Il vous appartient, Messieurs, d'apprécier si, cependant, le moment n'est pas venu de mettre un terme, par des mesures nouvelles plus efficaces, à une situation devenue compromettante pour de nombreux intérêts. Je serais d'avis, ne fût-ce que pour tenter une nouvelle épreuve, qu'on fît revivre pour la sous-préfecture de Falaise, dont les Archives ont été signalées par le Conseil d'arrondissement comme réclamant la plus urgente décision, le crédit qui lui avait été alloué en 1843 pour le classement de ce dépôt.

Rapport de l'Archiviste, 1863. — Les travaux de vos Archives se répartissent, cette année, suivant la nature même des choses, en quatre divisions distinctes : 1° Archives historiques antérieures à 1790 ; 2° Archives des sous-préfectures et des greffes ; 3° Archives administratives ou modernes ; 4° enfin, Archives communales et hospitalières.

Il est donc naturel de suivre cet ordre dans le compte rendu des travaux de cette neuvième année de nos fonctions d'Archiviste. Elle a été d'autant plus laborieuse, que le service des Archives départementales a plus particulièrement préoccupé le Ministre, dont l'influence s'est fait remarquablement sentir par la vive impulsion et dans la direction imprimée aux divers travaux de vos Archives, enfin, par de successives circulaires attestant tout l'intérêt que le Gouvernement porte à la conservation et à l'augmentation des Archives départementales.

Aussi cette neuvième année a-t-elle été féconde en réintégrations de toutes provenances et de toute nature, au point de réaliser et de dépasser même les vœux que nous exprimions dans notre rapport de 1857, en invoquant le bénéfice des lois du 5 novembre 1790, du 5 brumaire an V et de la circulaire ministérielle du 20 janvier 1854, afin de compléter notre immense collection des actes des diverses juridictions de la Généralité de Caen.

L'administration supérieure et le Gouvernement surtout ont compris l'utilité, la nécessité même qu'il y aurait de compulser les différents dépôts administratifs pour compléter, autant que possible, avant l'impression de l'inventaire, chacun des fonds appartenant au département. Aussi, les instructions, les circulaires ministérielles les plus pressantes prescrivent-elles de centraliser dans les dépôts des Préfectures et les dossiers épars dans les conservations des Eaux et Forêts et les dossiers laissés dans les directions de l'Enregistrement et des Domaines, dans les greffes des Cours impériales et des tribunaux de première instance, et même toutes les pièces antérieures à 1830 conservées dans les sous-préfectnres. Toutes ces mesures ont été concertées entre Leurs Excellences les Ministres de l'intérieur, de la justice et des finances et MM. les chefs supérieurs de chaque service ; plusieurs de MM. vos collègues, celui de la Seine-Inférieure, ceux d'Eure-et-Loir et de la Manche entre autres, ont déjà réalisé en partie ces opérations.

Les résultats de nos recherches, constatés dans un rapport spécial, ont été à peu près nuls à Bayeux, à Pont-l'Evêque et à Vire. Il n'en a pas été de même aux greffes des tribunaux de Falaise et de Lisieux. J'avais dressé l'inventaire des pièces, qui a été envoyé au Ministère; cette année, j'ai dû opérer cette réintégration si vivement et si justement réclamée d'urgence par S. Exc. le Ministre de l'intérieur dans sa dépêche du 21 juillet 1861, et dont je n'ai eu connaissance que postérieurement.

Le greffe de Falaise nous a donné un contingent de 3,500 liasses et registres provenant des bailliages civils et criminels des diverses juridictions des Eaux et Forêts, des hautes justices de Bretteville-sur-Laize, de Briouze, de Clécy, d'Harcourt, de Sainte-Honorine-la-Guillaume, de Versainville et de Villedieu-lès-Bailleul ; les registres de la police, les procès-verbaux de la Prévôté et de la Maréchaussée durant le cours des XVIIᵉ et XVIIIᵉ siècles. Je ne mentionnerai en passant, parmi tous ces titres, comme les plus intéressants pour l'histoire du commerce, que le registre des *Assises mercuriales* de Falaise.

Le greffe de Lisieux, plus considérable encore que le précédent, nous a fourni plus de 6,500 registres , liasses et paquets provenant des bailliages de Lisieux, Montreuil, L'Argillé, Orbec et Saint-Pierre-sur-Dives, des hautes justices du Doyenné, des Prébendes et de l'Officialité de Lisieux , des tabellionages d'Auquainville et de Livarot, des justices de paix de Saint-Martin-du-Houlley , de Mézidon, de Notre-Damè-du-Houlley , enfin du district de Lisieux. De tout ce_{t} amas de documents dès aujourd'hui triés, je ne mentionnerai qu'un seul qui se trouvait égaré dans ces Archives. C'est le « registre « faict pour le trésor et fabrique de Saint-Jacques de Lisieux, pour y « escripre les délibérations qui seront faictes par les dits trésorier et « officiers par la commauté des paroissiens de la dicte paroisse, pour « la conservation des biens et prouffict et règlements pour ce faict. »

Ce précieux registre donne les annales de l'église de Saint-Jacques de Lisieux de 1588 à 1659, et contient, entre autres pièces curieuses, « l'inventaire dressé en 1591 des meubles, bagues, joyaux , orne-« ments, chappes, linge, chasubles, tuniques, calices d'argent, taber-« nacles dorés, livres et autres espèces de meubles. »

Tous les titres provenant de ces deux greffes contiennent, pour l'histoire de l'organisation judiciaire de la basse Normandie, de précieux renseignements ; ils seront classés dans les diverses séries B, C et E d'après la nature des affaires qui y sont traitées.

Sur les demandes réitérées de M. le Ministre, averti par M. l'Inspecteur général, vous avez, M. le Préfet, fait rentrer aux Archives du département diverses liasses de titres anciens provenant de l'apanage des ducs d'Orléans qui se trouvaient à la sous-préfecture de Pont-l'Evêque. Ces documents sont relatifs à la maîtrise des Eaux et Forêts et à la Gruerie de Pont-l'Evêque.

Vous avez demandé aux maires des communes d'Ammeville, d'Auberville et de Condé-sur-Ifs le registre des pléges et gages-pléges de la seigneurie du Pommier (1592-1602), le registre de la seigneurie d'Auberville, contenant le détail des biens appartenant à Mme Anne Séaglia de Verüe, abbesse de la Sainte-Trinité de Caen (1758), enfin le « registre des certificats de la taille, sel et autres « affaires » de la paroisse de Saint-Martin de Condé-sur-Laizon (1665-1675). Ce dernier registre est recouvert d'un parchemin d'antiphonaire, sur lequel se lit un fragment de l'office de Saint-Martin, annoté et orné de belles initiales historiées, bleu et rouge, du XVe siècle.

Cette année, M. Adigard, propriétaire à Ouézy-sur-Laizon, nous a envoyé un énorme ballot de parchemins, en nous autorisant à choisir tous les titres qui seraient de nature à intéresser le département.

Quant aux Archives modernes, cette partie essentielle de notre service, la plus pratique, la plus incontestablement utile, et non pas assurément la moins laborieuse, elles sont l'objet de nos soins quotidiens : classer dans les diverses liasses auxquelles ils appartiennent les papiers versés périodiquement par les bureaux de la Préfecture et des administrations ; ranger les registres, les recueils administratifs, ceux des Conseils généraux des départements, les rôles, les journaux à souche, les dossiers des contributions, du recensement de la population, de la statistique, des inventaires des communes, répondre, enfin, aux demandes de l'administration et des particuliers dont le chiffre s'élève à 739, telles ont été nos principales occupations.

CANTAL. — (Voyez les précédentes délibérations, *Annuaire* de 1862, p. 46, *Annuaire* de 1863, p. 39.) — *Rapport du Préfet*, 1862. — Le rapport de M. l'Archiviste énumère les travaux auxquels s'est livré M. Dacier depuis son entrée en fonction, et témoigne à la fois du zèle et de l'aptitude de ce fonctionnaire.

Rapport de l'Archiviste, 1863. — La seconde partie du récolement, ou plutôt du relevé des dossiers composant les différents fonds des Archives de la Préfecture, achevée au mois de septembre 1862, a été transmise à S. Exc. M. le Ministre de l'intérieur et a été approuvée le même mois.

Cette formalité remplie, j'ai immédiatement procédé à la réunion en collections suivies des liasses, registres et cartons qui concernent une même série. J'ai observé, autant que me l'a permis la disposition des pièces et du rayonnage des travées, l'ordre réglementáire indiqué par les instructions ministérielles.

Dès que la nouvelle salle destinée à l'agrandissement du local des Archives a été mise à ma disposition, j'y ai transféré les séries C, E, G, H (les seules que nous possédions), comprenant les Archives civiles et ecclésiastiques antérieures à 1790 ; la série M; une partie de la série N, qui concernent, la première : le Personnel et l'administration générale du département; la seconde, l'administration et la comptabilité départementales, comprenant ensemble plus de vingt fonds ; et enfin, la série L, qui embrasse l'administration de ce département de 1790 à 1800.

Cette opération, qui s'est effectuée pendant l'hiver, a exigé beaucoup de temps, à cause du travail de recherches qu'il m'a fallu faire pour réunir les dossiers, disséminés dans l'ensemble des matériaux d'une même série et d'un même fonds.

Cependant, j'ai pu classer la série L (administration de 1790 à 1800) ; j'ai relevé sur des bulletins les volumes, les liasses et les pièces isolées; l'inventaire de cette série serait dressé, si je ne retrouvais chaque jour, dans le cours du dépouillement des autres séries, des titres épars qui appartiennent à cette catégorie.

S. Exc. M. le Ministre, sur le rapport de M. l'Inspecteur général, ayant exprimé des craintes au sujet du feu (craintes motivées par la quantité de liasses et papiers qui encombraient le cabinet des Archives), ce danger a été écarté par la suppression de la cheminée.

CHARENTE. — (Voyez les précédentes délibérations, *Annuaire* de 1862, p. 40, *Annuaire* de 1863, p. 39).— *Rapport de l'Archiviste,* 1862.—Les Archives de votre département ont reçu, cette année, de notables améliorations. Grâce aux crédits votés l'année dernière par le Conseil général, le matériel du dépôt a été augmenté, la disposition défectueuse des tablettes corrigée, autant qu'il était possible de le faire avec peu de dépense, et la pose des nouveaux rayons mieux entendue que par le passé.

Ces heureuses modifications m'ont permis d'achever, sans perte de temps et sans fausses manœuvres, le classement des minutes des anciens notaires de la Province (fonds d'Angoulême), dont une partie avait été mise en ordre. A l'époque où j'eus l'honneur de vous rendre compte de la situation des Archives, en 1861, 1,800 liasses environ avaient été classées ; depuis cette époque, 1,972 liasses, formées avec le même soin que les précédentes, ont pris leur place dans les salles n° 3, 5, et 6. Le fonds entier a été épuisé. J'ajouterai que les minutes sont classées d'abord d'après l'ordre alphabétique des noms de notaires, et, pour chaque notaire, dans l'ordre chronologique, par mois dans chaque année, et enfin par jour dans chaque mois. La partie matérielle du classement n'a pas été négligée, et chaque liasse, recouverte d'une forte chemise en forme de portefeuille, porte sur une étiquette d'une dimension convenable : 1° le nom du notaire ; 2° la résidence ; 3° les deux dates extrêmes des pièces contenues dans la liasse. Mais je ne saurais trop, Monsieur le Préfet, appeler votre attention sur deux points essentiels : 1° l'agrandissement du local actuel affecté au dépôt départemental ; 2° l'adjonction au personnel des Archives d'un aide convenablement rétribué (800 francs à 1,000 francs environ).

Suivant les ordres de M. le Ministre de l'intérieur, je me suis transporté à la sous-préfecture de Confolens, pour y opérer le triage des pièces qui pouvaient rentrer dans le cadre réglementaire des Archives départementales. A la suite d'un travail assidu, j'ai dressé la liste de 50 registres, liasses ou cahiers se rapportant à diverses séries des Archives départementales. J'ai fait enlever ces documents renfermés dans une caisse, qui est aujourd'hui déposée à l'hôtel Albert. Ils se composent de 10 volumes d'arpentages anciens des paroisses de l'Élection d'Angoulême au XVIIIᵉ siècle, de quelques liasses de ventes de biens nationaux ayant appartenu à des émigrés du district de Confolens, de dénombrements fournis à l'abbaye de l'Esterps, dans le XVIᵉ siècle, et enfin, de registres ou cahiers provenant de l'administration du district.

Le greffe du tribunal civil a été exploré. Les pièces que j'en ai rapportées sont considérables. Elles sont renfermées dans cinq caisses déposées à l'hôtel Albert. Elles proviennent des études des anciens notaires, des greffes de l'Élection de Confolens, de la justice du comté, des baronnies de Sansac et de La Villate, et des juridictions subalternes y ressortissant. Elles ne sont pas antérieures au XVIIe siècle.

J'ai été assez heureux pour en tirer quelques débris judiciaires des greffes du marquisat de Buffec, de la baronnie de Verteuil et des juridictions subalternes de Villejéons, Aigra, Le Breuil-au-Loup, etc. Ils sont renfermés actuellement dans une caisse.

En vertu des diverses décisions ministérielles, qui prescrivent le transport aux Archives départementales des Archives des greffes des tribunaux antérieurs à 1790, j'ai fait à Cognac le triage des pièces conservées au greffe du tribunal civil qui rentrent sans le cadre de la série B, et j'en ai opéré le transport à Angoulême. Ces documents proviennent de la Prévôté royale de Cognac et des juridictions subalternes qui y ressortissaient, et ne sont pas antérieurs au XVIIe siècle. Ils sont actuellement renfermés dans quatre grandes caisses à l'hôtel Albert.

Rapport de l'Archiviste, 1863.—Le classement de la riche collection des notaires de l'Angoumois (série E) a été poursuivi. Le fonds d'Angoulême ayant été terminé en 1862, j'ai abordé cette année le fonds de la principauté de Marcillac et celui du duché-pairie de La Rochefoucauld ; 150 liasses du premier sont classées d'après le système précédemment adopté ; j'ai préparé un nombre de liasses à peu près égal pour le second, mais je n'ai pas encore pu en opérer la division. Pour donner une idée du travail exceptionnel qu'a causé ce classement, je dois faire observer que ces documents avaient été apportés en feuilles aux Archives départementales. Ces feuilles étaient pliées en quatre et entassées pêle-mêle dans un angle du grenier lorsque j'en ai commencé le dépouillement. Malgré la gêne excessive qu'amène, pour un classement aussi vaste, un local trop exigu, j'ai dû faire monter une presse dans une des salles du troisième étage, pour faire perdre aux pièces les plis qui s'opposaient à la formation régulière des liasses; et ce premier travail terminé, il m'a fallu faire subir à tous les documents de cette catégorie cinq manipulations successives avant de pouvoir les placer dans des portefeuilles.

Les Archives se sont enrichies cette année d'un document très-important, qui provient de la maîtrise particulière des Eaux et Forêts de Cognac, et était resté oublié dans les Archives de la Conservation des Forêts à Niort; je veux parler d'un registre in-folio contenant les procès-verbaux de visite et d'inspection de la rivière de Charente, d'Angoulême à la mer, la nomenclature des péages seigneuriaux sur ladite rivière, la réglementation des riverains et l'ordonnance de réforme, par L. de Froidour de Serizy, grand maître des Eaux et Forêts de la Généralité de Limoges (1673). Mon collègue de la Charente-Inférieure m'a en outre transmis un registre de baptêmes, de mariages et inhumations des protestants de Chalais (1666-1679), que je me suis empressé d'adresser au greffe de l'arrondissement de Barbézieux.

Rapport du Préfet, 1863.—J'ai l'honneur de placer sous vos yeux le rapport de M. de Rencogne sur le service des Archives départementales pendant l'exercice 1863.

Ce document vous permettra de reconnaître que M. de Rencogne, par ses soins et par son zèle, continue de se montrer digne de la mission qui lui est confiée.

Le local des Archives, si notablement amélioré depuis quelques années, aura encore besoin, l'année prochaine, de l'établissement de quelques tablettes ; d'un autre côté, il y aura lieu de le pourvoir de cartons, de papier, de feuilles d'enveloppe, etc., nécessaires pour la conservation des Archives. Ces diverses dépenses me paraissent justifier la demande de 950 francs formée par M. l'Archiviste, et j'ai l'honneur de vous en proposer l'adoption.

M. de Rencogne demande de nouveau qu'il soit adjoint au personnel des Archives un aide, dont le traitement serait à la charge du département. Déjà, Messieurs, dans votre dernière session, vous avez eu à vous prononcer à cet égard, et, tout en reconnaissant que l'accroissement progressif du travail était de nature à motiver l'augmentation du personnel, vous aviez exprimé le regret de ne pouvoir ajouter aux charges de votre budget le traitement d'un aide-Archiviste.

J'ai pensé, Messieurs, qu'il était possible, cette année, de satisfaire, dans une certaine mesure, à la demande qui vous est faite, et j'ai inscrit à votre budget une somme de 500 francs.

Rapport de la Commission, 1863.—La situation des Archives départementales, telle qu'elle ressort des documents placés sous nos yeux et de l'inspection que vient de faire votre Commission, est satisfaisante, et elle témoigne, à tous les points de vue, des soins apportés par M. l'Archiviste aux diverses parties de ce service important. Le classement se continue avec activité ; l'ordre est mis dans la riche collection des notaires de l'Angoumois ; le fonds d'Angoulême a été terminé en 1862, et il en sera bientôt ainsi du fonds de la principauté de Marcillac et de celui du duché-pairie de La Rochefoucauld ; les procès-verbaux de visite et d'inspection de la rivière de Charente, d'Angoulême à la mer, document important qui provient de la maîtrise particulière des Eaux et Forêts de Cognac et qui était demeuré oublié dans les Archives de la Conservation des Forêts à Niort, a été réintégré dans nos Archives ; les liasses du greffe du présidial d'Angoulême y ont été aussi apportées et le classement en sera bientôt entrepris. Ce service est donc dans une voie de progrès que nous nous plaisons à constater, et votre Commission s'associe à M. le Préfet pour louer le zèle intelligent de M. de Rencogne. Toutefois, les forces humaines ont leurs bornes, et M. l'Archiviste, en persistant dans sa demande d'un employé adjoint, ne fait que signaler à votre attention une insuffisance réelle qu'il importe de faire disparaître. La plupart des Conseils généraux sont entrés dans cette voie, et, comprenant l'impossibilité dans laquelle se trouve un Archiviste départemental de suffire seul à sa tâche, ils ont créé un emploi d'adjoint. Aujourd'hui, sur les quatre-vingt-six départements pourvus d'Archivistes, soixante cinq ont des employés d'Archives.

Nous estimons donc qu'il y a lieu d'accueillir la proposition d'une allocation de 500 francs. Néanmoins, ces diverses dépenses nécessitent quelques observations. Le chiffre de 900 francs demandé pour le matériel des Archives serait trop considérable, s'il devait s'inscrire à notre budget annuellement et d'une manière permanente ; mais il résulte des explications qui nous ont été fournies et dont nous avons pris acte, que dès l'année prochaine cette somme sera diminuée d'une façon notable. L'impression des inventaires sommaires a fait naître un vœu que nous vous prions d'accueillir. Votre Commission estime qu'au lieu d'attendre l'impression complète d'un premier volume, il serait bien que les feuilles fussent mises au fur et à mesure de leur impression à la disposition du département, de manière à faciliter les recherches des hommes d'étude qui soccupent à rassembler et à mettre en lumière les matériaux de l'histoire de notre Angoumois. Avec la méthode suivie aujourd'hui, un assez grand nombre d'années s'écoulera avant que le premier volume puisse être imprimé en son entier, et ainsi, pendant ce laps de temps sera retardée la vulgarisation des richesses historiques que nous possédons et qui pourraient être utilement employées par nos archéologues.

Passant à un autre ordre d'idées, votre Commission s'est préoccupée sérieusement des apparences du peu de solidité que présente le troisième étage de l'hôtel des Archives ; elle pense qu'il conviendrait, avant que l'installation des liasses très-nombreuses du présidial y fût faite, que M. l'architecte du département constatât l'état réel des bâtiments et leur solidité. Elle ne peut aussi s'empêcher de dire au Conseil général que le local des Archives devient insuffisant, et que, dans un avenir qui pourrait n'être pas très-éloigné, et dès que les exigences budgétaires le permettront, il y aura à pourvoir à un accroissement qui sera devenu indispensable, si l'on contiue à marcher dans la voie de conservation et de classement dans laquelle le service des Archives est entré d'une façon heureuse depuis quelques années. Les conclusions de la Commission sont adoptées.

CHARENTE-INFÉRIEURE. — (Voyez les précédentes délibérations, *Annuaire* de 1862, p. 42, *Annuaire* de 1863, p. 41.)—*Rapport du Préfet*, 1862.—L'année dernière, je vous avais proposé d'allouer une somme de 800 francs pour le traitement d'un employé auxiliaire : vous avez rejeté cette demande. Je crois néanmoins devoir la reproduire au budget de 1863. L'Archiviste est âgé et le service commençait à souffrir de cette situation. Il m'a semblé qu'il convenait de lui adjoindre un auxiliaire qui pût le suppléer, soit en cas de maladie, soit en cas de retraite.

M. de La Morinerie a terminé l'examen des Archives du greffe du tribunal de Saintes ; son rapport, que je produis tel qu'il me l'a adressé, vous édifiera complétement sur l'intérêt que méritent les recherches auxquelles il s'est livré.

J'ai pris, d'urgence et d'après les instructions de S. Exc. le Ministre de l'intérieur, les mesures nécessaires au transport d'une partie des documents précieux qui doivent être remis au dépôt de la Préfecture. Les Archives antérieures à 1790 ont donc été considérablement augmentées depuis la dernière session du Conseil général par la réunion au dépôt départemental de toutes les anciennes Archives qui se trouvaient déposées au greffe du tribunal civil de Saintes. Une première partie, comprenant les Archives du présidial de Saintes et des juridictions secondaires qui en relevaient (274 registres et plus de 1,200 liasses volumineuses), nous avait été adressée le 8 août dernier par M. le sous-préfet, avec l'agrément des autorités judiciaires. Depuis cette époque, deux envois successifs ont complété la remise intégrale à la Préfecture de tous les documents anciens qui existaient au greffe de Saintes, ce qui forme un chiffre total de quarante-deux caisses pesant ensemble 8,239 kilos.

La plus grande partie de ces caisses est actuellement déballée, et les pièces qu'elles contenaient, déjà fortement endommagées à Saintes par l'humidité et les rats, ont été mises à l'abri des termites et rangées sur les travées du dépôt principal, ou placées dans un dépôt auxiliaire, avec le plus de méthode possible, en attendant que l'achèvement des reconstructions qui se font en ce moment à l'hôtel de la Préfecture permette de réunir dans un local convenable cette vaste collection et de commencer les travaux de classement.

Une bien faible partie de ces documents, les pièces les plus remarquables de l'ancien présidial, ont seules été énumérées dans l'inventaire sommaire rédigé par M. L. de La Morinerie et adressées à S. Exc. M. le Ministre de l'intérieur. Mais les dernières Archives que vous venez de recevoir de Saintes n'ont jamais été inventoriées et ne sont souvent pas même réunies en liasses homogènes.

Les principales séries de ces documents, registres et dossiers non classés comprennent les Archives des *Siéges royaux* et des *Élections de Saint-Jean-d'Angely*, *Saintes* et *Marennes*, du *Siége* et du *Tri-*

bunal révolutionnaire de Rochefort, du *présidial de La Rochelle*, des juridictions secondaires, si nombreuses, qui relevaient de ces différents siéges, quelques cahiers des députés aux États Généraux de 1789, une grande quantité de minutes de notaires, principalement du comté de Taillebourg depuis la fin du XVIe siècle, et une collection de bulles de dispenses des papes, avec les sceaux de plomb pendants.

Les plus anciennes pièces paraissent être des chartes de 1477.

Mais, à défaut de l'ancienneté, ces Archives sont remarquables par le nombre et l'extrême variété des documents qu'elles renferment. Derrière des liasses de procédure a été retrouvé le cachet authentique, en cuivre, de l'ancien collége de Saintes, qui dépendait de la société de Jésus.

Les registres de l'état civil des protestants de la juridiction de Saintes avant 1685 ont été remis à la garde du greffier du tribunal de cette ville, conformément aux instructions ministérielles. Le registre des baptêmes, mariages et inhumations des protestants de Chalais (1666-1679) a été transmis à M. le Préfet de la Charente.

Rapport de la Commission, 1862.—Votre seconde Commission, en présence d'une situation identique à celle de l'année dernière, ne croit pas devoir proposer au Conseil un autre vote que celui de l'année précédente ; elle vous demande, en conséquence, le rejet de l'allocation de 800 francs proposée par M. le Préfet.

Elle exprime en même temps le désir qu'aux Archives de la Charente-Inférieure les surnumérariats soient gratuits, comme ils le sont généralement dans les autres parties de l'administration.

Ce rapport entendu, M. le Préfet prend la parole pour en combattre les conclusions. Il dit que s'il a persisté dans sa proposition et s'il la défend aujourd'hui, c'est que la situation des Archives a complétement changé et que l'importance qu'elles ont prise depuis l'année dernière lui avait fait une obligation d'adjoindre à l'Archiviste déjà âgé un aide qui pût partager avec lui le poids du travail. M. le Préfet regarde l'introduction dans les Archives d'un auxiliaire jeune, capable et plein de zèle, comme une circonstance heureuse, qui permettra d'entretenir dans ce service, au moment où l'Archiviste sera bientôt appelé à le quitter, l'esprit de suite et de tradition si nécessaire en pareille matière. C'est un avantage sérieux dont le Conseil doit tenir compte. Quant à l'augmentation de dépense qui résultera de cette création d'emploi, M. le Préfet la justifie en passant en revue, devant le Conseil, les sommes payées dans les autres départements. Il existe partout un Archivistre mieux payé que dans ce département, rémunéré de ses frais de tournées et aidé par un adjoint. M. le Préfet termine en disant que l'étendue du département, la richesse et l'importance de ses Archives exigent la création de cet emploi d'adjoint, dont le traitement est d'ailleurs celui du dernier expéditionnaire des bureaux de la Préfecture.

M. le Président consulte le Conseil, qui adopte la proposition de M. le Préfet relative à la création de l'emploi d'Archiviste-adjoint, et inscrit pour son traitement la somme de 800 francs à l'article 1er du sous-chapitre XI.

Rapport du Préfet, 1863.—L'Archiviste-adjoint dont vous avez approuvé la nomination l'année dernière s'acquitte de son travail avec le plus grand zèle et donne le concours le plus utile ; il s'est appliqué avec ardeur à l'étude de toutes les parties du service et a subi avec succès les épreuves d'un examen devant la Commission instituée au Ministère de l'intérieur. Il en a rapporté le diplôme d'Archiviste, et justifie ainsi de la connaissance complète de tout ce qui se rattache à cette partie de l'administration.

Indépendamment de ses travaux ordinaires, M. de Richemond s'occupe aussi de recherches scientifiques dans les autres dépôts publics. Il vient de publier, sous le titre : des Chartes en langue vulgaire de 1229 à 1250, des pièces qui existaient à la bibliothèque de La Rochelle et qui peuvent fournir des notions utiles pour l'histoire de la langue. Il aura l'honneur d'en remettre des exemplaires à chacun de vous.

Rapport de l'Archiviste, 1863.—Les Archives départementales ont pris depuis la dernière session du Conseil général de nouveaux et vastes développements ; l'adjonction du local spécialement réservé aux Archives du présidial de Saintes et aux nombreuses juridictions qui en relevaient (12 mètres de longueur sur 7 mètres), l'agrandissement de la salle supplémentaire des Archives, qui occupe aujourd'hui toute l'étendue des combles de la façade de l'hôtel des bureaux, sur une longueur de 32ᵐ 80ᶜ sur 10ᵐ de largeur, sont devenus d'une impérieuse nécessité en présence des besoins du service.

La réunion, au dépôt départemental, de toutes les anciennes Archives du présidial de Saintes, provoquée par S. Exc. M. le Ministre de l'intérieur, est intégralement effectuée. Le nombre des liasses des Archives administratives modernes s'accroissant tous les jours, vous avez bien voulu, Monsieur le Préfet, faire poser de nouvelles tablettes dans le dépôt principal et utiliser tout l'espace disponible dans l'embrasure des fenêtres pour établir des casiers à hauteur d'appui, pouvant servir au développement des liasses que l'on désire consulter. Des enveloppes en carton doublé de toile, d'un prix très-modique, prescrites par les instructions, faciliteraient beaucoup la confection des dossiers et accéléreraient les recherches. Ces cartons seraient surtout indispensables pour la conservation des registres et listes du tirage au sort qui ont échappé à l'incendie de 1847 et sont dans un état complet de détérioration.

Rapport de la Commission, 1863. — M. Fauvelle, archiviste du département, a demandé une augmentation de traitement de 800 francs. La première Commission, après avoir examiné les mémoires de cet employé et les pièces à l'appui, est d'avis qu'il n'y a pas lieu d'accorder l'augmentation demandée.

M. le Préfet démontre au Conseil les considérations sur lesquelles il appuie cette demande d'augmentation de traitement. Il indique le travail considérable du service des Archives ; il dit que ce dépôt a été signalé comme un des plus importants et que, par une sorte d'anomalie, le traitement du chef de ce service est un des moins rétribués de toutes les Préfectures ; il passe en revue, à cette occasion, la liste des traitements des Archivistes d'un grand nombre de départements, inférieurs par la population et la contribution, à celui de la Charente-Inférieure et constate partout ailleurs des avantages supérieurs en faveur des employés de cette catégorie. M. le Préfet fait remarquer que du reste les instructions ministérielles assimilent la position de l'Archiviste à celle des autres chefs de division de la

Préfecture, et que la demande présentée avait pour but de rendre complète cette asssimilation. M. lé Préfet engage la première Commission à suspendre sa décision jusqu'au moment où elle aura pu se convaincre, par une inspection des nouveaux locaux des Archives, du développement et de l'importance que ce service a acquis depuis quelques années.

Un membre ajoute que le travail de classement, quoique considérable, n'a encore porté que sur l'ensemble des liasses, et que ce travail, loin de diminuer dans l'avenir, s'accroîtra au contraire sensiblement lorsque la rédaction de l'inventaire exigera l'examen particulier de chacune des pièces qui composent ces liasses ; car ce n'est qu'à ce prix qu'on pourra se rendre compte, d'une manière utile pour les recherches, des richesses de notre dépôt.

Un autre membre propose d'accorder à l'Archiviste une gratification, à l'exemple de ce qui a lieu dans un grand nombre de départements.

Décision.— La première Commission avait proposé d'accorder, à titre de gratification pour le travail du classement des Archives : 1° à l'Archiviste, 400 francs ; à l'Archiviste-adjoint, 200 francs. Le Conseil, sur la demande de quelques membres, élève à 500 francs la gratification proposée en faveur de l'Archiviste et maintient à l'Archiviste-adjoint celle de 200 francs.

CHER. — (Voyez les précédentes délibérations, *Annuaire* de 1862, p. 42, *Annuaire* de 1863, p. 41.)—*Rapport du Préfet*, 1862.—Conformément à la circulaire de M. le Ministre de l'intérieur du 8 août 1839, je vous prie de choisir parmi vous une commission chargée de l'inspection des Archives départementales. Cette commission a pour objet de rendre compte au Conseil de la situation des Archives, d'indiquer les abus qu'elle aurait pu remarquer dans le service et les améliorations qu'elle croirait utile d'y introduire.

L'installation matérielle de nos Archives départementales laisse toujours à désirer ; mais cela tient à la disposition même des lieux, qu'on ne pourrait modifier sans de grandes dépenses. La seule manière de procurer à notre intéressant dépôt des locaux répondan à son importance, c'est de rattacher sa translation au projet d'une

nouvelle prison départementale, dont le besoin est depuis longtemps constaté; mais les embarras de notre situation financière
sont tels, qu'il ne faut pas encore songer à la réalisation de ce
projet. Force est donc de laisser les choses en l'état encore pour
quelque temps.

En parcourant le rapport de M. l'Archiviste que j'ai l'honneur de
vous communiquer, vous vous rendrez compte de la situation du
classement et du degré d'avancement des inventaires. Nos Archives
se sont enrichies cette année de documents importants. Les papiers de l'ancienne maîtrise des Eaux et Forêts nous ont été envoyés, et plusieurs peuvent être d'une grande utilité soit au point
de vue historique, soit au point de vue des intérêts privés.

Rapport de la Commission, 1862. — S'il est vrai, Messieurs, que
vos Archives laissent beaucoup à désirer sous le rapport de leur
installation par la mauvaise disposition des locaux qu'il n'est pas
possible de transformer ni d'établir ailleurs, vu l'insuffisance du
budget, il est cependant juste de reconnaître que, grâce au zèle et
à l'intelligence des hommes préposés à la garde de ce précieux
dépôt, au classement des papiers et à l'ordre établi dans les différents rayonnages où les dossiers se trouvent casés, nos Archives
sont dans le meilleur état qu'on puisse espérer, en considération
de l'imperfection du local qui les renferme.

Le rapport de M. l'Archiviste nous apprend, en premier lieu, à
quel degré d'avancement se trouve arrivé le dépouillement qu'il a
entrepris des nombreux débris des papiers incendiés dans le ter-
rible sinistre de 1851. Par l'effet de recherches des plus minutieuses
et d'une patience qu'il a partagée avec l'un des membres les plus
zélés et les plus savants de la Commission historique, il est parvenu à retrouver, à compléter, à mettre en ordre plus de 15,000
pièces essentielles, concernant nos anciens cartulaires, les ventes
nationales opérées dans le cours de la première révolution, les acquisitions faites par l'État pour le service des travaux publics.

M. l'Archiviste, en rappelant que ce travail lui a valu un témoignage de satisfaction de la part de M. le Ministre, n'hésite pas,
tant est grande sa modestie, à reporter tout le mérite de ce tra-

vail de patience et d'attention sur M. l'Archiviste honoraire, qui continue à l'aider si utilement de son expérience et de son concours.

Dans le même rapport de M. l'Archiviste, il est rendu compte de l'état dans lequel se trouve l'inventaire sommaire qu'il a entrepris, en exécution de la circulaire ministérielle et des ordres de M. le Préfet, de tous les papiers, titres et documents antérieurs à 1790 des diverses communes du département.

En ce qui touche les Archives départementales, son travail est divisé par séries, suivant les lettres de l'alphabet ; chaque série comprend les actes et titres de même nature ; chacune a son dossier particulier, placé dans des cases, avec étiquettes qui permettent de retrouver instantanément le dossier dont on a besoin.

On y trouve tout ce qui concerne l'ancienne maîtrisse des Eaux et Forêts, l'ancienne Intendance de Bourges, le Bureau de finances, l'Assemblée provinciale de 1778, l'instruction publique donnée dans nos anciennes universités de Bourges, les abbayes, les couvents, les chapitres.

En un mot, ces collections, qui ne sont que la plus faible partie de celles qui sont à classer, renferment de précieux documents que pourront consulter avec fruit ceux qui s'attachent à l'étude des antiquités historiques, et qui pourront intéresser ceux qui ne seraient dirigés que par un sentiment de curiosité. L'étude en est rendue on ne peut plus facile par l'inventaire qui s'y rapporte et qui contient, par ordre de classement et par série, l'analyse très-exacte de chacune des pièces inventoriées, dont elle fait connaître la substance.

Votre Commission vous prie, Messieurs, d'exprimer un témoignage de satisfaction pour l'ordre parfait qui règne dans les Archives à M. l'Archiviste et aux auxiliaires qui l'ont aidé dans le travail aride et si éminemment utile de l'inventaire auquel vous portez un vif intérêt.

Rapport du Préfet, 1863. Je ne veux pas laisser échapper cette occasion de m'expliquer au sujet de l'installation de vos Archives. Placés au centre des bâtiments où existent, avec le calorifère des bureaux, d'autres causes d'incendie, il est certain que vos Archives sont dans des conditions qui laissent beaucoup à désirer, je dois même dire à craindre, en pensant au sinistre qui en a déjà consumé une partie trop précieuse. Je ne regarderai donc ce dépôt comme sauvegardé que lorsque nous aurons réussi à le placer dans un local entièrement distinct, et qui formerait une aile à part du bâtiment actuel de la Préfecture. C'est un projet que je mettrai à l'œuvre aussitôt que le Conseil général m'en aura exprimé le désir.

Rapport de la Commission, 1863. — La Commission chargée de l'inspection des Archives vient vous rendre compte, Messieurs, du résultat de sa mission. Cette mission, hâtons-nous de le dire, a été facile à remplir : M. l'Archiviste s'efforce tous les jours de réparer les désordres causés par l'incendie de 1859, et ses travaux intelligents sont couronnés de succès. L'ordre renaît parmi ces précieux dépôts qui, pour être sauvés d'une perte certaine, avaient été jetés pêle-mêle dans la cour de la Préfecture. Toutes les pièces antérieures à 1790 ont été recueillies avec soin et forment maintenant des collections aussi utiles que faciles à consulter. L'inventaire sommaire s'est poursuivi concurremment avec les travaux nécessités par l'incendie. Trois séries sont achevées ; la quatrième est en cours d'exécution ; elle se divise en deux parties : dans la première viennent se classer les Archives seigneuriales, les papiers de communautés laïques et ceux des particuliers ; dans la seconde, les minutes de notaires ; cette série, vous le comprendrez facilement, Messieurs, est susceptible de prendre chaque jour un grand accroissement ; déjà plus de 10,000 pièces recueillies dans tout le département par les soins de M. l'Archiviste inspecteur sont venues augmenter nos richesses. Ce résultat, qui dépasse ce que l'on pouvait espérer, démontre à ce seul point de vue, d'une manière bien concluante, l'utilité de ces inspections.

M. l'Archiviste n'a pas laissé terminer notre visite sans nous faire remarquer les améliorations qui ont été apportées à son installation. Ces améliorations, bien peu coûteuses, consistent dans l'éta-

blissement de nouveaux rayonnages; ils sont encore insuffisants :
M. l'Archiviste en réclame de nouveaux. Nous ne pouvons que nous
associer à des raisons si justes et si modestes.

M. le Préfet, dans son rapport, après avoir exposé les inconvénients si graves qui peuvent résulter de la situation actuelle du
local des Archives, exprime le désir de voir un bâtiment entièrement
distinct affecté à cette destination. Le Conseil général appréciera,
j'en suis convaincu, l'importante utilité de cette mesure. Votre
Commission, Messieurs, fait des vœux pour que le budget permette
enfin la réalisation de ce projet si digne d'attention.

CORRÈZE. — (Voyez les précédentes délibérations, *Annuaire* de
1862, p. 43, *Annuaire* de 1863, p. 42.)—*Rapport du Préfet.*—Le
service des Archives n'a subi aucun changement; je vous propose
les mêmes allocations que l'an dernier.

CORSE. — (Voyez les précédentes délibérations, *Manuel*, p. 343,
Annuaire de 1842, p. 44, *Annuaire* de 1863, p. 42.) — *Rapport de
l'Archiviste*, 1862.—Les Archives du département se sont augmentées, cette année, des papiers provenant des sous-préfectures de
Corté et de Calvi, dont la date est antérieure à 1830.

*Rapport de la Commission,*1863.—Votre Commission s'est rendue
dans le local des Archives du département pour en examiner la
tenue et vous en dire son avis. Elle, a reconnu, avec satisfaction,
que la régularité la plus parfaite y règne, que les inventaires sont
rédigés avec méthode et clarté, et que les recherches se font avec
promptitude et facilité. La publication de l'inventaire sommaire,
série C, dont l'année dernière vous avez vu la première feuille, se
poursuit activement. Déjà dix feuilles ont été imprimées et la on-
zième est sous presse. Ce travail offrira un vif intérêt pour l'histoire
administrative de notre pays.

En examinant cet inventaire, vous saisirez facilement le grand intérêt que nous avons à la publication de ce précieux travail, car il nous
mettra à même d'apprécier les efforts qu'ont tentés les gouvernements
de l'ancienne monarchie pour améliorer et enrichir notre pays.

L'impression de l'inventaire sommaire C n'arrête point le classement des Archives modernes, qui se poursuit comme par le passé. Votre Commission vous propose, Messieurs, de voter des éloges à M. l'Archiviste pour la manière intelligente et zélée avec laquelle il dirige le service qui lui est confié.

Le Conseil général adopte les conclusions de ce rapport.

CÔTE-D'OR. — (Voyez les précédentes délibérations, *Annuaire* de 1862, p. 447, et *Annuaire* de 1863, p. 42.)—*Rapport de l'Archiviste*, 1862.— La réintégration des papiers de la famille de Saulx-Tavanes aux Archives départementales, commencée par M. Rossignol, est maintenant un fait accompli. Le dépôt central est rentré en possession de la totalité du fonds sorti en 1816. Ce fonds contient plus de 18,500 pièces, dont les plus anciennes remontent au XIIIe siècle, et on y compte 1,100 pièces en parchemin, 208 registres et plus de 300 plans. (Le complément de ce fonds se trouve dans le département de l'Ain, sous le nom de Montrevel, série E par suite d'une donation de Mme la duchesse de Saulx-Tavanes. Voir l'inventaire.)

Des parchemins, provenant de la Chambre des Comptes de Dijon, retrouvés parmi les papiers de la succession Bonnet à Beaune, et pour lesquels une instance en revendication avait été introduite devant le tribunal de cette ville, ont également été réintégrés, au nombre de plus de 1,000 pièces, parmi lesquelles je vous signalerai, Monsieur le Préfet, 636 *escrocs* du maître de la chambre aux deniers du duc Philippe le Hardi, de 1378 à 1401. On appelait ainsi les feuilles de parchemin sur lesquelles ce comptable inscrivait, chaque jour et en détail, la dépense de l'hôtel, et qui servaient de pièces justificatives au compte général qu'il soumettait chaque année à la Chambre des Comptes. Je mentionnerai également des fragments de compte du châtelain de La Ferrière en 1333, du tabellionage de Beaune en 1391, de la fortification de Dijon en 1456, des mandements de Philippe le Hardi, duc de Bourgogne, qui nomment J. Le Conte son chirurgien, et Baudoin, de Reims, valet de chambre; enfin, des lettres patentes de Marguerite de Bavière, duchesse de Bourgogne; 362 feuilles de parchemin (1463-1783) relatives au comté de Bourgogne, annexées jadis aux comptes des revenus de la saunerie de Salins, avec des mandements des empereurs Maximilien, Charles-Quint, des princes d'Autriche et des officiers de leurs maisons.

Les démolitions de l'ancienne prison du palais de justice, qui, avant la révolution était au service de la Chambre des Comptes, ont amené la trouvaille d'une cinquantaine de pièces en parchemin, dont voici le sommaire des plus remarquables :

1306. Quittance donnée par Milot, chevalier, châtelain de Montbard, aux consignataires des biens des juifs de Semur, de la somme de 80 livres, pour faire les *œuvres* du duc à Montbard.

1326. Reçu de 300 livres tournois donné par le duc Eudes IV aux Lombards de Seurre.

1328. Quittance donnée par Henri, prieur de Joigny, au châtelain du duc, de pain, pitance et fourrage pour sa nourriture et celle de ses chevaux.

1330. Mandement du duc Eudes IV au profit de Villiers, pour indemniser un courrier chargé de lui annoncer l'arrivée de ses veneurs et de ses chiens pour « corre » la forêt de Villiers.

1379. Fragment du compte de la châtellenie de Chaussin.

1416. *Escroc* du maître de la chambre aux deniers du duc Jean sans Peur.

1421. Lettres de souffrance pour foi et hommage accordées par Philippe le Bon, duc de Bourgogne, à Amé Bruant, du bailliage d'Aval (Franche-Comté).

1442. Vidimus des lettres patentes du même duc et de sa femme Isabelle de Portugal, qui cèdent la tour de Saint-Marc-sur-Seine et la capitainerie de Duesme au bâtard de Mirebeau.

1476. Quittance signée de J. Joard, chef des conseils et président du Parlement de Bourgogne, pour sa pension de 200 livres.

1497. *Lettre de voiture* donnée par les gens des comptes du Roi à Dijon à André Bargny, conducteur des dix queues de vin envoyées par eux à Michel Gaillard, général des finances, et autres officiers du Roi à Paris.

Je terminerai enfin par l'acquisition d'un terrier de la baronnie de Conches, dressé en 1722 par le baron de Sivry, président au Parlement de Paris.

Rapport de l'Archiviste, 1863.— J'ai eu l'honneur, Monsieur le Préfet, de vous faire connaître par mon premier rapport, que mon prédécesseur avait rédigé l'analyse des 8,710 premiers articles de la série B (Chambre des Comptes) des Archives départementales. J'ai, depuis, consacré à cette partie si essentielle du service tout le temps que m'ont laissé les recherches demandées et les classements exigés par les circonstances. Le résultat, pour cette année, est consigné dans un volume de plus de 400 pages, qui renferme l'analyse de 630 articles (B. 8,711-9,341), c'est-à-dire pour la presque totalité de rouleaux de parchemin mesurant ensemble 9,340 mètres.

Divers versements ont été faits par l'administration : 1° des lettres patentes de Philippe de Valois de l'an 1337, provenant de l'abbaye de Saint-Julien-de-Rougemont, et découvertes par moi dans les Archives de cette commune, ont été déposées, par vos soins, aux Archives départementales ; 2° M. le Préfet de la Marne vous a adressé quelques pièces en parchemin provenant des abbayes de Moleine et de Cîteaux ; des papiers provenant de l'Intendance de Champagne et relatifs à des localités qui font aujourd'hui partie de la Côte-d'Or ; 3° M. le Préfet de l'Yonne vous a également envoyé des comptes de la confrérie de la commune de Rougemont.

M. Vallot a déposé aux Archives, pour être réintégré parmi les papiers de l'École centrale, un registre des dépenses de cette école, à laquelle feu M. le directeur Vallot, son père, avait appartenu ; M. Guignard, bibliothécaire de la ville, m'a remis un terrier de la seigneurie de Conches, dressé en 1722, acquis par lui chez un fripier, et dont il n'a pas voulu accepter le remboursement ; M. l'abbé Brugnot, curé de Gilly, m'a également remis deux chartes du XIIIe siècle relatives à des possessions de l'ordre de Malte sur Saint-Julien et Brognon.

CÔTES-DU-NORD. — (Voyez les précédentes délibérations, *Manuel,* p. 337, *Annuaire* de 1862, p. 44, *Annuaire* de 1863, p. 43.)— *Rapport de l'Archiviste,* 1862.—Quatre séries ont été l'objet de nos travaux : A (actes du pouvoir souverain et domaine public) ; C (administration provinciale) ; E (féodalité, communes, bourgeoisie et familles) ; G (clergé séculier).

L'inventaire de la première série, ayant été fait à une époque où l'on ne songeait pas à réunir dans une publication grandiose les Archives historiques de la France, a dû être remanié pour devenir conforme au type imposé à tous les départements. La seule partie de la série A que nous ayons contient des aveux fournis au domaine public pour tous les biens possédés *prochement* (sous l'autorité du Roi) dans le ressort des Cours de Saint-Brieuc, Dinan, Jugon, Lannion, Rennes, Carhaix et Ploërmel. On y remarque deux collections vraiment précieuses : celles des registres de la Chambre de la réformation pour les domaines de Jugon et de Lannion; Saint-Brieuc et Dinan n'ont que des liasses peu importantes, qui font d'autant plus regretter la perte des registres. Quant à Rennes, Carhaix et Ploërmel, nous ne pouvons prétendre à posséder la collection complète de leurs aveux, parce que le département actuel des Côtes-du-Nord ne comprend qu'une faible partie de leurs terres.

La série C, à peu près terminée l'année dernière, vient également d'être imprimée, après avoir reçu de nombreuses additions.

Rien de plus curieux à étudier que les deux groupes qui la constituent : celui de l'Intendance, avec le cortége de ses subdélégations et des Bureaux de finances fonctionnant sous sa direction ; d'autre part, les États de Bretagne, avec leur commission intermédiaire, dont l'action multiple et forte s'exerçait sur les finances, les affaires militaires, les travaux publics, l'agriculture, l'industrie et le commerce.

La série E n'est encore qu'à l'état d'ébauche, car il a fallu débrouiller du chaos les titres féodaux, ceux des familles et des paroisses. Le dépouillement de cette année vient d'ajouter à celui de l'année dernière 1,500 liasses, qu'on peut évaluer sans crainte à 150,000 pièces.

Je cite également pour mémoire le plus riche fonds de la série G (évêché de Tréguier), qui présente déjà, dans un ordre modèle, 130 registres et 4,604 pièces, et, sous peu, un nombre plus considérable encore de titres retrouveront leur place et par suite leur importance.

· Le classement d'ensemble des séries modernes a été presque entièrement exécuté.

À cet ensemble sont venues se rattacher des acquisitions précieuses : les unes proviennent de la munificence privée; les autres, de livraisons faites par les établissements publics. Dans la première catégorie, je dois signaler à votre attention, Monsieur le Préfet, madame veuve Villeguérin, née Cornillet, qui a généreusement abandonné aux Archives des titres de la plus haute valeur, entre autres un cartulaire de l'abbaye de Saint-Aubin-des-Bois, le seul que nous possédions, et de nombreuses chartes du XIIᵉ et du XIIIᵉ siècle, qui comblent des lacunes et enrichissent nos Archives.

Rapport de l'Archiviste, 1863.—L'année dernière, les 750,000 pièces environ comprises dans les Archives postérieures à 1790 ont été classées de manière à suffire pendant longtemps aux besoins du service. J'ai donc pu, cette année, porter mon attention tout entière sur les Archives antérieures à 1790, et j'ai fait marcher de front l'impression des inventaires sommaires, la rédaction de nouveaux inventaires et le classement des séries à peu près inexplorées.

Les inventaires des séries C (administration provinciale) et D (instruction publique) ont été imprimés. Ils représentent : le premier 14,556 pièces, dont 78 registres ou volumes; le deuxième 112 pièces, soit un total de 14,668 pièces. J'ai eu l'honneur, Monsieur le Préfet, de vous faire apprécier déjà l'importance ce la série C. Quant à la série D, le nombre des pièces indique assez la place secondaire qu'elle occupe dans nos Archives : on y trouve, en effet, quelques documents précieux sur les colléges de Saint-Brieuc, de Tréguier et sur la Société d'agriculture et des arts de Bretagne.

La série B a été l'objet d'un triage et d'un premier classement sur bulletins, qui a embrassé 17,330 pièces. Cette série ne comprend que des juridictions, au nombre de 89, presque toutes fort incomplètes, parce que les greffes des tribunaux en possèdent la plus grande partie. Il est regrettable que l'administration judiciaire ne fasse pas, dans les greffes des tribunaux, le travail de rédaction et d'impression qui sera l'une des gloires des Archives départementales.

J'ai dû aussi aborder la série E (féodalité, communes, bourgeoisie et familles). Cette série s'ouvrira par le magnifique inventaire du duché de Penthièvre, que j'ai commencé à revoir et à compléter. Ce duché comprend les quatre seigneuries de Lamballe, La Roche-Suhart, Guingamp et Moncontour. J'ai déjà reconnu l'existence d'un grand nombre de titres généraux du duché : 19,744 titres de la seigneurie de Lamballe ; 10,181 de la seigneurie de La Roche-Suhart ; 13,371 de la seigneurie de Guingamp.

En même temps, nous avons fini de constituer les autres fonds de la série, les terres féodales (Rohan, Quintin, Goello et fiefs secondaires, au nombre de 899 articles) ; les familles (Acigné, Aiguillon, Boisgelin, Coëtlogon, Fleuriot, Kergariou, La Boissière, Robion, Trogoof Urvoy, etc.) ; les communes et municipalités (Guingamp, Lamballe, Quintin, Saint-Brieuc, etc.) ; les confréries et sociétés laïques (communautés des chirurgiens de Saint-Brieuc).

Dans la série G (clergé séculier), le fonds des églises paroissiales et de leurs fabriques a reçu 296 articles, pendant que, grâce au concours que M. Le Gué prête aux Archives d'une manière si constante, l'évêché de Tréguier a vu se constituer 375 articles ; l'évêché de Saint-Brieuc 73 articles ; l'abbaye de Bosquen 40 cartons ; l'abbaye de Coëtmaloen 20 cartons.

Les Archives départementales offrent aujourd'hui à l'étude, dans la partie antérieure à 1790, 15,233 pièces, comprises dans les inventaires imprimés ; 118,906 pièces inventoriées et dont l'inventaire peut être imprimé ; 350,000 pièces environ, ayant reçu un premier classement et pouvant être consultées ; dans la partie postérieure à 1790, 750,000 pièces environ ayant reçu un premier classement et pouvant être consultées.

Rapport de la Commission, 1863. — Un des résultats les plus importants qui aient été obtenus est certainement celui de la publication des inventaires sommaires. Ceux des séries A (domaine royal), C (administration provinciale) et D (instruction publique), ont été parcourus avec intérêt par votre commission des objets divers ; aussi fait-elle des vœux pour qu'une entreprise aussi grandiose se poursuive sans difficulté, et qu'elle porte au plus tôt à la connaissance du public la nomenclature des richesses que renferment vos Archives, en même temps qu'elle grossira le nombre des matériaux destinés au monument d'érudition qu'érigent tous les départements, sous les auspices de M. le Ministre de l'Intérieur.

CREUSE. — (Voyez les précédentes délibérations, *Annuaire* de 1862, p. 46, *Annuaire* de 1863, p. 43.) — *Rapport du Préfet*, 1862. — Grâce à l'augmentation d'espace obtenu par le nouveau système de rayonnage, nous pourrons bientôt recevoir la plus grande partie des papiers provenant des anciennes juridictions de la Marche, déposées jusque-là au greffe du tribunal de Guéret, et dont S. Exc. le Garde des Sceaux à bien voulu autoriser la remise aux Archives du département. Cette réintégration, qui viendra ainsi, d'un seul coup, doubler l'importance et le volume de la partie ancienne de notre dépôt, a été précédée déjà de plusieurs acquisitions, donations ou restitutions administratives, qui ont contribué à compléter les fonds primitifs des Archives départementales. C'est ainsi que M. le Sous-Inspecteur des forêts nous a fait remise des papiers relatifs à l'ancienne maîtrise des Eaux et Forêts de Guéret et aux bois domaniaux, dont l'aliénation a été effectuée ; que l'administration municipale de Bourganeuf a restitué au département quelques terriers et un grand nombre de pièces concernant le grand prieuré d'Auvergne, dont le chartrier se trouve ainsi aujourd'hui le plus riche de notre dépôt. Un volume et deux liasses du plus haut intérêt pour l'histoire du prieuré de Blessac, ainsi que les titres du couvent des Récollets d'Aubusson, qui se trouvaient indûment déposés à la sous-préfecture et à la mairie de cette ville, ont repris leur véritable place dans nos Archives. Notre érudit Archiviste cite encore plusieurs liasses de titres des XVII⁰ et XVIII⁰ siècles, relatifs au prieuré de Noaillac et à l'abbaye du Moutier d'Ahun, dont j'ai pu faire l'acquisition, un curieux registre de visite des commanderies de la langue d'Auvergne, et enfin un document d'une valeur exceptionnelle, un pouillé original du diocèse de Limoges, remontant au commencement du XVI⁰ siècle, que nous devons à la générosité d'un donateur. Il ne reste plus qu'une réintégration de quelque importance à obtenir ; c'est celle du chartrier de l'abbaye de Prébenoît, aujourd'hui déposé aux Archives de l'Indre.

Rapport de la Commission, 1862. — Au nom de votre quatrième Commission, je viens vous proposer d'ouvrir à l'article 1er du sous-chapitre XI de la section II du budget, un crédit de 2,600 fr. pour le traitement du conservateur des Archives. Par l'ouverture de ce crédit, le traitement de l'Archiviste sera élevé au chiffre du traitement des chefs de division de la Préfecture. Il vous paraîtra de toute justice d'accorder à un fonctionnaire digne par ses travaux de toute votre bienveillance ce témoignage de satisfaction.

Nous avons lu avec le plus vif intérêt le rapport adressé par M. l'Archiviste du département à M. le Préfet de la Creuse. Nous ne pouvons qu'applaudir au programme tracé par M. Bosvieux. Il ne suffit pas, dit-il dans son rapport, que l'Archiviste place les documents dans un ordre méthodique, qu'il en dresse l'inventaire et qu'il mette ainsi le public savant à même de profiter des richesses que renferment les dépôts du département ; il doit faire plus encore, puiser lui-même aux sources qu'il fait connaître, coordonner le résultat de ses recherches et, en un mot, écrire l'histoire du pays dont les annales sont remises à sa garde. M. l'Archiviste publie une première monographie locale sur les différentes provinces qui ont aidé à former notre département. Il donne les détails les plus intéressants sur les gouvernements civils, consulaires, financiers, ecclésiastiques et militaires de ces provinces. Enfin, il fait connaître les sources manuscrites ou imprimées qui peuvent alimenter toutes les recherches entreprises dans l'intérêt historique de notre pays.

Il a semblé à votre Commission que la publication du rapport de M. Bosvieux pouvait être, pour tous ceux qui se livrent aux études historiques, d'une véritable utilité. Elle vous propose de demander à M. le Préfet de livrer à la publicité le travail de M. l'Archiviste du département.

Rapport du Préfet, 1863.—Les Archives anciennes qui, par leur nature, semblaient devoir constituer une masse stationnaire, prennent aussi chaque année de nouveaux développements, grâce aux restitutions faites déjà par différents dépôts publics.

A la suite d'une mesure provoquée par M. le Ministre de l'Intérieur, les titres antérieurs à 1790 des anciennes juridictions qui, depuis la révolution, étaient restés déposés aux greffes des tribunaux, viennent d'être attribués aux Archives départementales, et j'ai pu ainsi faire rentrer dans votre dépôt une quantité considérable de papiers anciens qui en ont doublé l'importance et la richesse. C'est ainsi que le fonds de l'Élection, de la maîtrise des Eaux et Forêts de Guéret, des juridictions des gabelles, des justices seigneuriales de la Marche et de La Combrailles ont déjà pris place dans la section ancienne des Archives départementales, et une collection, à elle seule aussi importante et aussi nombreuse que les précédentes, ne va pas tarder à les rejoindre. Je veux parler du greffe de la Sénéchaussée de la Marche, qu'une récente décision de M. le Garde des Sceaux vient de m'autoriser à faire transporter aux Archives, pour en faire opérer le triage et conserver toute la partie qui présente un intérêt historique.

Il vous sera facile, Messieurs, d'apprécier toute l'importance de ces nouvelles acquisitions par l'inventaire d'un des fonds qu'a dressé M. l'Archiviste, et qui est compris parmi les pièces qui vous seront soumises. Les 266 articles qui composent la matière de la série C renferment tous les renseignements qui nous sont restés sur la situation de notre province, au point de vue de l'impôt avant la révolution, et permettent de reconstituer, en même temps, la statistique agricole de cette époque. Ce sont ces éléments d'un travail aussi neuf qu'utile que M. l'Archiviste s'est attaché surtout à réunir dans son inventaire.

DORDOGNE. — (Voyez les précédentes délibérations, *Annuaire* de 1862, p. 46, *Annuaire* de 1863, p. 43.) — *Rapport de l'Archiviste*, 1862. — Le premier travail dont je m'occupai fut de classer chronologiquement et de disposer dans 27 cartons les papiers venus de l'ancien greffe de Sarlat. Ce travail terminé, je me mis à reconnaître, à classer et à inventorier 90 plans du XVIIIᵉ siècle, formant une grosse liasse dont je ne connaissais pas la provenance. L'examen attentif de ces plans, qui, la plupart, ne portaient aucune désignation, m'a permis de constater qu'ils se rattachent tous aux travaux d'arpentement, dont nos Archives départementales possèdent une si grande quantité. Grâce à d'assez longues et patientes recherches sur la carte de Belleyme, j'en ai pu faire un récolement complet et retrouver les parties de l'ancien Périgord auxquelles ils se rapportent. Ils ont tous trait à des domaines situés dans les cantons d'Hautefort, de Lanouaille, d'Excideuil et de Savignac-les-Églises.

Ces plans nous indiquent la consistance des domaines, la nature et l'étendue des ténements, les noms de ces ténements et d'une foule de petites juridictions seigneuriales.

J'étais sur le point de finir ce travail, lorsque les anciennes Archives de la ville de Sarlat nous furent envoyées, à la suite de négociations si heureusement conduites par M. le sous-préfet. Cette remise, comme vous savez, nous ayant été faite à la condition de dresser un inventaire détaillé de ces papiers et d'en déposer à la marie de Sarlat même une copie en forme, je pris mes dispositions pour commencer cet inventaire et le terminer le plus tôt possible.

L'examen des pièces lues et analysées une à une m'a conduit à constater que cette collection est extrêmement défectueuse. On n'y a pas conservé un seul des originaux des priviléges octroyés par les rois de France à la ville de Sarlat, et pourtant ces documents étaient nombreux et importants. Il n'y a pas non plus de copies de ces actes, à part quelques transcriptions informes. Il n'y reste même pas, soit en original, soit en copie, la transcription du traité de paix et de bon accord entre Sarlat et le couvent, qui constitue le point de départ du droit réel de cette ville à se proclamer *ville commune* et à s'administrer elle-même. Tous ces titres, d'un très-grand prix historique, ont malheureusement été soustraits par des mains infidèles, et s'ils n'ont pas été détruits en tout ou en partie, ils sont aujourd'hui dispersés dans les cabinets de divers particuliers. Je dois dire cependant que je ne crois pas à leur destruction.

Comme j'ai eu l'honneur de vous le dire l'an dernier, le mal est grand et les pertes occasionnées par l'incurie sont considérables; cependant, j'ai tout lieu de croire, dès aujourd'hui, que le résultat obtenu passera mes prévisions. Nous avons déjà retrouvé dans les greffes une assez bonne quantité de documents destinés à faire partie de la série A, pour l'impression de l'inventaire de laquelle le Conseil général avait voté une somme de 300 francs, somme non employée par les motifs expliqués dans le rapport spé-

cial que je vous ai soumis, au sujet de cette série de l'inventaire et
de la somme allouée pour son impression.

Rapport de l'Archiviste, 1863. — Les papiers apportés de Bergerac
et dont j'eus l'honneur de vous faire connaître la nature, par mon
rapport du 20 novembre 1862, furent les premiers dont je m'occupai
après ma tournée d'inspection. Je les distribuai dans 18 cartons, et
comme je connaissais déjà suffisamment l'état des greffes de Périgueux, Ribérac et Nontron, je fus dès lors à même de prévoir le
moment où je pourrai commencer l'inventaire-sommaire de la série
A, dont l'impression est décidée en principe ; aussi étais-je disposé
à m'en occuper, si, avant de commencer, je n'eusse cru devoir
en finir avec les domaines, où, pour me conformer à la circulaire
ministérielle du 14 juin 1861, j'avais à faire un triage de papiers. Je
me rendis donc à la direction, j'y examinai avec soin une série de
liasses que M. le Directeur avait eu l'obligeance de mettre à ma disposition. Je notai tous les actes qui me parurent de nature à être
réintégrés aux Archives départementales, j'en dressai un inventaire
et le remis à M. le Directeur, avec prière d'en prendre connaissance,
d'y faire ses observations et de décider ce qu'il jugerait de nature
à pouvoir m'être remis.

Après cette opération, je voulus m'occuper de l'inventaire-sommaire de la série A. J'avais même commencé à faire quelques analyses, mais la maladie dont je fus atteint ne me permit guère, pendant environ six semaines, de travailler d'une manière assidue. Ma
santé raffermie, je pus, en attendant les beaux jours, entreprendre
le classement des papiers sur la statistique, papiers que je regar-
dais comme d'autant plus importants, qu'ils remontent en partie à
une époque antérieure à la Révolution. J'en commençai le triage et
je ne tardai pas à reconnaître que l'idée que je m'en faisais n'était
pas au-dessous de la réalité. Lorsque ces papiers, dont l'ensemble
comprendra plus de 100 cartons, seront définitivement disposés de
manière à pouvoir être inventoriés, ils formeront une collection importante, dans laquelle les statisticiens et les économistes trouveront
toujours des renseignements précieux.

M. Yvan de Valbrune et moi sommes parvenus à recueillir les do-

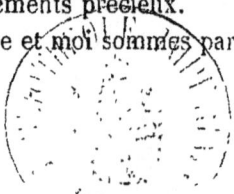

cuments dont suit le relevé sommaire, et desquels je vous présenterai plus tard un rapport détaillé : 182 registres d'insinuation (XVIᵉ-XVIIIᵉ siècle) ; 5 liasses ou registres de juridictions inférieures (XVIᵉ-XVIIIᵉ siècle) ; 6 liasses de cahiers de doléances de paroisses, rédigés dans les assemblées qui précédèrent les assemblées générales des provinces destinées à préparer l'élection des députés aux États de 1789, et à rédiger les cahiers de remontrances qu'ils devaient présenter (1789) ; 9 liasses de documents mêlés (XVIᵉ-XVIIIᵉ siècle) ; 11 liasses ou registres de transcriptions d'édits, lettres patentes, ordonnances, etc. (XVIᵉ-XVIIIᵉ siècle) ; 2 liasses d'imprimés, lettres patentes, édits, déclarations, ordonnances, arrêts du Parlement, etc. (XVIIᵉ-XVIIIᵉ siècle). Médiocre comparativement à la quantité de papiers réunis dans ce dépôt, ce résultat est néanmoins d'autant plus important qu'un retard de quelques années suffisait pour rendre tout triage impossible.

Doubs. — (Voyez les précédentes délibérations, *Annuaire* de 1862, p. 48, *Annuaire* de 1863, p. 44.) — *Rapport du Préfet*, 1862. — Le travail relatif à l'impression des inventaires, prescrit par la circulaire du 12 août 1861 se poursuit avec toute l'activité possible. Déjà les titres compris dans les fonds qui composent les séries C et D sont terminés, et l'impression en est faite. Je mets sous les yeux du Conseil général ce premier travail, qu'il examinera sans doute avec un vif intérêt.

L'Archiviste poursuit activement et revoit avec le plus grand soin les copies de la série E qui doivent être livrées à l'impression. 400 articles de cette série, appartenant à l'ancien comté de Montbéliard, ont été transmis à Son Exc. et j'ai l'espoir que, dans le courant de l'année, cette série pourra être terminée et imprimée.

Des dépôts importants de pièces ont été effectués, dans le courant de l'année, au profit des Archives du département. J'ai d'abord obtenu de M. le Directeur des domaines le versement aux Archives de la Préfecture de 40 registres concernant la comptabilité des domaines royaux de Franche-Comté. M. le maire de la ville de Besançon m'a également transmis 40 pièces ou chartes sur parchemin qui se trouvaient à la bibliothèque de la ville. Ces documents appartien-

.nent aux fonds de l'archevêché et du chapitre métropolitain, dans lesquels ils ont été classés.

Je viens de recevoir de M. le conservateur des forêts de Besançon 9 registres renfermant des arrêts du Conseil d'État, des provisions, nominations et destitutions de fonctionnaires des anciennes maîtrises des Eaux et Forêts du comté de Bourgogne, depuis 1698 jusqu'en 1773 ; plus, 1,249 plans anciens, procès-verbaux et autres pièces concernant les forêts communales et domaniales du département. Ces documents importants proviennent, une partie, des bureaux de la conservation, et l'autre partie, de ceux des diverses inspections établies dans le département. Tous sont du dernier siècle et émanent des maîtrises jadis établies en Franche-Comté. Aussitôt que l'Archiviste en aura fait le récolement, je m'empresserai d'en adresser un état sommaire à Son Exc.

Rapport du Préfet, 1863.—M. l'Archiviste a continué, cette année, je classement et l'inventaire des titres déposés à la Préfecture et provenant de l'ancien comté de Montbéliard. Ces documents offrent le plus grand intérêt, au double point de vue historique et administratif. Déjà le travail est complet en ce qui concerne les chefs-lieux et 60 communes circonvoisines. Les copies de l'inventaire ont été fournies pour être livrées à l'impression. Les titres ainsi dépouillés, au nombre de 715 articles, renfermés dans 274 cartons, comprennent 85 registres, 47,278 pièces isolées et 612 plans.

Il a été procédé aussi au triage des papiers inutiles et dont la vente, autorisée par le Conseil général dans sa dernière session, a été l'objet d'une décision ministérielle en date du 15 juin dernier. Ces papiers, divisés en deux portions, l'une d'un poids de 5,100 kilogrammes, appartenant à l'État, l'autre de 3,300 kilogrammes, appartenant au département, seront prochainement vendus selon les formes réglementaires, et soumis à la destruction, par le pilon, pour un poids d'environ 1,000 kilogrammes.

DRÔME. — (Voyez les précédentes délibérations, *Annuaire* de 1862, p. 48, *Annuaire* de 1863, p. 44.)— *Rapport de l'Archiviste*, 1862.—Avant d'entreprendre le classement régulier, il y avait un travail préalable d'une exécution assez longue : c'était de reconnaître l'étendue et la variété de nos richesses ; or, voici les résultats généraux de cette première investigation :

Série A : *Actes du pouvoir souverain.* Dans cette série, j'ai formé une collection de 364 édits et arrêts du Conseil d'État, de Henri III à Louis XVI, et quelques-uns d'entre eux ne se trouvent pas dans le *Recueil des anciennes lois françaises* d'Isambert.

Série B : *Cours et juridictions.* Cette série, commencée par mon prédécesseur, qui a fait l'inventaire de 284 articles, n'a pu être continuée jusqu'à ce que la visite des Archives déposées aux greffes des tribunaux de Valence, de Montélimart et Nyons, eût eu lieu. Celles du greffe de Die sont peu riches, et, à l'exception des registres de l'état civil, elles entrent toutes dans un modeste placard en sapin. J'y ai trouvé des pièces de la justice mage de la ville et des justices seigneuriales des villages voisins, lesquelles devraient naturellement compléter les collections du dépôt départemental. La plus curieuse collection de cette série est celle des placards imprimés renfermant les jugements des contrebandiers contemporains de Mandrin.

Série C : *Administrations provinciales.* Les papiers de l'intendance du Dauphiné, à cause du partage de ses Archives en 1790, nous ont laissé un certain nombre de titres. Toutes les attributions, des Préfectures actuelles étant dévolues à ces administrations, la collection de leurs actes offre pour l'histoire de la province un intérêt puissant. Je citerai de l'inventaire de ce fonds les renseignements précieux qu'il renferme sur les tailles, les dixièmes et vingtièmes, sur le procès du Tiers État pour la réalité de la taille, sur les milices, le logement militaire, etc.; je rappellerai encore l'introduction des mérinos dans le département, faite en 1788, par l'intendant de La Bove ; la vente par les subdélégués, en 1750, de graines de vers à soie étrangères, en remplacement de celles du pays qui avaient échoué ; l'établissement des haras et l'ouverture de nos principales voies de communication. La lecture de l'inventaire de cette série fera connaître toute l'importance des documents qui nous restent sur cette partie de l'histoire du département.

Série D : *Instruction publique.* Valence posséda depuis le dauphin Louis (1452), plus tard Louis XI, une université que les leçons de Cujas, de Hottman, de Bonnefoy, etc., rendirent célèbre au XVIe siècle. Il nous reste de cet établissement scientifique un assez grand

nombre de registres d'inscriptions, de collations de grades et de délibérations pendant les trois derniers siècles de son existence. Celui
qui renfermait ses statuts n'a pas été retrouvé ; mais Basset (André)
les a fait imprimer au commencement du XVII⁰ siècle. Ce fonds
renferme aussi d'intéressants détails sur le séminaire (1) de Valence,
le premier de l'Empire français, et quelques rares fragments d'analyses manuscrites sur la théologie ou le droit, la poésie romane et
latine.

Série E : *Féodalité, Communes*, etc. Avec cette série, la féodalité
devrait nous apparaître tout entière, défendue par ses titres pou-
dreux et par le souvenir d'une domination de neuf siècles. Mais le
temps et les révolutions ont dispersé ou détruit la plus grande
partie des actes féodaux. Une fois établis solidement au sommet
des rochers à pic, derrière d'épaisses murailles crénelées, les seigneurs se livrèrent au culte des belles lettres et les noms de Boni-
face IV, baron de Castellane, troubadour éloquent et guerrier valeu-
reux, d'Isarde comtesse de Die, de Guillaume Adhémar, etc., sont
là pour rappeler cette époque mémorable. Une fois que le Tiers
État eut entrevu la possibilité d'une émancipation future, il ne
cessa de lutter contre le pouvoir féodal. La royauté et les juriscon-
sultes secondèrent ce mouvement, et l'autorité féodale, avec les
redevances exigées pour des services qu'elle ne rendait plus, ne
pouvait manquer de devenir onéreuse et de disparaître. Les phases
de cette lutte de plusieurs siècles sont indiquées par les transactions du suzerain avec les vassaux et par les brigandages des compagnies franches de Raimond de Turenne, et enfin par les guerres
civiles du XVI⁰ siècle.

Plusieurs familles, dans le grand drame du moyen âge, ont joué
des rôles importants : les Dauphins, les Poitiers, les Clermont, les
Adhémar, etc. Les titres de celles-là, réclamées par la Chambre
des Comptes de Grenoble, sont peu nombreux dans le dépôt. Mais en
revanche, de quelle foule d'illustres maisons n'avons-nous pas des
actes! Les Allemand, les d'Autichamp, les Chabrillan, les La Coste,
les Duclos Bésignan, les Genas, les Gaste, les Langon, les Lattier,

---

(1) Le séminaire et le collége étaient confiés l'un et l'autre aux soins des Mission-
naires du Saint-Sacrement et leurs titres sont communs aux deux établissements.

les Montchenn, les Montoison, les d'Ure, les de Vesc, etc., etc , ont ici d'irrécusables témoins de leur antique puissance. L'inventaire-sommaire pourra seul énumérer l'étendue de nos richesses sous ce rapport.

Organisation frêle et précaire au commencement, la commune devient peu à peu redoutable à la féodalité. Les Archives de cette administration se réduisent en général à des libertés, à des comptes, à des délibérations et à des procès. Nous possédons celles d'Étoile, du Buis, de Romans, de Piégros, Laborel, Eygalaye Lachau, Montauban, Bénivay et Beauvoisin. Les Archives communales de Pierrelatte ont été inventoriées par moi. M. le maire du bourg de Péage a fait classer les siennes ; celles de Montélimar et de Crest se dépouillent peu à peu, et j'achève le classement de celles de Valence, après avoir mis celles de Die en rapport avec leur ancien inventaire. Comme vous le voyez, Monsieur le Préfet, l'essor n'est pas général encore, mais il est déjà appréciable et le temps seul, ennemi contre lequel la meilleure volonté est impuissante, m'a empêché de faire davantage.

Indépendamment des familles et des communes qui nous ont laissé leurs titres, nous avons de plus les protocoles de plusieurs notaires de Romans, de Valence, de Saint-Vallier, de Livron et des XVe et XVIe siècles. Il est vivement regrettable que les anciennes notes de ce genre n'aient pas leur place naturelle et que le prix dérisoire offert par les épiciers puisse priver l'érudition patiente d'une multitude de renseignements utiles.

Série G : *Clergé séculier*. Bien que le fonds de l'évêché de Valence ne renferme plus une seule des chroniques citées par les Bénédictins et par le père Lelong, il a de nombreux documents sur les revenus et les biens-fonds des évêques, établis par les empereurs d'Allemagne, seigneurs de Mirmande, de Cliousclat, de Loriol, de Livron, de Beaumont, de Montvendre, de Châteuneuf, d'Isèle et de Valence. Je dois en dire autant du fonds de l'évêché de Die, nouvellement réintégré dans le dépôt départemental, sur l'ordre de Son Exc. M. le Ministre de l'Intérieur. Seigneurs de Bourdeaux, Crupies, Aouste, Saillans, Les Près, Les Tonils, Valdrôme, Die, etc., les évêques de cette dernière ville défendaient avec beaucoup de soin leurs possessions territoriales contre les voies de fait et les simples menaces. Des cahiers de visites épiscopales et la comptabilité des receveurs des décimes font connaître l'étendue des diocèses anciens, les ressources des paroisses et la statistique religieuse. Saint-Paul-Trois-Châteaux seul nous offre des copies d'actes anciens, ou Cartulaires, ceux de Valence et de Die ayant été égarés, on ne sait quand, au grand regret des érudits.

Des chapitres de Die, de Saint-Paul de Valence et du Bourg, les deux derniers nous offrent seuls des Archives. Les richesses et l'ancienneté de l'un et de l'autre permettent d'en deviner l'importance. C'est là notamment que se trouve entière, mais éparse, l'histoire du Bourg-lès-Valence et d'Allex. Les collégiales de Saint-Sauveur, de Grignan et de Crest, de Sainte-Croix, de Montélimar, de Saint-Donat, les cures des principales villes et cette multitude de prieurés ruraux d'abord réguliers et riches, puis sécularisés et pauvres composant les trois diocèses, complètent la collection. De ces prieurés, ceux de Saint-Vallier, d'Alixan, de Saint-Jean-en-Royans, etc., offrent les plus riches Archives.

Série H : *Ordres religieux.* L'abbaye de Saint-Barnard, autour de laquelle la ville de Romans s'est formée, ouvre cette série, autant par son ancienneté que par la richesse de ses Archives. Si l'ancien Cartulaire en est perdu sans retour, j'ai pu du moins retrouver des copies authentiques d'un certain nombre d'actes, qui ont été communiqués au savant M. Emile Giraud, l'estimable auteur de l'*Essai historique sur l'abbaye de Saint-Barnard*, dont le 3e volume est sous presse.

Après l'abbaye de Romans, viennent par rang de dates celles de Saint-Victor de Valence unie à l'ordre de Saint-Ruf et celle de Saint-Félix. Il reste de l'une et de l'autre quelques chartes du XIe et du XIIe siècle. Je viens de mentionner Saint-Reuf: l'importance de ce fonds m'engage à donner quelques détails sur l'ordre. Fondé à Avignon à une époque reculée, réformé en 1039, il s'établit dans notre ville en 1158, dans l'île de l'Éparvière, et après la ruine de cette maison, dans l'hôtel que la Préfecture occupe aujourd'hui et dans celui de M. le général commandant la subdivision. De la moitié du XIIe siècle à 1774, époque de leur sécularisation, les chanoines réguliers de Saint-Ruf prennent part à un grand nombre d'actes intéressant Valence et les localités voisines. Leur Cartulaire ne nous est point parvenu. Cependant, il reste encore d'eux un grand nombre de chartes originales ou transcrites aux XIIᵉ et XIIIᵉ siècles et une quantité prodigieuse de procès du XVIIᵉ siècle.

C'est vers la même époque, ou peu de temps auparavant, que furent fondés les monastères d'Aiguebelle, dont il ne nous reste que deux actes incomplets, de Léoncel, du Val-Sainte-Marie à Bouvante et les commanderies de Malte à Valence, à Saint-Paul-lès-Romans et à Poët-Laval, avec leurs dépendances à Saint-Vincent-sur-Charpey, Saint-Laurent-en-Royans, Crispalot, Le Laris, Montélimar et Saint-Paul-Trois-Châteaux. De ces divers établissements, Léoncel est peut-être le seul qui ait une collection à peu près complète et dont la publication jetterait un grand jour sur l'état de la propriété et sur les familles qui s'en attribuaient le haut domaine aux XIIᵉ et XIIIᵉ siècles, les Poitiers, les Chabeuil, les Curson, etc.

J'aurais encore à mentionner les Dominicains de Valence, du Buis, de Saint-Paul-Trois-Châteaux et de Die, les Récollets de Romans, de Valence et de Montélimar, les Minimes du bourg du Péage et de Valence, les Cordeliers de Crest, de Romans et de Valence, les Capucins de Montélimar, de Romans et de Valence, les abbayes de Saint-Thiers, de Saou, de Valcroisseaut et de Bonlieu, et les monastères de religieuses de Vernaison et de Soyons à Valence, de Saint-Just à Romans, de Saint-Césaire d'Arles à Nyons, des Ursulines et des Visitandines du Buis, de Crest, de Chabeuil et de Romans, des Trinitaires, des Clarisses et de quelques maisons religieuses étrangères au département; mais j'en ai dit assez pour faire comprendre l'importance du dépôt confié à ma garde.

Après toutes les vicissitudes subies par les Archives, il est vraiment providentiel qu'il reste encore tant de témoins d'un passé trop vanté par les uns et trop dénigré par les autres. Sans parler des lois qui ordonnent la destruction des titres féodaux, des mains indiscrètes ont parfois détourné des pièces intéressantes. C'est ainsi qu'en 1834 les journaux annonçaient la vente de 2,500 pièces, manuscrites ou originales, la plupart avec leurs sceaux des XIIᵉ et XIIIᵉ siècles, intéressant le Dauphiné et la Drôme surtout.

Indépendamment de l'intérêt puissant qui porte les esprits sérieux vers l'étude des titres anciens, il est encore une raison qui doit en faire désirer la conservation et le classement, c'est qu'ils établissent les servitudes actives et passives des biens nationaux vendus à la Révolution.

Pleinement convaincu de l'importance historique et pratique de la publication des inventaires-sommaires des Archives départementales, le Conseil général a, l'année dernière, alloué un crédit pour la mise à exécution de cette grande entreprise et, cette année-ci, pour ma part, je veux consacrer tous mes soins à la continuation de ces inventaires.

L'étude des 579 registres, 17 plans, 355 liasses et 1,250 pièces isolées des Archives civiles et des 2,441 registres, 290 plans, 927 liasses et 7,948 chartes isolées des Archives ecclésiastiques, n'ont pas tellement absorbé mon attention que la partie moderne du dépôt départemental en ait souffert. L'importance des documents contemporains est assez manifeste pour que le classement n'en soit jamais différé. C'est ainsi qu'un grand nombre de liasses déposées dans les combles de l'hôtel de la Préfecture, embrassant la période de 1840 à 1850, ont été classées par fonds. Sans doute il me reste beaucoup à faire pour être au courant; mais avec l'aide de mes collaborateurs tout se fera.

Rapport de la Commission, 1862. — Considérant que depuis l'année dernière les Archives départementales se sont enrichies de documents précieux, notamment des anciennes Archives de l'évêché de Die et des établissements religieux de la même ville ;

Considérant que le classement définitif des Archives communales de Pierrelatte et des Archives départementales, séries A et C, a été opéré et que l'inventaire en a été soumis à Son Exc. M. le Ministre de l'Intérieur, qui l'a approuvé ;

Considérant que l'ordre le plus parfait règne dans ce vaste dépôt, dont s'enorgueillit à juste titre le département, et que les recherches y sont rendues plus promptes et plus faciles par la nouvelle méthode de classement adoptée,

Le Conseil général se plaît à donner à M. Lacroix un témoignage de sa satisfaction pour l'activité et l'intelligence qu'il ne cesse de déployer dans l'accomplissement de la tâche qui lui est confiée.

Rapport de l'Archiviste, 1863. — Avec le fonds de l'intendance, forcément incomplet, à cause des droits de Grenoble à sa conservation, on s'initie au système économique, exclusivement prohibitif, des XVIIᵉ et XVIIIᵉ siècles, à l'assiette de l'impôt foncier (tailles), personnel et mobilier (capitation, dixième, vingtième) et l'on assiste aux mutations de la propriété, aux premiers travaux des grandes voies de Lyon en Provence, de Provence en Bugey, etc ; de desséchement et d'irrigation entrepris à Pierrelatte et à Suze-la-Rousse, des quais du Rhône, de la Drôme et de l'Eyguer, des casernes et des prisons de Valence, de Montélimar et de Romans, enfin aux revenus des hôpitaux, au mode de l'organisation militaire, à l'état des communes et de leurs dettes au moment de la Révolution : tout est dévoilé avec des détails souvent complets et toujours curieux.

Le fonds des subdélégations, autorité restreinte, nous fait connaître l'époque et le prix des réparations exécutées dans les églises et dans les presbytères au XVIIIᵉ siècle, ainsi que les mesures prises afin de prévenir la famine en 1748-49.

Quant au fonds des Élections, rétabli et complété, à l'aide des réintégrations opérées dans l'année, il présente l'histoire complète de ces tribunaux administratifs et de leur organisation, ainsi que le tableau de leur juridiction de 1628 à 1789. D'abord un ou deux consuls, annuels et électifs sont chargés gratuitement, ou moyennant un faible droit de recette, de percevoir les tailles ; s'ils refusent, ils sont poursuivis devant le bureau, et s'ils ne payent pas à l'époque déterminée, le receveur de l'Élection les fait emprisonner. De leur côté, les contribuables, soit misère, soit avarice, ne sont pas toujours dociles ; il faut alors faire saisir leurs récoltes ; quand ils ont battu le sergent on les séquestre, on les traduit devant le bureau. La création des offices de maires, d'échevins, de trésoriers receveurs, etc., modifia sensiblement le système de perception consulaire, sans couper court aux procédures. D'autres attributions étaient dévolues encore au bureau : il connaissait des différends du Tiers État avec la noblesse, au sujet de l'exemption des tailles, vérifiait les dégâts de la grêle, ou des inondations dans les communautés, augmentait ou diminuait en conséquence le nombre de leurs feux, recevait le serment des châtelains et des fonctionnaires municipaux; attribuait aux pères de dix enfants les priviléges accordés par le Roi, adjugeait les droits d'octroi à Romans, punissait les contraventions aux lois et règlements sur la ferme du tabac, du papier timbré, sur les péages, sur les boissons, etc. En un mot, l'étude du fonds des Élections peut jeter une vive lumière sur la condition des personnes, la situation financière des communes et l'état de la province pendant deux siècles.

Des trois anciennes Élections de la Drôme, celle de Romans seule a ses titres classés et inventoriés. D'ici à la fin de l'année, Valence et Montélimar seront dans les mêmes conditions, tous les papiers étant réunis aujourd'hui à la Préfecture.

La réintégration des anciennes Archives du greffe du tribunal civil de Valence a un peu retardé les travaux ordinaires de classement. J'ai trouvé là, en effet, 125 liasses de papier de l'Élection de Romans, 159 registres, 577 liasses et 137 pièces des tribunaux de Valence, de Romans, de Chabeuil et des judicatures de villages voisins. Le triage préparatoire de ces documents a aussi fait découvrir vingt registres de baptêmes, mariages et enterrements, adressés à M. le Préfet de l'Isère, pour les greffes de Saint-Marcelin et de Grenoble, 500 envoyés à Die et 400 à Valence. M. le secrétaire de la mairie de Crest, qui s'occupe avec un louable zèle du classement des Archives communales de la ville, vous a adressé, de son côté, un grand nombre de registres provenant de la sénéchaussée de Crest, et je les ai fait parvenir aux greffes qu'ils concernent.

Comme les papiers anciens venus de la mairie de Valence, de l'évêché de Die, des tribunaux de Valence et de Montélimar, représentent un cinquième des Archives départementales, il a fallu, pour les placer, procéder à deux ventes de papier devenu inutile après un laps de temps déterminé par la circulaire du 24 juin 1844. Malgré ces ventes, l'espace vide demeure insuffisant pour contenir les papiers des sous-préfectures antérieurs à 1830, dont la réintégration est prescrite.

EURE. — (Voyez les précédentes délibérations, *Manuel*, p. 337, *Annuaire* de 1862, p. 50, *Annuaire* de 1863, p. 45.) — *Rapport du Préfet*, 1862.—J'ai augmenté la collection des sceaux en faisant acheter les empreintes de tous les sceaux et contre-sceaux des évêques d'Évreux que renferment les Archives impériales, savoir : sceau de Jean Ier, 1185; sceau et contre-sceau de Richard de Bellevue, 1227; sceau et contre-sceau de Raoul de Cierrey, 1339; sceau et contre-sceau de Richard de Bellevue, 1229; sceau de Jean II, 1251; sceau de Raoul III, Grosparmi, 1259; sceau et contre-sceau de Raoul de Chaourse, 1281; sceau de Nicolas d'Auteuil, 1282; sceau et contre-sceau de Mathieu Des Essarts, 1308; sceau de François de Narbonne, 1787; j'y ai ajouté le sceau de l'évêque constitutionnel de l'Eure, Robert Thomas Lindet, 1791, et le sceau et contre-sceau de Robert, comte de Leycester et de Breteuil, 1195.

Rapport de la Commission, 1862. — Le Conseil a maintenu les crédits ordinaires affectés aux Archives départementales et de plus voté une somme de 500 francs, pour la publication des Archives départementales. (Circulaire du 12 août 1861.)

M. le marquis de Clermont-Tonnerre, rapporteur de la Commission des Archives, s'est exprimé en ces termes :

Messieurs, la visite des Archives a mis une fois de plus votre Commission à même de constater leur excellente tenue : elle a pris connaissance du rapport adressé à M. le Préfet par M. l'abbé Lebeurier. De ce rappport résulte que les travaux de dépouillement et de classement se poursuivent avec activité, et que de nouvelles richesses archéologiques se sont ajoutées à celles que nous possédons déjà.

Le Conseil émet le vœu : « qu'il soit pris une mesure d'intérêt général, prescrivant que les minutes des actes notariés et les documents judiciaires, remontant à une époque reculée, soient réunis aux Archives départementales. »

Rapport du Préfet, 1863. — Je joins à mon rapport l'inventaire-sommaire de la série C, dont l'impression a été terminée depuis votre dernière session. Cet inventaire de 44 pages in-4° donne l'analyse de 243 registres et de 89 liasses formant 8,839 pièces. Je vous propose de maintenir au buget un crédit de 500 francs pour continuer l'impression de ce grand travail qui, comme vous le savez, s'accomplit dans tous les départements.

Plusieurs circulaires de Son Exc. M. le Ministre de l'Intérieur ont prescrit de réunir aux Archives départementales les documents antérieurs à 1790, dispersés dans les bureaux des administrations publiques; l'exécution de ces mesures est commencée et a déjà permis de réunir aux Archives départementales une partie de celles des anciennes maîtrises des Eaux et Forêts de Lyons, Pacy et Pont-de-l'Arche, contenant 35 registres et plus de 2,000 pièces, que conservaient MM. les inspecteurs des Eaux et Forêts de Louviers et de Lyons. Dans les greniers de la mairie de cette dernière ville, M. l'Archiviste a aussi trouvé un dépôt considérable de pièces provenant des anciennes juridictions royales du pays. Beaucoup d'autres sont attendues de l'administration de l'enregistrement et des domaines et des greffes des tribunaux d'arrondissement.

M. Marie, notaire à Brionne, a fait don aux Archives d'un registre in-folio, contenant l'inventaire des titres de la Chartreuse de Gaillon, rédigé en 1739, et d'autant plus précieux qu'une partie des pièces qui y sont analysées est aujourd'hui perdue. M. Dubosc, notaire à Pont-Audemer, a bien voulu me remettre une série de registres du contrôle de la vicomté de Pont-Audemer qui était en sa possession.

Enfin, j'ai fait acheter un terrier, sur vélin, du fief de La Poterie-Mathieu, rédigé en 1376, sous l'administration de Charles le Mauvais, dont cette seigneurie relevait, et grand nombre de pièces du XIIIe au XVIIIe siècle concernant les forges et les forêts du comté d'Evreux, l'Hôtel-Dieu de Vernon, les abbayes de Lyre et de la Croix-Saint-Leufroy. — J'ai l'honneur, en conséquence, de vous proposer d'ajouter au crédit ordinaire des Archives une somme de 216 francs pour payer ces acquisitions.

EURE-ET-LOIR. — (Voyez les précédentes délibérations, *Annuaire* de 1862, p. 50, *Annuaire* de 1863, p. 45.) — *Rapport du Préfet*, 1862. — Une affaire sérieuse a fixé notre attention. Dès 1854, vous sollicitiez la réintégration dans vos Archives des registres capitulaires de Notre-Dame de Chartres et des cartulaires indûment déposés à la bibliothèque de Chartres en l'an VIII. La loi du 5 brumaire an V ne devrait, à cet égard, laisser aucun doute. De quelque manière qu'on envisage la nature de ces titres, il est de toute évidence qu'ils n'ont aucun caractère de propriété privée ou communale; c'est au département qu'ils appartiennent.

La lettre de la loi le dit, l'esprit le comprend. Les anciens chapitres ayant été supprimés, les nouveaux n'ayant aucun caractère d'indépendance civile, les titres qui se réfèrent à des propriétés ou à des faits anciens rentrent dans le domaine publique représenté par l'autorité départementale.

Le département d'Eure-et-Loir a pris, depuis quelques années, l'initiative d'une espèce de réhabilitation des Archives publiques : un édifice spécial s'est érigé avec l'inscription à son frontispice; de nombreux crédits ont été affectés, un Archiviste habile et compétent a été choisi, rétribué installé; toute une organisation intérieure a été disposée; personne n'ignore ces circonstances et le public vient maintenant y demander consultation et copies de titres, et cependant la réintégration sollicitée n'a pas même pu avoir lieu.

Comme vous le savez déjà, Son Exc. le Ministre de l'Intérieur, par une circulaire du 1er juin 1861, a prescrit de faire rentrer dans les Archives des Préfectures tous les documents existant aux greffes des cours et tribunaux de première instance qui n'auraient pas un caractère purement judiciaire. L'année dernière, M. l'Archiviste a signalé à ce sujet diverses pièces conservées jusqu'à ce jour au tribunal de Dreux; il a depuis visité les Achives de Châteaudun et y a également rencontré un grand nombre de liasses dont la véritable place lui paraît être dans les Archives du département : il cite entre autres des registres de notaires de Châteaudun, Cloyes, etc., remontant jusqu'à l'année 1486. Il n'a pas été statué jusqu'à ce jour sur la translation de ces dossiers aux Archives du chef-lieu, translation à laquelle, du reste, MM. les greffiers ne s'opposent en aucune façon. Les Archives des greffes ne sont jamais consultées, et pour cause : le local est souvent insuffisant et aucun ordre n'existe dans ces papiers, la plupart du temps illisibles et souvent inutiles pour la pratique ordinaire des affaires; c'est donc pour MM. les greffiers un avantage de se débarrasser d'une partie de ces liasses qui ne

font que les gêner, et dans lesquelles, s'ils ont quelque renseignement à chercher, il leur est impossible de rien trouver. Une fois,
au contraire, arrivées aux Archives du département, ces pièces
sont classées et inventoriées, et, en cas de besoin, elles seront
faciles à consulter.

C'est ce qu'ont parfaitement compris MM. les présidents et greffiers du tribunal civil de Chartres, et ils ont autorisé M. Merlet à
prendre et à classer dans les Archives départementales toutes les
pièces du greffe et du bailliage de Chartres. Le dépôt d'Eure-et-
Loir a ainsi recouvré environ 3,000 liasses ou registres, qui aug-
mentent d'à peu près un tiers la partie ancienne de ces Archives.
Le premier soin de M. l'Archiviste a été d'inventorier ces nouvelles
richesses, et ce travail n'est pas encore terminé. Vous le comprendrez sans peine, lorsque vous saurez que ces dossiers, par suite de
déménagements successifs, se trouvaient dans le chaos le plus
absolu, n'ayant jamais été classés et beaucoup n'étant pas même en
liasses. Tous ces titres font partie de la série B, c'est-à-dire de la
première série importante des Archives anciennes, car la série A
ne figure à peu près que pour mémoire. Ce travail d'inventaire est
immédiatement livré à l'impression, et j'ai l'honneur de placer sous
vos yeux les huit premières feuilles de cet ouvrage. Bien que cet
inventaire soit en sommaire, il permet cependant de se livrer à des
recherches faciles et rapides, et il montre déjà quel secours on
pourra tirer, et pour l'histoire locale et pour celle des familles et
des coutumes, de ces pièces si longtemps ignorées.

Le bailliage de Chartres est inventorié, et parmi les nombreuses
justices qui en relevaient, celle d'Épernon, de Gallardon, de Maintenon, de Saint-Prest, de Prunay-le-Gillon, d'Allonnes, de Ver-lès-
Chartres, de Luplanté, de Meslay-le-Vidame et de Fanis, ainsi que
toutes les justices secondaires dont l'énumération se trouve au rapport que M. Merlet m'a adressé.

Ce sont déjà, pour l'histoire de l'organisation judiciaire du pays
chartrain, des renseignements précieux : si nous entrons maintenant dans l'examen de quelques faits plus particuliers, je noterai
les documents sur les littérateurs chartrains que l'on rencontre dans
ces dossiers, sur Jacques Augustin, l'auteur de la *Beauce desséchée;*

le poëte Claude Rabel ; Jacques Querelle, curé de Craches; Pierre Saunier, l'historien de Gallardon ; Collin d'Harleville; Janvier de Flainville; Hérisson ; Jean Espitalier, curé de La Folie-Herbanet, etc. Parmi les familles du pays qui trouveront dans ces papiers des titres utiles, on peut citer les de Sailly, de Pàris, de Malcbranche, Quartier de La Malmaison, de Fronsac, d'Allevimare, Lubriat, de Pontbriant, de Chabas, de Tascher, Bonvard, de Gogné, d'Aligre, de La Taille, etc. Enfin, je mentionnerai seulement quelques documents parmi les plus intéressants, par exemple l'inventaire des meubles et papiers du château de Maintenon à la mort de Françoise d'Aubigné, en 1719; les titres et papiers de la communauté des potiers d'étain de la ville de Chartres, de 1619 à 1790 ; les registres de l'état civil protestant de Maintenon, Soulaires et Guilonville; des règlements pour les métiers de tanneurs, de boulangers, bouchers, cabaretiers, huissiers, rôtisseurs, charcutiers, portefaix, etc. ; les pancartes des droits de mésuse, coutumes, perçus à Maintenon et à Jouy ; les règlements des droits de glanage, grapillage et chaumage; des ordonnances pour l'échenillage, le balayage des rues, l'entretien des chemins, etc., etc.

D'après cette rapide énumération, vous pouvez juger quel intérêt s'attache à ces pièces jusqu'ici complétement ignorées. Il est à regretter que dans les autres villes, à Châteaudun surtout, où les Archives du greffe ne sont nullemement classées, on n'ait pas pris le même parti qu'à Chartres, celui de réunir au chef-lieu toutes les Archives des bailliages étrangers à la ville elle-même.

Le travail presque exclusif de M. l'Archiviste pendant le cours de cette année a été la préparation de l'inventaire-sommaire, dont Son Exc. désire que l'impression marche le plus rapidement possible. Ce qui a empêché l'exécutiou de cette publication d'être aussi prompte que Son Exc. l'aurait désiré a été la nécessité de faire un classement entièrement nouveau : la plus grande partie des pièces, en effet, comprises jusqu'à ce jour dans l'inventaire sommaire n'avaient encore jamais été mises en ordre, n'appartenant pas aux Archives départementales et étant restées dans les greffes des tribunaux, où elles avaient eu à subir plusieurs déménagements successifs. La translation au dépôt central une fois ter-

minée, il a fallu d'abord séparer les dossiers par bailliages, opération assez longue au milieu de quelques mille liasses; puis, diviser
ces liasses et les inventorier isolément. Malgré ces difficultés, le
travail est aujourd'hui assez avancé, et le département d'Eure-et-
Loir est encore un de ceux qui a fourni le contingent le plus considérable au volume que le Ministre a eu l'honneur de mettre sous
les yeux de Sa Majesté au mois d'août 1862.

Outre la série A entièrement achevée et qui n'offre, au reste,
qu'un nombre de pièces assez insignifiant, 13 feuilles de la série B
sont en ce moment achevées d'imprimer, et 4 autres sont toutes
prêtes pour l'impression. Ces feuilles ne comprennent pas moins de
1,038 articles, représentant environ 80,000 pièces, 1,500 registres
ou cahiers et 21 plans. Les titres les plus anciens ne remontent pas
plus haut que le XIVᵉ siècle ; mais un grand nombre de ces documents présentent le plus vif intérêt, soit au point de vue des mœurs
et des coutumes, soit à celui des généalogies ou de la topographie.
M. l'Archiviste s'est attaché surtout à faire ressortir dans sa brève
analyse, tout ce qui avait le plus d'importance pour l'histoire locale
ou générale, et il est une foule de renseignements curieux qu'on
rencontre fort inopinément dans ces dossiers de procédures.

Il était à regretter que les titres appartenant au département ne
fussent pas tous estampillés ; il m'a été facile de réparer cette lacune, sans rien distraire d'ailleurs du temps consacré par M. Merlet
au travail lui-même de classement. J'ai chargé de l'estampillage le
garçon de bureau qui s'occupe du service des Archives, et je trou-
verai à le rémunérer suffisamment sur les divers fonds votés,
chaque année, par le Conseil général. Le travail d'estampillage est
donc commencé depuis quelques mois, et déjà même s'avance vers
une fin prochaine.

Rapport du Préfet, 1863. — La principale occupation de M. l'Archiviste, pendant le cours de cette année, a été la continuation de
l'inventaire sommaire des Archives antérieures à 1790. Huit feuilles
avaient été imprimées l'année dernière : cette année, trente-trois
sont achevées, et les trente et une premières forment la première
partie du premier volume, précédé d'une introduction historique

sur les séries A, B, C et D des Archives d'Eure-et-Loir. Cette première partie a été terminée avant la session du Conseil général, et ainsi le département d'Eure-et-Loir s'est trouvé un des huit départements de la France dont l'inventaire a pu être livré au public.

Ce travail ayant été mis sous vos yeux, vous avez pu juger par vous-même du soin apporté à sa rédaction. Son Exc. le Ministre de l'Intérieur a bien voulu me charger de transmettre ses félicitations à M. Merlet. La rédaction de cette première partie comprend, avec les deux feuilles suivantes, tous les papiers provenant du greffe du tribunal civil de Chartres, qui n'ont pas fourni moins de 2,040 liasses. M. l'Archiviste a commencé, immédiatement après, à inventorier les papiers du greffe du tribunal de Nogent-le-Rotrou, dont M. le président a également fait la cession au département; ils formeront environ 1,500 liasses, dont 250 environ sont déjà analysées, et la copie prête à être livrée à l'impression. M. le président du tribunal civil de Châteaudun a également fait l'abandon des papiers du greffe de cette ville; ce sera un fonds au moins aussi considérable que celui de Nogent-le-Rotrou. Enfin, sur les instructions de Son Exc. M. le Ministre des Finances, M. l'Inspecteur des eaux et forêts de Dreux a remis à M. l'Archiviste toutes les pièces antérieures à 1790 qui se trouvaient dans ses bureaux; parmi ces documents se rencontrent surtout des plans fort intéressants.

Je n'ai pas besoin d'insister sur les difficultés du classement de ces pièces, qui arrivent à Chartres, sans aucun ordre, dans des wagons de chemins de fer, et qu'il faut ensuite revoir presque une à une pour les inventorier par fonds et par année. C'est un travail excessivement long, qui justifierait certainement un retard dans l'impression de l'inventaire, si, d'ailleurs, malgré cette infériorité relative, le département ne se trouvait pas néanmoins un des plus avancés. J'aurais écrit à Son Exc. pour réclamer contre une erreur commise dans son rapport général du mois d'août, où le département d'Eure-et-Loir n'est pas cité, tandis que d'autres qui le sont, celui de Seine-et-Oise, par exemple, ont douze ou quinze feuilles de moins de parues, si cette erreur n'avait pas été réparée dans l'Exposé de la situation de l'Empire inséré dans le *Moniteur universel*. Tout en travaillant à l'inventaire des Archives anciennes,

M. l'Archiviste a dû consacrer un certain temps à l'entretien du bon ordre dans les Archives modernes, et tous les dossiers sont dans un état régulier de classement.

FINISTÈRE. — (Voyez les précédentes délibérations, *Annuaire* de 1862, p. 53, *Annuaire* de 1863, page 47.) — *Rapport du Préfet*, 1863. — Ainsi que je vous l'annonçais l'année dernière, l'inventaire sommaire de la série A est publié ; l'impression de celui de la série B est aujourd'hui terminée, et l'inventaire de la série C est sous presse. Le classement définitif de la série D, formée en grande partie des titres provenant de l'ancien collége des Jésuites de Quimper, se poursuit en ce moment, ainsi que celui de la série E, qui comprend les Archives des villes, communes et familles. Les inventaires de ces deux dernières séries pourront être prochainement livrés à l'impression.

Dans sa session dernière, le Conseil a reconnu combien il serait utile de renfermer dans des cartons les titres anciens au fur et à mesure de leur classement. C'est donc pour satisfaire à ce besoin et pour répondre au désir exprimé à cet égard par le Conseil, que je propose une allocation supplémentaire de 200 francs à l'article 2 du sous-chapitre 11.

Rapport de la Commission, 1863. — M. le rapporteur de la Commission renouvelle le témoignage de satisfaction qui n'a jamais fait défaut à M. l'Archiviste ; il félicite l'Administration d'avoir tenu compte du vœu exprimé par le Conseil, dans sa dernière session, de garantir les papiers de toute dégradation en les déposant dans des cartons.

La Commission s'empresse de voter le chiffre spécialement destiné à cette mesure de précaution, de même que les autres allocations demandées.

GARD. — (Voyez les précédentes délibérations, *Annuaire* de 1863, p. 47.) — *Rapport du Préfet*, 1862. — J'ai eu précédemment l'honneur de vous rendre compte de la mesure, par suite de laquelle tous les papiers des sous-préfectures antérieurs à 1830 devaient être immédiatement transférés dans les Archives de la Préfecture. Je vous ai

fait connaître que cette mesure était accomplie pour les arrondissements d'Uzès et du Vigan, et qu'elle serait ultérieurement exécutée
pour l'arrondissement d'Alais. Le versement des papiers à provenir
de cet arrondissement n'aura lieu qu'au moment où les nouveaux
travaux d'aménagement de la sous-préfecture seront effectués. Ces
travaux viennent d'être entrepris. Le transport des papiers pourra
donc être incessamment opéré.

Rapport de la Commission, 1863.—L'un des membres désignés rend
compte de l'état des Archives départementales et fait connaître qu'il
a procédé à cette visite, qui a été satisfaisante de tous points. Le
classement des papiers semble ne rien laisser à désirer. Un ordre
parfait règne dans toutes les parties du service.

HAUTE-GARONNE. — (Voyez les précédentes délibérations, *Annuaire* de 1862, p. 53, *Annuaire* de 1863, page 47.) — *Rapport
de l'Archiviste*, 1862.—J'ai continué à préparer la rédaction des nouveaux inventaires. Les papiers de l'Intendance n'avaient pas été
suffisamment distingués, par l'ancien Archiviste, de ceux du diocèse.
J'ai employé deux mois à classer ces deux fonds. Avant de procéder
à ce classement, j'ai dû rechercher, suivant le désir exprimé par
M. le Ministre, toutes les lettres de Colbert qui pouvaient se trouver
dans le département ; j'en ai découvert 93 dans les Archives du
Canal du Midi.

J'ai classé 200 liasses volumineuses de la série C, que j'ai réduite
à 115, en les dépouillant, après mur examen, des pièces inutiles.
Les inventaires qu'on a dressés ont passé sous les yeux de M. le
Ministre ; ils sont actuellement imprimés.

Des mesures ont été prises, cette année, afin de pourvoir au numérotage des articles et à l'estampillage des pièces et registres ;
sur les 350 francs alloués par le Conseil général pour le matériel
des Archives, on a prélevé 100 francs, destinés à payer les journées
d'un timbreur.

Section judiciaire. Le premier Archiviste adjoint, chargé du service des Archives du Parlement, a préparé pour l'impression 175
articles de la série B. Ce travail présentait une difficulté particulière. La partie de l'inventaire dressée par l'ancien Archiviste (150

articles) était fort défectueuse et pleine d'obscurité de rédaction. Ce n'était, en effet, que le résumé d'un résumé. On avait négligé de compulser les registres, et l'on s'était contenté de copier les titres, nécessairement défectueux.

Rapport de l'Archiviste, 1863. — Le classement des Archives de l'Intendance de Languedoc (subdélégation de Toulouse) est aujourd'hui terminé, l'inventaire est près de l'être. Il comprend déjà 400 notices, dont 327 (C 73-C 400) ont été rédigées cette année. Chaque numéro ou liasse contient en moyenne 80 pièces. C'est donc, au total, sur 26,000 documents qu'a porté le travail de lecture, d'analyse sur chemises, de coordination, de dénombrement et d'inventaire. Tous les deux mois, les articles préparés ont été adressés à M. le Ministre de l'Intérieur, qui les a fait examiner. Ils n'ont donné lieu à aucune observation et sont aujourd'hui imprimés.

Archives du Parlement.—Le premier Archiviste adjoint a continué d'inventorier les registres du Parlement. Les résultats de son travail, qui témoignent de beaucoup de conscience, ont été transmis à M. le Ministre. Ils sont imprimés en partie. Les cinq feuilles dont il se compose contiennent l'analyse de 2,200 arrêts, extraits de 99 registres. Ces arrêts, datés de 1600 à 1611, concernent en général le rétablissement du culte catholique, la régularisation des élections consulaires dans les communautés rurales, la taxe des pauvres et la distribution des aumônes, les ventes et reventes du domaine du Roi, la police, le personnel judiciaire, l'enregistrement de divers édits, etc., etc. Les registres compulsés n'étaient pas paginés. M. l'Archiviste adjoint y a pourvu.

L'employé auxiliaire a copié pour l'impression les bulletins d'inventaire de son chef, et répertorié, pour son compte, un registre des insinuations laïques, qui contient environ 10,000 articles pour une période de huit années (1659 à 1666). Il a d'ailleurs expédié 86 rôles, dont 35 gratuits, et collaboré aux recherches dans le dépôt

GERS. — (Voyez les précédentes délibérations, *Annuaire* de 1862, p. 54, *Annuaire* de 1863, p. 47.)—*Rapport de l'Archiviste*, 1862.—

J'avais espéré, par des réintégrations et des découvertes, accroître le dépôt historique du département du Gers ; ces espérances se sont réalisées en partie, et chaque jour la découverte d'une pièce ou d'un document est venue constituer divers fonds. Les tentatives que vous avez bien voulu faire, sur ma proposition, auprès de votre collègue des Basses-Pyrénées, pour obtenir la restitution importante des papiers provenant de l'Intendance d'Auch, n'ont malheureusement qu'imparfaitement réussi, quoiqu'elles fussent admises en principe, la série C des Archives de ce département n'étant pas encore classée. Mais il y a tout lieu d'espérer que dans le courant de cette année nous obtiendrons gain de cause. D'après les règlements ou les lois qui régissent la répartition des anciennes Archives administratives, les papiers émanant des Intendances doivent être distribués entre les divers départements intéressés. Or, le département du Gers faisait partie de l'Intendance d'Auch et de Pau, dont Auch était la capitale.

Plus heureux d'un autre côté, le département de Tarn-et-Garonne nous a remis spontanément en possession d'une quantité considérable de registres terriers et de livres de reconnaissances. Quelques-uns de ces terriers remontent à une époque fort reculée ; je vous signalerai entre autres un terrier de la seigneurie de Verdusarr, qui est du XIIIᵉ siècle. Voici les noms des diverses communautés qu'ils concernent : Bajonette, Ricau, Lapujolle, Miradeux, Pis, Mauvesin, Vic-Fezensac, Montferrand, Lectoure, Plaisance, Fleurance, Gimont, Fustéronau, Marciac, Gimont, Réjaumont, Puycasquier, Lisle et Jourdan, Pujandran, Cezan, Gandomille, Lannepax, etc., etc. Je n'ai pas besoin d'insister sur la valeur de ces documents, qui contiennent des renseignements précis sur le domaine royal et sur les terres seigneuriales de la contrée. Ils sont une mine féconde à exploiter pour les généalogistes et les économistes.

Les mesures prises, cette année, par LL. Exc. M. le Ministre des Finances et M. le Ministre de l'Intérieur, m'ont mis à même de réclamer aux administrations des Domaines et des Eaux et Forêts une quantité assez respectable de papiers, dont vous apprécierez tout l'intérêt, puisqu'ils sont relatifs à l'ancienne juridiction des tables de marbre et aux administrations domaniales. J'ai classé immédia-

tement ces nouveaux documents, ainsi que les Archives de l'ancien
Bureau des finances d'Auch, restituées, l'an dernier, par le greffe
du tribunal civil de cette ville, où se trouvent encore les Archives
de la Sénéchaussée. J'ai pareillement classé la série des Archives
ecclésiastiques, qui s'était accrue d'un certain nombre de titres
ayant appartenu au chapitre de Sainte-Marie, aux évêchés de Condom et de Lectoure, à plusieurs monastères ou couvents, tels que
les frères Mineurs d'Auch, le couvent de Saint-Mont, le chapitre de
Nogard, etc. Les inventaires de ces classements ont été minutieuse-
ment rédigés par moi. Jusqu'à nouvel ordre, c'est-à-dire jusqu'à ce
que les restitutions si souvent réclamées, dont je vous ai entretenu
tout à l'heure, aient été effectuées, les Archives historiques du Gers
se trouveront entièrement classées et inventoriées. Les recherches
pourront être faites maintenant avec certitude et rapidité. Je suis
heureux d'avoir attaché mon nom à un travail aussi intéressant et
aussi profitable.

Sans le travail important que j'ai entrepris depuis deux années à
Condom, et sans certaines affaires personnelles qui m'ont un peu
tenu éloigné, j'aurais commencé par un triage général des papiers
devenus inutiles et propres à être vendus au compte de l'État ou du
département. J'appellerai de nouveau votre attention, Monsieur le
Préfet, sur le local devenu depuis longtemps insuffisant. Ainsi que
le contiennent mes rapports précédents, non-seulement les salles at-
tribuées aux Archives départementales sont insufisantes, mais encore
elles ne réunissent aucune des conditions nécessaires pour la destination qui leur a été attribuée. Son Exc. M. le Ministre de l'Intérieur
a réclamé un plan général des Archives, et je ne doute pas que les
observations de Son Exc. ne soient conformes à celles qui ont été
présentées par moi à titre de renseignements. La bonne conservation des Archives ou des dépôts publics, musées ou bibliothèques,
n'est possible qu'à la condition de l'exercer dans un local bien disposé, aéré, à l'abri de l'incendie, de la pluie, et dans lequel on puisse
se mouvoir à l'aise, qui permette les extensions, les accroissements
réclamés par les nouveaux besoins. La salle affectée aux Archives
antérieures à 1790 est beaucoup trop petite ; ce défaut deviendrait
plus sensible encore si les réintégrations espérées étaient faites cette

année. En outre, sa disposition ne permet pas de la fermer et de garantir, par conséquent, d'une façon sérieuse les documents qui y y sont placés.

Rapport du Préfet, 1863. — C'est à bon droit, Messieurs, que M. le Ministre se préoccupe de la situation des Archivistes départementaux. Ces employés forment une classe à part, dont l'avenir, nécessairement borné, ne se sépare pas des occupations modestes, mais si utiles, auxquelles ils se livrent chaque jour. Pour eux, point de ces brillantes perspectives qui permettent à des fonctionnaires d'un autre ordre d'espérer que leur vieillesse se passera calme et tranquille, au milieu d'une aisance d'autant plus grande, que leur traitement d'activité aura été plus élevé. Aussi faut-il que le traitement des Archivistes soit combiné de manière que, vivant modestement, ils puissent réserver quelques ressources pour leurs vieux jours. C'est dans l'intention d'arriver à ce but que M. le Ministre vous a, par deux fois, invités à améliorer le traitement de M. Niel, Archiviste du département.

Rapport de la Commission, 1863.—Dans un précédent rapport, je vous ai fait connaître le soin que M. Niel prend des Archives départementales, et la manière remarquable avec laquelle il a mis à exécution les intentions de M. le Ministre et les vôtres, par la rédaction, aussi consciencieuse qu'intelligente, de l'inventaire-sommaire des Archives départementales antérieures à 1790. Ces considérations ont paru à votre Commission justifier pleinement une augmentation de traitement de l'Archiviste du département. Aussi vous propose-t-elle de porter de 2,000 à 2,500 le traitement de cet employé, à partir du 1er janvier 1865. — Conclusions adoptées.

Vous n'avez pas oublié, Messieurs, que le comte F. de Persigny, pendant son ministère, prescrivit la confection et l'impression des inventaires des Archives départementales antérieures à 1790, et vous comprenez à quel point l'exécution de cette mesure sera utile pour les recherches, en ce qui touche l'histoire des provinces, et même l'histoire générale de la France. L'inventaire-sommaire des Archives du Gers est en cours d'exécution. La rédaction est confiée à M. l'Archiviste départemental, et la première livraison imprimée de cet inventaire, qui se trouve au dossier remis à votre première Commission, prouve tout le soin que M. Niel apporte à un travail qui fera honneur à son zèle et au département. Dans cette première livraison se trouvent analysées les correspondances de l'intendant d'Étigny, contenues en 13 volumes in-folio. On y trouve des détails curieux concernant la fabrication et le commerce du tabac, la défense des jeux de hasard à Bagnères, à Baréges et à Cauterêts ; les embellissements d'Auch ; ce plan ne fut réalisé qu'en partie. M. le Préfet du Gers n'a pu obtenir de son collègue des Basses-Pyrénées la restitution de pièces importantes de trésorerie qui nous appartiennent réellement. Mais un grand nombre de titres féodaux se trouvent au séminaire d'Auch, et les administrateurs de cet établissement se montrent disposés à les céder au département, à la condition qu'on les leur remplacera par un nombre de livres équivalent. Nous n'hésitons pas, Messieurs, à vous prier d'autoriser M. le Préfet à faire cet échange.

Deux membres du Conseil général ont, conformément à la circulaire ministérielle du 8 août 1839, procédé à la visite et à la reconnaissance des Archives déposées à l'hôtel de la Préfecture. Ils ont trouvé en pleine exécution le grand travail des inventaires des Archives antérieures à 1790, dont M. de Persigny, ministre de l'Intérieur, a prescrit la publication pour tous les départements de la France. Déjà l'inventaire des affaires civiles est terminé et imprimé ; celui des affaires religieuses sera publié en 1864.

Cet important travail sera l'un des monuments les plus utiles de notre histoire nationale, et fournira aux hommes curieux des vieilles études des documents précieux et faciles à consulter ; car le Gouvernement a eu l'excellente pensée d'ordonner l'échange des inventaires entre tous les départements.

GIRONDE. — (Voyez les prédentes délibérations, *Annuaire* de 1862, p. 55, *Annuaire* de 1863, p. 48.) — *Rapport de l'Archiviste*, 1862. — En même temps que des instructions relatives aux inventaires m'étaient données, vous m'informiez, Monsieur le Préfet, que Son Exc. le Ministre de l'Intérieur, après s'être entendu avec ses collègues de la Justice et des Finances, avait décidé la centralisation aux Archives départementales de tous les titres et documents antérieurs à 1790, ayant un caractère historique et administratif, qui se trouvaient exister dans les greffes des cours impériales, des tribunaux de première instance et aux chefs-lieux des conservations des forêts de l'État. Vous m'avez en conséquence délégué, Monsieur le Préfet, pour procéder, de concert avec les greffiers de la cour impériale et du tribunal de première instance de Bordeaux et le conservateur des forêts de la même ville à l'examen de tous les titres antérieurs à 1790, qui s'y trouvaient déposés, rentrant dans la catégorie des documents demandés, pour vous faire connaître le résultat de ces recherches et, en même temps, vous produire un état indicatif de tous les documents administratifs ayant pu être découverts dans chacun de ces dépôts, afin d'en donner communication à Son Exc. suivant ses prescriptions.

L'Archiviste, au début de l'exercice courant, s'est donc trouvé, en outre des travaux ordinaires attachés à son service, en présence, d'une part, de 2,800 registres de l'ancien Parlement de Bordeaux (série B) restant à analyser et inventorier sommairement; d'autre part, en présence de la confection des copies à faire de ces mêmes inventaires destinés à l'imprimerie, et enfin d'un compulsoire à exercer sur tous les documents antérieurs à 1790, déposés aux greffes de la cour impériale et du tribunal de première instance de Bordeaux, et dans les bureaux de la conservation des forêts de la même ville, pour y relever tous les documents présentant un caractère administratif.

Quoique, pour ainsi dire, seul et n'attendant de secours de personne pour des travaux de cette importance, l'employé unique placé sous mes ordres étant absorbé par le service courant du bureau, je me suis livré, Monsieur le Préfet, à cette grande entreprise, avec la ferme volonté de la conduire à bonne fin dans un temps donné.

Quant à l'inventaire de la série C, qui, pour arriver à son complément, s'était exercé sur 1,680 articles, comprenant l'analyse de plus de 40,000 pièces, Son Exc., tout en témoignant son regret de faire revenir sur un travail de cette importance, par le motif que l'on aurait négligé de se conformer aux prescriptions réglementaires, en ce que l'analyse s'était exercée par carton et portefeuille, quel que fût le nombre des pièces dont ils fussent composés, ordonna, qu'à raison des modifications à apporter au travail exécuté, l'Archiviste procéderait d'abord à un remaniement général de tous les documents de cette série, pour les répartir par articles de 150 pièces au plus, pour en former autant de liasses ou dossiers, puis les revêtir d'une chemise ou enveloppe portant un numéro d'ordre, la mention du nombre et la nature des pièces contenues, en même temps que leur analyse sommaire, et, ces préalables accomplis, entreprendre la confection de l'inventaire de cette série.

Cette opération s'est exécutée pendant toute la durée du présent exercice, en même temps qu'il a été procédé à la continuation des analyses et confection des inventaires-sommaires des articles dépendant de cette même série. L'inventaire-sommaire des papiers de l'ancienne Intendance de Bordeaux a donc pu se continuer jusqu'au 1547e article, se composant chacun d'autant de liasses de 100 pièces au moins, comprenant la correspondance générale de l'Intendance sur les offices municipaux, la ville de Bordeaux, les lettres de grâce, les juifs, les hôpitaux, les prisons, les enfants trouvés, les embellissements de Bordeaux, les dénombrements de la population, l'agriculture, les approvisionnements de grains, les postes, la navigation, les travaux publics, etc. Conséquemment, en supputant les résultats obtenus durant l'exercice courant et celui qui l'a précédé, il en résulte que les travaux d'inventaire accomplis par l'Archiviste sur les séries B et C ont permis de soumettre, pendant cet exercice, d'abord à l'approbation de Son Exc. le Ministre de l'Intérieur, et transmettre à M. Paul Dupont, imprimeur, chargé de l'impression, les copies de 219 articles de la série B et de 1150 de la série C. Ainsi la publication de l'inventaire de ces deux séries atteindra, pour la série B, 8 feuilles, et, pour la série C, 35 feuilles d'impression ; ensemble 43 feuilles.

Rapport du Préfet, 1863.—Le classement des nombreux et intéressants documents composant les Archives du département est à peu près terminé, et l'Archiviste s'occupe sans relâche de la copie des inventaires-sommaires de la série C ; ce travail continue à être livré à l'impression, après avoir été soumis à l'approbation ministérielle au fur et à mesure de sa confection. Ces résultats satisfaisants, dus au travail assidu et à la persévérance de M. l'Archiviste, et qui ont placé, l'année dernière, le département de la Gironde en seconde ligne dans le degré d'avancement des travaux d'impression de ses Archives, donnent lieu d'espérer qu'il aura conservé, sinon dépassé, son rang pour cette année.

Rapport de la Commission, 1863. — Comme M. le Préfet, nous ne pouvons nous empêcher de reconnaître le dévouement et la persévérance déployés par M. Gras, archiviste du département. Le Conseil général n'est pas dans l'habitude de méconnaître des efforts aussi incessants et aussi remarquables. Nous vous proposons, en conséquence, d'adresser, à ce sujet, des félicitations et des remerciements au chef des Archives départementales.

Mais le travail déjà exécuté ne suffit pas ; il faut assurer la conservation des documents en y maintenant l'ordre méthodique qui a été préféré. Un nouveau local est au moment de recevoir toutes les pièces de cette vaste et riche collection. Aux cartons provisoirement employés il est indispensable de substituer des portefeuilles uniformes, qui donneront à l'ensemble plus de régularité et de suite.

Le déménagement du matériel ajoutera une dépense nouvelle à celles jusqu'ici allouées ; un employé supplémentaire sera même provisoirement indispensable pour suivre le déplacement et veiller à tous les détails de ce service. Ces considérations diverses ont engagé M. le Préfet à demander un crédit extraordinaire de 1,420 francs.

Ces nécessités sont de celles qui s'apprécient et se justifient facilement. Leur importance et leur utilité ne sont pas contestables. Vous ne voudriez pas, par une discussion mal entendue, compromettre les résultats d'études longues et de classifications unanimement adoptées. Votre Commission d'administration l'a parfaitement compris ; aussi, n'hésite-t-elle pas à vous proposer de porter, conformément à la demande qui vous est faite, à 7,300 francs, pour 1864, l'allocation affectée aux Archives départementales, qui n'atteignait, les années précédentes, que le chiffre de 5,880 francs. — Ces conclusions sont adoptées.

HÉRAULT. — (Voyez les précédentes délibérations, *Annuaire* de

1862, p. 56, *Annuaire* de 1863, p. 48.) — *Rapport de l'Archiviste*, 1862. — Le dépôt départemental s'est utilement accru d'un certain nombre de documents. Ceux qui proviennent de l'administration forestière de Montpellier ne sont pas considérables. Un registre seul de 1669, intitulé : *Réformation des forêts du Consulat d'Angles, par M. de Froidour*, in-folio, relié, 334 feuillets, m'a paru offrir un certain intérêt. Effectivement, bien que le canton d'Angles ait cessé, en l'an X, de faire partie du département de l'Hérault et qu'il soit alors passé dans le département du Tarn, en échange du canton de Saint-Gervais, ce volume n'offre pas seulement de l'intérêt pour l'administration en général, mais encore sous le rapport historique, bien qu'inutile au service forestier, puisque les forêts dont il y est question ont toutes été vendues par l'État. Il faut cependant remarquer que ce document émane de l'ancienne maîtrise de Saint-Pons, et qu'il contient, outre le texte des procès-verbaux de visite des forêts, les plans des lieux visités, situés sur les rivières de Larn et de l'Ayont, qui coulent dans le département de l'Hérault. D'ailleurs, nos Archives possédaient déjà d'autres registres de même nature pour d'autres forêts du département, que l'on doit au même M. de Froidour, grand maître enquêteur et général réformateur des forêts au siége de Toulouse. Ce volume est donc heureusement venu s'ajouter à la collection.

Les Archives ont reçu, de plus, 11 registres et des parchemins de l'ancien évêché que j'ai rapportés d'Agde. Ils ont une valeur réelle pour le dépôt préfectoral, où nous ne possédions absolument rien du fonds de l'évêché d'Agde avant cette réintégration. Je ne dois pas oublier de dire que M. le maire de cette ville, par une généreuse et rare initiative, a bien voulu me faire, en même temps, la remise, pour le même dépôt départemental, d'un registre du chapitre cathédral d'Agde, que son père avait recueilli pendant la Révolution.

Mais· la réintégration la plus considérable qui a eu lieu dernièrement provient des Archives de la cour impériale de Montpellier. Je ne signalerai que les collections ou les pièces les plus importantes. Enregistrements faits à la Chambre des Comptes de Montpellier, laquelle fut réunie à la cour des Aides, en 1629. Cette collection, composée de 70 volumes in-folio, où malheureusement se trouvent des lacunes, s'étend de 1522 à 1784. Les actes enregistrés, édits, ordonnances, arrêts, lettres d'anoblissement, lettres de naturalité, lettres d'offices, d'acquisitions et d'aliénations diverses, etc., etc., offrent un double et puissant intérêt, soit pour l'histoire, soit pour les familles. L'inventaire que j'en dresse en ce moment mettra cette collection, je l'espère, plus à la portée du public.

Collection d'édits, ordonnances, lettres patentes, déclarations du Roi, arrêts du Conseil d'État, 6 volumes, petit in-folio, sur parchemin, de 1705 à 1752. Recueil précieux d'actes originaux portant la signature royale. J'ai recueilli parmi les autres documents provenant de la même source la matière d'un 7e volume.

La Cour des Comptes, aides et finances de Montpellier nous a donné un inventaire intéressant en 3 registres in-folio des titres existant dans divers dépôts publics de la province de Languedoc à la fin du Xme sièle. La plupart des titres ayant disparu, on est encore heureux d'en retrouver ici les sommaires.

Il manquait au dépôt de la Préfecture une collection importante et demandée journellement. Cette collection, nous l'avons trouvée au palais de justice. C'est le Bureau général des Finances, c'est-à-dire des trésoriers généraux de France en la Généralité de Montpellier de 1570 à 1787 (184 volumes in-folio). Ici, comme dans d'autres collections de ces fonds, venant de l'ancien Palais, je ne peux m'empêcher de regretter de nombreuses lacunes, et, ce qui n'est pas moins digne de regret, l'état déplorable dans lequel plusieurs de ces registres nous sont arrivés.

Je signalerai encore 40 compoix ou livres terriers, que j'enviais depuis bien longtumps, non pas seulement pour augmenter la collection de même nature que nos Archives départementales possédaient antérieurement, mais encore pour répondre aux demandes de tous les jours des communes du département, qui devraient toutes avoir leur ancien compoix ou cadastre dans leurs Archives, et où je ne les trouve pas toujours, ou du moins aussi complets qu'il serait nécessaire.

Je pourrais aussi mentionner 70 registres de l'ancien Bureau des Domaines, d'autres registres et liasses de reconnaissances, d'aveux, dénombrements et hommages, etc. Mais ces détails seraient peut-être ici déplacés. Il me suffira, après les citations principales que je viens de faire, de dire, que, par suite de la délégation que j'ai reçue de vous, Monsieur le Préfet, sur l'invitation de Son Exc. M. le Ministre de l'Intérieur, d'accord avec Son Exc. M. le Garde des Sceaux, les Archives départementales de l'Hérault se sont enrichies, dans la partie antérieure à 1790, de 429 registres et de 112 liasses, provenant du dépôt du palais de justice de Montpellier.

Rapport de la Commission, 1862. — M. le Préfet a fait remarquer, dans son rapport, quelle importance nouvelle avait été acquise à nos Archives; par suite des réintégrations nombreuses opérées, aux termes des lois des 5 novembre 1790 et 5 frimaire an V, par les divers dépôts de la cour impériale, des domaines,'des forêts et ceux des villes d'Agde et de Lodève.

Ces collections, réunies aux anciens recueils, aux procès-verbaux des États de 1511 à 1789, aux assiettes diocésaines de 1605 à 1789, aux arrêts et édits et ordonnances de 1463 à 1762, aux Archives religieuses des cinq évêchés du département, font, aujourd'hui, du dépôt départemental, l'un des plus riches et des plus importants qui puissent être consultés par l'administrateur et par les savants. Telle a été l'impression ressentie par M. l'Inspecteur général des Archives, lorsque, dans l'inspection générale faite cette année, il a consacré dix jours à notre département. L'excellente tenue des Archives, l'ordre méthodique qui préside au classement des titres anciens et nouveaux, ont été, pour M. l'Inspecteur général, un juste sujet d'éloges accordés au fonctionnaire zélé qui dirige ce service, nouvelle et précieuse consécration des témoignages de satisfaction que donne annuellement le Conseil général à ses labeurs et à son savoir éprouvés.

Rapport du Préfet, 1863.—L'année dernière, je vous annonçais l'accroissement du dépôt départemental par suite de diverses réintégrations ordonnées par M. le Ministre de l'Intérieur. Un choix fait dans les Archives de l'ancienne Cour des Comptes, aides et finances de Montpellier, avait déjà doté notre dépôt de collections importantes. Cette année, sur une décision de M. le Garde des Sceaux, provoquée par M. le Ministre de l'Intérieur, les Archives départementales ont pris possession de tout ce qui restait du fonds de cette ancienne Cour. Je signale seulement ici 900 registres d'arrêts rendus par la Cour des Aides, qui, par leur nature, complètent en quelque sorte une vaste et intéressante collection d'enregistrement, provenant du même fonds, et dans laquelle on regrette plusieùrs lacunes. Vous verrez, dans les rapports que je fais mettre sous vos yeux, que, parmi les documents concédés aux Archives départementales, une certaine quantité peuvent intéresser les départements de la Haute-Garonne, des Pyrénées-Orientales et du Gard. En prenant possession de ces documents, M. l'Archiviste a été chargé d'en faire incessamment sur place le dépouillement, et, après l'autorisation ministérielle, la distribution aux départements intéressés.

Je fais distribuer à chacun de vous, Messieurs, les deux premières livraisons de l'importante publication des inventaires sommaires. Elle contient la série B, telle qu'elle existait avant les derniers versements du fonds de la Cour des Aides, et le commencement de la série C, série qui comprend la plus grande partie des Archives civiles anciennes. La première série aura plus tard un supplément comprenant les versements faits en dernier lieu. Les articles imprimés de la seconde série appartiennent au riche fonds de l'Intendance, et comprennent les documents relatifs à l'étendue et aux limites de la province, à la population, au passage des princes et autres grands personnages, à différents faits historiques, géographiques ou scientifiques, aux préséances, à la justice, aux lettres de cachet, aux camisards et aux troubles religieux.

Cette publication, d'une haute et prévoyante pensée, comme je vous le disais l'an dernier, pour la facilité des études sérieuses et des recherches d'érudition, est tirée à 400 exemplaires. La moitié est destinée au Ministère de l'Intérieur pour le service de ses bureaux et les échanges entre départements, et aux dons autorisés par des arrêtés préfectoraux. 200 exemplaires pourront être mis en vente.

Rapport de la Commission, 1863. —Le Conseil s'associe avec empressement aux éloges si bien mérités que M. le Préfet décerne, dans son rapport, à la science et au zèle de l'honorable Archiviste du département, M. Thomas.

ILLE-ET-VILAINE.—(Voyez les précédentes délibérations, *Annuaire* de 1862, p. 56, *Annuaire* de 1863, p. 49.) — *Rapport de la Commission*, 1862.—Un membre du Conseil, au nom de la Commission spéciale, chargée de faire un rapport sur la situation des Archives départementales, appelle l'attention sur l'importance de ces Archives, sur l'ordre qui y règne et sur le zèle et l'intelligence du fonctionnaire auquel le soin en est confié.

Rapport du Préfet, 1863.—La situation du service des Archives, ainsi que le constate le rapport annuel qui vous sera soumis, est satisfaisante. S. Exc. M. le Ministre de l'Intérieur a bien voulu me charger de féliciter M. l'Archiviste Quesnet des divers travaux qu'il a accomplis dans le dernier exercice.

Conformément aux instructions du Gouvernement et au vœu que vous avez émis, j'ai organisé l'inspection des Archives communales et hospitalières. Je n'ai pas cru devoir, toutefois, vous proposer d'inscrire au projet de budget, à titre d'indemnité pour frais de tournées de l'Inspecteur, la somme de 300 francs que vous avez mise à ma disposition pour 1864. Les charges du budget que je vous présente m'obligent à ajourner jusqu'en 1865 toute demande de crédit dans ce but.

C'est également conformément aux instructions ministérielles et à votre avis que l'impression et la publication de l'inventaire sommaire des Archives antérieures à 1790 ont été entreprises. La première livraison de cet important travail a déjà paru.

INDRE.—(Voyez les précédentes délibérations, *Annuaire* de 1862, p. 57, *Annuaire* de 1863, p. 49.)—*Rapport de l'Archiviste*, 1862.— J'ai eu la bonne fortune, dans le courant de cette année, de combler, à peu de frais, une regrettable lacune qui existait dans nos Archives ecclésiastiques. Les Archives de l'Empire possèdent une histoire manuscrite de l'ancienne Abbaye de Fongombaud, rédigée, à la fin du XVIIe siècle, par Dom Andrieu, prieur claustral de cet établissement. Cette histoire, qui primitivement appartenait aux Archives de l'Indre, est fort curieuse comme tableau intérieur de la vie monastique, et elle renferme, en outre, un certain nombre de titres anciens tous inédits. Les RR. PP. Trappistes, qui ont relevé, durant ces dernières années, l'établissement de Fongombaud, ayant fait tirer à Paris une copie du manuscrit d'Andrieu, je les ai priés de me la communiquer; ils ont acquiescé à ma demande avec un louable empressement. J'ai pu ainsi transcrire, pour mon dépôt, les actes insérés dans l'histoire inédite. Quant au corps du récit, je l'ai fondu dans un article intitulé : l'*Abbaye de Fongombaud et les seigneurs d'Alloigny de Rochefort*, article auquel la Société du Berry a fait un bienveillant accueil dans ses Mémoires.

La révision des papiers du domaine, à laquelle je me suis livré, de concert avec M. le Directeur de l'enregistrement, n'a donné lieu à aucune réintégration. J'espère que des recherches analogues, opérées dans les papiers du greffe de Châteauroux et dans les Archives de l'Inspection des eaux et forêts, amèneront des résultats plus satisfaisants.

Rapport du Préfet, 1863.—La publication de l'inventaire sommaire de vos Archives départementales se poursuit; mais elle a dû subir un moment d'arrêt, par suite du départ de M. Desplanques, qui a été nommé Archiviste dans un autre département, et à cause de la vacance survenue entre ce départ et la nomination d'un autre Archiviste.

Les 1,140 francs, portés au budget de l'exercice courant, sont employés, vous le savez, pour des travaux divers : 640 francs sont affectés à l'impression de la première partie de l'inventaire des Archives, et 500 ont servi à rétribuer un copiste qui a été chargé de la transcription d'un volume de la série A, comprenant l'ancien duché de Châteauroux, qui manquait dans votre dépôt. Ce dernier crédit a été utilisé, et il n'y a pas lieu de le reproduire. Quant à l'impression de l'inventaire, comme je présume que les matières à fournir à l'imprimeur seront moins nombreuses, puisque depuis quatre mois le travail est suspendu, je crois qu'un crédit de 500 francs sera suffisant pour l'exercice 1864.

Indre-et-Loire.—(Voyez les précédentes délibérations, *Annuaire* de 1862, p. 57, *Annuaire* de 1863, p. 50.) — *Rapport de l'Archiviste*, 1862.—La rédaction des Inventaires de nos Archives anciennes se poursuit avec activité. L'Archiviste a commencé celui des Abbayes, c'est-à-dire de la partie de notre dépôt la plus riche en chartes et en documents historiques d'une réelle importance. Les fonds inventoriés, cette année, sont ceux d'Aiguevives, de Beaugerais, de Beaulieu, de Bourgueil, de Cormery, de Fontaines-les-Blanches, de la Clarté-Dieu et du Liget.

Malgré les pertes énormes qu'ont éprouvées les Archives d'Indre-et-Loire, ces fonds renferment encore des pièces d'une haute valeur et d'un grand prix pour l'histoire de la province. Une revue même très-rapide suffira pour faire apprécier toute leur importance.

Aiguevives, fondée au XIIe siècle, non loin de Montrichard, qui se présente la première dans l'ordre alphabétique, est cependant une des plus pauvres en documents. Nous ne possédons de son chartrier qu'une seule liasse, contenant des titres de propriété sans nulle valeur historique.

Beaugerais, dans la paroisse de Loche, est bien plus riche. Nous avons la charte originale, d'après laquelle des personnes considérables de la contrée des Francs (*Franci*, dit le texte) donnent un domaine à Serlon et à d'autres solitaires vivant avec lui. Henri II, roi d'Angleterre, alors maître de la Touraine, confirma d'abord cet acte, puis, changeant de pensée, donna le lieu de Beaugerais à l'abbaye du Louroux, en Anjou, à condition qu'elle y établirait des moines de Cîteaux, ce qui eut lieu en 1173.

Le fonds de Beaugerais peut, mieux que tout autre, donner une idée exacte des accroissements considérables qu'ont reçus, depuis moins de quinze ans, les Archives d'Indre-et-Loire. Dans le Tableau général des Archives départementales, publié en 1848 par la Commission des Archives, Beaugerais est indiqué comme ne possédant pas une seule charte; aujourd'hui, il n'en compte pas moins de 47, parmi lesquelles plus de la moitié appartiennent au XIIe et au XIIIe siècle. Un résultat si satisfaisant est dû aux découvertes faites par l'Archiviste dans les liasses non explorées jusque-là, à un don de M. de Bretignières, et surtout, Monsieur le Préfet, à d'importantes réintégrations, fruit de votre sollicitude pour les Archives.

A Beaulieu, nous retombons dans la même pénurie qu'à Aiguevives.

Bourgueil forme avec Beaulieu un heureux contraste : là encore,

cependant, nous ne possédons que des débris d'un magnifique chartrier, mais ces débris sont d'un haut intérêt.

On trouve, en effet, parmi ces pièces la charte de fondation de l'Abbaye en 990, par Emma comtesse de Poitiers, et celles de confirmation qui furent données par Hugues Capet et son fils Robert, par Guillaume de Poitiers et Eudes de Blois, mari et frère de la fondatrice.

On ne pouvait, en effet, dans ces temps de troubles et de violences, prendre trop de précautions contre les familles des donateurs et donatrices. Plusieurs autres chartes de donations faites à
la même abbaye, par les principaux seigneurs du pays, sont du
XIe siècle. Parmi ces chartes, une d'elles, non datée, mais qui doit
être de 1060 environ, porte concession au monastère, par Isambert
Chevalier, d'un homme nommé Gaubert avec tout son fruit (*cum
omni fructu*). Le servage, comme on voit, pesait encore sur une partie
des populations de la Touraine et de l'Anjou.

Mais la pièce la plus précieuse de nos Archives, par son anti-
quité, se trouve dans le fonds de Cormery; c'est un diplôme de
l'empereur Louis le Débonnaire, daté de son palais de Thionville,
le 16 des calendes de juillet, l'an 24e de son règne (16 juin 837),
et portant attribution à Cormery du domaine de Coussay, *Cussiacus*,
qui dépendait de Saint-Martin. Le sceau de cette belle pièce est
assez bien conservé; il est plaqué, par conséquent sans revers, et
offre le buste du fils de Charlemagne en empereur romain, avec
ces mots pour exergue :

XRE PROTEGE HLVDOVICVM IMPERATOREM.

Cette formule, comme on voit, est loin d'être moderne. Du reste,
le carton de Cormery est assez pauvre, bien qu'il contienne un
autre diplôme du roi Robert.

Fontaines-les-Blanches, fondée au XIIe siècle dans la paroisse
d'Autriche, nous offre de nombreuses chartes du XIIe et du XIIIe siècle.
Ce sont des actes de donations, d'acquisitions, d'échanges, qui peuvent suffire pour donner une idée exacte de la façon dont se cons-
tituait peu à peu le temporel d'une abbaye.

Gastines, dans la paroisse de Villedomer, ne fut d'abord, comme tant d'autres lieux devenus célèbres, qu'un simple ermitage. En 1138, Hugues, archevêque de Tours, y fonda une abbaye à laquelle il imposa la charge de recevoir et de défrayer jusqu'à la fin de leur convalescence les chanoines relevant de maladie. Les chartes de Gastines ne sont pas très-nombreuses, mais parmi elles on en remarque quelques-unes émanées des comtes de Blois, seigneurs de Châteaurenault ; d'autres, écrites au XIII⁰ siècle, sont en français et fort intéressantes pour l'histoire de la langue dans nos contrées. On peut dire de Gastines, comme de Beaugerais, que c'est là un fonds nouvellement reconstitué.

La Clarté-Dieu, paroisse de Saint-Paterne, ne fut fondée qu'en 1240, mais dans des circonstances qui méritent d'être rapportées : Guillaume, général de l'ordre de Cîteaux, avait reçu de Pierre, évêque de Winton, en Angleterre, une somme d'argent à condition de l'employer à fonder une abbaye de son ordre. Il chargea de cette mission Jean, abbé de l'Epan, au Mans, qui, en 1239, acheta d'Ebbon de La Chaîne, moyennant 1,000 livres tournois, le fief Belluet, et y fit bâtir un monastère. Nous possédons la charte d'achat, ainsi que celle de ratification donnée par Jean Dalés, seigneur de Châteaux et de Saint-Christophe, suzerain d'Elbon et du fief vendu.

D'autres pièces du XIIIᵉ siècle, assez nombreuses, montrent les religieux de la Clarté ne tardant guère à ajouter de nouvelles acquisitions à leur domaine primitif.

Le Liget était une chartreuse que son importance nous détermine à mettre au rang des abbayes. Elle avait été fondée au milieu de la forêt de Loches, par Henri II, roi d'Angleterre et comte de Touraine, en expiation du meurtre de Thomas Becket; il ne nous reste que d'assez pauvres débris de son chartrier, mais nous pouvons trouver un dédommagement à nos pertes dans un magnifique cartulaire, le plus beau de notre dépôt, parfaitement conservé, écrit au XIIIᵉ siècle, contenant plus de trois cents chartes antérieures à cette époque.

Toutes ces richesses, et bien d'autres encore, sont, comme vous le savez, Monsieur le Préfet, fort mal logées. Non-seulement le local qui les contient est trop étroit, mais il est encore d'une humidité

mortelle aux papiers et aux parchemins eux-mêmes. Ce grave inconvénient, signalé depuis longtemps déjà, ne fait que croître
chaque année depuis l'inondation de 1856, qui a baigné la base des
murs et a pénétré jusque sous le parquet de la grande salle des
Archives. Le salpêtre monte sans cesse le long des murailles; il est
aujourd'hui arrivé à plus d'un mètre au-dessus du sol; et, au printemps dernier, en passant la revue générale que je me suis imposée
chaque année, j'ai eu la douleur de voir que des registres placés
dans des casiers foncés en chêne, et jusqu'ici parfaitement sains,
avaient été envahis par le redoutable fléau. Fort heureusement le
mal n'était qu'à son début; mais quelques mois de plus, et ces registres, qui portent la signature autographe du roi Louis XIV et font
partie d'une collection importante, étaient perdus pour jamais.

Rapport de l'Archiviste, 1863.—Un fait considérable est à signaler, cette année, dans le service des Archives départementales.

Je veux parler du transférement de notre dépôt dans l'une des
magnifiques salles qu'occupait à la Préfecture la bibliothèque de la
ville. Depuis plusieurs années déjà, les Archives d'Indre-et-Loire, si
précieuses à tant de titres, dépérissaient dans un local trop étroit et
malsain. La portion de notre dépôt placée au rez-de-chaussée, et
comprenant toutes nos Archives anciennes et plus de la moitié des
Archives modernes, a été transférée au premier étage, disposée sur
les rayons et rangée dans un ordre rigoureusement conforme aux
instructions ministérielles, ce qui n'avait pu être fait jusqu'à ce
jour.

Ce travail délicat et considérable, dans lequel il s'agissait de transporter et de classer rien moins que 6,000 liasses environ et plus
de 3,000 registres, a été accompli par le personnel si restreint des
Archives, sans autre secours que quelques journées d'hommes de
peine, qui ont été payées sur le fonds d'entretien de ces mêmes
Archives.

La situation des Archives de Loches et de Chinon est encore bien
imparfaite : des locaux suffisants et des employés capables font
également défaut à MM. les Sous-Préfets, et les empêchent de réaliser, dans cette branche de service, les améliorations désirables.

Rapport de la Commission, 1863. — La Commission, qui a été chargée de la visite des Archives, fait connaître que la translation de ce service important dans la partie actuellement disponible du local occupé par la bibliothèque publique à la préfecture est terminée, et que l'installation, très-bien entendue, est parfaite; elle dit que désormais la conservation des richesses paléographiques du département est assurée, et que les documents de toute nature s'y trouvent rangés d'une manière plus commode pour les besoins journaliers des bureaux et du public.

ISÈRE. — (Voyez les précédentes délibérations, *Annuaire* de 1862, p. 59, *Annuaire* de 1863, p. 50.) — *Rapport de l'Archiviste*, 1862. —L'Archiviste s'est occupé : 1° de l'achèvement de l'inventaire des Archives de l'hôpital de Grenoble; 2° de la continuation de l'inventaire et du classement des Archives de l'ancien Parlement de Dauphiné; 3° du classement et de l'inventaire des Archives de l'ancien bailliage du Graisivaudan; 4° de la rédaction et de l'impression des inventaires sommaires.

L'inventaire des Archives hospitalières de Grenoble, comprenan 328 articles, a été approuvé par M. le Ministre de l'intérieur; ce travail est terminé.

Le classement des Archives de l'ancien Parlement est complet jusqu'à l'année 1650; il concerne 210 volumes et 315 cartons, lesquels renferment 46,218 pièces.

La portion de l'ancien Dauphiné formant aujourd'hui le département de l'Isère comprenait, avant 1790, trois siéges bailliages, savoir : Grenoble, Vienne et Saint-Marcellin. La circonscription du bailliage de Grenoble, communément appelé bailliage du Graisivaudan, embrassait, outre l'arrondissement actuel de cette ville, les cantons de la Grave et de Saint-Firmin, dans les Hautes-Alpes. Le bailliage de Saint-Marcellin s'étendait en grande partie dans la Drôme. Les arrondissements de Vienne et de La Tour-du-Pin constituaient le bailliage de la première de ces deux villes.

Les pièces du bailliage du Graisivaudan, le plus important des trois bailliages ci-dessus indiqués, étaient éparses et sans ordre. L'Archiviste s'est occupé, cette année, de leur triage et de leur classement. Les Archives de cette ancienne cour judiciaire consistent en liasses de procédures et informations, de dossiers et de sentences par vu de pièces des XVIIᵉ et XVIIIᵉ siècles, et en 39 registres d'audiences de 1684 à 1790.

Rapport de l'Archiviste, 1863.—Indépendamment de ses travaux habituels, l'Archiviste s'est occupé cette année :

1º De la continuation du classement des anciennes Archives du Parlement de Dauphiné, divisées en deux grandes catégories, savoir : les arrêts civils et les arrêts criminels : le classement de ces arrêts est aujourd'hui terminé; 2º du classement des Archives de l'ancien bailliage du Graisivaudan ; 3º du dépouillement des papiers et documents relatifs aux anciennes maîtrises de Grenoble et de Saint-Marcellin, qui ont été versés aux Archives départementales par l'administration forestière.

Ce dernier dépouillement présente une série de nomenclature de 365 dossiers, des années 1737 à 1790, relatives à l'aménagement de bois communaux et de ceux de nombreuses communautés religieuses, telles que : le chapitre de Saint-Pierre de Vienne, les religieuses de l'abbaye de Saint-André-le-Haut, les religieuses de l'abbaye de Saint-Pierre de Lyon, les religieuses de l'abbaye de Beaurepaire, les Minimes de Tullins, les Augustins de Bourgoin, les Augustins de Crémieu, plusieurs prieurés, etc., etc. Les communes sont celles de Seyssinet, de Chamagnieu, de Communay, de Champier, de Cras, de Saint-Hilaire-de-Breus, de Saint-Bonnet, de Mure, de Serrières, de Serpaize, de Virieu,, etc. etc.[1]

L'Archiviste continue à donner ses soins à la rédaction et à l'impression de l'inventaire sommaire. Ce travail, qui concerne toujours la série B, fonds du Parlement, arrive à l'année 1666, arrêts civils; il renferme 1132 articles et plus de cent mille pièces.

Pour ce qui regarde le bon ordre du service, les soins matériels et les mesures de sûreté, l'Archiviste se conforme strictement aux dispositions du règlement général des Archives du 6 mars 1843.

Les pièces, les volumes et registres sont estampillés.

Jura — (Voyez les précédentes délibérations, *Annuaire* de 1862, p. 60, *Annuaire* de 1863, p. 51.) —*Rapport du Préfet*, 1862. — L'inventaire sommaire des Archives antérieures à 790 a été continué. Après la série D (instruction publique), terminée l'année dernière, la série E (féodalité, familles, bourgeoisie, communes, etc.) a été entreprise et analysée. Ce travail a reçu en grande partie l'approbation ministérielle, mais il reste plusieurs modifications à y apporter; bien qu'elles doivent prendre un temps assez long, M. l'Archiviste espère pouvoir les exécuter avant la fin de la présente année, et commencer alors l'inventaire de la série G (clergé séculier).

L'état des documents appartenant à cette série et à la série H (clergé régulier) exigeait un classement préalable, qui n'avait pu être fait jusqu'ici. Ce classement, qui devenait chaque jour plus urgent, est sur le point d'être effectué; son utilité au point de vue de la facilité des recherches est incontestable.

M. l'Archiviste et son auxiliaire se sont en outre occupés, entre divers autres soins, de la réception et du classement provisoire des Archives antérieures à 1790 qui se trouvaient dans les sous-préfectures de Poligny et de Saint-Claude, et dont la centralisation au chef-lieu a été prescrite par décision ministérielle.

Il y aura encore à faire transférer au chef-lieu les Archives anciennes de la sous-préfecture de Dôle; mais, en raison de l'état de confusion dans lequel elles se trouvent, il est indispensable de faire précéder cette mesure d'une reconnaissance et d'un premier classement des documents dont elles se composent. Cette opération étant impossible dans l'étroit local où elles sont actuellement entassées avec d'autres papiers, lequel d'ailleurs ne convient nullement pour un semblable dépôt, il y a nécessité d'en établir un autre, pour lequel j'espère pouvoir vous soumettre un projet dans votre présente session.

Rapport du Préfet, 1863.—L'inventaire sommaire a été continué, mais a dû être interrompu par le travail de l'impression de la série A (actes du pouvoir souverain, domaine royal), commencé au mois de décembre dernier, et qui comprend 778 articles. Il a fallu, en effet, refondre la rédaction de presque tous ces articles, beaucoup trop développés dans l'inventaire, et qui aurait augmenté inutilement les frais de publication. L'impression de cette série est à peu près achevée.

La série B (cours et juridictions) se complète tous les jours de nouveaux documents réintégrés aux Archives départementales, et provenant, entre autres, des greffes des tribunaux du département. Elle ne pourra, dès-lors, être imprimée immédiatement après la série A; mais il sera possible de livrer à l'impression l'inventaire de la série C (administration générale, intendance, subdélégations), qui se compose de 1,285 articles, après toutefois en avoir également remanié et réduit la rédaction, qui est trop détaillée.

Dans le nombre des versements de pièces effectuées cette année, figurent les Archives de la sous-préfecture de Dôle antérieures à 1830. Cette centralisation, opérée déjà précédemment en conformité des instructions ministérielles pour les sous-préfectures de Poligny et de Saint-Claude, se trouve aujourd'hui complète pour les trois sous-préfectures.

Rapport de la Commission, 1863.— Le Conseil général remercie M. le docteur Chereau, de Paris, du don qu'il a fait aux Archives départementales d'un cartulaire du XVIIe siècle, provenant de l'église de Saint-Anathole-de-Nozeroy.

Il est heureux d'apprendre que M. Robert, Archiviste adjoint, a pu réintégrer dans les Archives, après d'actives démarches, de nombreux documents historiques sur le Jura, parmi lesquels on remarque des lettres autographes de Louis XI, roi de France.

LANDES.—(Voyez les précédentes délibérations, *Annuaire* de 1862, p. 61, *Annuaire* de 1863, p. 51.)—*Rapport du Préfet*, 1862.—Les divers dossiers provenant de la sénéchaussée de Tartas et les quelques pièces retirées des Archives anciennes du tribunal de Mont-de-Marsan ont été classées, et l'inventaire analytique se poursuit de manière à pouvoir livrer à l'impression, dans le courant de cette année, les deux dernières séries B et E de nos Archives civiles.

Il a été classé un grand nombre de dossiers dans les Archives déparlementales postérieures à 1790, concernant la comptabilité communale et surtout les travaux publics : alignements, ateliers de charité, contraventions en matière de voirie, desséchements, dunes, etc. En outre, on a commencé le triage des papiers modernes susceptibles d'être vendus ; mais cette dernière opération a dû être suspendue par suite de travaux plus pressants et de la mauvaise saison, qui ne permet pas de travailler dans des pièces carrelées et sans feu.

Les inventaires sommaires de nos Archives civiles sont imprimés, et j'espère pouvoir mettre sous vos yeux des exemplaires des séries A , B , C , E. Au moyen d'échanges avec les autres départements, nous posséderons la collection complète d'une œuvre qui, selon les expressions de M. le Ministre, doit constituer un véritable monument national. Les inventaires des Archives ecclésiastiques sont en cours de préparation, et l'impression en commencera dans le courant de l'année 1864.

Le classement des Archives postérieures à 1790 a été poussé avec activité dans le courant de cette année : 278 communes m'ont adressé leurs inventaires ; 53 seulement sont en retard ; c'est un résultat satisfaisant.

Rapport de la Commission, 1863.—Le rapporteur de la Commission chargé de la visite des Archives déclare que cette Commission n'a pu que constater, comme l'année dernière , la bonne tenue matétérielle et l'ordre intelligent qui règne dans les diverses salles affectées à ce service. Le Conseil, au reste, a pu juger, par le rapport de M. l'Archiviste, du zèle et de l'activité qu'il apporte à fouiller nos débris et à les sauver de la destruction et de l'oubli.

Le Conseil s'associe à ces expressions, et déclare qu'elles seront consignées au procès-verbal.

Le Conseil témoigne, en même temps, le désir, déjà exprimé les années précédentes, de voir compléter la collection du *Moniteur*, et, dans ce but, il prie M. le Préfet de porter au budget de 1865 la somme qui pourra être jugée nécessaire.

LOIR-ET-CHER. — (Voyez les précédentes délibérations, *Annuaire* de 1862, p. 61, *Annuaire* de 1863, p. 51.)—*Rapport de l'Archiviste,* 1862 et 1863.—La partie administrative a continué de fonctionner, comme les années précédentes, pour le service des bureaux de la Préfecture. Le classement officiel, par séries, étant établi depuis longtemps pour la partie antérieure à 1790, il s'agirait de l'établir pour la partie postérieure et de distinguer les papiers modernes par séries, depuis K jusqu'à Z, comme on l'a fait pour les autres, ce qui faciliterait singulièrement les recherches. Mais ce travail immense consisterait dans la refonte totale du dépôt, et comprendrait plusieurs millions de papiers. Pour l'accomplir peu à peu, il semblerait juste de reconnaître ce surcroît de tâche par une plus convenable rémunération des services de l'employé adjoint de l'Archiviste, qui ne peut à lui seul accomplir matériellement un tel labeur.

En attendant, comme commencement d'exécution d'un projet si utile, on a reclassé les séries L, M, N, O, P, Q, refondues en partie par les soins de l'employé. On a suivi l'ordre chronologique, ce qui constitue une portion intermédiaire entre celle dite historique (antérieure à 1790) et la portion purement administrative. En prenant pour modèle le Tableau sommaire des Archives de l'Eure publié dans le Recueil des Délibérations du Conseil général de 1860, on a rédigé un Inventaire spécial de ces six séries.

L'Inventaire des liasses, toujours poursuivi, analyse la série E, la plus considérable des Archives civiles, toute refondue sur un nouveau plan.

Nous donnons aujourd'hui quelques notions sur une portion de cette série. Elle contient les dossiers suivants :

La famille Courtin, divisée en plusieurs branches, prenant, suivant l'ancien usage, des noms de terre (Clénor, Nanteuil, La Morandière, La Grange-Rouge, La Bernerye, Auldin), nous a laissé deux liasses. On voit dans celle qui est consacrée aux titres de propriété (1528-1786) les biens considérables de cette famille : la terre et la grande maison de Clénor, les métairies de Pezay-sur-Beuvron, paroisse de Monts, de Millery, de la basse-cour de Clénor, du Vivier, de La Grange-Rouge, de Sigongne, domaines possédés successivement et antérieurement par les familles ; Le Conte, de L'Aubespine, Rogier de L'Espinière, Cottereau de Maintenon, Regnard de

Rilly. Dans la liasse consacrée aux titres de famille (1665-1787), on voit, par les traités de partages successifs, inventaires après décès, renonciations à successions, contrats de mariages et comptes de tutelles, les alliances de la famille Courtin avec les familles nobles suivantes : Menjot, vicomtes de Groustel, Burgeat de Talcy et Burgeat de Moutard, de Réméon, Boutault et Calles de Teillay.

La famille Goislard ou Gouaslard, seigneurs de Lespau et de Repussey, présente une liasse (1544-1672) contenant des titres de propriété et de famille qui comprennent des ventes de terres situées à La Thibaudière, au Cormier, à la Chapelle-Enchéri, à Pezou, Renay, Lignières et Champlain, avec des quittances des profits féodaux par les seigneurs de Renay, Monthenay, Perray et par l'abbaye de Vendôme, plus un aveu au seigneur de Villegomblain. Cette famille de marchands s'est depuis élevée par la possession territoriale.

La famille Le Coigneux, comte, puis marquis de Bélabre, a possédé de grandes terres dans le Vendômois, celles de Saint-Rimay et de Fains. Dans les deux grosses liasses du procès de François Le Coigneux, seigneur de La Roche-Turpin (1594-1694), contre François Du Bellay, seigneur de Ternay, pour les droits seigneuriaux résultant de l'acquisition des terres de Fains et Saint-Rimay, à lui contestés par François Du Bellay, à cause de sa terre Des Hayes, on voit arriver comme parties du différend plusieurs personnages d'importance : M. René de Jussac, M. Alexis de Jussac, seigneur de La Morinière; Melle Suzanne-Henriette de Jussac, M. Antoine Despréaux de Charnières, François Barthon, comte de Moubas; Pierre Fain, seigneur des Touches; Mme de Boischaumont. Il s'agissait de la mouvance des fiefs de Ferrières, Vaubelusson et Assé, de la métairie de La Fosse et de Saint-Rimay.

La famille bourgeoise Marchais a laissé les procédures de la saisie réelle et des prisées de vente par décrets de ses biens situés à Champigny, Rhodon et Conan, saisis à la requête de deux marchands de Tours, pour payement d'une obligation souscrite par Michel Marchais, marchand à Blois, avec les publications de vente des biens dans les paroisses où ils sont situés.

La famille noble Robertet présente des contrats d'acquêts (1575) faits par Anne Briçonnet, veuve de Claude Robertet, seigneur baron

d'Alluye et de Bury, demeurant (la veuve) à Chartres, de vignes situées au Grand-Arpent, paroisse de Saint-Honoré de Blois, et au
Vau-la-Reine, avec quittances des profits seigneuriaux par les seigneurs de Villejouin, de qui dépendaient ces terres.

La famille noble de Romé (dont on a déjà analysé les registres),
alliée aux familles Alleaume, Colas, de Badelas, de Salmon, de
Regnard, possède de nombreux titres privés et féodaux (1535-1783) :
contrats de mariage, contrat pignoratif, partages, inventaires après
décès, etc.

Famille Le Coigneux, Seigneurie de La Roche-Turpin (1318 à
1429). Titres de divers fiefs, du XVe et du XVIe siècle : fiefs d'Ar-
thins, Rachaumont, La Berthelinière, La Berthoisière, Bréhaut,
Couilliers, Fains, Fief-Mouton, Ferrières, Assé et Vaubelusson, Vau-
lourneux, La Ferté-Bernard, le prieuré de Lavardin; la seigneurie du
Fresne et Girardet, les fiefs de La Mardelle, L'Arable, Les Essarts,
L'Étoile, Sougé, Le Plessis, Mondoubleau, Montrouveau, Le Moulin
de Launay, Pineaux, Pins, Turnay et Poussay. Seigneurie de La
Roche-Turpin ; titres des XIVe, XVe et XVIe siècles : fiefs de Rasilly,
Richeborde, Les Roches de Sougé, Saint-Rimay, Ternay, Les Hayes,
Thury, Tuffière, La Jarretière ; mémoire sur La Roche-Turpin ; pro-
cédures. Seigneurie de La Flotte ; titres des XVe et XVIe siècles.
Seigneurie de Savigny : déclarations censuelles, aveu et dénombre-
ment du fief de La Roche et Mongreffier, à Savigny, en 1536.

Famille Dulac. Titres de rente et de biens-fonds situés à Savigny.

Famille Boisgarnier de Rougemont, seigneurs de La Chesnaye,
biens situés dans la paroisse de Saint-Jean Froidmentel et autres
lieux ; terre de Rougemont; testament du marquis de La Chesnaye
en 1726 ; biens situés dans la paroisse de Saint-Jean-Froidmentel,
1736 à 1762 ; seigneurie de Rougmont; seigneurie de Rougemont et
Boisgarnier; biens situés dans Eure-et-Loir, à Cloyes, XVe à XVIIIe siècle.
Titres concernant la terre de La Chesnaye, à cause des fiefs de
Rougemont, Boisgarnier et autres, dont quelques-uns dans le Dunois
(Eure-et-Loir), et d'autres dans le Blésois (Loir-et-Cher), 1399 à
1437. Terre de Rougemont; biens de Saint-Jean-Froidmentel et de
Saint-Hilaire-la-Gravelle.

Baronnie de Mondoubleau. Terres et seigneurie des Chauvellières, à La Chapelle-Vicomtesse. Vente par Henri IV, comme duc de Vendôme, à Henri d'Escoubleau de Sourdis de la terre et seigneurie de Mondoubleau en 1593; seigneurie du Terreux, dépendant de Ménars; seigneurie du Tréhet ; famille de Romé.

Terre de La Poissonnière (métairie), commune de Valaire, près de Candé.

Terre de La Ferté-Saint-Aignan; famille Durfort de Lorges ; aveu, foi-hommage. Seigneurie de Villabry et Bréviandes ; fiefs divers relevant de La Ferté, XVIIe et XVIIIe siècles.

Famille de Parseval. Seigneurie de Briou et du Plessis-l'Échelle.

Famille Lahuguet d'Espagnac. Terre de Cormeré, paroisse de Chitenay en Sologne; comptes de recettes et dépenses ; baux à ferme ; arpentages de bois ; XVIIIe siècle.

Seigneuries diverses. Aubefond, La Bonne-Aventure, Bois–Maître, Chaumont, Guépéan, La Perrine, Seillac (terre de), Viévy-le-Rahié Alleray, Champigny, Chauvigny, Le Cluseau, Malètourne, Meslay, etc.

Familles diverses. Aubois, Bouillot, Broissin, Carman (de), Chicoineau, Daguet, Esnault, Forest (de La), Gigou, Gillet, Houet, Hourry, Huel, Lépine, Morillon, Souefve, Vaillant et Vignon, 1556-1740.

Familles bourgeoises. Adam, Aubry, Baugé, Bourdeau, Brachet, Chéreau, Chesnay, Chesnon, David, Deniau, Deschamps (1275), Druillon, Froissant, Garnier, Geuffrion, Grousteau, Hay, Houzé, Jousselin, Lapier, Laurent-Dieu, Leblent, Longavennes, Lorieux, Louan, Lubin, Mathonet, Manchet, Morin, Oudin, Papin, Pelletreau, Pelloquin, Servé, Trécul.

Familles nobles. D'Alès du Corbet, B. d'Avaray, de Barbanson, de Bonvoust, de Chastullé, de Châteauneuf, de Courtarvel, de La Gouldraye, de Crassay, de Farvaux, de Fromentières, de Gallois, Le Gallois, Gasselin de Bomport, Gandin de La Monge, de Neveu, de Pillière, de La Popelinière, Racine, de Refuge, de Réméon, du Rosier, de Rostain, J. de Saumery, de Tiville, Tremblay, Viet, Vimeur de Rochambeau ; 14 fonds.

Cette série E d'ailleurs a été refondue sur un nouveau plan, conformément au cadre officiel. On a distingué soigneusement les fonds provenant des familles des fonds purement seigneuriaux, provenant de terres soit féodales, soit roturières.

D'autres documents, provenant aussi de dépôts administratifs et financiers, ont été recherchés dans le même but de centralisation. Il existe, en effet, aux chefs-lieux des conservations des Eaux et Forêts un certain nombre de titres provenant des anciennes Maîtrises des Eaux et Forêts, et contenant des pièces qui peuvent intéresser les communes, les hospices et certaines propriétés particulières. Ces dépôts sont dans un état d'abandon complet, et il y aurait avantage à faire examiner les papiers qu'ils renferment, enfin à effectuer au profit des Archives départementales une nouvelle répartition des actes qui n'ont aucun intérêt pour l'administration forestière.

Les conservateurs des Eaux et Forêts ont été invités à se mettre en rapport avec ceux des Archives pour parvenir à cette fin.

Dans le Rapport de l'année dernière , j'appelais l'attention de l'autorité supérieure sur une autre source de richesse pour les Archives départementales : les minutes de notaires. Vous voulûtes bien, Monsieur le Préfet, à cette considération, demander au Conseil général, dans la session de 1861, l'émission d'un vœu favorable en principe à la réunion de ces documents au dépôt central. Depuis, il a été fait deux Rapports spéciaux sur ce sujet. Nous demandons la permission d'insister sur cette matière dans ce Rapport général, et d'apporter à l'appui de l'opinion concluant à cette réunion pour les documents antérieurs à 1790 de nouveaux renseignements et d'autres raisons.

D'abord cette prétention (qui n'a d'autre vue que celle du bien public), n'est pas sans précédents. A Angoulême et à Bourges (1), les minutes des notaires sont réunies depuis longtemps aux Archives départementales. Le Conseil général de l'Aveyron a émis, dans une

---

(1) Dans cette dernière ville, nous avons appris que les minutes notariales forment une masse de plus de quatre cents fonds au dépôt de la Préfecture. A Angoulême, la translation, remontant à peine à trois ans, a déjà produit d'excellents résultats, comme on peut s'en convaincre par la lecture du procès-verbal des délibérations du Conseil général de la Charente pour l'année 1861. (Voyez l'Annuaire.)

de ses sessions, le vœu d'une réunion semblable. Dans le Bas-Rhin, toutes ces minutes sont classées en un seul dépôt spécial.

En second lieu, cette mesure d'unification aurait de grands avantages pour les notaires eux-mêmes. Elle les débarrasserait de papiers fort encombrants et aussi malaisés à loger qu'à conserver en bon état. Elle les exonérerait d'une grande responsabilité, puisque ces officiers ministériels ne seraient plus astreints à représenter ces minutes à première réquisition. Elle garantirait ces documents de toute chance contraire par la conservation dans un dépôt public, beaucoup mieux que ne peuvent faire des particuliers. A ces raisons d'utilité générale, déjà mises en avant, on pourrait ajouter quelques considérations d'un autre genre.

Les minutes en question contiennent beaucoup de renseignements sur les anciennes familles, à cette heure enfouis et introuvables, qui pourraient, par les effets d'un classement général, servir à éclaircir des points de généalogie, des difficultés d'état.

Les minutes en question sont d'une très-difficile et parfois impossible recherche pour ceux mêmes qui en sont dépositaires. On n'y peut notamment retrouver les actes des anciennes études supprimées, qui ont été fondues dans d'autres encore subsistantes et n'ont pas toujours laissé des répertoires. Ces actes, perdus maintenant dans la masse, deviendraient accessibles par un arrangement général dans un lieu unique et par la rédaction des inventaires.

Si on objecte quelques embarras dans le déplacement des minutes de notaires éloignés du chef-lieu du département, nous répondrons que, comme ces actes sont rarement consultés et par des gens qui ont ordinairement un intérêt assez grand pour consentir à un déplacement, cet inconvénient est peu de chose en compensation d'une recherche faite plus à l'aise et dans un endroit public.

Enfin, on peut dire que la possession des minutes dont il s'agit est souvent illusoire entre les mains des détenteurs, qui ne peuvent lire les actes et par conséquent en délivrer commodément des expéditions.

Par toutes ces raisons, je crois donc que si la Chambre des notaires consentait à la réunion desdites minutes aux Archives du département, il n'y aurait de part et d'autre qu'à se louer de l'adoption de cette utile mesure.

Archives religieuses. Le Catalogue des manuscrits a été continué. Il comprend tous les registres de l'évêché et du séminaire, 20 volumes in-folio. Quoique nos Archives soient sur ce point nécessairement incomplètes, puisqu'une partie de ce fonds est aux Archives d'Eure-et-Loir sous le titre de : Chapitre de Saint-Louis, cependant les portions conservées contiennent quelques notions utiles sur cet évêché, d'origine peu ancienne, mais formé par les distractions des maisons ecclésiastiques les plus vieilles et les plus riches de la province : Saint-Laumer et Bourg-Moyen de Blois, les chapitres de Saint-Sauveur et de Saint-Jacques de la même ville, les prieurés de Saint-Lazare et de Saint-Jean-en-Grève et l'abbaye de Pont-Levoy.

Le premier volume des actes capitulaires (1718-1763), écrit par le secrétaire, contient l'analyse des chapitres généraux et particuliers, les baux, ventes de biens et dîmes, transactions, installations de chanoines, élections de vicaires généraux, prises de possession de l'évêché, de chapelles, de canonicat, de prévôté, de prieuré, nominations de vicaires perpétuels de Saint-Sauveur et du procureur de la confrérie de la Trinité.

Le deuxième volume des actes capitulaires (1699-1789), relatif aux menses de Saint-Sauveur et de Saint-Jacques, réunies au chapitre cathédral, contient, outre les matières semblables aux précédentes, quelques notions sur les territoires qui semblent bonnes à recueillir ; défrichement de la garenne de Mantierville ; « État du bien de la mense de Saint-Jacques (en 1699) et des titres justificatifs dudit bien ; » censifs et fiefs : de Mantierville, Villefrison et Nozieux; la grande dîme de Saint-Lubin, celle de Jouvency (paroisse de Cour-Cheverny); les métairies de Mantierville, par Tripleville, et de La Brétonnière, par Santhenay.

Le Cartulaire des actes capitulaires de la mense de Saint-Louis (ancienne collégiale de Saint-Sauveur) (1739-1784) contient les délibérations des chanoines, les baux et *appréciations* (ventes) par eux faits, outre d'autres actes de gestion , tels que : transaction avec le curé de Villenpuis (paroisse supprimée), réparation de l'église de Nevy (Neuvy), aveu de la terre de Morenville (paroisse d'Ouzouer-le-Breuil) (Eure-et-Loir) au seigneur de Châteaudun, établissement des *quaternes*, contestations touchant les prétentions du clergé sur l'affaire des Colléges (1763), déclaration au seigneur de Ménars d'héritages sis audit lieu, nomination de vicaire (hommes vivant et mourant).

Les actes capitulaires des deux menses réunies (formant le chapitre cathédral) (1775-1789) sont relatifs à la discipline du chapitre. On y remarque toutefois quelques notes historiques : — Bénédiction des drapeaux neufs pour la ville (1775); — *Te Deum* chanté pour le sacre du Roi (même année). D'autres notes sont plus locales : compte de la rente de la chapelle de Notre-Dame du Pupître (dans la cathédrale); abandon de la dîme de Saint-Dié par le curé; mort de l'évêque M. de Termont; signification d'indult par le curé de Saint-Martin de Plailly; invitation à *MM. de Ville* pour la procession de Sainte-Claire; chapitre des Jacobins; pour l'élection de leur provincial, tenu dans la cathédrale; dîme de Talcy; arrangement avec MM. de Saint-Martin de Tours au sujet du *grangeage* (de Suèvres).

Le Cartulaire des actes soumis au contrôle pour ces deux menses unies (1739-1784) concerne les collations, démissions et nominations de bénéfices. Les collations sont celles des chapelles suivantes (par où on voit ce qu'il y en avait jadis dans la cathédrale): Saint-Sébastien, Sainte-Catherine, Saint-Jacques, Saint-Genou, Saint-Éloy, Notre-Dame du Benoistier, Notre-Dame Grosse Mère de Dieu, Notre-Dame de Morvillier, Saint-Denys, Saint-Eustache, Saint-Louis de Chambon, Saint-Étienne, Saint-Thomas de Cantorbéry, Saint-Jean, plus de la *cure du Château*.

Un Cartulaire spécial est consacré aux chapelles de Saint-Sauveur (1607-1621); il contient des lettres de collations des chapelles. Nous ne citerons que celles non encore indiquées: Saint-Louis, Saint-Nicolas, Saint-Quentin, Saint-Guillaume, Notre-Dame derrière le chœur. Les prises de possession font connaître une autre chapelle, celle de Saint-Antoine.

Le journal de la mense Saint-Jacques (XVIIIe siècle) est tenu par articles, avec table alphabétique des noms pour les rentes (dont une sur le clergé d'Orléans), biens-fonds, censifs, maisons, dettes personnelles, hypothèques et loyers. On y voit les payements faits par le seigneur de Lezay, par MM. de Montlivault, Héritte de La Goterie, et de Gaucourt, par le marché de Saint-Honoré, MM. de Bourg-Moyen et le chapitre de Saint-Martin de Tours à la mense.

La *grande Bourse* présente deux énormes volumes (xviiie siècle), relatifs aux rentes et biens fonds, le tout divisé par chapitres. Dans le premier volume on voit que le chapitre possédait, entre autres biens, des terres et vignes *en rivière* (c'est-à-dire dans le val de Loire, entre la levée gauche et la forêt de Russy), à Pigelée, à Vineuil, dans la rue Saint-Lubin (à Blois), à La Nozillette, à Villiersfin, Saint-Solenne et Montigny, à La Huanière, aux Noëls, à Villebarou; des prés au *Sanitas* (ancienne maison de charité sur le coteau de la Loire), à Chouzy, aux Robins, aux *Ponts Chastrés* (chartrains), à La Mote, à Chailles, Égrefin et Saint-Gervais.

Le second volume est relatif aux mêmes objets. On y voit les quittances d'échéances de rentes sur l'Hôtel-de-Ville de Paris, le comté de Blois, les Frères Prêcheurs de Blois, l'hôpital de Blois, les Véroniques de Blois. Quelques parties constatent d'anciennes redevances, comme ce qui est relatif au censif des Groüets (mal à propos *Groix*) et à la recette pour les profits de lods et ventes.

La *grande Bourse* a laissé encore un compte sur une grande peau de mouton, formant un cahier de parchemin carré (1705-1706). C'est le compte d'une année par recette et dépense. La première partie (recette) se compose, entre autres choses, des revenus des maisons situées dans la basse-cour du château de Blois et d'autres revenus de terres dus par les Jésuites de Blois, par M. Guérin Du Cormier, M. de Richemont, Mme de La Boische et la comtesse de L'Aubespin. La seconde partie (dépense) comprend les gages, pensions d'officiers, frais du *Mandé* (cérémonie du Jeudi saint), des messes, des étrennes et œufs de pâques, des aumônes, salaires et vacations des chanoines, lesquels approuvent et signent le présent compte et le semblable de la petite Bourse.

La *petite Bourse* (XVIIIe siècle). Ce volume contient les rentes foncières sur maisons à Fossé, d'autres rentes dues par des par-

ticuliers, par des établissements religieux ou publics : l'hôpital de
Blois, la marelle de la paroisse de Saint-Martin (de Blois), le domaine du comté de Blois, les Véroniques de Blois, l'évêché de Blois,
les chanoines de Saint-Martin de Tours, pour le grangeage de Suèvres. Il y avait encore des vignes à La Tourette, aux Margots, à
Saint-Victor, au Haut-Bourg, aux Noëls, des terres à Chamerochet,
à Vineuil, à Saint-Victor, des prés à Onzain, Neuvy, Saint-Gervais,
des pacages à Bauzy, des dîmes à Fourget, Montigny. Les Bournas,
Coliers et Saint-Dié.

La *petite Bourse* a laissé un compte semblable à celui qui a été
analysé pour la grande (1705-1706). Les recettes font connaître des
rentes établies sur les particuliers suivants : MM. de Veillène, de
Bodin, seigneur de Boisregnard, de Montlivault, les héritiers de
Mme de Chavigny, Melle de La Boissière, Melle de La Saussaye, Mme de
La Vallière, MM. Breton des Rivaudières, de Bretonvilliers, seigneur
de Saint-Dié, plus sur l'hôpital général de Blois, l'évêché et le
comté de Blois. La dépense se compose de payements faits : —
aux chanoines pour assistances aux chapitres généraux, aux saluts
et processions, au service divin, pour la distribution de leurs
grands draps pendant la reddition du compte, aux receveurs
de la communauté et de l'évêque, aux quatre *hebdomadiers* de
l'église, au chirurgien, au *censier du Roi*, enfin à la lavandière de
l'église.

La *Gréneterie* (grenier à grain, établissement qui est parvenu de
l'abbaye de Marmoutier à celle de Saint-Laumer par achat, puis
à l'évêché de Blois par distraction en faveur de la mense épiscopale), a laissé aussi un compte spécial pour la même année, écrit
de la même manière.

La Gréneterie offre encore un volume (1788-1790) relatif aux
rentes et biens-fonds de cet établissement.

L'évêché nous a encore transmis des inventaires de titres en
trois volumes.

Le premier (1744-1777) concerne la mense Saint-Louis. Il constate les biens, droits et revenus de l'évêché, des abbayes, prieurés
et autres bénéfices en dépendant, le tout dressé par layettes,
liasses et cotes de lettres ; les pièces étant analysées une à une

par première et dernière, on y trouve mention des actes depuis le XIIIᵉ siècle.

Le second volume (XVIIIᵉ siècle) concerne la mense Saint-Jacques, ses rentes, biens-fonds, censifs et maisons. Un Cartulaire du chapitre, commencé, mais non poursuivi, contient une très-longue lettre de l'évêque de Chartres, Jean (1366), sur les hôpitaux de Blois. Les lettres d'amortissement des comtes de Blois au chapitre sont également à noter, ainsi que les copies de vicariats fournies par le chapitre à différents seigneurs et les actes de l'homologation de la *quote-morte*.

Le troisième volume (1747) concerne la mense Saint-Sauveur. Il a trait aux terres appartenant au chapitre dans l'étendue du comté de Blois, en Beauce et en Sologne. On y remarque les actes de la fondation de l'église, et surtout la mention d'un registre d'amortissement du XVᵉ siècle (« remontant à plus de trois cents ans, » en 1747, dit le manuscrit) péri avec les titres dans les guerres de religion et dont la perte est regrettable.

Le séminaire de Blois a laissé trois registres. Le premier (1785) est un état des biens, terres, rentes et charges qui lui appartenaient jadis. Ces terres sont celles d'anciens prieurés (tels que celui de Saint-Jean-en-Grève) qui ont formé la dotation du séminaire, des domaines de la Chapelle-Vicomtesse, de Fontaine-Raoult, Monthodon et Champigny. Des rentes foncières étaient en outre établies dans le même but sur les Bénédictins de Saint-Laumer, le clergé en général, les Ursulines de Blois, les curés de la Chapelle-Vicomtesse et de Fontaine-Raoult.

Le deuxième volume (1756) comprend les revenus des prieurés annexés au séminaire : La Chapelle et Monthodon, avec des notices historiques sur ces prieurés, bonnes à consulter. On y trouve, parmi les dettes et charges en décimes, la mention d'une redevance à l'abbaye de Thiron (Eure-et-Loir).

Le troisième volume (1770-1789) est consacré aux recettes et dépenses du prieuré de Boulogne, annexé, comme les précédents, au séminaire. Parmi les notes des comptes on trouve des mentions telles que celles-ci : vin ; eau-de-vie ; pensions de religieux (de Boulogne), d'ordinands, de séminaristes ; défrichement, vendange, voyage, délogement, réparation à l'église de Mer, reconstruction du Séminaire.

Loire.—(Voyez les précédentes délibérations, *Annuaire* de 1862, p. 61, *Annuaire* de 1863, p. 52.)— *Rapport du Préfet*, 1862.—La principale occupation de l'Archiviste pendant le cours de cette année a été la rédaction des inventaires-sommaires des Archives anciennes. L'inventaire de la série A (actes du pouvoir souverain et domaine public), considérablement augmenté et revisé avec soin, et celui de la série C (administrations provinciales) sont entièrement terminés et ont été approuvés.

Il reste encore quelques articles à compléter dans l'inventaire de la série B (cours et juridictions), composée de 518 articles. Aussitôt que ce travail de révision aura été approuvé, l'Archiviste abordera la série D (sciences et arts, instruction publique), qui ne comprend que quelques articles, et la série E (féodalité, communes, bourgeoisie, familles), une des plus considérables des Archives du département.

Quant aux Archives modernes, le classement et l'inventaire en sont terminés depuis longtemps, et l'Archiviste n'a plus qu'à classer les dossiers fournis par les diverses administrations au fur et à mesure des versements, et à veiller à ce que l'ordre existant ne soit pas troublé, afin de pouvoir satisfaire promptement à toutes les demandes de communication.

Les Archives de l'ancienne sous-préfecture de Saint-Étienne restaient seules à classer et avaient été reléguées, faute d'espace, dans un grenier obscur. Un crédit de 800 francs, que vous avez bien voulu voter, l'année dernière, sur ma proposition, a suffi pour réparer et rayonner deux petites salles, dans l'une desquelles ont été transportées ces Archives volumineuses, dont la majeure partie est, dès à présent, classée et inventoriée. L'autre salle a servi à recevoir la collection du *Moniteur universel,* celle du *Moniteur des communes,* le *Bulletin des lois* et tous les ouvrages de la bibliothèque administrative qni ne sont pas d'un usage journalier.

Dans une tournée d'inspection des greffes des tribunaux civils du département, faite en exécution d'une dépêche ministérielle, l'Archiviste a eu la bonne fortune de retrouver, au greffe de Montbrison, et de faire réintégrer aux Archives départementales plusieurs terriers des anciennes châtellenies du Forez et un grand nombre d'actes de foi et hommages, aveux et dénombrements. Ces documents précieux ont été retirés à temps pour être compris dans l'inventaire de la série A, qu'ils viennent heureusement compléter.

Rapport du Préfet, 1863. —Dès l'année dernière, une demande m'avait été formée pour l'agrandissement du local des Archives, et vous aviez reconnu vous-mêmes, sur le rapport de votre Commission, la nécessité d'une installation plus complète de ce service important. L'accumulation toujours croissante des Archives modernes et la récente réintégration de nombreux papiers, provenant de la bibliothèque de Roanne, rendent aujourd'hui cet agrandissement indispensable. Je vous propose donc, Messieurs, de vouloir bien affecter à ces travaux un crédit de 2,800 francs, montant du devis dressé par l'Architecte du département.

La publication de l'inventaire-sommaire des Archives départementales, antérieure à 1790, est toujours la principale occupation de l'Archiviste, indépendamment de l'inventaire de la série C (États Généraux du Forez, Élections de Montbrison, Saint-Étienne et Roanne) qui, lors de votre dernière réunion, était sous presse ; les six premières feuilles de la série B, relatives au bailliage du Forez et aux sénéchaussées de Roanne et de Saint-Étienne, ont été imprimées pendant le cours de cette année.

Rapport de l'Archiviste, 1863. —Un document d'une grande valeur historique pour la province du Forez nous a été cédé, au mois de juin dernier, par le département de l'Allier, en échange de trois registres de comptes de la châtellenie de Souvigny des années 1412 à 1417. C'est la minute même de l'inventaire des titres de la Chambre des Comptes de la châtellenie de Souvigny des années 1412 à 1447. C'est la minute même de l'inventaire des titres des comptes de Montbrison dressé en 1473 par Perrin Gayand, secrétaire de Jean II, dit le Bon, duc de Bourbonnais et d'Auvergne, et comte de Forez. L'inventaire de Gayand est une acquisition d'autant plus précieuse pour les Archives de la Loire, que tous les documents qu'il relate furent enlevés, en 1532, de la Chambre des Comptes de Montbrison pour être transportés en celle de Paris, et font actuellement partie des Archives de l'Empire.

Son Exc. M. le Ministre de l'intérieur a bien voulu aussi autoriser les Archives du Rhône à remettre à celles de la Loire plusieurs documents d'un très-grand prix, entre autres, le compte rendu par Étienne d'Entraigues, trésorier de Forez, d'un fouage imposé au pays de Forez (en ce qui dépendait de la langue d'oil) en l'année 1387, et un très-ancien inventaire des titres du Forez.

Enfin, M. Varinard, juge de paix à Neuville-sur-Saône, vient de faire don au département d'un assez grand nombre de minutes notariées, des XVIIᵉ et XVIIIᵉ siècles, provenant des protocoles de plusieurs anciens notaires de Perreux, près Roanne.

LOIRE-INFÉRIEURE. — (Voyez les précédentes délibérations, *Annuaire* de 1862, p. 61, *Annuaire* de 1863, p. 53.)—*Rapport de l'Archiviste*, 1863.—Le classement proprement dit a fait peu de progrès depuis la dernière session du Conseil général. La mise en ordre des pièces jointes aux comptes des domaines de Bretagne, entreprise depuis plus d'un an, n'a pu encore être terminée par suite du temps qu'il m'a fallu consacrer à la rédaction des inventaires des Archives communales, et principalement à la vérification et à la rédaction de l'inventaire-sommaire des Archives départementales destiné à l'impression.

En effet, ce dernier travail, que je croyais ne devoir faire que dans les limites du crédit porté au budget départemental, a été l'objet de différentes observations de la part de M. le Ministre de l'intérieur, qui a ordonné la rédaction immédiate et sans interruption des copies de cet inventaire.

En conséquence, je me suis mis aussitôt en mesure de satisfaire à ces différentes prescriptions, et déjà douze cahiers de cet inventaire ont été adressés à Son Exc. M. le Ministre de l'intérieur. Ces différents documents forment cent quatre-vingt-deux registres et cent cinquante-quatre liasses ; ces dernières contiennent cinquante-huit mille pièces.

Huit cahiers de l'inventaire-sommaire de ces mêmes Archives, terminés depuis la dernière session du Conseil général, ont également été transmis à M. le Ministre. Ils contiennent l'analyse des pièces justificatives des *misères* des villes de Bretagne de 1759 à 1788. Les documents forment 457 liasses, donnant un total de 46,490 pièces.

HAUTE-LOIRE. — (Voyez les précédentes délibérations, *Annuaire* de 1862, p. 61, *Annuaire* de 1863, p. 53.) — *Rapport du Préfet*, 1862. — Le rapport de M. l'Archiviste départemental, qui sera mis sous les yeux du Conseil général, signale la situation de plus en plus prospère des services d'Archives qui sont confiés à M. Aymard. Aux félicitations ministérielles qu'avait reçues précédemment ce fonctionnaire, je dois ajouter celles que je lui ai transmises au nom de M. le Directeur de l'Administration départementale et communale qui, dans ses dépêches des 17 et 21 mai dernier, constate les résultats qui ont été déjà obtenus en ce qui concerne les Archives du département, des sous-préfectures, des communes et des hospices, et se loue du zèle persévérant et désintéressé que M. l'Archiviste a voué à l'organisation régulière de ces divers services.

M. le Directeur général appelle également mon attention, dans sa dépêche du 17 mai, sur l'insuffisance du matériel que possèdent les Archives départementales et sur l'économie avec laquelle il a été pourvu aux besoins du service. L'accroissement des collections, malgré les triages assez considérables de papiers qui viennent, d'être faits, exige de nouvelles étagères et d'urgentes réparations dans le local. En outre, les bureaux sont dépourvus du mobilier le plus indispensable.

Pour satisfaire à ces nécessités qui, je l'espère, seront appréciées par le Conseil général, il y aura lieu de porter à 300 francs, pour l'exercice prochain, le crédit de 200 francs que le Conseil alloue à M. l'Archiviste en plus de son traitement, et qui est intégralement employé chaque année à l'amélioration du matériel des Archives.

Rapport du Préfet, 1863.—Dans son rapport sur les divers services d'Archives de la Préfecture, des sous-préfectures, des communes et des hospices, qui sont confiés à M. Aymard, ce fonctionnaire fait reconnaître l'état d'avancement des travaux incessants que nécessite l'organisation de ces nombreux dépôts, et qui ont encore motivé, en 1863, ainsi que les années précédentes, les félicitations de M. le Directeur général de l'Administration départementale.

En ce qui concerne les Archives départementales, M. Aymard a continué d'affecter à l'accroissement du matériel le crédit que lui alloue chaque année le Conseil général à titre de gratification. Le dépôt a été pourvu de rayonnages et de portefeuilles établis dans des conditions qui satisfont à la nécessité d'utiliser le mieux possible les espaces disponibles, afin d'éviter pour longtemps un dispendieux agrandissement du bâtiment des Archives.

M. l'Archiviste s'est occupé dans le cours de cette année de l'examen du dépôt considérable des Archives du greffe du tribunal civil, d'après le désir que nous en avait exprimé M. le Ministre, dans le but dont il a été parlé précédemment ; et c'est sur ces indications précises que la décision importante des Ministères de l'intérieur et de la justice a été prise.

Une nouvelle et intéressante réintégration d'anciens papiers a été encore effectuée cette année. Dans ses précédents rapports, l'Archiviste avait fait connaître les résultats de ses démarches au sujet des pièces provenant des Maîtrises des Eaux et Forêts. Ces démarches ont eu le succès que nous espérions ; et M. le Sous-Inspecteur des forêts faisait déposer aux Archives de la Préfecture vingt-cinq pièces, datées de 1366 à 1790.

Des dons d'anciens et précieux documents, qui ont été faits par l'abbé Sauzet, chanoine de la cathédrale, ont également appelé l'attention de M. le Ministre, qui m'a chargé de lui en exprimer ses remercîments.

Les Archives des deux sous-préfectures de Brioude et d'Yssingeaux, pour lesquelles le Conseil général avait voté des fonds, sont en voie d'organisation. Dans l'une et l'autre des deux sous-préfectures, des locaux ont été disposés à cet effet et sont pourvus d'étagères, établies d'après les plans qu'a fournis M. l'Archiviste aux architectes des deux arrondissements. Il y aura lieu maintenant d'effectuer des inventaires et classements des papiers.

Loiret. — (Voyez les précédentes délibérations, *Annuaire* de 1862, p. 62, *Annuaire* de 1863, p. 54.) —*Rapport de l'Archiviste*, 1862.—Depuis la dernière session du Conseil général ont eu lieu les réintégrations suivantes : 1° Les minutes des greffes de l'Élection de Pithiviers, des bailliages royaux de Pithiviers et Yèvre-le-Châtel, et de vingt bailliages ou prévotés du ressort, composant 307 liasses, remises par M. le greffier du tribunal civil. Cette collection renferme non-seulement des titres utiles pour les particuliers, mais des renseignements précieux pour l'histoire des villes et paroisses de l'arrondissement.

2° Les registres de comptes du Chapitre collégial de Saint-Georges, quelques liasses de titres de cette collégiale et des autres églises de Pithiviers, conservés jusqu'ici à la sous-préfecture. M. l'Inspecteur des Archives communales, délégué pour la reconnaissance des papiers antérieurs à 1790 demeurés à la sous-préfecture, estime qu'ils formeraient deux cents liasses environ. Mais il faudrait opérer le triage de ces titres mêlés à des papiers de l'Administration.

3° Les atlas contenant la copie des plans parcellaires du cadastre, que M. le Directeur des contributions directes s'est empressé de remettre aux Archives, sur le désir qui lui en a été exprimé.

4° Les registres, au nombre de 146, comprenant les statuts de l'ancienne Université d'Orléans, et les actes de la nation d'Allemagne de cette compagnie, conservés irrégulièrement, depuis 1820, à la bibliothèque de la ville et rendus aux Archives, en vertu de la décision de Son Exc. M. le Ministre de l'intérieur. Une curiosité particulière s'attache à quelques-uns de ces volumes, qui contiennent un grand nombre d'armoiries peintes sur vélin, au XV⁰ siècle.

La même décision ministérielle a entraîné la remise de cinq autres registres, parmi lesquels figurent, avec les *Statuts et priviléges de Saint-Samson d'Orléans* (manuscrit du XVI⁰ siècle), le censier de la seigneurie de La Gabillière, à la chapelle Saint-Mesmin, domaine privé des commandeurs de Saint-Marc, et un registre de correspondances du procureur du Roi et du duc d'Orléans de 1760 à 1767.

5° Une quantité considérable de papiers et parchemins provenant soit du greffe des marchands fréquentant la Loire, qui tenaient leur bureau à l'ancien Hôtel-de-Ville d'Orléans, soit du triage des papiers féodaux fait pendant la révolution et ultérieurement déposés à la mairie. Mais M. le Maire d'Orléans, comprenant la nécessité de la réunion de ces documents au dépôt départemental, dont ils complétent des fonds, en a opéré la remise qu'il avait précédemment offerte.

C'est en vertu des mêmes instructions, qui déterminent la part attribuée aux divers dépôts publics, que les Archives du département ont dû, après examen attentif et sur l'autorisation expresse de Son Exc. M. le Ministre de l'intérieur, remettre aux Archives de la ville d'Orléans 56 chartes de priviléges, 9 comptes des deniers communs de la ville et 8 liasses (contenant 62 pièces), dont la propriété leur appartient. Copie a été prise préalablement des pièces les plus importantes, pour demeurer aux Archives départementales avec l'analyse des titres rendus.

M. le Receveur des actes judiciaires d'Orléans m'a offert de proposer la remise aux Archives de la collection de dossiers domaniaux dont il est dépositaire et auxquels il n'a plus besoin de recourir. Ces documents, promenés d'un local à un autre à chaque déménagement du fonctionnaire responsable, souffrent nécessairement de cet état de choses. Ils pourraient compléter la série des domaines nationaux.

L'analyse sommaire de titres départementaux provenant d'établissements religieux, confiée à diverses époques à l'administration des domaines, a été adressée à Son Exc. M. le Ministre de l'intérieur, qui en prescrira sans doute prochainement la rentrée au dépôt.

Il en sera de même pour la plupart des pièces provenant du greffe de l'ancienne Maîtrise des Eaux et Forêts d'Orléans, que MM. les Inspecteurs des forêts déclareront n'être plus aujourd'hui d'une utilité indispensable pour leur service. L'analyse en est à peu près terminée.

Une lacune regrettable avait été signalée dans la collection des greffes des anciennes juridictions de l'Orléannais déposée aux Ar-

chives par MM. les greffiers de la Cour impériale et des tribunaux
de première instance.

Dès l'année dernière, Monsieur le Préfet, vous aviez délégué
M. l'Inspecteur des Archives communales pour constater l'état des
minutes des anciennes justices du ressort du bailliage de Gien et en
proposer la réunion aux fonds de même nature. L'existence de ces
papiers était ignorée de M. le greffier lui-même du tribunal civil de
Gien.

Les indications d'un ancien magistrat, qui voulut bien me faire
connaître qu'il les avait autrefois vues et compilées, furent transmises
à M. l'Inspecteur. Il vient de découvrir, amoncelée au dernier étage
d'une tourelle du château de Gien, une grande quantité de papiers ;
ce sont les minutes recherchées, dont j'ai l'honneur de vous proposer, Monsieur le Préfet, de demander le dépôt, suivant les instructions de MM. les Ministres de la justice et de l'intérieur.

Après une révision des greffes et des juridictions (installés à la
quatrième galerie des Archives), qui permet de communiquer à l'instant les pièces recherchées, j'ai dû m'occuper activement de la
révision de l'inventaire sommaire pour l'impression.

Dès l'année dernière, ainsi que le constate mon précédent rapport, j'avais reconnu que près de 40 cartons (travées 159, 160 et
229) contenaient plusieurs milliers de pièces entassées en désordre :
lettres patentes, mandements, ordonnances, chartes, aveux, actes
de foi et hommages, saisies, ventes, comptes, mémoires, lettres
missives, etc.; et, parmi ces pièces, un certificat ainsi signé du seing
manuel du fameux Dunois : « Le bastard d'Orléans, » ce qui prouve
une fois de plus, avec la pièce signalée par M. de Vassal, que Dunois
savait écrire.

La majeure partie de ces documents semblait, au premier examen,
appartenir à l'apanage d'Orléans, tandis qu'un certain nombre d'autres, apostillés en tête de la mention : « *Pro Camera* » devaient rentrer dans une autre série. Je constatai bientôt que les pièces soumises à l'examen de la Cour des Comptes du duché d'Orléans que
j'avais sous les yeux avaient, après l'apurement des comptes, fait
partie des Archives des ducs d'Orléans : j'avais mis la main sur un
document qui ne permettait plus de doute à cet égard. Un inventaire

dressé de 1754 à 1760, et déposé au Trésor (cabinet voûté du Châtelet), près le Bureau des finances d'Orléans, avec les Archives duquel il nous a été transmis (série C), nous apprend qu'à cette époque, alors qu'il s'agissait de transférer la Chancellerie et les Archives du duché d'Orléans place du Martroi, une division déjà existante dans les titres du duché fut maintenue et, nettement constatée par un double inventaire distinct.

On conserva au Trésor, dans l'enceinte du Châtelet, les titres originaux du duché d'Orléans de 1344 à 1676, et l'on appela ce dépôt : Archives du Châtelet, pour le distinguer de celui de la nouvelle Chancellerie, nommée Archives du duché d'Orléans.

La plupart des pièces contenues dans les cartons ci-dessus, inventoriées dans le registre déposé au Bureau des finances, devaient donc rentrer dans la série A.

La séparation de ces pièces une à une, opérée par châtellenie, étant terminée, un premier recolement eut lieu d'abord pour celles de la châtellenie de Beaugency avec cet inventaire ancien, puis avec l'inventaire-sommaire. Les pièces étaient estampillées à mesure qu'elles prenaient place dans le classement. C'est alors que je m'aperçus d'erreurs dans cette partie du travail exécutée par un employé inexpérimenté, peu apte au classement et même au déchiffrement des documents manuscrits. La retraite de M. de Vassal l'avait empêché, contre son désir, de la reviser lui-même. Le moment de l'impression arrivé, il n'y avait plus à retarder. Au lieu donc de répartir les nouveaux documents entre les divers articles de l'inventaire selon leur nature et leur objet, il fallut former de nouveaux articles, et retrancher des premiers des pièces qui ne s'y rapportaient pas, ou qui devaient être placées dans un autre fonds de châtellenie, et alors put être faite la répartition définitive.

Cet examen, Monsieur le Préfet, a été la cause du retard apporté à la copie de l'inventaire pour l'impression ; mais il n'y a plus aujourd'hui d'empêchement à l'achèvement du travail.

Rapport de l'Archiviste, 1863. —Depuis la session d'août 1862, j'ai continué la refonte de la série A (actes du pouvoir souverain et apanages). Cette série s'est tellement accrue, et certainement enrichie, de titres retrouvés depuis dans les conditions indiquées dans mes précédents rapports, qu'il m'a fallu la recommencer.

Telle est la proportion pour la partie aujourd'hui terminée, et comprenant les châtellenies de Beaugency, Boiscommun, Châteauneuf et Châteaurenard : au lieu de 158 articles du premier inventaire-sommaire, comprenant 90 registres, cahiers ou portefeuilles isolés, 6 plans, 5,821 pièces et 42 sceaux, nous avons 242 articles composés de 74 registres isolés, 51 plans, 10,320 pièces et 90 sceaux.

Une partie considérable des pièces réintégrées dans le classement, tirées la plupart des rebuts (chartes, mandements, devis et quittances), sont souvent d'une grande importance pour l'histoire générale de la guerre de Cent ans ; celles dont l'intérêt est le plus vif concernent les troubles déplorables de 1418, la mise en état de défense d'Orléans et de tout le littoral de la Loire, le siége d'Orléans et des principales villes tenant pour le Roi et le duc d'Orléans. Certains documents du même fonds offrent aussi d'utiles renseignements sur l'histoire de deux époques des moins explorées et des plus importantes pour l'Orléanais et sa capitale : je veux parler des guerres de religion et des troubles de la Ligue.

J'ai retrouvé dans le fonds du chapitre de Sainte-Croix, que j'avais cru classé, des liasses presque entièrement étrangères à ce fonds et une quantité de documents assez importants, la plupart ayant appartenu aux Archives ducales de la Chancellerie d'Orléans, ou à celles du trésor du Châtelet. Je m'estimai heureux, je l'avoue, de cette découverte, d'autant plus qu'il était temps encore de les faire figurer dans l'inventaire régulier.

Des pièces plus ou moins curieuses, appartenant à divers autres fonds, s'y trouvaient mêlées. Je citerai entre autres un récépissé de Charles d'Orléans de livres par lui empruntés pour un an à l'Université d'Orléans, le 18 mars 1446, pour les faire copier, afin d'en enrichir sa bibliothèque.

Le récolement des pièces nouvellement réintégrées dans le classement par châtellenies, et de celles qui s'y trouvaient déjà, avec l'ancien inventaire des Archives domaniales du Châtelet d'Orléans

(1754-1760), aura l'avantage de faire connaître les parties dont nos Archives ont été dépossédées.

Une mauvaise collocation des plans des diverses séries anciennes et modernes, en contradiction avec la méthode logique aujourd'hui réglementaire, avait été établie dans les Archives, il y a un certain nombre d'années; elle consistait dans la répartition, par ordre alphabétique de localités, de cette nature de documents. Un inventaire spécial s'y référait, inventaire insuffisant, puisqu'il n'indique pas la provenance de tous ces articles. Une très-petite partie figurait déjà dans le classement de la série A. Une reconnaissance, pièce à pièce, de ces plans, m'a permis de m'assurer qu'un plus grand nombre y devaient rentrer; et l'inventaire imprimé les mentionnera, après quelques rectifications, sur les placards que doit nous transmettre l'imprimeur avant de recevoir le bon à tirer.

Les registres anciens d'assises, comprenant les Grands-Jours du duché d'Orléans, transportés par le gouverneur, ou par son lieutenant général, du bailliage ou du duché dans les diverses châtellenies (1385-1444), et les registres des causes jugées au bailliage et à la prévôté d'Orléans (1383-1450), conservés jusqu'ici comme documents appartenant à la série B (cours et juridictions), appartiennent à la série A, où ils ont été rétablis, les premiers, au chapitre des titres généraux du duché d'Orléans : *Des Droits de justice*, et les autres au chapitre de la châtellenie d'Orléans, sous la même rubrique.

Sans m'écarter des conditions rigoureuses d'un inventaire-sommaire, j'ai cru pouvoir, de temps en temps, lorsqu'une pièce, par des dispositions particulières, constate des mœurs, des usages, des coutumes ou des faits spéciaux à la localité, ou établit un point important de l'histoire, lui donner, dans le cadre restreint de l'article, une mention qui la signale à l'historien et à l'érudit, et qui rompe la monotonie d'une trop rapide analyse.

Les papiers des juridictions antérieures à 1790 de l'arrondissement de Pithiviers, qui avaient été provisoirement déposés sur les tables au rez-de-chaussée, ont été répartis par fonds, en leur ordre, (série B), à la galerie supérieure des Archives.

Le greffier en chef de la Cour impériale d'Orléans et les greffiers des tribunaux de première instance auront effectué la remise aux Archives départementales, non-seulement des titres de leurs greffes ayant un caractère administratif et civil, ce qu'ils ont reconnu difficile à déterminer dans la pratique, mais de tous les documents antérieurs à 1790, dont ils étaient dépositaires, à l'exception des registres de l'état civil. Cette mesure a fait retrouver nombre de dossiers vainement recherchés ailleurs provenant des bailliages et prévôtés, et aussi de l'intendance de la Généralité d'Orléans, des Élections ou subdélégations, des Maîtrises des Eaux et Forêts.

La sous-préfecture de Pithiviers a transmis, l'an dernier, une masse confuse de registres et papiers aujourd'hui reconnus. Ce sont : des rôles des tailles de l'Élection de Pithiviers, de 1731-1760 ; des extraits d'actes de l'état civil antérieurs à 1790 ; des comptes de la fabrique de Saint-Salomon de Pithiviers, rendus au chapitre collégial de Saint-Georges de cette ville, cure primitive ayant droit d'archidiaconné, 1511-1738 ; des pièces justificatives de ces comptes ; divers titres et inventaires de titres de propriété de la fabrique de Saint-Salomon et du chapitre Saint-Georges. Ces documents sont aujourd'hui à leur place de classement série G. En vertu d'une décision de M. le Ministre des Finances, du 23 janvier 1861, les titres confiés à diverses époques à l'administration des domaines, et dont j'avais dressé un inventaire aussi détaillé que le désirait M. le Directeur, ont été par lui déposés aux Archives pour demeurer dans un carton spécial.

Une autre décision de M. le Ministre des Finances nous a de même fait rentrer en possession des papiers de la Grande-Maîtrise des Eaux et Forêts d'Orléans, cédés par M. l'Inspecteur des Eaux et Forêts en résidence à Orléans.

M. le Receveur des actes judiciaires à Orléans, toujours désireux de remettre au dépôt du département les nombreux dossiers domaniaux de l'époque révolutionnaire, aujourd'hui inutiles à son service, en continue l'examen. Il tient beaucoup à en faire une remise régulière et à se rendre compte personnellement de ce que renferment ses Archives, qu'il classe en ses heures de loisir. Bientôt, il sera en mesure de nous livrer un fonds qui permettra de combler les regrettables lacunes reconnues dans la série P (domaines nationaux).

Chez la plupart des notaires, les minutes anciennes sont reléguées aux greniers et abandonnées à la dent des rats ; quelquefois même elles servent à allumer le feu. Chez les notaires les plus soigneux, ces minutes sont placées dans des cabinets noirs et humides, non classées le plus souvent et non reliées. Ces minutes offrent ordinairement une écriture difficile à déchiffrer, et que les notaires ne peuvent ou ne veulent pas lire ; d'où il résulte que les recherches aboutissent rarement à d'heureux résultats. Si par hasard l'acte est trouvé, il faut avoir recours à un étranger pour le transcrire, et c'est sur cette copie que le notaire délivre et certifie la copie authentique.

Ces inconvénients disparaîtraient par le dépôt aux Archives départementales des minutes qui auraient plus de deux cents ans de date ; la conservation des actes serait assurée et les notaires se trouveraient déchargés d'une responsabilité qui pèse sur eux. Les intérêts de ces derniers ne seraient pas lésés, puisqu'on leur réserverait le droit de délivrer des expéditions de minutes provenant de leur étude, ainsi que cela se pratique à Angoulême, en vertu d'une décision du Garde des Sceaux. L'histoire retirerait un grand avantage de l'adoption de cette mesure, ainsi que les familles et les propriétaires de biens-fonds. Ces minutes sont un sujet d'embarras dans la plupart des études et aussi l'objet d'une grande responsabilité.

Nous rappellerons qu'une copie authentique d'une page des minutes de Guillaume Giraut, du 9 mai 1429, comprenant le récit sommaire des journées des 4, 7 et 8 mai 1428, a été délivrée à la demande de M. de Rocheplate, alors maire d'Orléans, par Me Lorin et son confrère. Cette expédition, destinée à suppléer l'original en cas de destruction, est déposée à l'Hôtel-de-Ville d'Orléans. Malgré son caractère officiel, cette expédition contient beaucoup de lacunes et de nombreuses erreurs, dont quelques-unes sont graves et altèrent le sens du texte.

L'un de ces deux notaires, par cela même qu'il comprend l'importance des titres dont il est le conservateur obligé, m'a récemment témoigné le désir d'en faire le dépôt aux Archives départementales, où des collections de ce genre existent déjà. C'est le deuxième notaire qui m'ait fait spontanément une telle proposition, en apprenant que les Archives départementales reçoivent, outre les dépôts des administrations, les titres confiés par les établissements publics et religieux, les communes et les familles.

Des offres généreusement faites par M. Palas d'Illiers, membre du Conseil d'arrondissement d'Orléans, des nombreux dossiers judiciaires et administratifs, que lui ont légués ses ancêtres, trésoriers généraux de France en la Généralité d'Orléans et lieutenants généraux au bailliage présidial d'Orléans, vont nous permettre de combler des lacunes dans trois fonds de nos Archives antérieures à 1790. Je ne doute pas que le Conseil général n'apprécie ce sacrifice, d'autant plus que le plus grand nombre de documents de ce dépôt intéressent la famille même du donateur.

LOT. — (Voyez les précédentes délibérations, *Annuaire* de 1862, p. 63, *Annuaire* de 1863, p. 54.) — *Rapport du Préfet*, 1862. — L'Archiviste s'occupe du remaniement des Archives antérieures à 1790. Suivant le désir de Son Excellence, les liasses ou articles de cette partie du dépôt, qui se composaient de 800 à 1,000 pièces, ont été subdivisés de manière à ne comprendre que 100 pièces environ, ce qui, tout en rendant l'inventaire plus complet, élèvera considérablement le nombre des articles.

L'insuffisance des ressources du département ne m'a pas permis de demander au Conseil général la somme de 4,000 francs jugée nécessaire par l'Architecte départemental, tant pour l'appropriation de la salle inoccupée qui doit être annexée au dépôt, que pour l'établissement du cabinet de travail de l'Archiviste. J'ai dû me borner à demander 2,000 fr., et encore ai-je le regret de constater que le Conseil général n'a accordé que 500 francs, en vue seulement de la restauration des ouvertures de la salle à annexer.

Rapport du Préfet, 1863.—S. Exc. le Ministre de l'Intérieur m'a rappelé que les maires sont hors d'état de lire les documents anciens et ne peuvent procéder ni au classement ni à la rédaction des inventaires des Archives anciennes qui leur sont confiées, et a exprimé le désir que ce travail soit effectué par les soins de l'Archiviste.

Je me serais empressé de satisfaire aux désirs de Son Excellence, si l'Archiviste pouvait, sans inconvénient, être distrait de ses travaux, notamment du travail de publication des inventaires-sommaires que vous recommandez d'une manière si pressante. Pour qu'il soit possible à ce fonctionnaire de faire face à tous les travaux et de satisfaire aux désirs de Son Excellence, il est indispensable, ainsi que j'ai eu l'honneur de vous l'exposer dans mon rapport du 9 septembre dernier sur les dépôts départementaux, qu'il lui soit adjoint un auxiliaire qui concourrait à la réalisation de la mesure.

Je crois donc devoir insister auprès de Votre Excellence pour qu'elle veuille bien accueillir la proposition que j'ai eu l'honneur de lui soumettre le 9 septembre dernier, tendant à ce que le chiffre de 3,000 francs que j'ai inscrit au projet de budget départemental de 1864, tant pour le traitement de l'Archiviste que pour celui de son auxiliaire, mais qui a été réduit par le Conseil général à 2,000 fr., en vue de l'amélioration des chemins vicinaux ordinaires, soit maintenu d'office.

Malgré mes instances je n'ai pu encore obtenir un seul inventaire, ce qui prouve la difficulté du travail pour nos maires, et, par suite, l'urgence de réaliser la mesure proposée.—Cette mesure a été adoptée.

Lot-et-Garonne. — (Voyez les précédentes délibérations, *Annuaire* de 1862, p. 64, *Annuaire de* 1863, p. 55.) — *Rapport du Préfet,* 1862. — L'impression de la série B est retardée par le dépouillement des 200 registres des insinuations qui, du greffe de la Cour impériale d'Agen, viennent d'être transférés aux Archives départementales. Parmi ces registres figure un monument précieux pour l'histoire du pays, l'original des procès-verbaux de l'Assemblée des trois ordres à Agen, en 1789.

Afin d'établir, avec tous les départements, un système d'échange qui fera la véritable valeur de ces inventaires, il est nécessaire de les tirer à un nombre assez considérable d'exemplaires. Il en résulte, pour le crédit voté l'année dernière, une insuffisance de 300 francs environ, qui rend nécessaire une continuation d'allocation au budget de 1863.

Les Archives des sous-préfectures tendent à sortir de l'état de désordre où elles étaient plongées. Celles de Marmande, qui faisaient une heureuse exception, sont très-bien tenues. A Nérac, un nouveau local a été préparé pour les recevoir et des ordres ont été donnés pour que leur classement ne souffre pas de retard. A Villeneuve, aussitôt que les bâtiments projetés seront terminés, le premier soin de l'administration sera d'organiser le dépôt des papiers qui doivent être conservés à la sous-préfecture.

J'ai peu de documents à ajouter à la liste des titres historiques appartenant aux communes, dont la concentration a été opérée depuis votre dernière session aux Archives départementales. J'ai eu cependant le bonheur de les enrichir d'une collection de documents d'un grand prix pour l'histoire du xvie siècle. C'est toute une série de minutes de correspondances secrètes, provenant de la chancellerie des archiducs, et qui jette un jour intéressant sur quelques événements du temps de la Ligue et du règne de Henir IV, et sur le régime intérieur des Pays-Bas. Un généreux anonyme avait bien voulu me faire don de cette précieuse trouvaille ; j'ai cru ne pouvoir l'accepter que pour en faire hommage au département dont l'administration m'est confiée.

M. Tamisey de Laroque, maire de Gontaud, et M. Bechade-Labarthe de Saint-Barthélemy, ont aussi fait présent à nos Archives des pièces qui ne sont pas sans intérêt.

Les visites faites par M. l'Archiviste-inspecteur aux Archives communales ont presque toutes constaté bien plutôt ce qui manque que l'état de ce qui existe. Je ne néglige rien pour amener dans cette partie du service un peu plus d'ordre et de régularité.

Rapport de la Commission, 1863. — Sur la proposition de M. le Préfet, la Commission est d'avis d'allouer 3,500 francs pour le service des Archives départementales.

Lozère. — (Voyez les précédentes délibérations , *Annuaire* de 1862, p. 64, *Annuaire* de 1863, p. 55.)—*Rapport du Préfet*, 1863.— M. l'abbé Baldit, Archiviste du département, a été admis, sur sa demande, à faire valoir ses droits à la retraite.

Maine-et-Loire. —(Voyez les précédentes délibérations, *Annuaire* de 1862, p. 64, *Annuaire de* 1863, p. 56.)—*Rapport de l'Archiviste*, 1862. — La rédaction de l'Inventaire des Archives anciennes est, chaque année, ma principale occupation personnelle; depuis deux ans elle se complique de l'impression même de l'inventaire, dont la copie, approuvée par le Ministre, est immédiatement livrée à l'imprimerie. Ces conditions de travail sont d'autant plus désavantageuses, que j'ai à analyser, non pas des registres qui d'eux-mêmes s'alignent à leur date sur les rayons, ou des liasses régulièrement ou depuis longtemps classées, mais des dossiers à peine triés une première fois et que bouleversent à chaque pas de nombreuses intercallations ou des transpositions inattendues. L'ordre alphabétique étant imposé par la nature même des pièces, on comprend que les rectifications du classement primitif deviennent d'autant plus difficiles que l'achèvement de la série est plus avancé, puisqu'en cet état les renvois s'adressent à des articles dont le texte est fixé, au courant du travail, par l'impression. Malgré les inconvénients de toutes sortes qui en résultent et que je ne fais qu'indiquer, la série E, qui comptait, à la session dernière du Conseil général, quatre feuilles tirées, en présente aujourd'hui 25, soit la valeur au moins de deux gros volumes in-octavo, comprenant l'inventaire de la collection complète des chartriers féodaux et le commencement des titres de famille pour les lettres A et B seulement 183 articles, soit bien certainement plus de 8,000 pièces. La révision seule des feuilles relues sur doubles et triples épreuves représente un long et pénible travail. J'ajoute que la rédaction de l'inventaire-sommaire pour la plus grande partie de la série E, qui a trait à des titres de propriété, dont une désignation générale précise assez la valeur, devient analytique en abordant les titres de famille, dont chaque pièce est spécialement signalée et décrite, de façon le plus souvent à dispenser de recourir au dossier, tout au moins à ne rien laisser d'inaperçu. Si l'inventaire doit perdre en célérité, il y gagne une valeur et intérêt qui font largement compensation. J'insisterais davantage sur les divers mérites de cette collection inappréciable, si je n'avais eu occasion tout récemment de les signaler ailleurs. L'inventaire des Archives de Maine-et-Loire est un des quatre ou cinq inventaires d'Archives départementales qui ont paru assez importants pour êtres livrés, même inachevés, à la publicité ; et un premier demi-volume, qui comprendra les séries A-E, cette dernière incomplète, en tout 30 feuilles in-4°, doit, par ordre, être mis en vente aux derniers jours de ce mois. J'ai l'honneur de joindre à ce rapport la *Notice prélimi-naire.* Elle présente un aperçu des Archives historiques civiles de l'Anjou. Je souhaite, Monsieur le Préfet, qu'elle puisse un moment vous intéresser.

J'ai eu, dans ce travail, à faire mention d'une des meilleures acquisitions dont se soient accrues depuis longtemps nos Archives. Après l'administration des eaux et forêts, les domaines, le greffe de la Cour impériale, c'est le tribunal de commerce d'Angers, qui, sur votre demande expresse et par une délibération très-judicieusement motivée, a bien voulu se dessaisir, au profit du département, de ses Archives historiques. Le greffe a dû garder la série de ses registres de délibérations ; mais les comptes bisannuels des gardes, qu'il a cédés avec leurs pièces justificatives, en offre un commentaire non interrompu et compense avec détail l'absence de ces procès-verbaux rapidement minutés. Trente-six énormes liasses comprennent les titres de propriété des immeubles de la compagnie, ses relations avec les agents de l'administration et du fisc, ses contestations d'intérêt ou de vanité avec les divers corps constitués et de curieux dossiers de procédure contre les ducs de Laval et de La Trémouille et surtout entre les communautée des marchands, des notaires, des épiciers, des quincailliers, des enjoliveurs, où l'histoire industrielle de l'Anjou a d'abondants renseignements à recueillir.

D'une visite faite à Villevêque, à la demande du maire, pour lui aider à diriger le classement de ses Archives communales, j'ai été assez heureux pour rapporter au dépôt central neuf très-fortes liasses de titres anciens, très-importants, dont la commune s'est servie à faire décider, par un arrêt de la Cour impériale, des droits contestés par les paroisses circonvoisines. Ces titres, réunis ici à la collection très-considérable que possèdent les Archives sur la cure et la cha-tellenie de Villevêque, offrent un ensemble de documents précieux, comme en possèdent peu de communes du département ; c'est un exemple aussi combien des recherches du même genre auraient chance encore presque partout d'obtenir bon succès.

Je considère comme une opération des plus heureuses l'espèce d'échange opéré récemment entre les départements de Maine-et-Loire et de la Loire-Inférieure. M. le Préfet de Nantes ayant demandé en communication les titres du prieuré de Cheneré, conservés ici dans le fonds de l'abbaye de Saint-Serge, j'ai cru devoir solliciter de M. le Ministre de l'intérieur l'autorisation de faire remise absolue des quatre liasses demandées. En retour de titres d'une véritable valeur historique pour des localités absolument étrangère à l'Anjou et conservés ici au détriment de nos voisins, sans aucune utilité appréciable, j'ai pu réclamer et j'ai reçu immédiatement une liasse d'aspect moins volumineux, mais d'un intérêt tout particulier pour nos Archives. Elle concerne le prieuré de Liré près Champtoceaux, et complète l'admirable fonds des prieurés angevins de Marmoutiers, où depuis longtemps ce déficit était signalé. Outre les pièces du XVIII° et du XIX° siècle qui composent en majorité le dossier, quatre chartes des commencements du XII° siècle peuvent être comptées, pour l'importance et l'intérêt de leur rédaction, parmi les plus précieuses que possèdent les Archives de Maine-et-Loire, renommées pourtant déjà par l'abondance et la rareté de leurs originaux antiques parmi les trois ou quatre plus riches dépôts de France.

Rapport de la Commission, 1863. — La Commission déclare que l'état et la tenue des Archives lui ont paru très-satisfaisants, et en rendant un juste tribut d'éloges aux soins et à l'intelligence éclairée de l'Archiviste, M. Port, elle n'hésite pas à proposer au Conseil d'accueillir l'augmentation de 200 francs propsée par M. le Préfet pour le traitement de ce fonctionnaire, ainsi que toutes les autres conclusions de son rapport.

MANCHE. — (Voyez les précédentes délibérations, *Annuaire* de 1862, p. 64, *Annuaire* de 1863, p. 56.) — *Rapport du Préfet*, 1862. — La situation des Archives est excellente. Je ne puis que témoigner, devant le Conseil, de ma confiance dans M. Dubosc et de son zèle pour le bien du service. Mes éloges sont d'ailleurs confirmés par M. le Ministre de l'intérieur dans une dépêche du 16 avril 1862.

Depuis le mois d'août 1861, l'inventaire de la série C (subdélégations, Élections, Bureaux des finances), a été rédigé dans son entier. Cette série est composée de 11,500 pièces, réparties entre 770 articles, dont les 400 premiers ont reçu l'approbation ministérielle. Les autres vont lui être soumis successivement.

Suivant les instructions sur les échanges de documents historiques entre les départements, 400 titres ont été adressés aux Archives de l'Eure, de la Seine-Inférieure et de la Vienne; 350 autres titres sont destinés aux Archives du Calvados.

La copie de l'inventaire destinée à l'imprimeur sera prête en temps voulu et de façon que la publication soit, suivant les instructions formelles du Ministère, commencée aussitôt que vous aurez autorisé l'emploi d'une première annuité.

M. Dubosc devra se livrer, en même temps, aux explorations ordonnées par M. le Ministre dans les Archives des Eaux et Forêts à Alençon et dans les greffes des tribunaux de Cherbourg, Avranches et Mortain.

Rapport de la Commission, 1862.— M. le Ministre de l'intérieur, dans une lettre du 16 avril dernier, a rendu la justice la plus méritée au zèle éclairé et persévérant de M. l'Archiviste du département, que nous avons tous apprécié depuis longtemps.

Les Archives sont dans une situation excellente.

L'Adjoint de M. l'Archiviste a classé, de son côté, les nombreux dossiers versés par les bureaux de la Préfecture, le receveur et le payeur des finances; ce classement a pour but de rendre plus faciles les recherches dans les Archives postérieures à la révolution.

Mais ce n'est pas tout, Messieurs : notre département, si riche en souvenirs historiques, voit chaque jour augmenter ses Archives; il doit depuis peu à la libéralité de M. Torel, notaire à Saint-Lô, et de M. Stephen de Petiville, des documents anciens d'une valeur réelle.

Rapport du Préfet, 1863.—Le service des Archives continue à être dirigé de la façon la plus satisfaisante. Je me fais un devoir de renouveler à M. Dubosc le témoignage public de ma satisfaction.

Le rapport de M. l'Archiviste accuse un accroissement considérable de notre dépôt. La cause en est due à la centralisation des Archives des sous-préfectures antérieures à 1830 ; de certaines Archives des greffes, des tribunaux et des Archives des Eaux et Forêts de la Maîtrise de Valognes ; aux offrandes faites par divers particuliers et surtout au transfèrement du riche chartrier du château de Bourberouge. Les milliers de titres donnés par votre collègue, M. le vicomte de Failly, sont les restes précieux du chartrier du comté de Mortain, dont il était le légitime détenteur. Cette collection, M. le Ministre l'a décidé, portera, dans nos Archives, le nom du donateur, auquel vous témoignerez avec moi, Messieurs, la reconnaissance du département.

M. l'Archiviste signale comme particulièrement dignes de remarque les états des fiefs du comté de Mortain, qui comprennent pour Mortain 72 paroisses, 15 pour Tinchebray, 12 pour Cotentin, en tout 99 paroisses ou fiefs principaux ; plus, 35 vavassories et 130 arrière-fiefs ; les aveux rendus pour ces mêmes fiefs, pour les fiefs de la vicomté d'Auge et la châtellenie de Condé-sur-Noireau ; la charte du don fait du comté de Mortain par Pierre de Navarre au roi Charles VI ; la concession du comté de Mortain à la duchesse de Montpensier par le roi François Ier, à la suite du traité de Cambrai ; des originaux des copies ou analyses de titres concernant le chapitre de Mortain, l'abbaye Blanche, le prieuré du Rocher, l'abbaye de Savigny et autres établissements religieux et remontant jusqu'en l'an 1082.

Parmi les noms des propriétaires des fiefs du pays d'Auge se présentent ceux de l'abbé d'Aufernet, d'Angerville, d'Appara, d'Avesne, de Bailleul, de Berteville, de Beauvilliers, de Bouquetot, de Bougeauville, de Brevedent, de Carbonnel, de Cambray, de Chambellant, de Clamorgan, de Clerc, de Clinchamp, Le Cordier, de Cornu, de Criquebœuf, d'Estouteville, d'Estampe, d'Equembout, de Fayel, de Feugères, de Forges, de Garnier, Gosse, Goulaffre, Grante, de Granville, Legris et Guérin, de Marcourt, de Haultemer, d'Hérioval, de Manoury, de Mailloc, Marmion, Maillard, des Marais, du Mesnil, de Meullent, de Montfort, de Montcanesy, Noblet, de Nolent, de Hédonchel, d'Onnebaut (Annebaut), d'Orbec, Patry, Le Pelletier, de Perceval, de Pierrepont, du Plessis, de Pont-Audemer, Quesnet, du Quesne, de Recuchon, de La Rivière, de La Rocheguyon, Roussel de Saint-Pierre, de Saint-Ymer, Saffray, Le Sauvage de Saint-Ouen, de Silly, Tholomé, de La Tillaye, Trihan de Turgotin, de Tournebut, du Val, de La Vallée, Le Vayer, Le Vallois, Le Vasseur, Le Vicomte, Vyeurt, de La Vigne de Vistrebec.

On ne donne pas la liste des *avouants du comté de Mortain*, mais cette liste est composée de presque toutes les anciennes familles de notre département. Les analyses des aveux de la châtellenie de Condé, pendant 400 ans, font partie de l'historique sommaire de l'ancienne annexe du comté de Mortain. Au nombre des propriétaires se comptent la reine Blanche deNavarre, deuxième femme de Philippe de Valois, plusieurs membres de la famille de Rohan et de la famille de Pellevé.

La collection de M. de Failly nous représente le XVIᵉ siècle comme une époque de désordres pour le pays de Mortain. Les officiers oublient leurs devoirs ; les crimes restent sans répression et chacun doit pourvoir à sa sûreté. Les meurtres, les homicides, les assassinats s'y multiplient, avec d'autant plus de facilité qu'il n'y a, dans Mortain, ni bailli, ni lieutenant du bailli, ni avocat, ni procureur du Roi ; tout ce monde s'est retiré à la campagne, d'où il est impossible, malgré prières, admonestations, ordonnances et injonctions de le faire retourner.

Les prisons ne sont pas entretenues ; quelques-uns des prisonniers s'évadent ; les autres restent des années entières incarcérés sous prévention. La forêt de la Lande-Pourrie est pillée par les boulangers et les charbonniers ; plusieurs quartiers sont incendiés. On cherche par tout le comté un gentilhomme d'autorité pour soutenir les affaires du prince et remettre la main à faire régner la justice et à punir les brigands. Un seul est indiqué comme homme de bien, bon catholique et affectionné au service de Monseigneur, c'est le baron de Saint-Poix. Il offre d'empêcher les gentilhommes de commettre des excès et de dérober les deux aires de gros oiseaux, qui se faisaient tous les ans dans la forêt de Mortain. Si ces services furent acceptés, il ne réussit pas à l'essai.

Les guerres de religion n'affligèrent pas autant le pays de Mortain que le reste de la basse Normandie; mais la Ligue y promena ses torches. Nous connaissons les maisons des ligueurs, les maisons des serviteurs du Roi. Quelques-uns des premiers ne sont pas gens fort commodes. L'un d'eux, pendant trois ans et plus, n'a cessé de contraindre les habitants de sa paroisse et de six paroisses voisines à aller, deux jours la semaine et à leurs dépens, travailler à ses douves et faire fortification à son logis; s'ils y font défaut, il leur arrive par douzaines des bourreaux ou coupe-jarrets, qui les assomment et emportent tout ce que ces pauvres gens peuvent avoir pour leur nourriture; quand ils sont à la besogne, le seigneur ou son commis, ayant en main un gros courget, frappe sur ces malheureux vilains s'ils viennent à lever la tête. Le soir venu, il fait sonner la trompette pour faire arriver le pauvre peuple à sa garde toute la nuit. Il force les logis, prend titres et papiers, bagues, argent monnayé, et emmène prisonniers les propriétaires dépouillés; il marie de force ses valets et ses servantes, fait épouser à quelques-uns de ses valets les honnêtes femmes et filles du pays, et ravit le bien des pupilles et des orphelins. Pour exécuter tous ces méfaits, il entretient, en sa maison, quinze ou vingt brigands armés de toutes pièces.

C'est encore un autre seigneur qui, accompagné d'une vingtaine de gens à cheval, portant pistolets et arquebuses, force les maisons, de jour et de nuit; vole vaches, chevaux, linge, vaisselle d'or et argent, et pourfend le monde jusqu'en plein marché; les jours de fête, il envahit les églises, met en fuite les prêtres qui sont à l'autel, assomme les paroissiens et commet les dernières atrocités. Plusieurs femmes et filles meurent des suites de ses violences. Ses brigandages durent plusieurs années.

En 1615 et 1616, le comté de Mortain vit renouveler l'agitation de la fin du siècle précédent. *Un état des pillages* nous montre nombre de gentilhommes marchant sous les ordres du seigneur de Pierrepont, ravageant les campagnes, se moquant des sauvegardes délivrées aux paroisses, disant que le Roi avait assez de peine à se garder lui-même et s'avouant de M. de Vendôme, qui leur avait baillé département dans le comté. D'autres s'avouent de M. de

Montgommery, sournois qui n'avait en vue que de se saisir du château de Mortain et d'y mettre garnison.

Si le comte de Montpensier s'occupe de rétablir l'ordre dans le comté de Mortain, il a les yeux ouverts sur la vicomté d'Auge. Un de ses commissaires vient de s'enquérir comment ses sujets vivent les uns avec les autres, si les édits sont bien gardés, comment la justice est administrée et si les officiers font diligence à punir les voleries, les meurtres, les homicides et les assassinats ; il défend qu'il y ait exercice de la nouvelle religion à Pont-Lévêque, où les huguenots sont en grand nombre, et il enjoint au magister, qui tient les écoles à la forme de Genève, de les fermer sans délai. Les huguenots avaient ruiné le château de Touques, rompu l'église de Pont-l'Évêque et pillé plusieurs églises de la vicomté : pusillanimité, désordre, querelle chez les officiers de la vicomté. Un seigneur parcourt, avec des voleurs, plusieurs paroisses et fait extorsion et foule au pauvre peuple.

Les guerres de religion ont amené dans le clergé un relâchement qui se traduit par des scandales réitérés. En 1621, il y a, aux environ de Mortain, une vingtaine de prêtres, curés et vicaires qui sont ivrognes et blasphémateurs. En 1625, le mal augmente. Les prêtres fréquentent les tavernes, s'enivrent et s'entrebattent même dans les églises. L'évêque d'Avranches sera prié d'y apporter remède, et l'official de Rouen en recevra plaintes et remontrances.

Un chapitre intitulé : *Frais de justice*, révèle de nombreuses particularités, dont quelques-unes sont bonnes à noter. Au XVIe siècle, la nourriture d'un prisonnier coûte 16 deniers. C'est le geôlier qui est chargé de garder, nourrir et gouverner le corps des prisonniers ; le condamné, qui appelle au Parlement pour condamnation de torture, est conduit à la Conciergerie de Rouen par deux sergents et trois aides ; les deux sergents sont à cheval, le prisonnier est également sur un cheval mené par un des aides. On met 14 jours à faire le voyage, aller et retour. Chaque sergent reçoit 15 sous et chacun des aides 7 sous 6 deniers par jour ; la journée d'un cheval, qui porte le prisonnier, est estimée à 10 sous tournois.

L'exécuteur des hautes œuvres, qui pend et étrangle un homme condamné à mort pour ses démérites, reçoit 60 sous et 1 denier ;

61 sous 8 deniers pour battre, fustiger et fouetter par deux jours de marché, par les carrefours de Mortain, le corps d'un criminel, et pour après lui couper l'oreille, l'attacher au pilori, puis le forbanir du duché. Pour décapiter un homme, l'exécuteur était payé 6 livres; 30 sous pour porter sur son cheval le corps du supplicié et icelluy pendre à une potence, sur le grand chemin, à une lieue de Mortain, et 20 sous pour porter la tête jusqu'à Tirepied et la mettre sur potence, près le grand chemin royal, au lieu où il avait tué et occis un homme par aguets. — L'exécuteur reçoit 45 sous pour fustiger, par les carrefours, une femme qui se prostituait, et pour la bannir de la vicomté. C'était en 1622.

Sous le titre d'un chapitre *Industrie*, M. l'Archiviste groupe tous les documents relatifs à une question qui intéresse l'agriculture d'une notable partie du département. *Existe-t-il un gisement de marbre calcaire dans le pays de Mortain?* Les pièces de la cause sont là.

En 1610, le 6 octobre, le vicomte de Mortain dit au Conseil : « Qu'il y a espérance de pouvoir tirer de la pierre à calciner en aucuns endroits de la forêt. » Alors il est prié de faire la recherche nécessaire. S'il s'en trouve, il est arrêté par le procureur domanial pour dresser un fourneau. Les recherches du vicomte ne furent pas infructueuses; car, dans le procès-verbal de la séance du Conseil du 14 septembre 1611, on lit : « Seront exécutés les articles du Conseil touchant la pierre à calciner. » Avis est donné à M. de Montholon, par M. de Beaupré, lieutenant général au bailliage de Mortain, qu'en la forêt de la Lande-Pourrie se trouve la commodité de faire de la chaux par le moyen des matériaux propres qui s'y rencontrent, et que, pour cet effet, il se présente un nommé Cordier, entendu à cet ouvrage, qui promet de faire de la chaux et de la donner au prix de cent sous la pipe, à la condition qu'on défendra à tous autres d'y travailler durant l'espace de deux ans. A ces causes, reconnaissant le profit et utilité qui s'en doit suivre, M. de Montholon permet audit Cordier de faire de la chaux avec les pierres ou cailloux qu'il pourra trouver propres en la forêt et landes d'icelles (8 septembre 1616).

Un aveu rendu, en 1418, par les religieuses de l'abbaye Blanche, de Mortain, porte qu'elles ont, en la forêt de la Lande-Pourrie, un fourmel à chaux pour l'édifiement de leur église.

Un aveu rendu par les mêmes religieuses, en 1588, est plus explicite. Il y est dit qu'elles ont droit d'avoir un fourneau à chaux et l'autre à faire tuile, et de prendre bois, pierres et terres pour ce faire en la forêt de Mortain.

D'un autre côté, on lit dans le registre du Conseil, de 1567 : *Le bruit estoit grand qu'on avoit dressé grosses forges et fourneaux à chaux dans les bois de Savigny et que c'estoit la totale ruine du bois.* En 1568, on ordonne que les *fourneaux à chaux de Savigny seront démolis et les pierrières recomblées.*

Serait-il donc téméraire, après de telles données, de croire à l'existence d'un gisement calcaire dans le pays de Mortain ? Si vous pensiez, Messieurs, qu'il y eût à faire, à cet égard, quelques recherches, ne jugeriez-vous pas à propos de les encourager ?

Déjà M. le vicomte de Failly, sans connaître le passé et soupçonnant instinctivement l'existence du marbre dans sa vaste propriété, s'était livré à des fouilles sérieuses, qui n'ont amené aucune découverte. Serait-on plus heureux dans les parties détachées de la forêt et réduite en culture ? L'emplacement des bois de Savigny contiendrait-il un dépôt de marbre intermédiaire, qui serait, pour la contrée, une source inappréciable de richesses ?

En considérant, dit M. de Caumont, l'affinité qui existe entre le calcaire marbre et le grès et les schistes coquilliers, et l'étendue considérable de ces roches, on peut prévoir qu'il pourra se rencontrer dans plusieurs lieux où sa présence n'a pas encore été constatée.

Le grès et les schistes coquilliers abondent dans l'arrondissement de Mortain, et la déclaration des maîtres de la science doit, aussi bien que les titres ci-dessus analysés, laisser lieu à quelque espérance.

MARNE. — (Voyez les précédentes délibérations, *Annuaire* de 1862, p. 65, *Annuaire* de 1863, p. 56.) — *Rapport du Préfet*, 1862 et 1863.—En exécution des instructions ministérielle de 1861, qui prescrivent la publication des inventaires des Archives départementales, l'Archiviste a rédigé, suivant le modèle annexé à ces instructions, la copie de l'inventaire série A destinée à l'impression. D'un autre côté, il a exploré, avec MM. les greffiers, les Archives antérieures à 1790 des tribunaux de première instance, pour signaler les actes qui se rattachent aux collections de la Préfecture. Les états indicatifs qui en ont été dressés sont en ce moment soumis à l'examen de l'autorité supérieure. Ne pouvant, à raison de cette circonstance, continuer l'inventaire série B, qui doit comprendre les pièces à provenir des greffes, l'Archiviste s'est occupé plus spécialement de l'aménagement des fonds de l'Intendance de Champagne composant la série C. Il en a distrait les papiers qui restaient à répartir entre les départements formés de la province.

Cette répartition étant définitivement effectuée, l'Archiviste s'est mis en mesure de commencer l'inventaire des dossiers appartenant au département de la Marne, travail qui a été récemment recommandé par Son Exc. M. le Ministre de l'Intérieur, de préférence à celui de la série B, aujourd'hui ajourné dans plusieurs départements pour les mêmes cas.

L'Archiviste a aussi entrepris la vérification des Archives de la direction des domaines, où il a déjà découvert de précieux documents qu'il importe de réintégrer dans les Archives départementales. A cette occasion, je signalerai une remise de nombreux titres qui m'a été faite par M. de Torcy, administrateur de l'hospice de Vitry-le-François. Ces titres, que possédait autrefois M. de Torcy, auteur d'un ouvrage sur la Champagne, offrent un véritable intérêt au double point de vue administratif et historique. Ils forment 63 liasses, dont une comprend les comptes de recette et dépense de la cassette du roi Louis XV. J'ai fait procéder à leur examen, suivant les intentions du dernier possesseur, et, en vertu des autorisations de M. le Ministre de l'Intérieur, j'ai transmis à mes collègues des Ardennes, de l'Aube, de la Côte-d'Or, de la Haute-Marne et de la Meuse, les documents qui concernent ces départements. J'attends une semblable autorisation pour les papiers qui paraissent se rattacher aux dépôts communaux de Vitry-le-François et de Vitry-en-Perthois.

Afin d'assurer la bonne conservation de vos cartulaires et d'autres documents non moins précieux, j'ai fait construire, dans la salle des Archives ecclésiastiques, deux vitrines destinées à les renfermer. J'ai également fait approprier le vaste grenier situé au-dessus des bûchers de l'hôtel de la Préfecture. Cette mesure a permis de déblayer la partie des combles qui était le plus encombrée.

HAUTE-MARNE. — (Voyez les précédentes délibérations, *Annuaire* de 1862, p. 65, *Annuaire* de 1863, p. 58.)—*Rapport de l'Archiviste*, 1862 et 1863. — Je m'étais proposé, dans le courant de l'année qui vient de s'écouler, de rédiger l'inventaire de la série B (cours et juridictions), pour procéder ensuite à la rectification des inven_ taires des séries C et D (administrations provinciales et financières, instruction publique); mais, d'après une lettre de Son Excellence M. le Ministre de l'Intérieur, j'ai dû différer la rédaction de la série B, en vue des versements ultérieurs qui doivent être faits au dépôt départemental par les greffes des tribunaux civils de la Haute-Marne. Dès-lors, je ne me suis plus occupé que de corriger l'inventaire de la série C, travail qui est en voie d'achèvement.

Une circulaire ministérielle du 17 juin 1861 prescrivait aux Archivistes de rechercher dans les bureaux de l'administration des · domaines les titres antérieurs à 1790 qui auraient pu être remis à cette administration lors de la révolution; et il était résulté des recherches auxquelles je m'étais livré qu'aucun titre de cette nature n'était resté dans les bureaux des domaines.

M. le Ministre demandait également de rechercher dans les archives des conservations des Eaux et Forêts les titres antérieurs à 1790 qui intéressassent l'administration départementale, celle des communes et des établissements de bienfaisance ; mais la création d'un chef-lieu de conservation à Chaumont est de date trop récente pour qu'il s'y trouve des titres de cette nature, et il est constant, par un procès-verbal du 14 mai 1820, que les papiers provenant de l'ancienne maîtrise de Chaumont sont aujourd'hui conservés au greffe du tribunal civil de cette ville. Du reste, M. le Conservateur nous a fait connaître qu'il n'existait ni dans ses archives, ni dans les bureaux des inspections placées sous ses ordres, aucun document antérieur à 1790 qui intéressât l'administration.

Déjà, l'année dernière, Monsieur le Préfet, j'avais à vous signaler une liasse de 23 titres remise aux Archives de la Haute-Marne par le département de l'Aube ; aujourd'hui c'est de la Marne que nous arrive un nouvel envoi, et cette fois plus considérable. C'est un total d'une centaine de liasses, provenant pour les neuf dixièmes d'entre elles de l'ancienne Intendance de Champagne, et concernant les élections de Chaumont, de Langres, de Joinville et le bailliage du Bassigny. Les dix dernières liasses viennent de la collection de M. de Torcy, donnée récemment par les Archives de la Marne et se référant tant à la partie civile qu'à la partie ecclésiastique des anciennes Archives.

Mayenne. — (Voyez les précédentes délibérations, *Annuaire* de 1862, p. 66, *Annuaire* de 1863, p. 58.)—*Rapport de l'Archiviste*, 1862.—J'ai entrepris, cette année, les deux premières subdivisions de la série E, ayant trait à la féodalité et aux familles. Ce travail, ne comportant pas moins de 191 articles et formant un ensemble complet, a été soumis à la sanction ministérielle. Dès que les rectifications de l'ordre alphabétique des noms des terres et des familles auront été opérées dans les articles, cette partie de la série E pourra être imprimée et publiée séparément, car la composition de l'autre partie se trouve forcément interrompue pour quelque temps.

En effet, par suite de la découverte faite au greffre du tribunal de Laval d'une masse d'anciens documents se rattachant aux bailliages, aux sénéchaussées, aux subdélégations, aux justices seigneuriales, aux élections, aux notaires et tabellions, les séries B et C, ainsi que la troisième subdivision de la série E, ont dû être ajournées.

Le tribunal de Mayenne vous ayant informé, Monsieur le Préfet, qu'il ne possédait aucun papier ancien étranger à sa juridiction, et le résultat du dépouillement de ceux du tribunal de Châteaugontier entrepris, d'après vos ordres, par un commis greffier, n'étant pas encore connu, je vous entretiendrai seulement des pièces trouvées dans les combles du tribunal de Laval. Leur triage, auquel j'ai procédé, de concert avec des commis greffiers, a révélé l'existence

non-seulement de nombreux actes judiciaires concernant la juridiction de Laval, mais encore d'une foule de titres ayant un caractère
administratif, ou provenant d'établissements disséminés dans les
arrondissements de Mayenne et de Châteaugontier.

Dans cette dernière catégorie de pièces, on distingue notamment : les rôles de la taille des communes de l'Élection de Laval ;
les procès-verbaux des prisées de grains vendus sur les marchés à
Laval ; les anciennes minutes de plus de 50 notaires, dont les
résidences ont été supprimées dans le département ; les actes et
registres du présidial de Châteaugontier ; les registres et dossiers
civils et criminels des justices des marquisats de Lassay, de Ges-
vres, de Villaines, des bailliages de Sainte-Suzanne et d'Ernée,
des baronnies d'Evron, de Gorron, d'Entrames, des sénéchaussées de Saint-Unon des Toits, d'Argentré, d'Haute-Rive, des châtellenies de Soulgé, d'Assé-le-Béranger, de Comptrain, de Lignières, de Drécupail, de La Duâté, de Garcelles, de Saint-Calais,
de Montaudiven, de la commanderie de Thévalles, de la seigneurie de Doligné : au total, plus de 200 registres ou cahiers, et
300 liasses.

Tous ces documents, qui étaient naguère dans un grand désordre, composent actuellement des collections spéciales et séparées,
suivant les corps, les établissements et les individus dont ils émanent.

Rapport du Préfet, 1863.—Dans votre dernière session, Messieurs,
vous avez bien voulu mettre à ma disposition une somme de
950 francs à titre d'indemnité pour dépouillement et classement
des Archives judiciaires et administratives, confondues dans les
locaux des palais de justice du département. Ce travail très-com-
pliqué, et qui exige une grande attention de la part des personnes
qui en sont chargées, se poursuit avec activité. Toutefois, comme
il n'est pas encore entièrement achevé, l'allocation dont il s'agit n'a
pas reçu sa destination.

Cette année encore, Son Exc. M. le Ministre de l'Intérieur insiste
pour que le traitement de M. l'Archiviste, qui compte vingt-deux ans
de services, soit augmenté et successivement élevé jusqu'à celui

des chefs de bureau de la Préfecture. Je vous fais des propositions à ce sujet, et j'espère que le Conseil les adoptera.

Rapport de la Commission, 1863. —Le Conseil, prenant en considération les bons services de l'Archiviste départemental, et désireux de satisfaire au désir plusieurs fois réitéré de M. le Ministre de l'Intérieur, élève de 1,700 francs à 1,900 francs le traitement de cet employé, et vote également la somme de 250 francs pour couvrir les frais de dépouillement des Archives antérieures à 1790.

MEURTHE. — (Voyez les précédentes délibérations, *Annuaire* de 1862, p. 66, *Annuaire* de 1863, p. 58.) — *Rapport de l'Archiviste*, 1862. — L'inventaire-sommaire dont le Gouvernement a prescrit la rédaction s'est augmenté de 1,261 articles, portant sur diverses séries de comptes : ceux de Nancy, Nomeny, Panges, Phalsbourg, Pierrefitte, Pont-à-Mousson, Prény, Pulligny, Puttelange, Rambervillers, Ramonchamp, Raon-l'Etape, Reinel et Rosières-aux-Salines, dont j'achève le dépouillement. Les 1,261 articles ont été estampillés et étiquetés; ils vont jusqu'au n° 8,267.

Grâce à l'auxiliaire que le Conseil général a bien voulu m'accorder, j'ai du faire également estampiller, conformément aux prescriptions ministérielles, tous les registres et toutes les pièces déposés au Trésor des Chartes. Une autre opération, dont j'ai été chargé par Son Exc. M. le Ministre de l'Intérieur m'a pris un temps assez considérable : je veux parler du triage et du classement des Archives de la Cour Impériale de Nancy. J'ai eu l'honneur de présenter à votre prédécesseur mon rapport sur les travaux exécutés jusqu'alors dans ce vaste dépôt. Depuis j'ai continué le classement, autant que la saison et mes occupations obligatoires m'en ont laissé le loisir, et je suis parvenu à mettre en ordre à peu près la moitié de ces Archives. Je reprendrai prochainement, dès que l'appropriation préalable des papiers aura eu lieu, la suite de cette opération, et je pense pouvoir la compléter pour la fin de l'année.

Les documents suivants ont été donnés aux Archives de la Préfecture de la Meurthe :

1° Vingt-six titres provenant de la subdélégation de Vaucouleurs, et dont les plus intéressants concernent la route de Toul à Verdun; 2° par la Préfecture des Vosges, deux liasses relatives aux chapitres de Deneuvre et de Thélod; 3° trois registres des fiefs du duché de Bar, remis par M. le Directeur des domaines de la Meurthe, en exécution de la circulaire ministérielle du 18 avril 1861; 4° enfin, divers titres trouvés à la sous-préfecture de Toul, et qui faisaient partie de la collection de M. Dufresne, conseiller de Préfecture à Metz.

Rapport de l'Archiviste, 1863.—Nonobstant d'autres opérations, qui l'ont quelque peu retardé, l'inventaire-sommaire, prescrit par le Gouvernement s'est augmenté de 1,050 articles; l'inventaire comprend aujourd'hui 9,400 articles.

Conformément aux instructions contenues dans la lettre de Son Exc. M. le Ministre de l'Intérieur, j'ai continué à m'occuper de la mise en ordre des Archives de la Cour Impériale et du triage des pièces qui, par leur nature ou leur provenance, paraissent susceptibles d'être réintégrées, soit dans les Archives départementales, soit dans d'autres dépôts.

La note imprimée ci-jointe, que je vous prie, Monsieur le Préfet, de vouloir bien mettre sous les yeux du Conseil général, contient l'exposé des opérations auxquelles je me suis livré et des résultats qu'elles ont produits. (L'abondance des faits relatifs aux Archives contenus dans les délibérations des Conseils généraux nous oblige à ajourner à l'année prochaine la publication de la note annoncée par M. l'Archiviste. Nous constaterons ainsi l'ensemble de cette opération, qui sera probablement alors entièrement terminée.)

J'ai eu l'honneur de vous adresser un état des registres et des pièces dont il me semblait bon de demander l'enlèvement des Archives de la Cour, les uns devant servir à combler des lacunes dans la première série des Archives du département, les autres devant trouver utilement place dans quelques Archives communales.

MEUSE. —(Voyez les précédentes délibérations, *Annuaire* de 1862, p. 67, *Annuaire* de 1863, p. 59.) — *Rapport du Préfet*, 1862. —

L'humidité qui règne dans les salles du rez-de-chaussée a fixé mon attention, et je fais étudier les moyens propres à combattre énergiquement les funestes influences qu'elle produirait sur vos Archives.

Les inventaires-sommaires ont été continués : l'impresion des articles approuvés est confiée à M. Paul Dupont, de Paris, à des conditions acceptables. A cette occasion, permettez-moi, Messieurs, d'appeler votre attention sur la convenance qu'il y aurait à augmenter le chiffre du crédit voté l'an dernier, car, s'il devait rester dans la limite restreinte qui lui a été assignée, l'impression ne pourrait pas être terminée avant vingt ans. Je regrette de n'avoir pu, cette année, consacrer à cet objet un crédit supérieur à celui que nous avons voté au budget de 1862. Je désire pouvoir, dans l'avenir, doter d'une façon plus satisfaisante cette importante publication.

Rapport de l'Archiviste, 1862. — L'inventaire-sommaire des Archives antérieurs à 1790 a été continué. Il y a un an, nous nous occupions des comptes de la gruerie de Bar ; cette partie est inventoriée ; depuis, les comptes des céléries ont été vus et également inventoriés. — Aujourd'hui, nous examinons les liasses des comptes de l'hôpital de Bar, qui viennent ensuite, parce que cet établissement était administré par la Chambre des Comptes de notre ancien duché. Enfin, 302 articles ont été ajoutés à l'inventaire-sommaire, en sorte que les articles inventoriés s'élèvent aujourd'hui à 971.

Nos Archives ont encore reçu cette année une addition d'une certaine valeur. Le département de la Marne a versé au département de la Meuse 36 liasses de papiers de diverses origines ; ces documents proviennent, les uns de quelques juridictions supprimées en 1790, d'autres des administrations provinciales, notamment de l'intendance de Champagne : mais la portion de ces pièces qui, sans contredit, offre le plus d'intérêt, est celle qui provient de la collection de M. de Torcy, donnée aux Archives de la Marne. Au nombre de ces pièces se trouvent notamment des chartes d'affranchissement de communes comprises aujourd'hui dans la Meuse, et que nous ne possédions pas ; trois chartes de 1211, qui concernent les religieux de l'abbaye de Beaulieu, en Argonne, datées de 1312 ;

un compte général des revenus de l'évêché de Verdun de 1655 : l'original du cahier des doléances de l'ordre de la noblesse du bailliage de Bar, 1789; enfin, une série de notes historiques fort curieuses. Cette année, vous le voyez, Monsieur le Préfet, a encore apporté son contingent et aidé aux efforts incessants que nous faisons pour compléter nos fonds d'Archives.

Le 7 octobre dernier, M. le Ministre de l'Intérieur, désirant faire rentrer aux Archives départementales les titres qui auraient été remis à diverses époques anciennes aux agents des domaines, a prié MM. les Préfets de s'entendre avec MM. les Directeurs de cette administration pour faire procéder à la révision de leurs dossiers. Vous avez bien voulu, Monsieur le Préfet, me charger de me concerter avec M. le Directeur de notre département pour arriver à l'exécution de la circulaire que je viens de citer. M. le Directeur a fait mettre en ordre ses dossiers d'affaires domaniales, et, après les avoir examinés avec son délégué, nous avons reconnu qu'ils ne contenaient aucune pièce dans le cas d'être réintégrée. Nous avons bien trouvé dans ces dossiers des copies d'anciens titres, mais point d'originaux. Plusieurs instances sont encore engagées, et, lorsqu'elles auront reçu une solution, leurs dossiers seront vus, et peut-être aura-t-on quelques documents à rétablir au dépôt de la Préfecture.

En conséquence d'une autre dépêche de Son Exc. M. le Ministre de l'Intérieur, vous m'avez prescrit, Monsieur le Préfet, de me mettre en rapport avec M. le Conservateur des forêts du département pour procéder à l'examen des titres et pièces des anciennes grueries et Maîtrises des Eaux et Forêts, à l'effet d'arriver à la réintégration aux Archives départementales de ceux de ces documents que l'administration forestière ne jugerait pas à propos de conserver pour les besoins de son service. M. le Conservateur a eu la bonté de me donner en communication les inventaires des Archives anciennes que son administration conserve dans la Meuse ; je les ai examinés, et, en les renvoyant à M. le Conservateur, je les ai fait accompagner d'un état des registres et liasses qui, par leur nature, devraient être réunis aux Archives du département. M. le Conservateur fera probablement connaître quelles suites peuvent avoir mes propositions. J'ai l'espoir, Monsieur le Préfet, que la mesure dont il s'agit ne sera pas sans résultat, et je suis d'autant plus fondé à le penser que les inspections de la Meuse conservent un grand nombre de pièces qui, par leur origine, devraient faire partie de nos Archives; que l'inspection de Saint-Mihiel, notamment, possède des titres très-anciens dont la réintégration ne peut être contestée: ces titres proviennent des établissements religieux supprimés qui se trouvaient dans le ressort du district de Saint-Mihiel, notamment de la fameuse abbaye des Bénédictins de cette ville. Leur communication à l'administration des forêts est, du reste, constatée par un arrêté du Préfet de la Meuse en date du 11 août 1806.

Rapport de l'Archiviste, 1863.—Quant aux Archives modernes, le nombre des liasses vérifiées et remaniées a été augmenté de 310. Les pièces inutiles trouvées dans ces liasses en ont été extraites et celles qui y avaient été mal à propos classées ont été rétablies dans leurs séries respectives.

Bien que l'impression de notre inventaire-sommaire occupe une grande partie de nos séances, les articles examinés et inscrits s'élèvent aujourd'hui à 1,200. Depuis l'année dernière, les comptes de l'hôpital de Bar, ceux du marquisat de Pont et de la châtellenie de Saint-Mihiel sont inventoriés. Nous nous occupons en ce moment de ceux de la prévôté d'Étain.

L'intérêt qu'offrent les Archives de la Meuse se soutient parfaitement: l'examen d'un nouveau fonds amène toujours de nouvelles découvertes. Je n'ai plus besoin, comme je l'ai fait dans plusieurs de mes précédents rapports, de citer les faits importants, peu connus ou tout à fait inédits, que je relevais dans beaucoup d'articles: l'impression de l'inventaire-sommaire m'en dispense aujourd'hui. La publication de ce travail doit mettre chacun en situation d'apprécier la valeur de nos Archives anciennes et de savoir qu'elles constituent un trésor inépuisable pour l'histoire du pays; l'intérêt qu'elles offrent pour les communes et même pour les simples particuliers est d'une importance qu'il est impossible de méconnaître.

Le projet de réintégrer au dépôt de la Préfecture les Archives forestières anciennes restées dans les diverses inspections de la Meuse n'a pu encore se réaliser. J'ai vu M. le Conservateur des forêts, et il a bien voulu me permettre de m'entretenir avec lui de cette affaire. M. le Conservateur désirerait que je visitasse ces dépôts particuliers, et que je m'entendisse avec MM. les Inspecteurs sous ses ordres pour déterminer d'une manière précise quels sont les documents qui doivent être réintégrés à la Préfecture, sans gêner en rien le service forestier.

MORBIHAN. — (Voyez les précédentes délibérations , *Annuaire* de 1862, p. 67, *Annuaire* de 1863, p. 60.)—*Rapport de l'Archiviste,* 1862. —Le travail d'estampillage des papiers déposés aux Archives a été continué cette année pour 60 fonds de juridictions seigneuriales, ainsi que pour les pièces ou registres qui doivent être conservés indéfiniment dans les divisions modernes des finances (Série P), de l'administration préfectorale (série K), des élections communales, de la population et de l'état civil (série M). Le classement des séries modernes s'est étendu sur les papiers relatifs à la guerre (R), aux élections communales (M). Les plans du cadastre, consultés fréquemment, ont été numérotés et cotés, feuille par feuille, pour chacune des communes du département; les plans d'assemblage, mis à part, ont été répartis en quatre cartons, un par arrondissement, ce qui en rend la conservation mieux assurée , la communication plus facile.

M. Galles a bien voulu, cette année comme la précédente, enrichir les Archives par l'abandon de quelques comptes de l'ancien hôpital d'Auray. Quant aux versements à faire par les sous-préfectures des papiers antérieurs à 1830, et par les greffes des tribunaux de ceux qui n'ont qu'un intérêt historique ou administratif, ils ont eu lieu pour tout le département, excepté pour la sous-préfecture et pour le tribunal de Lorient. J'ai tout lieu de croire que cette double opération, retardée jusqu'à ce jour par des raisons de force majeure, pourra être prochainement exécutée.

Rapport de la Commission, 1862.—La Commission se plaît à rendre justice à l'habile direction et aux bons soins de l'Archiviste. Elle prie le Conseil de voter une allocation pour l'impression des inventaires, selon la proposition de M. le Préfet. Elle croit aussi devoir appeler votre attention sur l'insuffisance du traitement de l'Archiviste-adjoint, qui n'est que de 500 francs. Les quatorze années de services de cet employé, l'accroissement successif des travaux qui concernent le bureau des Archives et le zèle intelligent dont il a fait preuve, ont déterminé la Commission à proposer d'élever son traitement au chiffre de 800 francs.

Rapport de l'Archiviste, 1863.—Le travail d'estampillage des papiers déposés aux Archives a été continué, cette année, pour les fonds de la sénéchaussée royale du Rhuis, de l'Amirauté, des traites et du consulat de Vannes, pour les titres du collége de Vannes et ceux d'une vingtaine de juridictions seigneuriales, provenant des greffes des tribunaux.

La découverte d'un grand nombre de dossiers nouveaux appartenant aux juridictions du présidial de Vannes et de la sénéchaussée d'Auray a nécessité un nouveau classement de ces fonds, et, par suite, un remaniement général de toute la partie des Archives anciennes déjà classée et un supplément considérable à l'inventaire qui en avait été dressé.

En même temps, les papiers de la sénéchaussée de Ploermel et une partie de ceux de Rhuis étaient mis en liasses et les aveux ou déclarations signalés sur un inventaire spécial fréquemment consulté. Cette année, comme les précédentes, quelques donations sont venues enrichir notre dépôt; parmi les donateurs je citerai Mme Le Claire (environ 2,000 titres de la famille de La Villegonau) et MM. Galles (titres divers), Closmadure (titres de la seigneurie de Kernadia), l'abbé Piéderrière (titres de l'abbaye de Prières).

Un accord entre M. le Ministre de l'Intérieur et M. le Ministre des Finances a eu pour résultat la réintégration aux Archives de quelques pièces antérieures à la révolution de 1789 que possédait l'administration de l'enregistrement et des domaines. Un grand nombre de titres analogues avaient été déjà versés en 1852 par la même administration.

Par une mesure semblable, les papiers des anciennes Maîtrises des Eaux et Forêts relatifs au département devaient rentrer à

Vannes; mais il est résulté d'une correspondance avec M. le Préfet d'Ille-et-Villaine et d'une visite faite par moi à M. l'Inspecteur des Eaux et Forêts de Lorient qu'il n'existait aucune pièce de ce genre dont la possession pût être revendiquée par la Préfecture.

Enfin, par suite d'une convention entre M. le Ministre de l'Intérieur et M. le Garde des Sceaux, j'ai pu, cette année, opérer un triage dans les Archives du greffe du tribunal civil de Napoléonville, et en retirer 1538 registres ou pièces, que j'ai répartis, suivant leurs matières, dans notre dépôt. La même opération doit se faire prochainement au tribunal de Lorient.

Moselle. — (Voyez les précédentes délibérations, *Annuaire* de 1862, p. 68, *Annuaire* de 1863, p. 60.)—*Rapport du Préfet*, 1862. —MM. les Inspecteurs généraux des Archives ont signalé dans leurs rapports, et j'ai dû signaler moi-même à M. le Ministre de l'Intérieur, les utiles travaux de M. Sauer, archiviste du département, qui compte en ce moment 25 ans de services. M. le Ministre m'a fait observer, à cette occasion, que le traitement de ce fonctionnaire est inférieur à celui des chefs de division de la Préfecture, et il m'a invité à vous demander pour cet employé une augmentation de traitement. Je remplis avec un véritable plaisir les intentions bienveillantes du Ministre, parce que je n'ai que de bons témoignages à rendre de la manière éclairée dont M. Sauer s'acquitte de ses devoirs. J'espère, Messieurs, que vous voudrez bien lui accorder l'augmentation que je sollicite pour lui de votre bienveillante justice.

Vous remarquerez, Messieurs, par les détails que renferme le rapport de M. l'Archiviste de la Préfecture, combien le service des Archives continue à préoccuper l'administration supérieure. Les mesures qui ont été prises par Son Exc. le Ministre de l'Intérieur vous prouveront l'intérêt qu'apporte le Gouvernement à la conservation et à l'augmentation des dépôts des départements, et il ne vous échappera pas que, grâce à ces prescriptions, les Archives de la Préfecture se sont enrichies de nombreux titres enfouis dans les Archives des administrations publiques, où ils étaient ignorés et où, par conséquent, ils ne pouvaient rendre aucun service soit aux historiens, soit aux particuliers.

Rapport de la Commission, 1862.—La Commission que vous avez nommée pour vérifier les Archives départementales a reconnu, comme les années précédentes, que M. l'Archiviste continue à remplir les difficiles fonctions qui lui sont confiées avec un zèle et une activité intelligents, qui lui ont valu, à diverses reprises, les félicitations de M. le Ministre de l'Intérieur. Le rapport de M. le Préfet fait connaître le résumé des travaux exécutés par M. l'Archiviste depuis l'année dernière.

La Commission des objets généraux, d'accord avec la Commission des finances, propose au Conseil d'adopter les propositions de M. le Préfet et de voter au budget de 1864, sous-chapitre XI, la somme de 4,600 francs pour appointements du conservateur des Archives, achat de cartons et établissement de tablettes.

Rapport de l'Archiviste, 1863.—Travaux de l'année : 1° classement de 4,509 pièces et de 175 registres antérieurs à 1790 ; numérotage de 41,299 feuillets de ces registres ; 2° rédaction de l'inventaire-sommaire de ces documents, lequel contient 314 articles ; copie de cet inventaire adressée à Son Exc. le Ministre de l'Intérieur, pour être imprimé ; correction des épreuves ; classement provisoire de 525 dossiers d'Archives modernes ; classement des comptes départementaux, de près de 800 comptes de communes, des hospices et des établissements de bienfaisance ; de 225 rôles des quatre contributions directes, etc.

Établissement des inventaires-sommaires des Archives communales et hospitalières ; correspondance relative à ces travaux.

Inscription des livres au catalogue de la bibliothèque de la Préfecture, etc., etc.

NIÈVRE.—(Voyez les précédentes délibérations, *Annuaire* de 1862, p. 69, *Annuaire* de 1863, p. 61.) — *Rapport de l'Archiviste*, 1862 et 1863. — Trois nouveaux cahiers d'inventaires-sommaires ont été approuvés par Son Excellence et livrés à l'impression. Ils contiennent la fin de l'inventaire des titres de la Chambre des Comptes du duché de Nivernais ; les documents analysés dans ces derniers cahiers sont des pièces justificatives des comptes des différentes châtellenies et fermes appartenant au duc de Nevers. Le fonds tout entier est divisé en 130 articles, dont l'analyse remplit huit pages d'impression. Les pièces sont distribuées en liasses uniformes portant au dos l'indication sommaire de leur contenu.

L'inventaire des papiers de l'ancienne Maîtrise des Eaux et Forêts, formant le deuxième fonds de la série B, devait être entrepris immédiatement après celui de la Chambre des Comptes ; mais la réintégration des papiers des inspections de Cosne et Clamecy s'étant fait attendre, l'inventaire de la série E, dont j'aurai l'honneur de vous parler plus bas, a été commencé.

Parmi les papiers déposés aux greffes des trois tribunaux civils d'arrondissement, il s'en trouve un certain nombre relatifs aux anciennes impositions, à la répartition de la taille. Ces documents trouveront leur place dans la série C à côté de ceux de même nature conservés depuis longtemps aux Archives de la Préfecture et de ceux nouvellement retirés du greffe du tribunal civil de Nevers. Mais l'inventaire de la série C ne pourra être entrepris qu'après que les papiers des greffes de Cosne, Clamcy et Château-Chinon auront été réintégrés aux Archives de la Nièvre, ce qui ne peut avoir lieu qu'après une décision de Son Excellence, qui indiquera les pièces à réintégrer.

Un essai de classement des titres de famille déposés aux Archives de la Préfecture avait été tenté en 1821, mais d'une manière incomplète : ainsi, tous les noms précédés de la particule avaient été rassemblés sous la lettre D ; une grande partie des Archives ecclésiastiques était confondue dans ce fonds et c'était à la lettre E qu'il fallait aller chercher les titres de l'évêché, à la lettre H, ceux des hospices, à C, ceux des couvents, etc. Cet inventaire qui existe encore remplit douze registres, travail énorme, mais confus et inutile pour les recherches.

Le classement était à refaire. Il a été commancé et poursuivi, cette année, avec persévérance, par M. l'Archiviste, qui, à mesure qu'il les rencontre, enlève de ce fonds les titres qui y sont étrangers, pour les replacer dans les fonds auxquels ils appartiennent, conformément au cadre annexé à la circulaire du 24 avril 1841. Les titres de famille proprement dits sont classés dans un ordre alpha-

bétique régulier : ces titres sont en général des terriers, actes de
foi et hommage, dénombrements, baux, reconnaissances de directes,
généalogies, preuves de noblesse, ventes, échanges, etc.

Rapport de la Commission, 1863. —Le service des Archives, si
longtemps négligé dans la Nièvre, prend chaque année une nouvelle
importance. En dehors du classement matériel, qui est l'objet d'un
soin particulier et méthodique, le conservateur s'occupe en ce moment de la rédaction d'un travail qui est conçu d'après un plan
nouveau, tracé par les instructions ministérielles : je veux parler de
l'inventaire général des Archives.

Ce travail, qui s'opère dans toutes les Préfectures sur des bases
identiques, est successivement livré à l'impression suivant un format uniforme, de sorte que d'ici à quelques années la France pos-
sédera la collection la plus riche et la plus curieuse en ce genre.
Quatre feuilles de ce travail, contenant l'analyse de plus de quatre
mille pièces, et préablement approuvé par M. le Ministre de l'Intérieur, ont déjà été livrées à l'impression dans la Nièvre.

Nord. —(Voyez les précédentes délibérations, *Annuaire* de 1862,
p. 69, *Annuaire* de 1863, p. 61.)— *Rapport du Préfet*, 1862.—J'ai
l'honneur de communiquer au Conseil général les rapports qui m'ont
été remis, suivant l'usage, par M. Le Glay, archiviste du département, sur la situation des Archives départementales, communales et
hospitalières.

Les détails donnés dans ces rapports témoignent des soins éclairés
et du zèle intelligent qui ne cessent de présider à la direction de
notre important dépôt départemental, et M. Le Glay mérite toujours
les témoignages flatteurs qu'il a obtenus, à de nombreuses reprises,
de la satisfaction du Conseil général. L'année dernière, sur ma proposition, le Conseil a bien voulu voter un premier crédit pour pourvoir, conformément aux instructions de M. le Ministre de l'Intérieur,
à l'impression de l'inventaire-sommaire des Archives départementales antérieures à 1790. Ce travail important a été immédiatement
commencé et se poursuivra sans interruption jusqu'à son achèvement.

Suivant la recommandation de M. le Ministre, j'ai l'honneur de mettre sous les yeux du Conseil général les livraisons qui me sont parvenues et dont la répartition s'est faite, par voie d'échange, entre toutes les Préfectures de l'Empire. Le Conseil pourra ainsi apprécier le mérite de cette œuvre capitale, qui exigera quatre années pour être menée à fin.

Depuis la dernière réunion du Conseil général, nos Archives se sont enrichives de nombreux documents, antérieurs à 1790, qui se trouvaient entre les mains de MM. les agents des Domaines, et dont la place était marquée dans notre dépôt départemental. La remise en a été opérée avec l'assentiment de M. le Ministre de l'Intérieur et de M. le Ministre des Finances.

M. Le Glay a récemment préparé un répertoire analytique de 84 liasses appartenant au Domaine de la généralité de Lille (1691-1790).

Rapport du Préfet, 1863.—En commençant ce rapport, ma première pensée, conforme, je le sais, à vos sympathies, est d'exprimer la douleur profonde que nous avons tous ressentie de la mort du digne et respectable Archiviste, qui, depuis près de trente années, dirigeait avec une distinction si grande, une érudition si complète, notre important dépôt, et qui avait su introduire la clarté et la régularité là où, avant lui, il n'y avait pour ainsi dire que désordre et confusion. Pour tous, la perte a été immense ; M. le docteur Le Glay n'était pas seulement un savant hors ligne, dont les remarquables travaux étaient appréciés en France et à l'étranger, c'était un homme de bien que sa valeur personnelle avait porté au premier rang parmi les Archivistes de l'Empire. Il est mort avec toute sa lucidité d'esprit, au milieu de ses occupations favorites, et l'unanimité des sentiments qui se sont manifestés devant sa tombe a prouvé à la famille la part si profondément sentie que la ville de Lille et le département tout entier prenaient au malheur qui le frappait.

Rapport de la Commission, 1863. -- La Commission s'associe aux témoignages rendus par M. le Préfet à la mémoire de M. Le Glay, dont la science et l'érudition, aussi bien que l'affabilité et la modestie, étaient appréciées de tous.

La Commission ne pense pas qu'il y ait lieu d'accueillir les propositions de M. le Préfet, en ce qui concerne l'augmentation de traitement des employés des Archives ; elle propose le maintien des chiffres fixés les années précédentes.

M. le Préfet insiste pour que ses propositions soient adoptées. Le Conseil voudra bien remarquer qu'elles ne concernent pas le traitement de l'Archiviste, fixé à 4,000 francs, mais les traitements des employés. Or, l'Archiviste adjoint, ancien élève de l'École des Chartes, avait dans le département de l'Indre un traitement plus élevé que celui qu'il a trouvé à Lille, et il paraît juste de lui faire au moins une position équivalente à celle qu'il n'a quittée que sur les instances de M. le Ministre de l'Intérieur. Les deux autres employés et le concierge n'ont que des traitements bien insuffisants.

Un membre dit que le nombre des heures de travail a été augmenté pour les employés des Archives; et, comme ils employaient le temps qu'ils avaient de libre à faire des expéditions de pièces qui leur étaient payées par les parties intéressées, ils ont vu diminuer leurs ressources. Ce serait donc justice de leur accorder une compensation.

La question est mise aux voix. Le Conseil général adopte les propositions de M. le Préfet et vote les crédits.

Rapport de l'Archiviste, 1863.—J'ai réuni dans la Chambre des Comptes, à ce qui concerne Cambrai et le Cambrésis, les registres suivants, qui ont été réintégrés par la mairie de Cambrai : 1º droits de dîme et terrage de Cantaing ; 2º embrefs de la terre de Noyelles-sur-l'Escaut ; 3º saisines et dessaisines dudit Noyelles ; 4º octrois sur les bières champêtres.

Deux rôles d'impositions de la paroisse d'Honnechy, canton du Cateau, arrondissement de Cambrai, retrouvés aux Archives départementales de l'Aisne, par suite du classement des papiers provenant de l'Intendance de Soissons, nous ont été réintégrés et classés dans les Archives de l'Intendance du Cambrésis.

Plusieurs autres réintégrations sont venues enrichir divers fonds de cette nombreuse et précieuse collection : 1º un registre concernant le couvent des Récollets de Cassel ; 2° 4 registres relatifs au couvent des Sept-Fontaines de Steenvoorde ; 3° 37 registres émanant de l'officialité de Cambrai ; 4° 41 terriers des diverses seigneuries ayant appartenu soit à la métropole de Cambrai, soit au monastère de Saint-André du Cateau ; 5° 15 registres provenant du chapitre de Sainte-Aldegonde de Maubeuge, de N.-D. des Clercs, des Sœurs-Noires, des Sœurs-Grises et de l'abbaye d'Hautmont ; 6° 9 registres aux biens, rentes et revenus de l'église Saint-Nicolas de Cambrai ; 7° un registre aux embrefs de la poesté de Saint-Sépulcre de la même ville ; 8° 2 registres de dénombrement de la terre, pairie et seigneurie de Cantaing, rendus à l'archevêque de Cambrai (1745-1760).

Empreintes de sceaux. Le travail de M. Demay sera, par sa spécialité même, une preuve de plus de la richesse de notre dépôt. Les artistes, les savants, les archéologues surtout, sauront que des nombreuses relations des comtes de Flandre avec la France, l'Angleterre, l'Allemagne, etc., des Archives de nos vieilles collégiales, de nos puissantes abbayes, il sortira pour eux des sujets d'étude féconds, variés et d'un attrait tout particulier.

Le nombre des types qui ont été inventoriés dépasse le chiffre de 7,000. C'est la moitié de ce qu'ont fourni les Archives de l'Empire, et beaucoup plus que n'ont donné les dépôts réunis de cinq départements déjà explorés.

OISE. — (Voyez les précédentes délibérations, *Annuaire* de 1862, p.70, *Annuaire* de 1863, p.61.)—*Rapport du Préfet*, 1862.—Depuis votre dernière session, un nouvel Archiviste a été nommé. Installé depuis sept mois à peine, M. Desjardins a cependant déjà parcouru en détail les volumineuses liasses de nos Archives anciennes et modernes ; il a pu vérifier les dépôts des greffes des tribunaux et inspecter en partie les Archives hospitalières et communales. Le rapport qu'il m'a présenté, et que j'ai l'honneur de déposer sur votre bureau, constate les soins et l'activité qu'il apporte dans l'accomplissement de ses devoirs. Je suis heureux de lui donner ici un témoignage public de ma satisfaction. M. l'Archiviste a commencé par faire un récolement général du nouveau dépôt qui lui était confié.

Le résultat en a été adressé à Son Exc. Depuis, l'Archiviste s'est livré au triage des documents qui n'avaient été que sommairement recon-- nus. Cette opération a amené la découverte d'un fonds considérable de titres intéressant la ville de Beauvais, parmi lesquels une série de comptes de dépenses militaires, de mémoires des dîners du corps municipal, de montres des régiments qui ont tenu garnison dans la ville, de fragments de rôles de tailles du XIVe siècle, etc. Toutes ces pièces avaient été produites dans un interminable procès que les re-- ceveurs des deniers de la ville avaient eu à soutenir au XVIe siècle et au XVIIe siècle.

L'inventaire du fonds du bailliage et présidial de Beauvais a été commencé, et Son Excellence en a déjà approuvé une partie, qui est sous presse. Il sera poursuivi activement. M. l'Archiviste travaille cependant avec moins de rapidité qu'il n'avait espéré en voyant l'excellent état matériel du dépôt. Beaucoup de liasses portent des étiquettes, et contiennent des documents tout à fait étrangers au titre. Ce désordre, qui a sans doute été introduit après le départ de l'Archiviste temporaire, M. Quesnet, nécessite de longues recher- ches qui font perdre du temps.

La mesure par laquelle Son Excellence a décidé la confection de l'inventaire des Archives judiciaires a été accueillie avec faveur par les personnes qui s'intéressent à la conservation des documents an-- ciens, et le tribunal voit avec satisfaction le classement des papiers des juridictions qui l'ont précédé.

Rapport de la Commission, 1862. —Le rapporteur de la deuxième Commission expose que le projet de construction des Archives dé- partementales a paru à M. le Ministre de l'Intérieur bien étudié dans son ensemble ; il a seulement appelé l'attention de l'administration sur la nécessité de substituer le *fer* au *bois* dans la charpente d'un édifice destiné à contenir des documents précieux ; il fait remarquer également que la portée des planchers était trop étendue, et qu'en- fin le bâtiment ne se trouverait pas suffisamment isolé du corps de garde et à l'abri de tout danger d'incendie. Ces modifications, dit M. le rapporteur, qui doivent élever la dépense de 51,445 francs 24 centimes à 62,532 francs, nous ont paru satisfaire à toutes les nécessités.

En conséquence, la Commission a l'honneur de proposer au Conseil : 1° l'approbation des nouveaux plans et devis ; 2° le vote de la dépense de 62,532 francs ; 3° et d'inscrire au budget de 1863 un crédit de 51,445 francs 24 centimes pour la construction desdites Archives, le complément de la dépense devant être reporté sur l'exercice 1864.

Le corps de garde de la Préfecture, dit M. le Préfet, est indépendant des Archives et ne peut présenter le danger signalé par M. le Ministre.

Le Conseil, adoptant les conclusions de la Commission, approuve les plans et devis qui lui sont soumis, vote la somme 62,532 francs pour la dépense totale de la construction des Archives départementales, et inscrit au budget de 1863, sous-ch. xxii, article 24, un crédit de 51,445 francs 24 centimes qui sera affecté à cette dépense.

Rapport de le Commission, 1863.—La cinquième Commission, dit M. le rapporteur, a pris connaissance du compte rendu annuel de M. l'Archiviste.

Ce compte rendu, divisé en deux rapports qui présentent l'exposé de la situation des Archives départementales dressé par l'honorable Archiviste M. Desjardins, a été considéré par votre Commission comme la mise en œuvre d'un travail aussi utile qu'important, et auquel le Conseil ne saurait porter un trop grand intérêt. Aussi votre Commission n'hésite-t-elle pas à vous proposer d'inscrire au budget la somme proposée par M. le Préfet.

Toutefois, comme le travail auquel s'est livré M. l'Archiviste nous a paru présenter le caractère d'une œuvre destinée à porter un grand jour sur les faits historiques se rapportant au département, la Commission a pensé qu'il y avait lieu de vous prier de demander l'insertion de ce document au procès-verbal de vos séances.

Rapport de l'Archiviste, 1863. — J'ai continué, pendant l'année 1863, à m'occuper simultanément des Archives de la Préfecture et du Palais de Justice.

A la Préfecture, la construction du nouveau bâtiment a nécessité le déménagement de l'une des galeries. J'en ai profité pour grouper ensemble tous les documents de même nature dont je signalais la dispersion dans mon rapport de 1862. J'ai réuni ainsi tous les dossiers qui devront occuper la salle du premier étage. Les titres et registres antérieurs à 1790, les plans, les papiers de l'administration révolutionnaire, sont prêts à être emportés.

Au Palais de Justice, les casiers dont le Conseil général a bien voulu voter les frais ont été établis. J'ai commencé à trier les monceaux de papiers entassés sur le plancher. Déjà, j'ai eu le bonheur de réunir des documents qui ont une grande importance pour l'histoire de la ville de Beauvais.

Au Palais de Justice, l'inventaire de la série B (bailliage et Présidial de Beauvais) est en voie d'exécution. Une première feuille est imprimée, une seconde est sous presse. Le bailliage et Présidial de Beauvais, fondé par Henri III, à la suite d'un vœu exprimé aux États Généraux de Blois, occupe une place distinguée dans l'histoire de la ville. Ses officiers, chassés par les ligueurs, errèrent pendant quelques années sans siége fixe. Enfin, après la soumission de Beauvais, ils purent s'établir dans la rue Saint-Pantaléon, puis sur la place Saint-Michel. Les familles bourgeoises les plus importantes briguèrent les places de conseillers. Ils formaient un corps influent dans la ville. Ils avaient une caisse commune, sur laquelle étaient prélevés les frais des nombreux procès de préséance ou de juridiction qu'ils avaient à soutenir, des messes solennelles qu'ils faisaient chanter les jours de la Saint-Michel et de la Saint-Louis, des dîners de corps, etc. Dans leur salle de délibérations étaient conservés les portraits des conseillers, dont la mémoire était honorée par des services funèbres célébrés aux frais de la compagnie. En 1692, lorsque Louis XIV supprima les élections municipales et rendit les charges de maire vénales, ils achetèrent la mairie de Beauvais, de concert avec les officiers de l'Élection ; les membres des deux compagnies exercèrent à tour de rôle les fonctions de maire. C'était un moyen de contre-balancer l'influence prépondérante de la Comté-Pairie, dont la juridiction plus ancienne et plus chargée d'affaires excitait la jalousie du Présidial. Cet accord des conseillers contre les rivaux extérieurs n'excluait pas les discordes intestines. Le XVIIᵉ siècle fut rempli par une lutte entre plusieurs générations de Vignerons, récemment venus de Clermont, et la dynastie des de Malinguehen, qui, de père en fils,

occupaient les premiers rangs dans la compagnie depuis sa fondation, et qui demeura maîtresse du champ de bataille.

Les Archives du Présidial contiennent, en outre, les papiers des
États Généraux de 1789, à l'analyse desquels j'ai donné un long développement (voir la feuille d'inventaire n°s 51 à 57), du ban et
de l'arrière-ban, où l'on trouve d'intéressants renseignements sur
les familles nobles du Beauvaisis, leur état de fortune, leurs services
militaires et des autographes précieux de commandants d'armées de
terre et de mer; enfin, une série de liasses et registres concernant
les procès civils et criminels pendant deux siècles.

ORNE. — (Voyez les précédentes délibérations, *Annuaire* de 1862,
p. 71, *Annuaire* de 1863, p. 62.)—*Rapport du Préfet*, 1863.—
Le service des Archives intéresse la conservation des documents les
plus précieux et se rattachant à l'histoire politique et administrative
du département. Abandonné pendant longtemps à l'initiative ou à la
direction individuelle des conservateurs de chaque dépôt, il a reçu,
depuis quelques années surtout, une impulsion éclairée et homogène.
MM. les Archivistes ont vu leurs attributions s'étendre par l'importance des travaux dont ils ont été chargés, et qui se résument en
publications du plus haut intérêt. Aucun d'eux n'était plus digne assurément de répondre à cette mission que l'honorable M. Desulis,
conservateur des Archives de la Préfecture. Ses connaissances, son
amour du travail et son esprit d'investigation lui ont donné depuis
longtemps des titres à la confiance du Conseil général et de l'administration.

Dans la première partie de son rapport, M. l'Archiviste signale les
inconvénients que présente le local affecté aux Archives de la Préfecture pour son organisation matérielle, l'humidité du bâtiment, si
compromettante pour leur conservation, et l'insuffisance de son appropriation comme espace ou étendue. Les uns sont irrémédiables,
ou ne peuvent être que difficilement atténués; ils tiennent à la disposition des lieux. Les autres devront entraîner des travaux de détail
commandés par les exigences de service, et dont l'exécution sera
subordonnée à l'ouverture des crédits généraux qui sont demandés
par la Préfecture.

J'appellerai enfin l'attention du Conseil général sur l'augmentation du traitement réclamée par M. le Ministre de l'Intérieur en faveur de M. Desulis. Le chiffre de 2,000 francs, auquel il s'élève, s'accroît, il est vrai, par l'allocation d'une indemnité de 400 francs accordée pour la rédaction de l'Annuaire départemental, et par celle d'une autre subvention de pareille somme justifiée par l'inspection des Archives communales; mais elles n'ont pas le caractère de traitement fixe et ne doivent pas figurer un jour dans les éléments qui devront servir de base à la retraite de cet honorable fonctionnaire. Le Conseil général aura donc à apprécier si l'augmentation demandée par S. Exc. M. le Ministre de l'Intérieur devra être accordée purement et simplement, ou si elle devra être prélevée par voie de diminution sur le crédit alloué à titre d'encouragement pour l'*Annuaire* départemental.

Rapport de la Commission, 1863.— Abordant la proposition qui vous est faite par M. le Préfet, votre quatrième Commission, reconnaissant, aux termes de la lettre précitée de S. Exc. M. le Ministre de l'Intérieur, les droits de M. l'Archiviste à la bienveillante sollicitude du Conseil général, vous propose de joindre intimement à son traitement fixe de 2,000 francs : 1° les 400 francs accordés pour la rédaction de l'*Annuaire;* 2° les 400 francs aussi alloués pour l'inspection des Archives communales.

De cette façon, sans grever en rien le budget du département, vous aurez accordé un témoignage de votre satisfaction à M. l'Archiviste, qui verra ainsi s'accroître le montant de son traitement fixe, sur lequel devra être basé ultérieurement le chiffre de sa retraite, car il sera prélevé des retenues, non pas seulement sur le traitement primitif, mais bien sur le montant de 2,800 francs.

Telle est, Messieurs, la combinaison qui a paru à votre quatrième Commission de nature à satisfaire aux vœux exprimés en commun par M. le Ministre et par M. le Préfet en faveur de M. le Conservateur des Archives de l'Orne.

PAS-DE-CALAIS.--(Voyez les précédentes délibérations, *Annuaire* de 1862, p. 72, et *Annuaire* de 1863, p. 62.) — *Rapport de l'Archiviste,*

1862 et 1863.—Depuis la dernière session du Conseil général, un grand nombre de registres et liasses ont été versés aux Archives générales; ces documents proviennent des bureaux de la Préfecture, de la recette générale, du payeur du département, de la direction des contributions directes et des percepteurs de l'arrondissement d'Arras. Le classement de ces papiers n'a pu être fait qu'en partie, attendu le manque absolu de place. En effet, Monsieur le Préfet, les galeries du dépôt général et les salles adjacentes sont encombrées, et l'on compte au moins 8 à 900 liasses déposées sur le sol, faute de place dans les rayons pour les recevoir.

L'inventaire-sommaire des Archives départementales, série B, se poursuit aussi activement que possible. Le temps à consacrer à ce travail s'augmente encore de la nécessité de paginer tous les registres du Conseil provincial d'Artois, qui, terme moyen, contiennent environ 8 à 900 pages chacun. Quoi qu'il en soit, le nombre des articles analysés à la date de ce jour est de 418. L'analyse des articles 1 à 354 a reçu l'approbation de M. le Ministre de l'Intérieur. L'inventaire s'imprime à Paris, sous la direction de Son Excellence. Les épreuves me sont préalablement communiquées pour être revues et corrigées. La copie envoyée pour l'impression s'arrête à l'article 354.

M. Demay, employé de la section historique des Archives de l'Empire, a terminé, vers la fin de 1862, la recherche des documents existant aux Archives du Pas-de-Calais et le moulage des sceaux destinés à enrichir le musée sigillographique de Paris.

Ce travail a été très-satisfaisant et M. le Ministre de l'Intérieur a bien voulu nous adresser des félicitations, pour l'utile concours que nous avons donné à M. Demay.

Suivant votre recommandation, Monsieur le Préfet, je me suis rendu dans les greffes des tribunaux du département, afin de m'assurer s'il se trouve dans ces dépôts des titres antérieurs à 1790 ayant un caractère administratif. Voici le résultat de mes investigations :

Arras. — Les Archives du tribunal de première instance ne renferment que des documents modernes. Les titres et les papiers du Conseil d'Artois, de la gouvernance d'Arras, de l'Élection d'Artois, etc., ont été transférés aux Archives générales en 1838, et, depuis cette époque, quelques registres dudit Conseil de l'Élection d'Artois, ayant été découverts dans un cabinet inexploré, ont été réunis aux Archives générales et réintégrés aux fonds auxquels ils appartiennent.

Béthune. — On trouve dans les bâtiments du tribunal de Béthune les Archives de l'ancien greffe du gros de cette ville. Je transcris ci-après le relevé des actes qui composent ces Archives :

Contrats de mariage, 1505 à 1789 (161 liasses) ; conventions, baux emphitéotiques, arrentements, cessions, etc., 1752 à 1787 (35 liasses) ; baux, 1614 à 1731 (105 liasses) ; rentes, testaments de 1600 à 1790, toutes les liasses complètes ; ventes, 1596 à 1790, toutes les liasses complètes ; partages, 1632 à 1789 (83 liasses).

Boulogne. — Les archives du palais de justice de Boulogne renferment les registres et papiers de l'ancienne sénéchaussée établie en cette ville et des juridictions diverses qui en ressortissaient. Ces documents remontent au XVIIᵉ siècle. Les registres connus sous le nom de *Registres du Roi* contiennent non-seulement les édits royaux, mais aussi les délibérations les plus importantes de la sénéchaussée de Boulogne, des contrats de mariage, des provisions d'offices, des testaments, etc. On trouve aussi dans le même local les registres et papiers provenant de l'officialité de Boulogne.

Montreuil. — Le greffe de cette ville ne renferme que les minutes des actes notariés provenant de l'ancien greffe du gros d'Hesdin déposées au palais de Montreuil en 1849. A cette époque, un état sommaire indiquant la nature des actes et le nombre de liasses a été dressé par mes soins et adressé à l'administration départemetale. Je dois mentionner que j'ai trouvé, lors de ma dernière visite, ces liasses jetées pêle-mêle dans un grenier et couvertes de débris de tuiles et de mortier. Il est urgent de remédier à cet état de choses.

Saint-Omer. — Parmi les documents déposés dans les bâtiments du tribunal du chef-lieu judiciaire du Pas-de-Calais se trouvent les papiers du greffe du gros de Saint-Omer, précédemment placés dans les greniers de la sous-préfecture. Ces papiers sont déposés sur le plancher du grenier sans ordre, sans classement, et, il faut le dire, il serait fort difficile de les placer convenablement dans un local aussi restreint et privé d'étagères.

On trouve dans ce même local des papiers provenant de l'administration du petit bailli de Saint-Omer. La plupart des procès sont instruits par des maïeurs de la ville et cité de Saint-Omer, commissaires de ce siége, à la requête du petit bailli de la ville et banlieue : on remarque parmi ces archives plusieurs registres aux saisines provenant de diverses seigneuries. Beaucoup de liasses du greffe du gros ont conservé leurs étiquettes et pourraient être facilement classées; mais il faudrait pour cela établir des étagères.

Saint-Pol. — Les actes antérieurs à 1790, déposés au greffe du tribunal de Saint-Pol, consistent en 923 liasses d'actes notariés, tels que baux, arrentements, procurations, contrats de mariage, obligations, reconnaissances, transports, ventes, etc.

J'ai visité les Archives provenant de l'ancienne abbaye de Licques et déposées à la bibliothèque communale de Calais ; ces documents doivent être réintégrés aux Archives générales du département. J'ai constaté, Monsieur le Préfet, que la plus grande partie de ces Archives sont bien conservées et que la copie de l'inventaire qui doit rester à la bibliothèque de Calais s'exécute aussi rapidement que possible.

J'ai inséré au projet de budget, pour l'entretien du local affecté aux Archives départementales, la somme de 150 francs.

Sur l'observation récente consignée dans le rapport de M. l'Inspecteur général des Archives, qui m'a été communiqué par Son Exc. le Ministre, j'ai dû pourvoir au classement d'un bon nombre de dossiers dans les sous-préfectures de Boulogne, de Béthune et dans notre dépôt d'Arras. A cet effet, un crédit de 600 francs vous est demandé.

Rapport de la Commission, 1863. — Le rapporteur constate avec satisfaction que le service des Archives, auquel le Conseil a, de tout temps, accordé une attention toute spéciale, continue à se développer et à s'étendre sous l'habile direction de M. l'Archiviste Godin. Il propose à l'assemblée de s'associer aux témoignages avantageux rendus par M. le Préfet aux efforts et aux zèle de ce fonctionnaire.

Puy-de-Dome. — (Voyez les précédentes délibérations, *Annuaire* de 1862, p. 73, *Annuaire* de 1863, p. 63.) — *Rapport de la Commission*, 1862. — M. Rouher, rapporteur : Je craindrais de fatiguer l'attention du Conseil en lui citant même la simple nomenclature des titres et documents historiques dont les Archives départementales sont redevables aux recherches et aux soins incessants de M. l'Archiviste. Je ne parlerai que d'un manuscrit inédit, contenant la monographie des eaux et forêts du comté d'Auvergne et suivi d'un précis historique de ce comté, ainsi que des seigneuries qui en dépendaient ; puis, d'une étude historique faite par l'Archiviste sur les entreprises du dessèchement des lacs et marais de la Généralité d'Auvergne, dont la lecture excite le plus vif intérêt, aujourd'hui surtout que les travaux entrepris dans les mêmes localités rendent la question pleine d'actualité.

Une circulaire de Son Exc. M. le Ministre de l'Intérieur invitait M. le Préfet à proposer au Conseil général d'affecter à la publication des inventaires-sommaires des Archives départementales antérieures à 1790 la somme qui serait jugée nécessaire. Cette proposition, qui n'avait pas pu vous être présentée lors de votre dernière session, vous est faite cette année par M le Préfet.

Votre deuxième Commission, reconnaissant l'utilité d'un travail d'un intérêt aussi national, a l'honneur de vous proposer de voter cette somme.

Rapport de la Commission, 1863. — M. Rouher : La lecture du rapport de l'Archiviste, M. Cohendy, nous a fait connaître de combien de documents utiles les Archives de Clermont s'étaient enrichies.

Basses-Pyrénées. — (Voyez les précédentes délibérations, *Annuaire* de 1862, p. 73, *Annuaire* de 1863, p. 64.) — *Rapport du Préfet*, 1862. — Le classement des Archives antérieures à 1790 a été continué aussi activement que possible ; l'inventaire de la série B est arrivé aujourd'hui à l'article 4,537 (fin du 1er volume), ce qui forme un total de 2,484 liasses inventoriées depuis l'année dernière et placées dans des cartons.

M. le Procureur impérial de Saint-Palais a remis aux Archives

52 registres provenant d'une juridiction appelée la Cour de Licharre. Ces documents ont pour dates extrêmes 1688 et 1758.

L'impression de l'inventaire-sommaire est parvenue à la 50ᵉ feuille; ce travail contient la série B jusqu'à l'article 4,537. Toutes les épreuves, exactement corrigées, ont été renvoyées dans le plus bref délai possible.

Le catalogue de la bibliothèque administrative de la Préfecture est tenu à jour; tous les livres qu'elle possède y sont inscrits, estampillés et revêtus à l'extérieur de leurs numéros d'ordre.

Le Conseil général a voté, sur mes propositions, une somme de 300 francs pour frais de matériel des Archives, tablettes, cartons et reliure.

Rapport de l'Archiviste, 1863. — Les travaux de classement des Archives de la Préfecture, accomplis depuis l'année dernière, ont permis de publier le premier volume de l'inventaire, qui est entièrement terminé; ce volume de 400 pages in-4° à deux colonnes renferme l'analyse des papiers relatifs aux anciennes juridictions des pays qui forment le département des Basses-Pyrénées.

Le catalogue des dossiers et registres relatifs à l'administration provinciale de la même région est commencé, et environ 40,000 pièces sont déjà inventoriées; il me paraît possible d'annoncer, pour l'année prochaine, la publication du deuxième volume, qui contiendra l'analyse des papiers des intendants, des registres des États de Béarn et de ceux de Navarre.

Les Archives de l'ancienne intendance sont en assez mauvais état, par suite de l'humidité des locaux où elles se trouvaient avant d'être remises à la Préfecture; il serait très-urgent qu'elles fussent placées dans des cartons, afin que leur conservation pût être assurée.

L'état actuel des Archives administratives modernes, c'est-à-dire des dossiers versés aux Archives par les bureaux de la Préfecture, ne permet pas de différer l'établissement de casiers nouveaux dans la salle du rez-de-chaussée. Une grande partie des comptes des percepteurs, où se trouvent des titres qui doivent être conservés, sont déposés sur le sol du rez-de-chaussée, qui n'est même pas planchéié.

Cependant, les juridictions secondaires de Monléon, Magnoac et de Tarbes donneront quelques pièces ; M. l'Inspecteur général a reconnu que les Archives du greffe de Tarbes comptent quelques liasses relatives à la convocation des États Généraux ; elles seront déposées à la Préfecture et figureront sur l'inventaire, série B.

L'année dernière, j'ai eu l'honneur de vous informer que M. le Conservateur des eaux et forêts de Pau ne possédait dans ses Archives, comme documents anciens intéressant notre département, que quatre registres de la réformation ; j'ajoutais que ces volumes (que M. le Conservateur désirait conserver) ne pouvant être déplacés, mon intention était de me rendre à la Conservation pour être fixé sur la nature de divers actes transcrits dans ces volumes.

Ce projet ayant reçu votre approbation, je me suis, en conséquence, transporté à Pau. Après avoir reconnu que les registres dont il s'agit ont une grande importance, notamment en ce qui concerne les jugements du commissaire réformateur, si souvent invoqués et produits comme titres, je me suis livré au travail de dépouillement, et j'en ai formé un répertoire qui sera imprimé, à titre de renseignement, à la fin de la série B.

Hautes-Pyrénées. — (Voyez les précédentes délibérations, *Annuaire* de 1862, p. 74, *Annuaire* de 1863, p. 64.) — *Rapport du Préfet*, 1862. — Des déménagements successifs ont empêché les bureaux de la Préfecture de verser leurs dossiers aux Archives dans les conditions ordinaires.

La préparation de la copie de l'inventaire destinée à l'imprimeur est en voie d'exécution. M. Magenties a fait parvenir ce travail, série par série, au fur et à mesure de leur achèvement.

M. l'Archiviste exprime la crainte que le local des Archives ne soit insuffisant à contenir les papiers existant au greffe du tribunal de Tarbes ; mais il sera pourvu à cette amélioration du service des Archives.

Rapport du Préfet, 1863. — Le principal travail de l'Archiviste pendant l'année 1863 a été de préparer une nouvelle rédaction de l'inventaire-sommaire pour pouvoir le livrer à l'impression. La première livraison de cet inventaire, qui se rapporte aux séries A, C, D et E, ayant reçu l'approbation définitive de M. le Ministre, a été imprimée et échangée avec tous les autres départements. La publication de ce travail a déjà porté son fruit ; les documents de la série E sont souvent consultés, soit par les communes, soit par les personnes qui s'occupent de l'histoire du pays.

Dans l'objet de satisfaire aux prescriptions des ordres ministériels, l'Archiviste, d'un commun accord avec le greffier, a procédé à l'examen des dossiers antérieurs à 1790 existant au greffe de Tarbes, le seul du département qui possède d'anciens documents. Ces papiers, qui sont tous du XVIIIe siècle et que M. l'Inspecteur général a signalés comme très-précieux pour l'histoire de la province, ne me paraissent pas avoir un caractère administratif assez marqué pour en ordonner le dépôt aux Archives de la Préfecture.

PYRÉNÉES-ORIENTALES. — (Voyez les précédentes délibérations , *Annuaire* de 1862, p. 75, *Annuaire* de 1863, p. 65.) — *Rapport de l'Archiviste,* 1862.—Pour le classement des anciens documents, mon prédécesseur avait déjà séparé entre eux les divers registres, papiers ou parchemins provenant du Domaine, de l'Intendance ou des établissements ecclésiastiques du Roussillon ; mais cette séparation des fonds était loin d'être toujours conforme aux instructions ministérielles, car il a fallu retirer de la série A, où ils avaient été placés mal à propos, un grand nombre de registres de notaires, qui ont leur place marquée à la série E, d'après le cadre réglementaire de 1841. Quant au classement en lui-même par série et par ordre de matières, je ne puis mieux faire connaître ce qui s'était fait qu'en passant successivement en revue les diverses séries de documents anciens.

La série A se compose, en grande partie, de registres pour lesquels le classement doit se borner à rapprocher ceux d'entre eux qui sont de même nature, pour qu'ils forment une suite méthodique et chronologique. Ces registres ont dû subir, sous ce rapport, un certain nombre de remaniements, sans compter plusieurs centaines de parchemins, liés depuis longtemps en paquets, et qui

n'avaient jamais été soumis à un classement quelconque. Les séries
B et D étaient censées ne pas exister.

La série C (Intendance) comprend une suite de 740 registres ou
cartons relatifs à l'administration militaire, civile et financière de
la province de Roussillon, pendant un siècle et demi. Il est certain
que le premier dépouillement et la mise en ordre de tous ces dossiers
ont exigé de la part de mes prédécesseurs des soins et un travail des
plus méritoires, surtout si l'on tient compte de la grande quantité
de documents qui composent ce fonds de l'Intendance. Cependant,
il est impossible de considérer ce premier classement comme définitif, et il y a bien des articles pour lesquels j'ai déjà suivi et je me
propose de suivre un ordre plus naturel et plus conforme aux instructions ministérielles ; mais, j'aime à le répéter, cette partie de la
tâche de l'Archiviste se trouvera de beaucoup facilitée par le travail
déjà accompli.

La série E se composait de 653 parchemins (de l'an 1005 à 1630),
réunis en paquets, sans classement d'aucune espèce. Quant aux
Archives ecclésiastiques (séries G et H), tout le classement se borne
encore à la séparation des fonds des divers établissements religieux.

Il y avait donc deux séries sur cinq qui étaient censées classées,
sans préjudice des remaniements que les unes ou les autres ont eu
ou auront à subir. Ces modifications, qui n'ont d'autre but que de ramener nos Archives anciennes à l'ordre prescrit par les instructions
ministérielles, ont déjà reçu l'approbation de Son Exc. M. le Ministre de l'Intérieur, et, si elles ont pu s'accomplir, c'est seulement
par suite du manque absolu d'inventaire définitivement admis, ce
qui m'amène, Monsieur le Préfet, à vous parler de cette partie du
service, qui est, sans contredit, la plus importante dont l'Archiviste
ait à s'occuper.

Les registres des notaires faisaient partie des Archives dites
du *Domaine* en 1790 ; mais tous les documents de ce dépôt
n'avaient pas eu les mêmes destinées ; et, tandis que les uns, ceux
que l'on jugeait les plus importants ou les mieux conservés, se
trouvaient, avant 1840, confiés aux soins de l'Archiviste du département, les autres étaient abandonnés à l'action de la poussière,

de l'humidité et d'autres agents de destruction, qui ont exercé des
ravages profondément regrettables à divers points de vue. Deux
hommes, qui ont laissé de remarquables travaux sur l'histoire du
Roussillon, avaient eu le courage d'explorer ces Archives dans l'intérêt de la science, tout en s'étudiant à mettre un peu d'ordre dans
cet immense chaos. Mais, après eux, cet ordre, qui reposait sur un
classement dont rien ne pouvait garantir le maintien, disparut peu
à peu et pour ainsi dire à chaque recherche nouvelle, et on put
prévoir le moment où les recherches, déjà si difficiles, deviendraient
complétement impossibles dans cette masse de documents qui semblaient désormais condamnés à mourir de consomption. Le Conseil
général s'émut de cette situation, et, l'année dernière, il renouvela
le vœu de voir ce dépôt réintégré aux Archives départementales.
Vous avez pris des mesures en conséquence, Monsieur le Préfet, et,
grâce à votre intervention, M. le Ministre de l'Intérieur en a ordonné
le transfert du dépôt du tribunal de commerce à la Préfecture. Je me
suis mis en mesure d'exécuter une décision d'une aussi haute importance : 1,000 registres ou liasses d'actes (depuis l'an 1261 jusqu'en 1789) éprouveront dans leur transfert des retards qu'expli-
quent assez les occupations multipliées qui réclament en ce moment
les soins de l'Archiviste pour les travaux d'une application plus immédiate.

Rapport de l'Archiviste, 1863.—Le transport de 7,000 registres à
la Préfecture s'est opéré sans la moindre difficulté ; mais il importait
de mettre sans retard un peu d'ordre dans cette masse de documents
de toutes les époques et de toute nature, en les distribuant dans
les séries qu'ils concernent. Cette opération a été ma principale
occupation dans l'année qui vient de s'écouler, et j'ai fait l'examen
et le triage de la moitié environ des registres et papiers transférés.

Voici, Monsieur le Préfet, quel a été le résultat de ce dépouillement.

Série E. La majeure partie des documents transférés à la Préfecture consiste en registres de notaires proprement dis, classés
dans la série E, et j'ai indiqué déjà la méthode que je me pro-
posais de suivre pour leur classement provisoire : elle consiste
à inscrire un numéro sur chacun des registres, que j'ai rangés

sur les rayons, de manière à former une seule suite. Un premier
inventaire porte les numéros de ces registres, et, pour chacun d'eux,
le nom du notaire, l'année et la ville où il exerçait. Un second inventaire porte, par ordre chronologique, les numéros des registres
qui existent pour chaque année. Enfin, un troisième inventaire porte
les noms des notaires, par ordre alphabétique, et, pour chacun
d'eux, l'indication des numéros des registres qui lui appartiennent.
Ces dispositions, qui ne sont d'ailleurs que provisoires, suffisent
pour que l'on retrouve, sans la moindre difficulté, soit toutes les
écritures d'un même notaire, soit les actes dont on connaît le notaire, ou la date approximative. Les registres ainsi classés et inventoriés, dans le cours de cette année, s'élèvent, en ce moment, au
nombre de 2,672 ; le plus ancien remonte à l'an 1261. Ils proviennent de 232 notaires, dont la majeure partie a exercé dans les
villes de Perpignan, Elne, Millas, Rivesaltes, Collioure et Baixas,
quelques-uns à Clayra, Argelée, Céret, Pratz de Mollo, Ille, Vinça,
Prades, Salses, etc. On ne trouve plus qu'un seul registre pour la
plupart d'entre eux ; mais quelques-uns, tels que Pierre, Pastor,
Masdamont, Ornox, etc., ont conservé toutes leurs écritures. J'ai
d'abord cherché à classer, autant que possible, tous ceux qui sont
antérieurs au XVIe siècle. Il y a des lacunes pour quelques années
avant 1350 ; mais, à partir de cette date, il n'y a pas une seule année
qui ne renferme quelques registres, et le XVe siècle est d'une richesse
tellement extraordinaire, que la seule année 1420 compte déjà 38
registres. On comprend qu'une pareille collection sera une mine
inépuisable pour les intérêts administratifs ou privés et pour les
recherches historiques.

Bas-Rhin. — (Voyez les précédentes délibérations, *Annuaire* de
1862, p. 76, *Annuaire* de 1863, p. 65.) — *Rapport de l'Archiviste*,
1862.—Notre dépôt départemental vient de s'enrichir de plusieurs
séries de documents, les unes provenant d'Archives communales
et judiciaires, les autres de dépôts de famillle. Ainsi, la mairie de
Bischwiller a fait verser chez nous, par ordre de Son Exc. M. le
Ministre de l'Intérieur, un fonds assez considérable, provenant de
l'ancienne seigneurie de Fleckenstein. L'inventaire-sommaire de ce

fonds, primitivement rédigé par le greffier de la mairie de Bischwiller, puis adapté aux exigences de notre dépôt et expliqué à l'aide
d'une introduction historique par l'archiviste du département, a
été approuvé par le Ministre; il prendra rang dans la série E, à la
suite du comté de Sponheim, avec lequel il a quelque connexité. Les
pièces historiques de ce fonds remontent au XIVe siècle; elles sont
importantes pour tout le district du Ried qui s'étend au nord de
Bischwiller et touchent à plusieurs points de notre histoire locale.

M. Lacombe, fils d'un ancien notaire et maire de Strasbourg, a
libéralement fait remettre aux Archives une série de titres de propriété, renouvellement, livres terriers et papiers de procédure, provenant des anciennes seigneuries de Schweighausen et de Herren-
stein. Je suis occupé à assigner un rang à ces pièces et à en faire
l'analyse; elles intéressent plus spécialement les familles de Rosen
et Hornman.

M. Félix de Dartein a réintégré, dans les Archives ecclésiastiques,
des documents d'un intérêt majeur, concernant le château de
Bernsheim. Ces chartes se trouvaient, depuis un demi-siècle, entre
les mains des propriétaires de cet antique manoir; elles rentrent
dans le fonds du Trésor des Chartes, où elles étaient consignées
déjà dans l'inventaire Granddidier. Vous avez remercié MM. Lacombe
et de Dartein de leur consciencieuse libéralité; il serait désirable
qu'elle trouvât beaucoup d'imitateurs, car, à la suite des troubles
révolutionnaires et des circonstances dont il serait difficile de retrouver maintenant le point de départ, plus d'un document, qui
intéresse le département, ou les communes, reste sans aucun doute
dans les mains de particuliers.

Le tribunal de Strasbourg, enfin, a cédé à notre dépôt, par ordre
de M. le Ministre de l'Intérieur et avec l'assentiment de M. le Garde
des Sceaux, 168 volumes de protocoles, provenant de l'ancienne
officialité épiscopale. Je suis occupé à faire l'analyse de ces registres,
qui seront probablement classés dans le fonds épiscopal. Je me
suis rendu à Wissembourg pour jeter un coup d'œil rapide sur les
papiers provenant des bailliages du Palatinat, que Son Exc. le Ministre de l'Intérieur a prescrit de transporter dans nos Archives
départementales. J'aurai soin de faire transférer chez nous ces nom-

breuses liasses et de les analyser, dès que le vote d'un modeste crédit m'aura mis en mesure de satisfaire aux exigences matérielles de ce déplacement de titres. Ils trouveront, selon toute apparence, leur place dans la série B.

Le triage que je poursuis, en ce moment, dans les Archives judiciaires de Saverne fournira aussi, à cette même série B, une suite de titres historiques, de titres de propriété et de procédure. Leur transfèrement et leur classement restent subordonnés au vote d'un crédit. M. D. Fischer, à Saverne, met beaucoup de soin à l'examen préalable des nombreuses pièces entassées dans une espèce de grenier du Tribunal et dont une partie devra rester sur place ; je pourrai, je l'espère, lors de la session de 1863, donner des détails plus précis sur cette opération et sur l'acquisition que notre dépôt aura fait à la suite de ce partage de titres.

Rapport de la Commission, 1862. — Le *Moniteur* a publié, peu de jours seulement avant l'ouverture de votre session, un rapport adressé à l'Empereur, dans lequel Son Exc. M. le Ministre de l'Intérieur annonce à Sa Majesté l'impression et la publication de deux volumes de l'inventaire sommaire des Archives départementales antérieures à 1790. Dans votre dernière session, vous vous êtes associés à l'exécution de ce grand monument national, en votant un crédit de 1,000 francs pour l'impression de l'inventaire-sommaire de notre dépôt départemental.

Les indications qui vous sont données sur le travail de classification et d'inventaire qui s'accomplit dans les dépôts communaux et hospitaliers méritent également d'être accueillies avec satisfaction.

Rapport du Préfet, 1863. — M. l'archiviste du département rend compte de ses travaux, depuis votre dernière session, dans un rapport que je crois devoir reproduire ici textuellement. En prenant connaissance de ce document, vous constaterez, une fois de plus, le zèle consciencieux avec lequel M. Spach s'acquitte de ses fonctions et l'activité qu'il imprime à toutes les parties de son service.

Rapport de l'Archiviste, 1863. — Notre principale occupation, depuis le mois d'août 1862, a consisté à donner des soins à l'impression de l'Inventaire-sommaire. Nous sommes en mesure de mettre sous les yeux de MM. les membres du Conseil général un demi-volume formant un ensemble de 226 pages in-quarto, qui contient la série A, C, D, et les premiers fonds de la série E (duché de Deux-Ponts et Directoire de la Noblesse). — L'impression du vaste fonds de Hanau-Lichtenberg, qui fait suite à ceux que je viens de nommer, se poursuit au moment où je consigne ces notes par écrit.

Pour obtenir ce résultat, les employés ont copié et complété au delà d'un millier d'articles de l'Inventaire antérieurement approuvé par Son Exc. le Ministre de l'Intérieur.

Le commis aux recherches donne des soins incessants au triage et au classement des papiers modernes. Ce genre de travail a eu, cette année, une importance exceptionnelle. Par suite du décès de M. Bauer, on a versé aux Archives des liasses nombreuses (une quinzaine de charretées), qui constituaient les Archives particulières de ce chef de service. La répartition de ces dossiers a absorbé un temps considérable. On a, de plus, terminé le remaniement des pièces justificatives de la comptabilité communale et de la comptabilité départementale.

Grâce aux crédits votés l'an dernier par le Conseil général, nous avons pu transférer successivement au dépôt départemental les registres et les liasses des Archives du tribunal de Wissembourg. — Cette opération s'est faite depuis le mois d'avril jusqu'en août inclusivement, et l'on a procédé à l'examen préalable de ces titres nombreux au fur et à mesure de leur arrivée à Strasbourg. — Je m'occuperai prochainement de leur répartition dans les divers fonds et de leur récolement. Dès ce moment, je crois pouvoir vous donner l'assurance qu'ils n'offrent qu'un intérêt très-secondaire.

Le triage préalable des Archives du tribunal de Saverne a été terminé dans le courant du printemps dernier. — Une récapitulation sommaire des titres qui devront être transférés dans notre dépôt a été faite par M. D. Ficher. — En regard de son récolement, j'ai indiqué les fonds auxquels on pourra les attribuer, et ce travail préparatoire a pu être soumis à son Exc. le Ministre de l'Intérieur. M. le président du tribunal de Saverne ne s'oppose point au transfèrement des titres ; mais il réclame l'approbation de Son Excellence, le Garde des Sceaux.— Nous attendons, en ce moment, la décision de cette dernière instance. Vous serez, probablement en mesure d'annoncer au Conseil général que les titres en question pourront, être placés dans notre dépôt.

Vous me permettrez, Monsieur le Préfet, de reproduire la prière que je vous ai faite, l'an dernier, à pareille époque, au sujet du crédit alloué si libéralement pour l'impression de l'inventaire. Si l'on pouvait activer cette opération, non pas en doublant le crédit, mais en y ajoutant, par exemple, la somme de 500 francs, ce serait pour moi une grande sécurité. Vous devinez les motifs et les prévisions qui me portent, à mon âge, à hâter l'accomplissement de cette importante opération.

Rapport du Préfet (suite). — Je ne puis que vous proposer d'accueillir la demande de M. Spach, relativement aux crédits à inscrire au budget de 1864. Il éprouve le désir bien légitime de voir terminer l'impression d'un travail auquel il a consacré de longues années, et dont l'exécution pourrait être compromise, si elle devait passer en d'autres mains. Il est d'ailleurs facile de réaliser le vœu qu'il forme sans augmenter l'ensemble de vos allocations, puisque le crédit pour le dépouillement des Archives judiciaires serait réduit de la somme de 500 francs, dont serait augmenté le crédit destiné à pourvoir aux dépenses d'impression de l'inventaire.

Rapport de la Commission, 1863.—Messieurs, le rapport adressé par l'archiviste du département à M. le Préfet vous fait connaître et vous permet d'apprécier la manière dont vos votes de l'année dernière ont reçu leur application.

Le beau volume de l'inventaire-sommaire qui se trouve entre vos mains, et qui fait honneur à l'imprimerie d'où il est sorti, vous révèle en détail les richesses que renferme notre vaste dépôt au point de vue de l'histoire générale, autant qu'à celui des hommes et des familles qui ont illustré notre pays.

Les membres du 3e bureau ont voulu s'assurer par eux-mêmes du mode d'exécution de vos intentions, et dans une visite faite aux Archives, ils n'ont trouvé que des éloges à donner.

Dans son rapport à M. le Préfet, l'Archiviste fait valoir des motifs très-respectables pour arriver à l'accélération de l'impression des inventaires-sommaires. Une somme de 500 francs à ajouter à celle de 1,000 francs, qui figure au budget pour cet objet, permettrait d'activer convenablement cette opération.

En résumé, le 3e bureau a l'honneur de vous proposer de donner acte à M. le Préfet de ces diverses communications relatives aux Archives, de témoigner votre satisfaction au chef de cet important service, ainsi qu'aux employés qui sont sous ses ordres.

HAUT RHIN. — (Voyez les précédentes délibérations, *Annuaire* de 1862, p. 77, *Annuaire* de 1863, p. 66.) —*Rapport du Préfet*, 1862. — Le service des Archives départementales continue à fonctionner d'une manière satisfaisante, comme le constate le rapport spécial de l'Archiviste que j'ai l'honneur de mettre sous vos yeux et qui rend compte des travaux accomplis depuis votre dernière session.

Vous remarquerez, Messieurs, que tout en continuant le classement et l'analyse des anciens documents, on s'est occupé aussi de la publication de l'inventaire-sommaire des Archives, dont vous avez facilité l'impression en votant, l'année dernière, le crédit nécessaire à cet effet. Je me félicite de pouvoir vous présenter, dès aujourd'hui, les 11 premières feuilles de cet inventaire, qui comprend le fonds de la régence d'Ensisheim (1523 à 1628) et qui offre un véritable intérêt historique.

J'ai reçu, d'ailleurs, par les soins de Son Exc. M. le Ministre de l'Intérieur, et je communique également au Conseil général un exemplaire de la première partie des inventaires-sommaires des Archives de plusieurs autres départements qui ont été publiés jusqu'ici et qui sont répartis ainsi, par voie d'échange, entre les Préfectures.

Je ne doute pas qu'appréciant, comme vous l'avez déjà manifesté, l'utilité de cette publication, vous ne continuiez à voter les sommes qui doivent y être consacrées.

L'inventaire des fonds de la régence de Brisach, de l'Intendance d'Alsace et du comté de Horbourg pourra être publié d'ici à la prochaine session du Conseil général.

L'administration se préoccupe avec raison de la mise en ordre et de la conservation des Archives municipales. Par suite des dispositions qu'elle a prescrites à ce sujet, la plupart des communes de ce département ont déjà établi les inventaires de leurs Archives, dont j'ai réuni la collection fournie en copie ; il n'y en a plus que 41 en retard sous ce rapport. Je continue à presser MM. les maires pour activer ce travail.

A cette occasion, j'ai à vous communiquer, Messieurs, une lettre du 24 juin dernier par laquelle Son Exc. M. le Ministre de l'Intérieur me charge d'appeler votre attention sur l'utilité qu'il y aurait à instituer un service spécial d'inspection, pour constater l'état des Archives municipales et pour en suivre la mise en ordre.

Je me conforme à ses intentions, en vous priant, Messieurs, d'examiner si, comme dans d'autres départements, il convient de voter une allocation pour confier ce service à l'Archiviste de la Préfecture. Jusqu'ici on s'en est rapporté aux inspecteurs de l'instruction primaire, qui, dans leurs tournées, s'occupent du soin de vérifier la situation des Archives communales et de donner à MM. les Maires la direction nécessaire pour en assurer la conservation.

Le Conseil d'arrondissement de Mulhouse s'est préoccupé également de la nécessité de veiller à la bonne tenue des Archives communales, notamment en ce qui concerne les registres de l'état civil : il exprime l'opinion que MM. les inspecteurs des écoles qui, par leurs fréquentes visites dans les communes, sont plus que tous autres en mesure d'exercer une surveillance continue, soient chargés de ce soin et qu'ils soient indemnisés de ce surcroît de travail.

Dans ses précédentes sessions, le Conseil général a successivement élevé le traitement de l'Archiviste de la Préfecture de 1800 francs à 2,000 francs, et en dernier lieu, à 2,200 francs. Je pense qu'il y aurait justice à augmenter également le traitement de l'employé qui lui est adjoint et de le porter de 800 francs à 1000 francs.

Rapport du Préfet, 1863.—Depuis que M. le Ministre de l'Intérieur a prescrit des dispositions spéciales pour la confection et la publication des inventaires sommaires des Archives départementales, ce service a reçu une impulsion d'activité qu'entretient et développe incessamment la direction supérieure de l'administration centrale. Vous en trouverez la preuve dans le rapport de l'Archiviste que j'ai l'honneur de mettre sous vos yeux et qui rend compte des travaux accomplis depuis votre dernière session. Ce rapport est accompagné d'un exemplaire des 30 feuilles publiées jusqu'ici et qui comprennent l'inventaire-sommaire des documents provenant des régences d'Ensisheim et de Brisach, de l'Intendance d'Alsace, du comté de Horbourg et seigneurie de Riquewihr et de la première partie de la seigneurie de Ribeaupierre (séries A, B, C, D, E, embrassant la période historique de 1523 à 1787). Ce travail serait même plus avancé encore si, pour se conformer entièrement aux instructions ministérielles, prescrivant un nouveau mode de classement, l'Archiviste n'avait pas eu à remanier les liasses et le numérotage d'une grande partie des anciens documents déjà classés et inventoriés précédemment.

Quoi qu'il en soit, l'utilité de la publication des inventaires ayant été reconnue, vous n'hésiterez pas, je pense, Messieurs, à voter les fonds nécessaires, afin de poursuivre l'impression à mesure de l'achèvement successif des diverses parties de ce travail si intéressant au point de vue des études historiques.

RHONE. — (Voyez les précédentes délibérations, *Annuaire* de 1862, p. 75.) — *Rapport du Préfet*, 1862. — Les séries A, B et C de l'inventaire ont été imprimées et seront mises, conformément aux ordres de Son Excellence, sous les yeux du Conseil général pendant sa session de 1862, ainsi que la première feuille de l'inventaire des Archives communales de Lyon.

La série D est en voie d'organisation et j'ai déjà transmis à Son Excellence, par des envois successifs, la copie, pour l'imprimeur, des articles D de 1 à 142. Un nouvel envoi se prépare et ne tardera pas à être effectué.

L'inventaire du fonds du collége de la Trinité tenu par les Jésuites sera bientôt terminé ; il s'arrêtera à 1762, époque de l'expulsion de cet ordre religieux. Il sera suivi de l'inventaire du fonds du collége Notre-Dame-de-Bon-Secours ou Petit-Collége, tenu également par les Jésuites, moins considérable que le premier. Viendront ensuite l'inventaire des papiers du collége de la Trinité, tenu par les Oratoriens, celui des titres du bureau des colléges; celui du fonds des Petites-Écoles des pauvres, dirigées par les prêtres du séminaire de Saint-Charles et, enfin, celui du fonds peu considérable de l'Académie des sciences et belles-lettres de Lyon.

La série E se trouve, comme était la série D, à l'état du triage préparatoire. M. l'Archiviste pense, néanmoins, que tous ces travaux, y compris l'impression des inventaires, seront terminés assez à temps pour que le résultat en puisse être mis sous les yeux du Conseil général lors de sa prochaine session. Je crains qu'il ne se fasse illusion.

Les séries D et E étant terminées, la série G marchera avec rapidité, puisque 1,700 articles environ sont classés et prêts à être inventoriés.

Rapport de la Commission, 1862. — Messieurs, partout où l'écriture a été en usage, les peuples, les gouvernements, les administrations, les particuliers ont senti l'utilité d'assurer la conservation des documents propres à rappeler la mémoire des événements remarquables dont ils avaient été témoins et à constater les transactions intervenues de peuple à peuple, les chartes octroyées ou stipulées de gouvernements à sujets, les contrats intervenus entre les administrations et les particuliers, ou entre les particuliers entre eux.

C'est le besoin de conservation des documents écrits qui a donné naissance à ces dépôts d'actes qu'on appelle les Archives publiques ou particulières.

Nos pères, dès le XIIIe siècle, ont compris l'importance de ces institutions et ils ont constamment eu soin de préposer à leur gestion des hommes éclairés et laborieux, chargés de conserver et de mettre en ordre les documents qui les intéressaient.

Les précautions matérielles prises, soit dans les dispositions de l'architecture, soit dans l'aménagement des locaux destinés à recevoir ces dépôts, prouvent qu'ils considéraient comme un de leurs devoirs de les transmettre intacts aux générations futures.

C'est cet immense faisceau de documents législatifs, judiciaires, administratifs et particuliers, à la conservation duquel vous êtes chargés de veiller, en ce qui concerne les Archives départementales.

Vous avez pourvu à cette obligation par des allocations aussi larges que le permettait l'état de vos finances, destinées à seconder l'administration dans les mesures qu'elle vous a proposées, soit pour l'installation et la conservation des Archives, soit pour la rémunération des Archivistes, élevée à la proportion du mérite que ces difficiles fonctions exigent, et, enfin, par la nomination d'une Commission chargée d'assurer par sa surveillance la bonne exécution de ce service important.

Cette Commission a, comme les années précédentes, fait sa visite annuelle aux Archives; elle a pu se convaincre, par ses yeux, que le progrès dans la classification des pièces innombrables qui forment cette précieuse collection, loin de se ralentir, avait reçu une impulsion telle, que ce qui était un chaos de papiers, il y a trois ans, lors de la translation des Archives de la Préfecture à l'hôtel de ville, est maintenant un modèle d'arrangement méthodique et de régularité.

L'intérêt historique aussi bien que l'intérêt public et particulier peuvent puiser désormais dans ce dépôt, sans perte de temps et avec facilité, toutes les ressources qui y ont été préparées par la prévoyance de nos ancêtres.

La publication des inventaires, proposée par M. le Ministre de l'Intérieur, et que M. le Sénateur vous invite à commencer jusqu'à concurrence de 20 feuilles, tirées à 400 exemplaires, achèvera d'en faire connaître la richesse et d'en faciliter l'usage aux intéressés.

En présence de cette situation si propre à le satisfaire, le Conseil général comprendra qu'il est important de continuer et de compléter sans cesse son concours à une œuvre d'une si haute et si indispensable utilité, en accordant les allocations demandées par M. le Sénateur, soit pour les dépenses nécessaires à la conservation des titres, soit pour la rémunération des mandataires intelligents et actifs qui consacrent à ce service un zèle soutenu et une capacité éprouvée.

Le Conseil général arrête : 1º une augmentation de 1,000 francs est allouée à M. Gauthier, archiviste en chef du département du Rhône, sur son traitement, lequel est, en conséquence, porté à la somme de 5,000 francs.

2º Une augmentation de 200 francs est allouée à M. Delacollonge, aide-archiviste, sur son traitement, lequel est, en conséquence, porté à la somme de 1,200 francs.

Rapport de la Commission, 1863. — Les opérations ordinaires de classement ont été continuées, cette année, avec la régularité et l'activité que nous avons constamment signalées dans cette branche de l'administration. Des versements de papiers modernes d'une importance exceptionnelle ont aussi été opérés durant cette année.

Je vous présente presque achevée la série D des Archives départementales, qui fait suite aux séries A, B, C, analysées dans notre rapport de l'année dernière.

La série D contient 255 articles, qui cependant n'en forment pas l'achèvement. Il y manque encore les fonds des petites écoles de Saint-Charles et de l'Académie des sciences, belles-lettres et arts de Lyon.

Après avoir analysé les séries A, B, C, qui vous ont été signalées l'année dernière et rappelé les titres qu'elles renferment, dont je ne mentionne que les principaux, en citant ceux relatifs aux élections des États-Généraux de 1789, les titres relatifs au siége de la Monnaie qui contiennent des documents sur la fabrication des monnaies, leurs altérations, le billonnage, la fausse réforme des monnaies, la fausse monnaie et les faux monnayeurs, les documents recueillis par Lambert d'Herbigny, le premier intendant de Lyon dont les papiers ont été conservés, qui lui servirent à rédiger ses mémoires destinés à l'instruction du duc de Bourgogne, petit-fils de Louis XIV, les pièces relatives aux manufactures d'étoffes d'or, d'argent et de soie, aux établissements de verreries à Givors, à Grigny, à Roanne, etc., aux mines de cuivre de Saint-Bel et à celles de plomb du Forez et du Dauphiné, connues sous le nom de concession Blumenstein, les Archives de la compagnie souveraine du Bureau des finances, M. l'Archiviste nous présente la série D, formée des documents relatifs à l'instruction publique, aux sciences, et aux arts.

C'est dans ces fonds que se trouvent toutes les pièces relatives à l'expulsion des Jésuites, à leur remplacement par les Oratoriens, à la mise en régie de leurs biens, et des délibérations du Consulat de Lyon ayant pour but de pourvoir au remplacement des *ci- devant soi-disant Jésuites*.

Cette simple nomenclature, toute restreinte qu'elle est, suffira au Conseil pour apprécier quelles richesses archéologiques la publication des inventaires signale à l'attention des savants et quels témoins vivants, et pour ainsi dire immortels, ils exhument des catacombes des Archives anciennes, pour servir de garant à une histoire positive et inaltérable.

Haute-Saone. — (Voyez les précédentes délibérations, *Annuaire* de 1862, p. 78, *Annuaire* de 1863, p. 67.) — *Rapport du Préfet*, 1863.—L'inventaire du bailliage de Grayse poursuit toujours avec activité ; 814 nouveaux articles ont reçu l'approbation ministérielle, et les analyses de 994 autres articles destinés à l'impression sont parvenues à l'administration supérieure. Divers inventaires des Archives communales antérieures à 1790 ont été rédigés par l'Archiviste et approuvés par Son Exc. M. le Ministre de l'Intérieur.

Saone - et - Loire. — (Voyez les précédentes délibérations, *Annuaire* de 1863, p. 68.) — *Rapport du Préfet*, 1863. — Vous avez pu voir par la lecture du rapport de M. Ragut, archiviste de la Préfecture, dont j'ai eu l'honneur de vous donner communication, l'importance des Archives départementales et des travaux auxquels donnent lieu leur conservation, ainsi que le dépouillement et le classement des pièces qui y sont versées chaque année.

Pour assurer la marche de ce service, ainsi que celui des Archives des sous-préfectures, je vous demande, Messieurs, la continuation des mêmes crédits qu'en 1863, bien que quelques-uns de MM. les sous-préfets expriment le vœu qu'ils soient augmentés, afin de rémunérer plus convenablement les employés qui se livrent au travail de triage et de classement des papiers à conserver dans ces dépôts.

Mon prédécesseur vous a fait connaître, lors de votre dernière session, la nécessité de pourvoir aux dépenses d'impression de l'inventaire-sommaire de nos Archives départementales, en ce qui concerne les documents antérieurs à 1790; afin de satisfaire à la demande formée par Son Exc. M. le Ministre de l'Intérieur, je joins à mon rapport la première feuille de cet inventaire. L'impression de la seconde a dû être suspendue à raison des intercalations nombreuses qu'il est nécesraire de faire au premier travail, par suite de la découverte de documents qu'ont restitués diverses Archives communales et des anciens bailliages. Ces documents appartiennent, pour la plupart, à la série B, en voie d'impression. Mais comme le triage et le classement de ces nouveaux actes, qui ont été remis dans le plus complet désordre et en fort mauvais état, seront terminés très-probablement au mois de mai prochain, j'ai cru devoir vous proposer de continuer en 1864 l'allocation de 500 francs inscrite au budget de 1863.

SARTHE. — (Voyez les précédentes délibérations, *Annuaire* de 1862, p. 78, *Annuaire* de 1863, p. 68.) — *Rapport de l'Archiviste*, 1862.—Pénétré de la grande et féconde pensée qui a animé l'administration supérieure, lorsqu'elle a réclamé de tous les Archivistes de l'Empire la rédaction et la publication des inventaires destinés à reproduire l'analyse sommaire des documents les plus importants antérieur à 1790, je me suis livré aussitôt qu'il m'a été possible à un travail nouveau, qui présentait des difficultés de plus d'un genre. Il ne m'a pas fallu seulement, en effet, compulser, avec une minutieuse attention et les registres et les liasses de chacune des séries, de manière à relever un fait d'histoire générale, ou à mettre en évidence une coutume, une cérémonie environnées d'un intérêt tout local, j'ai dû, en outre, lutter contre de nombreux obstacles provenant de l'exécution typographique. Dieu merci, les types ont été choisis conformément au spécimen envoyé par le Ministère, tous les caractères approuvés et l'œuvre intellectuelle pourra désormais avancer, dans l'avenir, sans crainte d'un fâcheux contre-temps de nature à arrêter son essor.

Je puis ainsi, dès aujourd'hui, Monsieur le Préfet, mettre sous vos yeux : 1° un exemplaire imprimé de la série A des Archives anciennes, comprenant, dans son ensemble, les titres et enseignements du domaine du comté du Maine, les livres de recette de cens et rentes dus au Roi, à cause de son château et tour Ribandelle du Mans, les aliénations et engagements, par les divers rois de France, des biens domaniaux, puis enfin la portion du territoire de la province affectée à l'apanage d'un membre de la famille royale, Louis-Stanislas-Xavier, comte de Provence et du Maine, qui fut plus tard le roi Louis XVIII ; 2° un exemplaire également imprimé de la série B, traitant de la sénéchaussée et siége présidial du Maine, sis au Mans, avec mention du payement des gages des officiers de ce siége, de leurs droits et priviléges et de leur intervention juridique dans la plupart des contestations civiles et religieuses de la province ; puis de la Maîtrise des Eaux et Forêts des pays et comté du Maine, qui pouvait, dès l'année 1558, arguer d'un édit du roi Henri II, pour protéger la conservation des bois de haute futaie du royaume, et qui, au milieu d'un amas de plaintes portées à sa juridiction pour cause de délits de pêche et de chasse, ne dédaignait pas de prendre en sérieuse considération un procès-verbal d'un de ses gardes constatant que des enfants avaient été surpris avec 18 œufs de perdrix qu'ils avaient dénichés, et 8 autres avaient été emportés par un particulier, avec l'intention bien avouée de les faire couver par une poule. Quant à la série C, embrassant dans sa catégorie les administrations provinciales, les Intendances, les subdélégations, les Élections, les Bureaux des finances, les états provinciaux, etc., je compte bien avoir terminé lors de la session du Conseil général les travaux d'analyse qui la concernent ; mais l'envoi des matières au Ministère et les continuelles retouches des épreuves d'imprimerie ne permettent guère d'assigner une date certaine au jour du tirage définitif. Toutefois, il suffît de me rendre compte de ce qui a été déjà composé et imprimé, pour que j'aie la certitude de pouvoir soumettre à MM. les Membres du Conseil au moins la première partie du travail. Cette première partie ne manque pas d'ailleurs d'un certain intérêt, en ce qui concerne les choses de la localité. Ainsi, à côté d'une lettre de cachet signée Louis XIV au sénéchal du Maine, pour lui ordonner de convoquer le ban et l'arrière-ban de la milice de la province, se trouve une requête adressée au lieutenant criminel en la sénéchaussée du Maine, par les maires et échevins du Mans, au sujet de violences et de graves désordres commis par les gentilshommes de l'arrière-ban des provinces de Bourgogne et de Bresse, en quartier dans la ville, qu'ils prétendent traiter en cité ennemie, offrant de se faire distinguer eux-mêmes sous le nom de *Tartares.* Puis succède une longue suite de feuilles manuscrites et en partie imprimées, reproduisant le plus communément de 1729 à 1789, pour chacune des paroisses, les impositions de la taille et de la capitation, avec désignation des nobles, seigneurs de la paroisse, appelés au bénéfice de l'exemption de l'impôt. Je me suis particulièrement appliqué à transcrire tous ces noms privilégiés, parce qu'il en est plusieurs que je ne retrouve ni dans l'Armorial du diocèse du Maine de Cauvin, ni dans d'autres recueils traitant également de la noblesse de cette province.

Ces détails, peut-être un peu longs, Monsieur le Préfet, m'ont pourtant semblé répondre à l'importance que M. le Ministre de l'Intérieur n'a cessé d'attacher, dans ses circulaires, à des travaux historiques, dont l'initiative appartient à Son Excellence, et si, comme Archiviste, j'ai pu offrir un contingent départemental qui paraisse suffisant à MM. les Membres du Conseil général, qu'il me soit permis d'en faire remonter jusqu'à eux le faible mérite, en témoignage de reconnaissance de leur décision de l'année dernière relative au service des Archives et si complétement favorable aux travaux qui appellent le calme de l'étude et le silence du cabinet.

Rapport de l'Archiviste, 1863.—La rédaction des inventaires-sommaires des Archives antérieures à 1790 a été continuée avec activité. La série C (Intendances. subdélégations, Élections, Bureaux des Finances, etc.) a été complétement terminée. Il en est de même de la série D, comprenant les pièces relatives aux anciens établissements d'instruction publique.

Quant à la série E, la plus importante tant par le nombre qu'à cause de la valeur des documents qu'elle renferme, l'analyse en est commencée et 20 numéros sont sous presse.

Ce travail est, vous le savez, Monsieur le Préfet, l'objet de toute la sollicitude de l'administration centrale. L'ensemble de ces inventaires, publiés ainsi dans tous les départements de l'Empire, constituera un monument unique et une œuvre éminemment nationale. Je ne dois pas omettre de signaler encore la restitution faite aux Archives de la Sarthe, par la Préfecture de Seine-et-Marne, de 214 pièces concernant le prieuré de Saint-Pavins-des-Champs ; notre dépôt ne possédait rien sur cet établissement important.

SAVOIE. — (Voyez les précédentes délibérations, *Annuaire* de 1862, p. 79, *Annuaire* de 1863, p. 68.) — *Rapport du Préfet*, 1862. — Les deux rapports de M. l'Archiviste constatent à la fois, et la marche active qu'il a imprimée au classement des pièces, et le bon ordre qu'il a déjà introduit, et le soin avec lequel il a accompli ce travail. Vous pourrez remarquer aussi l'abondance des documents précieux, tant pour l'histoire du département que pour les familles de Savoie, et lorsque la partie des Archives qui se trouve actuellement à Turin nous aura été restituée, notre pays sera certainement l'un des plus riches entre tous les départements de l'Empire. Le retour des pièces dont il s'agit pourra s'effectuer sans que nous ayons à agrandir les locaux actuels des Archives, car par la restitution qui vient d'être faite au département de la Haute-Savoie de tous les titres et documents qui le concernent, notamment de la collection des mappes du cadastre, une place assez considérable est devenue libre et attend les Archives qui nous seront restituées de Turin.

Rapport de l'Archiviste, 1862. — La plupart des fonds qui se trouvent déjà représentés dans les séries ont encore des pièces à classer dans la partie non dépouillée de nos Archives, et bien des fonds, qui ont des dossiers dans cette dernière partie, ne figurent pas encore dans les bulletins.

Est-il besoin, Monsieur le Préfet, de rappeler au Conseil général que

tout ce qui nous reste n'est que ce qu'on n'a pas jugé assez intéressant pour être emporté à Turin, et que ces débris ne constituent
peut-être pas la dixième partie de ce qu'on nous a enlevé et qui
devrait nous être rendu (en exécution même du dernier traité inter-
national) ? Avec le patriotisme éclairé qui l'honore, le Conseil général a émis, en termes énergiques, dans ses deux précédentes sessions, des vœux pour l'exécution de ce traité, en ce qui concerne les
Archives historiques de la Savoie. Ces vœux ont été recommandés
par vous, Monsieur le Préfet, à la haute sollicitude de Son Exc. M. le
Ministre de l'Intérieur. Là s'arrêtaient malheureusement nos moyens
d'action.

Le Conseil partagera encore nos regrets, je n'en doute pas,
Monsieur le Préfet, quand vous lui ferez connaître que tous nos efforts
n'ont pu préserver d'une dissolution les Archives du tabellion, dont
les pièces ont été partagées entre les notaires et les greffiers de
tribunaux civils, en exécution du décret impérial qui a reconstitué
le notariat dans le département.

Les mappes originales et les mappes-copies de l'ancienne province de la Haute-Savoie, arrondissement d'Albertville, ont été classées méthodiquement cette année et l'inventaire définitif en a été
rédigé ; la copie réglementaire destinée au bureau des Archives départementales du Ministère de l'Intérieur a été ajournée quelque
temps à cause du nombre des copies de mappes entières et de
sections de mappes qu'on a eu à fournir d'urgence pour les communes ou les particuliers. Cette copie sera prochainement envoyée
à Paris.

L'inventaire des mappes rédigé cette année contient 75 numéros :
il fait suite à celui de la Savoie propre.

L'adjoint aux Archives, chargé du cadastre, a dressé en outre les
copies des mappes entières des communes de Brides-les-Bains,
Rotherens et Plancherine, contenant environ 4,000 numéros ou
parcelles et 28 copies de sections, ou extraits de mappes.

Dans sa dernière session, le Conseil général a émis le vœu de
voir concentrer à Chambéry tous les documents se rattachant au
cadastre général du duché qui pouvaient se trouver encore dans
les arrondissements des deux départements. Loin d'admettre ce

principe, et malgré les raisons que nous avons présentées à M. le Ministre pour combattre l'intention de démembrer les Archives de la péréquation générale du duché, qui étaient le dernier fonds intact des Archives de la Savoie, Son Excellence nous a prescrit d'en extraire tout ce qui pourra l'être au profit du département de la Haute-Savoie. Cette restitution vient de s'opérer. Les Archives de la Savoie ont déjà expédié à celles de la Haute-Savoie tous les documents relatifs au cadastre de ce département, 291 liasses ou registres de titres féodaux ou administratifs, et nous allons envoyer prochainement les dossiers relatifs à l'arrondissement d'Annecy pendant le premier Empire.

Rapport de l'Archiviste, 1863. — L'inventaire du cadastre a été poussé, cette année, avec la plus grande activité, malgré l'accroissement sensible qui ne cesse de se poursuivre dans le nombre de recherches et des demandes de copies de plans et autres titres. Les inventaires définitifs des mappes originales et mappes-copies des arrondissements de Moutiers et de Saint-Jean de Maurienne ont été rédigés et envoyés au Ministère de l'Intérieur. L'Archiviste adjoint, chargé de cette partie du service, a dressé les mappes entières des communes du Chatelard et de Chanaz et 2 à 4 sections de chacune des communes de Bellecombe (Tarentaise), Grésy-sur-Aix et Aiton; il a fourni en outre 36 extraits de plans de moindre dimension. Il va s'occuper pendant cette année de la classification et de l'inventaire de tous les registres qui composent le fonds volumineux des Archives de la péréquation.

Le classement des Archives de la sous-préfecture de Moutiers est aujourd'hui à peu près terminé; M. le Sous-Préfet de Saint-Jean de Maurienne s'occupe même en personne du dépouillement des Archives de la période révolutionnaire de son arrondissement.

Rapport de la Commission, 1863. — Votre Commission, qui a pris connaissance du rapport de l'Archiviste, se plaît à en reconnaître la parfaite exactitude; et ce résultat est dû aux talents et au zèle de M. le Conservateur : elle se joint, en même temps, aux vœux qu'il forme pour la réintégration dans vos Archives des pièces nom-

breuses qui ont été transportées à Turin, et qui, d'après les termes
du traité, doivent nous être rendues.

HAUTE-SAVOIE. — (Voyez les précédentes délibérations, *Annuaire*
de 1862, p. 79, *Annuaire* de 1863, p. 69.) — *Rapport de l'Archiviste*, 1862. — Les documents antérieurs à 1790 ne consistaient, il y
a un an, qu'en un petit nombre de registres émanant de l'ancienne
intendance d'Annecy, contenant surtout des rôles d'impositions et
ne remontant pas au delà du XVIIIᵉ siècle. Aussi, à la circulaire du
Ministre de l'Intérieur demandant aux Conseils généraux de voter
des fonds pour la publication des inventaires sommaires d'Archives
anciennes on dut répondre simplement qu'il n'y avait pas lieu,
dans le département de la Haute-Savoie, d'entreprendre cette publication.

D'où venait cette pénurie singulière? Sous le premier Empire,
lorsque la loi prescrivant de réunir aux chefs-lieux des départements les titres divers acquis à l'État était en cours d'exécution sur
tout le territoire français, Annecy se trouvait une simple sous-préfecture qui, loin de pouvoir recueillir les Archives du pays, dut être
dépouillée au profit du chef-lieu du département du Mont-Blanc,
c'est-à-dire de Chambéry. Antérieurement déjà, cette dernière ville
centralisait bon nombre de documents historiques relatifs à tout le
duché de Savoie, dont elle était la capitale. Quant aux provinces du
Chablais et du Faucigny, formant les arrondissements de Thonon
et de Bonneville, leurs richesses paléographiques devaient être,
suivant l'acception rigoureuse de la loi, transférées en totalité à
Genève, chef-lieu du département du Léman. Mais indépendamment
de cette cause générale, qui explique l'absence de tout dépôt tant
soit peu important dans la Haute-Savoie, des circonstances particulières vinrent appauvrir les fonds d'Archives locales qui, grâce à une
exécution incomplète des règlementaire, étaient restés disséminés
dans le pays. L'invasion des protestants bernois au XVIᵉ siècle, puis
les pillages aveugles de la Révolution en avaient détruit une partie :
néanmoins, c'est plus tard qu'ils eurent à supporter les mutilations
les plus regrettables.

A plusieurs reprises, le gouvernement piémontais fit emporter aux Archives de Turin les titres les plus précieux. Il avait dû, sous l'Empire, en restituer un certain nombre aux départements du Mont-Blanc et du Léman; en 1824, redevenu maître de la Savoie, il les fit réexpédier à Turin, à l'exception des mappes du cadastre, qui restèrent toutes à Chambéry. En 1834, il glana de même dans le pays entier une ample moisson, à l'aide de laquelle M. Cibrario composa ses travaux historiques bien connus.

Encouragé par l'idée que les Archives de la Haute-Savoie avaient été moins détruites que dispersées, je me suis efforcé de les reconstituer, et je vous ai adressé, Monsieur le Préfet, un rapport détaillé sur les résultats de mes investigations.

En premier lieu, lors de ma tournée pour l'inspection des Archives des chefs-lieux d'arrondissement, j'eus le bonheur de retrouver dans les combles où sont déposés les papiers de l'ancienne intendance de Chablais un fonds assez considérable provenant des abbayes de Chartreux et de Barnabites, d'Annonciades et autres qui s'élevaient jadis à Thonon ou aux environs. Cette collection avait survécu presque intégralement à l'invasion bernoise et aux orages révolutionnaires, comme le constate un inventaire des Archives de l'Intendance dressé en 1820, et qui existe encore à la sous-préfecture; mais ensuite (postérieurement par conséquent à 1820) elle s'était singulièrement réduite, et je n'en reconnus que la portion la moins précieuse et la plus récente.

Toutefois, elle comprenait encore plusieurs parchemins assez vénérables, entre autres deux chartes de 1274 et de 1305 concernant la Chartreuse de Vallon et d'autres pièces non moins remarquables.

Je vous proposai, Monsieur le Préfet, de transporter d'urgence à la Préfecture tout ce qui subsistait des fonds de ces anciens couvents. Cette réintégration, conforme du reste aux règlements en vigueur, est aujourd'hui presque entièrement effectuée. M. le Sous-Préfet de Thonon m'a transmis par envois successifs la plupart des documents retrouvés, qui ont été immédiatement placés dans les cartons, et la totalité ne tardera pas à être réunie dans le dépôt départemental, où sa conservation est assurée.

Mais les principales restitutions que nous avions à attendre étaient celles des nombreux documents relatifs à la Haute - Savoie que la Préfecture de Chambéry avait conservés en sa possession.

Dans un voyage que je fis pour cet effet, je pus reconnaître que ces documents consistaient d'abord dans le cadastre complet, dressé en 1732 de toutes les communes du département, puis dans une série de chartes et de papiers divers beaucoup plus anciens, intéressant le Genevois, le Chablais et le Faucigny. Les mappes cadastrales et les registres qui les accompagnent sont des pièces auxquelles les communes comme les particuliers ont très-souvent besoin de recourir; leur éloignement était pour la Haute-Savoie un préjudice et une source d'inconvénients. D'ailleurs, le duché de Savoie ayant été divisé en deux circonscriptions, il n'était que juste que chacune d'elles gardât par-devers soi les matériaux nécessaires à son administration. Le Conseil général de la Haute-Savoie, dans la session de 1861, formula le vœu de leur réintégration, et son éminent président appuya sur la nécessité de redemander à la Préfecture de Chambéry tout ce qui, dans ses Archives, concernait les trois provinces distraites de sa juridiction.

A la suite de ma visite aux Archives de Chambéry, dans laquelle je constatai que rien ne s'opposait au transport des plans du cadastre, vous vous êtes empressé, Monsieur le Préfet, d'en demander simultanément la restitution à Son Exc. M. le Ministre de l'Intérieur et à M. le Préfet de la Savoie.

Les seigneuries, les abbayes et les familles les plus illustres du pays revivent dans ces débris, encore trop peu nombreux, dont il suffit de citer quelques-uns pour donner une idée de la valeur de l'ensemble :

Fondation par le comte de Savoie Amédée VIII de l'abbaye de Ripaille, en 1410;

Priviléges et concessions accordés à Jacques, duc de Genevois-Nemours, par les ducs de Savoie (cartulaire rédigé sur les originaux en 1614);

Compois du châtelain de Clermont pour Janus de Savoie, comte du Genevois, en 1472 ;

Testaments et actes privés de diverse nature depuis 1238.

Ces richesses ne sont pas les seules de ce genre dont les Archives de la Savoie nous doivent la réintégration : le dépouillement du dépôt de Chambéry en fera certainement découvrir de nouvelles, qui viendront successivement se joindre aux premières.

Rapport du Préfet, 1863.—Le fonds le plus considérable des Archives anciennes, celui du cadastre de 1730, a été entièrement trié et mis en ordre. Les registres et les plans forment un total de 2,237 articles, et occupent une salle spéciale. On conçoit, d'après ce chiffre, que le classement a dû en être aussi long que minutieux. Un répertoire général de ce fonds a été établi par ordre alphabétique des communes. Au moyen de cette pièce, les recherches et les communications, très-nombreuses pour cette partie des Archives, s'effectuent sans retard et sans difficulté. Les extraits de plans demandés par les particuliers ou par les communes se font aux Archives par un géomètre attaché au dépôt et suivant le tarif réglementaire. Le prix exigé pour les expéditions constitue la rémunération de ce géomètre. Quant aux extraits des registres et aux communications de pièces cadastrales quelconques, leur produit, basé sur le même tarif, est versé chaque année dans la caisse du département.

Le répertoire du cadastre a en même temps servi à la confection de l'inventaire des Archives. Douze cahiers de cet inventaire, comprenant en tout 1,161 articles, c'est à dire les plans originaux, les plans-copies et les *tabelles* du cadastre de chaque commune, ont été successivement rédigés. Ils contiennent d'excellentes indications notamment le tableau des principaux possesseurs de fiefs de la contrée en 1730. Il ne reste plus à inventorier, dans le fonds du cadastre, que les livres des géomètres et des estimateurs, dite *numéros suivis*. Les éléments de ce dernier travail ont été préparés.

Il est donc présumable que la Haute-Savoie, de même que les autres départements, verra prochainement commencer la publication des inventaires-sommaires de ses Archives anciennes.

Il existe aussi à la sous-préfecture de Thonon des pièces intéressantes ; ces pièces doivent être versées au dépôt du département. Elles ne tarderont pas à y être entièrement réunies. Ce n'est qu'après ces réintégrations que l'on pourra entreprendre utilement l'inventaire des séries autres que celles du cadastre.

Le classement des Archives modernes est à peu près terminé. Il a été dressé un répertoire-sommaire des pièces les plus récentes, en attendant la confection de l'inventaire détaillé, qui n'existe que pour la période de 1815 à 1840.

Quelques démarches ont été tentées pour la réintégration d'une autre quantité considérable de documents anciens dont le pays est privé. Le Ministre de l'Intérieur m'a demandé plusieurs inventaires des pièces à revendiquer auprès de la Cour de Turin. J'ai reçu l'assurance que des négociations étaient ouvertes pour cet objet.

Rapport de la Commission, 1863.—Proposition d'émettre les vœux suivants : Vœu que les documents relatifs à l'histoire de la Savoie, aux communes, aux familles et aux propriétés particulières, qui se trouvent à Turin, rentrent dans les Archives départementales ;

Même vœu pour les titres qui peuvent être à Grénoble et à Bourg.

La Commission est d'avis que ces vœux soient appuyés. Le rapporteur fait connaître qu'indépendamment des pièces indiquées par le Conseil d'arrondissement de Bonneville, il doit en exister d'autres aux *Archives mixtes* de Genève. Il assure que des titres nombreux sont entassés dans les combles de l'Hôtel-de-Ville; ils proviennent des Archives anciennes, délaissés à l'époque ou le département du Léman fut partagé entre la France, la Suisse, et la Sardaigne. Il demande que le vœu que l'on propose d'émettre comprenne aussi les titres et documents qui se trouvent à Genève.

Ces conclusions sont adoptées.

SEINE - INFÉRIEURE. — (Voyez les précédentes délibérations, *Annuaire* de 1862, p. 80, *Annuaire* de 1863, p. 69.)—*Rapport du Préfet*, 1862.—Vous vous rappelez qu'une circulaire du Ministre de l'Intérieur du mois d'août 1861 provoquait la rédaction et l'impression d'un inventaire raisonné de la partie historique des Archives départementales destiné, par des échanges réciproques et même par la vente au public, à mettre en lumière et en valeur ces précieux documents. Cette pensée feconde a été accueillie par vous, et vous vous y êtes associés par un vote financier qui a permis d'en commencer la réalisation dès l'année dernière. Nous vous avons

ᵴignalé, en même temps que l'importance de cette publication, le
labeur qu'elle imposait, puisqu'il ne s'agissait plus seulement ici
d'une classification matérielle, d'une indication sommaire, telle
qu'elle suffit d'ordinaire pour un simple catalogue de bibliothèque,
mais bien d'une analyse des documents contenus dans chaque liasse,
dans chaque registre, et ne devant rien omettre de ce qu'ils renferment d'intéressant. La continuation de cette œuvre a été la principal besogne de cette année.

La série C, qui représente a elle seule la neuvième partie environ
de nos Archives départementales anciennes, a fourni à ce dépouillement deux mille articles, et sa terminaison, qui aura lieu l'année
prochaine au plus tard, fournira la matière d'un volume in 4°. Dès
aujourd'hui, nous vous présentons la moitié à peu près de cette publication, laquelle sera livrée au public avant le mois de janvier
prochain, et nous croyons pouvoir ajouter que notre degré d'avancement nous place aux premiers rangs parmi les départements de
l'Empire.

L'exemple donné par le département dans la réalisation de cette
mesure libérale et conservatrice parait devoir être suivi par les
villes et les commissions d'hospices, et déjà les villes de Rouen et de
Dieppe ont montré les dispositions les plus favorables pour la publication, à leurs frais, d'un semblable inventaire de leurs riches Archives communale s.

Rapport du Préfet, 1863.—La publication de l'inventaire-sommaire
des documents historiques est parvenue à la vingt-quatrième feuille,
et comprend l'analyse de 1364 articles, représentant le fonds entier
de l'Intendance et une notable partie de celui du Bureau des finances de la Généralité de Rouen. La copie des numéros 1355-1674
est actuellement entre les mains de l'imprimeur ; celle des numéros
suivants, jusqu'à 2,000, a été adressée à Son Exc. le Ministre de
l'Intérieur. Ainsi se poursuit, sans perte de temps, l'accomplissement d'un programme que vous avez tous hautement approuvé.

Un nombre considérable de documents concernant d'anciennes
juridictions et le domaine de l'archevêché ont été restitués au département par le greffe du tribunal civil de Dieppe.

412 liasses ou registres, provenant pour la plupart des anciens siéges d'Élection, ont été classés et inventoriés. L'analyse qui en a été rédigée a pris place dans l'inventaire de la série C, actuellement en voie de publication.

Les bureaux de M. le Conservateur des forêts et de MM. les Inspecteurs de Blangy, Caudebec, etc., ont été explorés par M. l'Archiviste en chef. Un état a été dressé des pièces antérieures à 1790 qui paraissent pouvoir, sans inconvénient pour le service forestier, être déposées à la Préfecture.

Un premier triage a été opéré aux Archives de la ville d'Eu, où des documents du plus grand intérêt, provenant d'anciens établissements supprimés à l'époque de la Révolution, se trouvaient confondus avec les Archives municipales.

Mon attention a encore été appelée sur la difficulté d'arriver dans la sous-préfecture à un classement régulier des anciens documents administratifs. Faute de ressources et d'emplacements convenables, bon nombre de papiers relatifs à l'administration sont entassés pêle-mêle dans les combles des hôtels de sous-préfectures. J'ai le projet de faire rentrer dans les Archives départementales ces documents au moins tous les cinq ans. Cette mesure exigera un crédit peu important, que je tâcherai de prélever sur l'ensemble des allocations accordées au service des Archives, et qu'à défaut j'espère pouvoir réaliser par un virement.

SEINE-ET-MARNE. —(Voyez les précédentes délibérations, *Annuaire* de 1862, p. 81, *Annuaire* de 1863, p. 71.)—*Rapport du Préfet*, 1862. —Je mets sous vos yeux le rapport du Conservateur des Archives et j'y joins un exemplaire du volume imprimé de la première partie de l'inventaire des Archives départementales antérieures à 1790.

La seconde partie de ce travail pourra être prochainement livrée à l'impression.

Pour atteindre si promptement le but que s'est proposé l'administration, en prescrivant la confection d'un inventaire imprimé, il ne fallait pas moins que le zèle et l'activité que vous connaissez à M. l'Archiviste.

Malgré ce travail considérable, M. Lemaire a continué l'inspection des Archives communales.

Rapport du Préfet, 1863. — Avant de passer à l'exposé de la
situation de la deuxième partie de l'inventaire comprenant les
Archives ecclésiastiques, je demanderai la permission de faire
remarquer qu'un travail supplémentaire aux Archives civiles,
demandé par une dépêche du 17 mars dernier, a été entrepris
d'urgence.

Ce travail consistait à analyser les inventaires des Archives communales de mon département antérieures à 1790 et à en extraire
les faits historiques les plus remarquables ; mais avant de procéder
à cette analyse, et sur la recommandation de Son Excellence, j'ai
dû envoyer l'Archiviste dans plusieurs localités, afin qu'il puisse
y faire des recherches et compléter les inventaires, qui, dans quelques endroits, laissaient beaucoup à désirer dans leur rédaction.

Les communes d'Avon et de Fontainebleau furent d'abord visitées,
et beaucoup d'actes de baptêmes, mariages et sépultures furent recueillis. On y trouve les noms d'architectes, de peintres, de sculp-
teurs, de jardiniers-ingénieurs, etc., qui concoururent à la décoration
du Palais de Fontainebleau et de son parc depuis François Ier jusqu'à Louis XIV ; de nombreux actes de la vie de plusieurs rois et
princes français se sont accomplis dans cette résidence, si riche en
souvenirs historiques, dont il était bon de recueillir les preuves.

L'inventaire des Archives municipales de la ville de Fontainebleau
était un de ceux qui étaient rédigés trop sommairement. L'Archiviste a profité de sa visite pour lui donner une certaine extension;
il a constaté, entre autres faits, la présence à Fontainebleau, en
1789, de François, marquis de Beauharnais, ancien gouverneur
général des îles du Vent de l'Amérique, chef d'escadre des armées
navales, souscripteur pour une somme de 1,525 livres à la contribution patriotique décrétée par l'Assemblée nationale le 6 octobre 1789, avec réserve de subroger à ses droits, lors du remboursement, Hortense-Eugénie de Beauharnais, sa petite-fille.

Les registres paroissiaux des villes de Moret et de Nemours, surtout ceux de cette dernière, ont aussi fourni de bons renseignements
historiques.

La mairie de Bray n'ayant jamais produit qu'un inventaire très-
imparfait de ses Archives anciennes, malgré les instructions réitérées

qui lui avaient été transmises, j'ai dû envoyer l'Archiviste départemental dans cette ville, afin de terminer une affaire qui jusque-là
était demeurée insoluble. M. Lemaire a profité de sa présence dans
le canton pour se rendre à Everly, l'une des anciennes résidences
des ducs de Rochechouart, marquis d'Everly, barons de Bray, etc.,
où il a pris copies ou extraits de plusieurs actes de l'état civil intéressant la famille de Mortemart.

Quelques communes rurales possèdent aussi des registres de paroisses qui renferment de très-précieux actes historiques, et, entre
autres, ceux de Blandy, Coubert, Lissy, etc., que MM. les maires ont
bien voulu communiquer à l'Archiviste ; celui-ci, sachant que les registres de Nandy contenaient aussi beaucoup d'actes relatifs aux
anciens seigneurs du lieu, s'est rendu dans cette commune, où il a
relevé parmi les plus curieux l'acte de décès de Nicolas de L'Hospital,
duc de Vitry, premier maréchal de France, mort le 28 septembre 1644, transporté ensuite à Coubert, l'une de ses terres, et de là
à Château-Villain, en passant par Nangis, où son corps a séjourné
les 30 et 31 octobre suivants.

Pour donner à l'ensemble du travail tout l'intérêt qu'il pourrait
comporter, il y avait lieu de provoquer des recherches dans toutes
les localités où l'on avait quelque espoir d'y rencontrer des pièces
intéressantes ; c'est ce qui a été fait au moyen d'une circulaire
adressée aux maires d'un assez grand nombre de communes de mon
département et d'un cadre tout préparé pour recevoir copie des
actes demandés. Si ces recherches n'ont pas toujours été couronnées
de succès, on peut cependant inférer des résultats obtenus que les
registres des paroisses sont les seuls documents qui puissent être
consultés utilement lorsqu'il s'agit d'établir d'une manière positive
la biographie d'un homme qui a su se distinguer à quelque titre que
ce soit.

En résumé, le travail analytique des Archives communales de
Seine-et-Marne antérieures à 1790, prescrit par une dépêche du
17 mars, a été terminé le 4 mai suivant. En 45 jours environ, l'Archiviste a dû analyser 522 inventaires, donner de l'extension à
plusieurs d'entre eux, réunir plusieurs centaines d'actes, soit par lui-
même, en se transportant dans les localités, soit en les demandant

aux maires, soit enfin en compulsant ceux de ces documents qui lui ont été confiés par ces derniers. Toutefois, il y a lieu de reconnaître qu'un premier dépouillement des inventaires dont il s'agit, exécuté dans les bureaux du Ministère, a contribué à la célérité du travail qui forme le complément des Archives civiles départementales : il contient onze feuilles et demie de texte, dont l'impression, commencée le 24 avril, était finie le 9 juin suivant.

Si ce résumé fait ressortir des noms, d'artistes, de savants, d'hommes d'État, de diplomates, etc., nés, mariés ou décédés dans le département, il offre encore l'avantage de faire connaître au public l'époque à laquelle remontent les plus anciens actes de chaque paroisse, rédigés en vertu des ordonnances, édits et déclarations qui ont précédé la loi du 20 septembre 1792, réglant l'état civil des Français.

Mon dernier rapport faisait connaître le degré d'avancement de l'analyse des Archives ecclésiastiques : cette analyse, interrompue par le travail dont je viens de parler, a été reprise aussitôt après l'achèvement de celui-ci. Aujourd'hui et depuis longtemps déjà l'inventaire de ces Archives est terminé ; son envoi à l'impression a été retardé par la transcription des minutes analytiques, que l'Archiviste tenait à rendre le moins incorrectes possibles, afin d'en faciliter la composition. Autrement l'inventaire des Archives départementales de Seine-et-Marne, en y comprenant le supplément, eût été achevé en moins de vingt mois, puisqu'il a été commencé vers le 20 octobre 1861 et terminé à la fin de mai 1863.

SEINE-ET-OISE. —(Voyez les précédentes délibérations, *Annuaire* de 1862, p. 81, *Annuaire* de 1863, p. 71.) —*Rapport de l'Archiviste* 1862. — De nouveaux documents sont encore venus, Monsieur le Préfet, enrichir le dépôt départemental. M. le Directeur des prisons, par suite des instructions que vous lui avez données, a fait verser :

1° 37 registres et une liasse provenant de la maison d'arrêt de Corbeil, et qui remontent à l'an VIII ; 2° 22 registres d'écrous de la maison d'arrêt d'Étampes de 1806 à 1857 ; 3° 37 registres d'écrous de Mantes de 1808 à 1857; 4° 42 registres de la maison d'arrêt de Pontoise de l'an II à 1854 ; 5° 2 registres d'écrous du bailliage de

, Pontoise de 1780 à 1792 ; 6° 20 registres d'écrous de Rambouillet de l'an XIII à 1852.

La collection de ces registres est maintenant à peu près complète. Il ne reste plus à rechercher que les documents de la maison centrale de Dourdan, prison célèbre sous la République et sous le premier Empire.

La liste civile vous a fait remettre les papiers provenant de divers tabellionages, et qui étaient déposés aux Archives du domaine de Rambouillet, savoir :

Tabellionage de Coignières, 3 liasses, 1624 à 1778 ; tabellionage de Lévy, 3 liasses, 1623 à 1705 ; tabellionage du Mesnil-Habert, 1 liasse, 1621-1699 ; tabellionage d'Ivette, 1 liasse, 1698-1710 ; bailliage de Coignières, 1 liasse, 1641-1671.

M. Delacour, notaire honoraire à Pontoise, a fait remettre, sur votre demande, Monsieur le Préfet, un registre terrier de la seigneurie de Grisy du XVIIIe siècle, qui est venu enrichir le fonds de M. de Lévis, marquis d'Ennery. M. Delacour a encore en sa possession d'autres documents relatifs à ce marquisat : ce sont les déclarations censuelles d'Ennery, de Livilliers, de Vallangoujard, de Rhus, etc., passées en 1789 et 1790 devant M. Delacour père, alors notaire. Interrompus forcément par la Révolution, ces travaux ne furent pas payés au notaire, qui conserva une partie de ces papiers. Aujourd'hui ils appartiennent aux héritiers de M. Delacour, qui ne veulent s'en dessaisir que moyennant indemnité.

J'ai trouvé, il y a quelque temps, dans la librairie Auguste Durand, à Paris, un lot de factums et de mémoires judiciaires du XVIIIe siècle, concernant des familles d'Étampes. Permettez-moi, Monsieur le Préfet, d'en faire don aux Archives de Seine-et-Oise.

Les recherches dans les Archives de la conservation des Eaux et Forêts de Paris n'ont fait découvrir qu'un seul registre ancien, c'est l'aménagement des bois et forêts de l'Isle-Adam, Méru et Trie-le-Château, fait en 1788 et en 1789. L'administration forestière, en s'engageant à remettre ce volume aux Archives de Seine-et-Oise, a demandé à le conserver jusqu'à ce que le nouvel aménagement de ces bois ait été complétement exécuté. Il n'existe dans le département qu'une forêt de l'État, les autres appartiennent à la couronne, et leurs titres sont déposés, soit dans les Archives de l'Empire, soit dans celles de la liste civile.

Le défaut de place, Monsieur le Préfet, a empêché de faire verser aux Archives départementales de nouveaux documents provenant des greffes. Il faudra attendre le nouveau local, et pour classer les papiers judiciaires que nous possédons et pour en enrichir le dépôt par de nouvelles acquisitions.

La série E est maintenant sous presse ; cinq feuilles sont tirées, la sixième est en composition.

La rédaction se poursuit sans relâche; six cents articles sont faits, et, avant deux ans, cette série, qui renferme les titres féodaux, les titres de famille, les communes, etc., formera, je l'espère, un fort volume en 4°.

DEUX-SÈVRES.—(Voyez les précédentes délibérations, *Annuaire* de 1862, p. 82.)—*Rapport du Préfet*, 1863.—Le rapport de l'Archiviste du département rend compte des nombreux travaux auxquels il s'est livré depuis votre dernière session. Ils ont eu pour objets principaux la continuation du classement des Archives modernes de l'administration départementale, l'inventaire des Archives des greffes des tribunaux, de l'administration des Eaux et Forêts et de celle des domaines, enfin la préparation des inventaires-sommaires des Archives anciennes prescrits par la circulaire de Son Exc. M. le Ministre de l'Intérieur du 12 août 1861.

L'inventaire des dépôts des greffes des domaines et des Eaux et Forêts a mis au jour de précieuses richesses archéologiques, dont une partie doit rentrer aux Archives du département. Leur dépouillement a exigé un travail suivi; un inventaire détaillé rédigé par l'Archiviste permettra en tout temps de recourir à des documents longtemps restés dans l'oubli.

Un rapport de l'Archiviste explique les circonstances exceptionnelles qui ont retardé la publication des inventaires-sommaires, en exigeant le dépouillement préalable du fonds d'archives considérable dont l'existence était restée ignorée.

L'impression des inventaires-sommaires est commencée, et il est probable qu'elle pourra se continuer sans un nouveau temps d'arrêt.

Rapport de la Commission, 1863.—M. l'Archiviste nous apprend qu'il a fait acheter pour le compte du département, au prix de 60 francs, un certain nombre de pièces anciennes concernant le Poitou, et il prie le Conseil général de vouloir bien autoriser ce payement; mais ce rapport ayant été soumis trop tard à M. le Préfet, il ne lui a pas été possible d'accueillir cette proposition quant à présent. Toutefois, cette acquisition n'ayant été faite que dans un but louable, votre Commission vous invite à prier M. le Préfet de faire effectuer ce payement aussitôt qu'il sera devenu possible.

Somme. — (Voyez les précédentes délibérations, *Annuaire* de 1862, p. 82, *Annuaire* de 1863 , p. 72.) — *Rapport du Préfet*, 1863.—L'Archivist es'est spécialement occupé, ces temps derniers, de la publication des inventaires-sommaires prescrite par les instructions, et pour laquelle vous avez voté dans votre dernière session une première somme de 500 francs. Plusieurs feuilles de la série A, que je place sous vos yeux, sont actuellement imprimées, les autres sont préparées, et j'espère pouvoir vous communiquer, l'an prochain, un travail complet. M. l'Archiviste a également terminé, depuis votre dernière session, le classement des Archives ecclésiastiques ; il a en outre mis en ordre une partie des fonds provenant des administrations des districts, ainsi que toutes les pièces relatives à l'imprimerie et à la librairie.

Je laisse d'ailleurs à la Commission que vous nommerez à cet effet le soin de vous rendre compte de la situation des Archives du département.

Rapport de la Commission, 1863. — Ceux de vos collègues que vous avez désignés pour faire la visite annuelle du local affecté aux Archives ont rempli la mission que vous leur aviez donnée; ils y ont trouvé tous les motifs de satisfaction pour l'ordre matériel qui y règne.

Un certain nombre de dossiers sont encore classés sur le plancher, à défaut de place suffisante; mais le vote que vous venez d'émettre relativement à la salle de vos séances permettra, sans doute, dans un temps prochain, d'affecter aux Archives une nouvelle portion de cet édifice, et le service sera alors parfaitement installé.

TARN. — (Voyez les précédentes délibérations, *Annuaire* de 1862, p. 83, *Annuaire* de 1863, p. 70.) — *Rapport de l'Archiviste*, 1863. — Le service des Archives modernes ou de la partie administrative du dépôt a continué de fonctionner comme les années précédentes; les collections des arrêtés, qui forment annuellement huit volumes in-f°, sont à jour et terminées par les tables des matières. On a continué le classement des papiers par séries d'après le cadre officiel ; la formation des nombreux dossiers relatifs à la comptabilité communale est terminée, et c'est la partie la plus considérable de la série P; on a encore réuni et mis en ordre toute la série S, qui renferme les documents que l'on consulte le plus souvent, ceux relatifs aux travaux publics.

Diverses pièces importantes, qui étaient sorties des Archives depuis fort longtemps, ont été réintégrées; je signalerai un mémoire sur les mines de Carmaux, un tableau des mines et minerais du département dressé par M. Dandin, en l'an IV; sept rapports du célèbre ingénieur Cordier sur les diverses mines du Tarn, et une notice du même auteur sur les ressources de notre industrie minérale en l'an XII.

Pour la partie de nos Archives antérieures à 1790, ou historique, j'ai continué l'inventaire-sommaire, qui avait été interrompu l'année dernière à la série B, article 145, avec 6,731 pièces, dont 86 registres. Comme rien n'était prêt pour la rédaction de cet inventaire, je ne puis avancer que lentement; cependant, j'ai fait, cette année, 159 articles nouveaux de la série B, sénéchaussée de Castres.

L'impression de cet inventaire se poursuit avec toute l'activité possible. Dix feuilles sont tirées. Les embarras de déplacement des Archives m'ont fait suspendre mon travail, que je ne pourrai pas reprendre avant la fin de l'année.

Cette publication, qui a été partout accueillie avec tant de faveur, puisqu'elle intéresse à la fois l'administration, l'histoire du pays, celle des communes et des familles, mettra au jour bien des documents ignorés : il suffit, pour s'en convaincre, de jeter les yeux sur les premières livraisons ; mais on ne comprendra bien toute l'importance de cet immense travail que quand il sera complet et que des tables en faciliteront l'étude.

Nous avons acheté quelques pièces manuscrites relatives à la vicomté de Lautrec et des pièces imprimées qui appartiennent au fonds des États-Généraux de la province. M. Sarrazy, contrôleur des contributions directes, a donné deux cadastres du XVe siècle de la commune de Mondragon. M. le Ministre de l'Intérieur avait prescrit la recherche dans les bureaux de l'administration forestière de tous les documents provenant des anciennes maîtrises et qui pourraient, sans inconvénient, être déposés dans les Archives départementales. On a trouvé dans le bureau de M. l'Inspecteur en résidence à Castres une assez grande quantité de documents des XVIIe et XVIIIe siècles, formant cinq volumes *dits de la Réformation* ; mais, comme ils ont été reconnus utiles à l'administration, on s'est contenté d'en dresser un inventaire, qui a été déposé dans les Archives de la Préfecture. Les recherches qui avaient également été prescrites par Son Excellence dans les bureaux des agents des domaines ont eu pour résultat la réintégration de vingt-quatre registres appartenant au fonds de l'archevêché d'Albi, ou à ceux d'autres établissements religieux de cette ville. Enfin, on a encore réuni aux Archives départementales les Archives anciennes des hospices d'Albi et de Gaillac. Cette réunion, que vous aviez sollicitée dans un intérêt de conservation, a été consentie par les Commissions administratives de ces établissements charitables et autorisée par le Ministre.

J'avais cru devoir, en 1862, insister sur la nécessité de prendre des mesures pour prévenir la perte des anciennes Archives du tabellionage, qui seraient, pour les Archives centrales du département une nouvelle source de richesses. M. le Ministre de l'Intérieur ayant demandé à ce sujet un rapport spécial, vous avez bien voulu me charger de le rédiger ; nous ne connaissons pas encore les mesures qui seront adoptées.

Rapport de la Commission, 1863.—Le Conseil s'associe aux sentiments de la Commission à l'égard de M. l'Archiviste, vote les allocations réclamées par la Commission et délègue MM. Crozes et Boyer pour visiter les Archives départementales dans l'intervalle de cette session à celle de l'année prochaine.

TARN-ET-GARONNE. — (Voyez les précédentes délibérations, *Annuaire* de 1862, p. 83, *Annuaire* de 1863, p. 70.) — *Rapport du Préfet*, 1863. — La situation des Archives départementales continue à s'améliorer. Le rapport de M. l'Archiviste, qui sera placé sous vos yeux, vous initiera avec détail aux réintégrations de titres qui ont encore eu lieu depuis votre dernière session. Le dépouillement des nombreux documents dont s'est enrichi ce dépôt se poursuit avec autant de rapidité que le comporte la nature d'un pareil travail.

Après avoir rendu à M. Devals le témoignage de satisfaction qui lui est dû pour le zèle et l'intelligence qu'il apporte dans l'exercice de ses fonctions, je n'aurais qu'à vous proposer de voter la même allocation que les années précédentes pour assurer la marche de ce service.

M. l'Archiviste a entrepris la répartition de 75,000 titres anciens dans les séries qui les concernent. Environ 15,000 titres ont été déjà répartis, et, comme l'avait avancé M. l'Archiviste, toutes les séries et leurs subdivisions en ont reçu chacune leur part. Les fonds de la Cour des Aides, de l'Intendance et du Bureau des finances ont considérablement gagné à cette première répartition. Mais les séries E, G, H, surtout ont vu leur importance s'accroître par de nombreux documents relatifs soit à 44 seigneuries, parmi lesquelles figurent en première ligne le marquisat de Puylaroque, le comté de Négrepelisse, la vicomté de Bruniquel et la baronnie de Caussade; soit au bureau diocésain, à l'Officialité et au Chapitre collégial de Montpezat, soit enfin à 9 abbayes, à 4 couvents d'hommes, à 5 couvents de femmes, à 4 commanderies de l'ordre de Malte et à 3 hôpitaux. M. l'Archiviste continue activement cette répartition, qui, à en juger par le nombre des pièces déjà triées en quatre mois, demandera nécessairement encore un peu plus d'une année pour être menée à bonne fin. On ne saurait, en effet, se figurer le désordre qui règne parmi ces papiers, liasses et dossiers; tous sans exception ont été éventrés et dispersés, et trop souvent les indications fournies par les pièces elles-mêmes sont insuffisantes pour faire comprendre non-seulement à quel dossier ou à quelle liasse, mais même à quelle série ces pièces doivent appartenir. En somme, c'est une tâche aussi rude qu'ingrate; mais je compte assez sur l'activité de M. l'Archiviste pour être persuadé qu'il en viendra à bout dans un délai convenable.

Var. — (Voyez les précédentes délibérations, *Annuaire* de 1862, p. 84, *Annuaire* de 1863, p. 72.)—*Rapport de l'Archiviste*, 1862.— Les Archives antérieures à 1790, qui étaient très-nombreuses et très-ánciennes, ont perdu une partie du haut intérêt qu'elles offraient par suite de l'envoi à la Préfecture des Alpes-Maritimes des diverses liasses et registres qui appartenaient à l'arrondissement de Grasse. Je crois cependant pouvoir ajouter, Monsieur le Préfet, qu'elles sont encore très-intéressantes, puisqu'elles renferment des documents remontant au XIIᵉ siècle et qu'elles occupent la première salle et une partie de la seconde.

Avant de reprendre le travail relatif à la série B (cours et juridictions), dont je parlai dans mon dernier rapport, j'allai examiner, ainsi que l'avait prescrit Son Excellence, les papiers antérieurs à 1790 déposés aux greffes des tribunaux de ce département, afin de m'assurer s'il ne s'y trouvait pas des titres ayant un caractère administratif qui pourraient être versés au dépôt départemental. Je trouvai à Draguignan 26 registres d'insinuations, un registre d'évaluations et un de déclarations de défrichements remontant à 1552. Au greffe du tribunal de Brignoles existaient aussi 8 registres et 56 cahier d'insinuations, 43 titres de familles et 6 pièces provenant de l'abbaye de Thoronet; le plus ancien de tous ces documents remonte à 1456.

Lorsque j'eus terminé ce travail, j'allai procéder, conformément aux prescriptions de Son Excellence et de concert avec M. le Directeur des Domaines, à la révision des dossiers relatifs aux domaines aliénés, afin d'en distraire les documents antérieurs à 1790 et en effectuer la réintégration aux Archives départementales. J'ai découvert parmi ces dossiers 8 petits registres et 1 cahier concernant diverses communautés religieuses, 31 liasses provenant de la Chartreuse de Montrieux, de l'abbaye de Thoronet, des révérends pères Trinitaires de Lorgues, des religieuses Ursulines de Brignoles, etc., remontant à 1123.

Aussitôt que la réintégration de tous ces documents eut été effectuée, nous nous occupâmes, avec toute l'activité possible, de l'analyse des registres d'insinuations et l'inventaire-sommaire (série B) fut envoyé à M. le Ministre, qui vous informa que sa rédaction ne donnant lieu à aucune observation, il avait été immédiatement transmis à l'imprimeur.

Dans les registres réintégrés aux Archives départementales, qui sont très-intéressants, nous n'avons trouvé, Monsieur le Préfet, que des lettres patentes, des arrêts du Conseil d'État et de la Cour de Parlement de Provence, des nominations de notaires, de viguiers, de juges, de greffiers et des prestations de serment, des testaments, des actes de donations et de ventes, des transactions, des contrats de mariage, etc.

Tous les papiers rentrant dans la série C (administration provinciales) ont été dépouillés et classés. L'inventaire-sommaire de ceux composant le premier fonds (Intendance de Provence) a été aussi approuvé, et celui des divers documents qui proviennent des vigueries de Draguignan, de Brignoles, Toulon, Barjols, Saint-Maximin, Hyères et Lorgues, et qui rentrent dans la même série, sera bientôt terminé.

Parmi les pièces analysées dans cet inventaire, j'en ai remarqué une, Monsieur le Préfet, qui m'a paru offrir quelque intérêt : c'est un recueil de lettres patentes des rois Henri IV, Louis XIII, Louis XIV et Louis XV, d'ordonnances de MM. le duc de Guise, le maréchal de Vitry, le comte d'Alais, le duc de Mercœur, le comte de Grignan, gouverneurs et lieutenants généraux pour le Roi en Provence; des lettres de M. le duc d'Orléans, régent du royaume, et de M. le maréchal de Villars, gouverneur de Provence, aux consuls de Toulon, concernant la lieutenance de Roi dans cette ville de 1597 à 1723.

Rapport de la Commission, 1863. — Le Conservateur de nos Archives départementales continue à faire preuve des soins assidus et intelligents qui vous ont été signalés dans les années précédentes.

L'honorable préposé à qui ce dépôt a été confié ne cherche pas seulement à remplir un devoir, il est poussé, en outre, par ce noble goût des choses antiques sans lequel le devoir ne serait peut-être qu'imparfaitement rempli, et qui, en recherchant avec amour quelques débris des générations éteintes, nous permet de juger par comparaison ce qu'elles furent et ce que nous sommes. Les trois séries A, B, C, des pièces anciennes ont été définitivement classées et les inventaires en ont été envoyés à M. le Ministre, qui les a approuvés. Elles contiennent des documents importants pour notre histoire provinciale et même nationale.

La conservation des Archives modernes depuis 1790 offre des résultats moins satisfaisants pour la science, et donne, sous certains rapports, plus de peine. La collection des pièces qui datent de cette époque encombre déjà plusieurs salles. Ce sera l'objet d'un grand travail à faire incessamment que de dépouiller cet amas et de discerner quelles pièces doivent être vendues selon les règlements et quelles pièces doivent être conservées. Au double point de vue donc, et de l'intérêt que présente le classement des pièces anciennes, et de la peine que va donner le dépouillement des pièces modernes, l'homme d'instruction et de goût à qui ce double travail a été confié mérite d'être de plus en plus encouragé.

Vaucluse. — (Voyez les précédentes délibérations, *Annuaire* de 1862, p. 84, *Annuaire* de 1863, p. 72.) — *Rapport de l'Archiviste*, 1862.—L'impression des inventaires des Archives des départements a été prescrite par la circulaire ministérielle du 1? août 1861, qui a voulu que les séries déjà terminées et approuvées fussent mises sous presse sans retard. Dressé dans toutes les Préfectures d'après les mêmes instructions et amené à la plus grande homogénéité par les observations du Ministre avant que d'être approuvé, ce travail doit revêtir partout la même forme matérielle.

Avant d'adresser à Son Excellence les copies de l'inventaire de la série C destinées à l'impression, j'ai opéré une entière révision du.

travail en confrontant chaque document avec l'analyse qui en était donnée et en rectifiant et complétant celle-ci, toutes les fois qu'il y avait lieu d'après ce nouvel examen. Le nombre total des articles de cette série s'élève à 189 ; le texte remplira environ cinq feuilles d'impression, dont le coût s'élèvera à 320 francs.

La commune deBédarrides, que vous aviez mise en demeure, er vertu de la décision ministérielle du 28 février 1861, de verser dan le dépôt départemental les documents du greffe de son ancienn cour de justice, m'a enfin appelé pour prendre livraison d'enviroı 150 registres et 15,000 pièces détachées ou réunies en dossiers. Le dépouillement et le classement des papiers de la commune ayant amené la découverte de nouveaux documents judiciaires, cet effectif, déjà considérable, recevra prochainement un notable accroissement.

Les documents de la cour de justice d'Entrechaux, dont j'ai eu l'honneur de vous annoncer l'envoi l'année dernière, ont été depuis lors dépouillés, classés et analysés. Ce travail a donné lieu à la formation de 49 bulletins analytiques comprenant 26 registres ou cahiers et 1,458 pièces.

La décision ministérielle du 13 juillet 1861, relative aux Archives de la sous-préfecture de Carpentras, a également reçu son exécution cette année.

Un dernier versement de bien moindre importance que ceux qui précèdent a été fait aux Archives, en vertu d'une instruction du 6 décembre 1861, relative aux documents provenant des anciennes Archives des Maîtrises des Eaux et Forêts. Il consiste en six pièces, qui sont les procès-verbaux de visite et les ordonnances des Commissaires de la réformation générale des bois de la province du Dauphiné, en ce qui concernait la principauté d'Orange.

Vous avez, le 7 septembre dernier, signalé au Gouvernement l'existence à Rome des Archives administratives et politiques des anciens États d'Avignon et du comté Venaissin. Il n'est pas douteux qu'il saura, si elle vient à se présenter, saisir l'occasion de remettre nos contrées en possession de documents qui sont de la plus grande importance pour leur histoire et les intérêts de leurs habitants.

Rapport de l'Archiviste, 1863.—L'Inventaire des Archives dépar-

tementales s'est étendu cette année à la série D, comprenant les
fonds de l'ancienne université d'Avignon, ceux des anciens colléges
de Saint-Nicolas d'Annecy, du Roure, de Saint-Michel, de la Croix et
du séminaire de Saint-Charles d'Avignon, qui y a été réuni, du
grand collège d'Avignon, de celui de Carpentras, et, enfin, des sémi-
naires de Carpentras, d'Apt et de Cavaillon. Cette série, dont la rédaction définitive n'a pas encore été inscrite dans les cadres réglementaires, a donné lieu à la formation d'environ cinq cents bulletins
analytiques.

Le fonds de l'ancienne Université d'Avignon, qui est de beaucoup
le plus important de tous ceux dont se compose la série D, comprend : un chartier de 72 titres originaux, sur parchemin, dans lequel
on remarque deux vidimus de la bulle par laquelle le pape Boni-
face VIII a fondé, en 1301, l'Université d'Avignon ; l'original des
priviléges concédés, le 5 mai 1303, par Charles II, roi de Sicile, à
cette Université ; des bulles d'Urbain V et de Grégoire XI au sujet
du primiciérat ; celles de Clément VII (Robert de Genève) et de
Jean XXIII, permettant aux membres de cette université de percevoir, pendant sept ou dix ans, les fruits de leurs bénéfices sans y faire
résidence ; d'autres bulles de Jean XXIII, étendant à l'Université
d'Avignon les priviléges dont jouissaient celles d'Orléans, de Toulouse et de Paris ; la fondation de la faculté de théologie par le
même pape ; la réorganisation de l'Université par le pape Pie II;
l'assignation par le pape Sixte IV d'un revenu de 900 ducats pour
le salaire des professeurs, etc. Il compte encore : un bullaire de
84 feuillets en velin, contenant la transcription de ces mêmes originaux ; les statuts donnés en 1303 à cette Université par Bertrand III
du nom, évêque d'Avignon, et par Aymini, citoyen de Tarascon, sur
54 feuillets de vélin ; des lettres patentes de Louis XIII, Louis XIV,
Louis XV et Louis XVI, confirmant les priviléges de cette Université ; un bref de Benoît XIII, portant que l'exercice du primiciérat
vaut titre de noblesse transmissible aux descendants, etc., etc.

L'intérêt qui se manifeste généralement pour cette publication,
dont l'ensemble constitue une œuvre essentiellement utile et éminemment nationale, nous donne droit d'espérer que les promesses concernant la vente d'une partie de l'édition n'auront rien de décevant.

et que le département rentrera par là dans une partie notable du montant des allocations qu'il aura faites pour cet objet.

Notre dépôt s'est accru dans le courant de cette année :

1° De 36 registres ou cahiers et d'environ 300 pièces détachées, ou réunies en dossiers, provenant de l'ancienne cour baroniale de Beaumont-de-Malaucène ;

2° De toute la partie ancienne des Archives de l'asile public d'aliénés du département de Vaucluse, comprenant 38 registres et 3,802 pièces. Ces derniers documents se trouvent malheureusement dans un état de décomposition très-avancé, par suite du séjour prolongé qu'ils firent dans les eaux à l'époque de l'inondation du mois de novembre 1840. On trouve dans cette collection : l'érection, en 1595, de la confrérie dont cet établissement est successeur; les statuts qui lui furent donnés en 1624; son affiliation à la confrérie de Saint-Jean-Baptiste le Décollé, de la nation florentine de Rome ; les priviléges et les indulgences qui lui furent accordés par les papes Clément VIII et Paul V, en 1596 et en 1617. Un registre spécial renferme la relation du supplice subi par les condamnés à la peine capitale, que la confrérie assistait toujours à leurs derniers moments ; les requêtes qu'elle adressait à l'autorité supérieure pour exercer vis-à-vis de quelques condamnés le droit de grâce que lui conféraient ses privilèges et enfin la description de la cérémonie des délivrances. Les registres des délibérations nous fournissent des renseignements très-précieux sur les artistes qui ont travaillé aux décorations de la chapelle de l'œuvre et principalement sur la manière dont fut exécuté, en 1659, le fameux christ d'ivoire dont ne s'est lassée jusqu'à ce jour l'admiration d'aucun connaisseur.

VENDÉE.—(Voyez les précédentes délibérations, *Annuaire* de 1863, p.73.)—Nous constatons avec regrets que ce département est le seul en France dont le Conseil général n'ait reçu aucune communication de M. le Préfet au sujet des Archives du département, des communes et des hospices. Les dépenses ont été néanmoins accordées sans difficulté.

VIENNE.—(Voyez les précédentes délibérations, *Annuaire* de 1862,

p. 85, *Annuaire* de 1863, p. 73.) — *Rapport du Préfet*, 1863. — La
série C, comprenant les papiers provenant de l'intendance, du Bureau des finances et de l'assemblée provinciale, est considérable,
quoiqu'une faible partie seulement des papiers de l'Intendance se
soit conservée. Dans la série D sont classés les documents relatifs à
l'Université et aux colléges de Poitiers, et dans la série E, ceux qui
concernent la féodalité, les familles et les corporations d'arts et mé-
tier. On avait dressé les inventaires-sommaires de ces trois dernières
séries ; mais ceux des séries C et D ayant à subir quelques modifications, Son Exc. M. le Ministre de l'Intérieur a décidé que, pour
qu'il n'y eût pas de retard, l'impression commencerait par la série E.
La copie de cet inventaire a donc été préparée aussitôt ; elle comprend 386 articles, savoir : titres féodaux, articles 1er à 9 ; familles,
articles 10 à 351 ; notaires et tabellions, articles 352 à 362 ; arpentement des communes, articles 363 à 373 ; corporations d'arts
et métiers, articles 375 à 386. L'impression de l'inventaire de la
série C est commencée.

Haute-Vienne. — (Voyez les précédentes délibérations , *Annuaire*
de 1862, p. 85, *Annuaire* de 1863, p. 74.) — *Rapport du Préfet*, 1863.
— 521 nouvelles liasses ont été confectionnées. Vous trouverez le
détail des documents qu'elles contiennent dans le rapport de M. Ardant, qui s'occupe toujours avec activité du travail important de
classement qui lui est confié.

M. l'Archiviste réclame diverses améliorations d'installation, dont
l'utilité est incontestable. Malheureusement l'état de vos finances
ne me permet de vous proposer cette année aucun crédit à cet
effet.

Rapport de l'Archiviste, 1863. — Dans l'année qui vient de s'écouler, j'ai pu confectionner 521 nouvelles liasses de nos documents inex-
plorés et augmenter le volume d'un grand nombre d'autres par
l'addition des pièces retrouvées. La répartition de ces nouvelles
liasses est placée à la fin de ce rapport.

J'ai continué avec persévérance l'inventaire de la série C, qui sera
considérable, à cause de l'étendue de notre Généralité et de la multi-

plicité des attributions de ses intendants ; j'y insère l'analyse des pièces qui s'y rapportent et que je découvre de temps à autre.

Vosges. — (Voyez les précédentes délibérations, *Annuaire* de 1862, p. 86, *Annuaire* de 1863, p. 74.)—*Rapport du Préfet*, 1862. —Les travaux de classement et d'inventaire des papiers modernes auraient été terminés dans le courant de l'année dernière, si différentes instructions ministérielles n'étaient venues en suspendre le cours. En effet, Son Exc. le Ministre de l'Intérieur a prescrit la révision générale de la série des domaines pour en faire connaître la composition par un rapport spécial, afin d'en distraire les titres antérieurs à 1790 et pour les faire rentrer dans diverses séries des Archives anciennes. Ce long et minutieux travail a été exécuté, et l'inventaire des pièces retirées a été dressé par l'Archiviste et envoyé à M. le Ministre de l'Intérieur, qui a bien voulu l'approuver. Ce supplément sera refondu dans l'inventaire général ; il renferme 2,088 pièces ou registres.

Conformément aux instructions ministérielles du 26 juin 1861, relatives à la réintégration aux Archives départementales de documents antérieurs à 1790 remis à différentes époques aux agents des domaines, et sur l'invitation de M. le Préfet, l'archiviste du département s'est rendu dans les bureaux de cette administration pour procéder, d'accord avec M. le Directeur, à la recherche des pièces en question. Toutes les liasses d'instances domaniales ayant été mises à sa disposition, l'Archiviste les a examinées avec le plus grand soin, et il a consigné le résultat de ses investigations sur un état qui a été communiqué à M. le Directeur des Domaines. Ce fonctionnaire a déclaré qu'il ne voyait aucun inconvénient à faire déposer les documents signalés au dépôt central. Cette opération, qui a obtenu l'approbation de M. le Ministre de l'Intérieur, a donné lieu a un inventaire spécial, qui sera également refondu dans l'inventaire général. Les pièces réintégrées par l'administration des domaines. sont au nombre d'environ 7,000.

Sur la demande de Son Exc. M. le Ministre de l'Intérieur, d'accord avec M. le Garde des Sceaux, et par délégation préfectorale, l'Archiviste du département s'est rendu dans les greffes des tribunaux

d'Epinal, Mirecourt, Neufchâteau, Remiremont et Saint-Dié, pour
procéder de concert avec les greffiers à l'examen de leurs Archives,
afin d'en rendre compte pour revendiquer, au profit du dépôt départemental, les documents administratifs antérieurs à 1790. Après
avoir exécuté cette longue besogne, l'Archiviste a consigné le
résultat de ses opérations sur un état qui a été transmis à M. le
Ministre de l'Intérieur. Ces divers dépôts renferment au moins
5,500 liasses ou registres.

Rapport du Préfet, 1863.—J'appelle votre attention d'une façon
toute spéciale sur le rapport de M. l'Archiviste du département.
Vous connaissez depuis longtemps le zèle de M. Guéry et l'habile
direction qu'il a su imprimer à l'important service dont il est
chargé. Je tiens à mon tour à lui témoigner ma satisfaction pour
l'activité dont il a fait preuve dans le classement de vos Archives
départementales. Le nouveau local qui leur est affecté est vaste,
spacieux et admirablement approprié à cette destination.

Votre Commission pourra s'assurer que les Archives départementales sont classées avec ordre et méthode et qu'une grande amélioration a été apportée dans la tenue et la conservation des Archives
communales.

L'année dernière, les Archives des sous-préfectures étaient tellement encombrées de papiers inutiles, qu'il était impossible d'entreprendre le classement des documents nécessaires au service ordinaire. MM. les Sous-Préfets se sont occupés du triage de ces papiers
et ont envoyé à la Préfecture ceux dont la suppression était prévue
par les règlements. Après l'examen de ces documents et le renvoi
aux Sous-Préfets de ceux qu'ils devaient conserver, l'Archiviste du
département a dressé l'inventaire des papiers à supprimer, et la
vente en a eu lieu les 31 octobre et 6 novembre 1862, ensuite d'une
décision ministérielle.

Cette opération étant terminée, MM. les Sous-Préfets ont dû
s'occuper du classement et de l'inventaire des papiers qui leur
restaient.

L'Archiviste s'est en outre livré, d'après les ordres ministériels,
et de concert avec M. le Conservateur des forêts, à la recherche

d'anciens documents pouvant intéresser les communes et les particuliers. Ces investigations ont amené la réintégration aux Archives
départementales de 200 pièces provenant des anciennes maîtrises,
parmi lesquelles figurent des titres relatifs aux droits d'usage de diverses communautés, des dénombrements et acensements ; des
plans d'abornements et d'aménagements de forêts.

YONNE. — (Voyez les précédentes délibérations, *Annuaire* de 1862,
p. 86, *Annuaire* de 1863, p. 75.) — *Rapport du Préfet*, 1862. — D'après
les instructions de Son Exc. M. le Ministre de l'Intérieur, M. l'Archiviste s'est occupé, depuis votre dernière session, de la rédaction des
inventaires-sommaires destinés à être imprimés. Les inventaires
des séries A, B et E sont déjà refaits, et l'impression des séries A et E
est à peu près terminée. Cette dernière série, qui a trait aux *Familles*, aux *Seigneuries*, aux *Notaires* et aux *Communes*, a une grande
importance ; car elle compte à elle seule plus de dix mille pièces.

En vertu de décisions concertées entre LL. EExc. MM. les Ministres de l'Intérieur et de la Justice, M. l'Archiviste a été autorisé à
rechercher dans les Archives des greffes des tribunaux de première
instance du département les titres antérieurs à 1790 ayant un caractère essentiellement administratif. Cette recherche a été malheu
reusement sans résultat ; mais il n'en a pas été de même de celles
faites dans les Archives des inspections forestières, ouvertes également à M. l'Archiviste, en vertu d'instructions ministérielles. Là,
M. Quantin a trouvé, sur l'administration des bois des anciennes
communautés religieuses, des documents d'autant plus intéressants,
que l'administration des forêts avait autrefois la surveillance des
bois des monastères et que c'était devant elle que se tranchaient
les adjudications des travaux quelconques à faire pour le compte
de ces communautés.

M. Quantin a visité également les Archives des sous-préfectures,
dont, par décision du 29 juin 1861, Son Excellence a autorisé la
centralisation au dépôt départemental. Mais le triage n'en est pas
encore fait, et, du reste, l'appropriation des locaux destinés à les
recevoir n'est pas terminée.

Les soins ainsi donnés par M. Quantin aux anciennes Archives ne lui ont pas fait négliger le classement des dossiers administratifs versés par les bureaux de la Préfecture.

En résumé, Messieurs, M. l'Archiviste continue à mériter la confiance de l'administration et la vôtre par la direction zélée et intelligente qu'il sait imprimer à son service.

Rapport du Préfet, 1863. — Le service des Archives continue sa marche progressive, et, comme mes prédécesseurs, je n'ai que des éloges à donner au zèle intelligent de M. Quantin.

Dans la partie des Archives correspondant à l'inventaire-sommaire, les travaux de rédaction et de classement sont poursuivis avec activité. Douze feuilles des séries A et E, Domaine royal, Familles, Notaires et Communes, ont été approuvées par Son Exc. M. le Ministre de l'Intérieur, mises sous presses et tirées à 400 exemplaires.

En rédigeant l'inventaire de la série D, Instruction publique, M. Quantin a trouvé des documents d'un haut intérêt sur les colléges de Sens, Auxerre et Avallon et sur ceux des autres villes du département.

Les versements déjà faits par l'administration des forêts ont aussi fourni des documents précieux à plus d'un titre.

Vos Archives se sont de plus enrichies de copies d'inventaires de titres de la maison de Châlon, qui a possédé, aux XIIIe et XIVe siècles, le comté d'Auxerre, la terre de Lisle, le comté de Joigny, etc., ainsi que de plusieurs autres pièces.

3° DÉPARTEMENTS COMPRIS DANS L'INSPECTION GÉNÉRALE DE 1863.

(Préfectures et sous-préfectures, mairies et hospices des chefs-lieux de départements et d'arrondissements.)

PAR M. DE STADLER : — Côtes-du-Nord, Finistère, Ille-et-Vilaine, Loire-Inférieure, Maine-et-Loire, Vendée, Deux-Sèvres.

Par M. Fr. Wey : — Nord, Pas-de-Calais, Somme, Haute-Savoie, Meuse, Jura, Haute-Saône, Vosges.

Par M. de Rozière : — Pyrénées-Orientales, Ariége, Aude, Tarn-et-Garonne, Lot-et-Garonne, Lozère, Haute-Loire, Loiret.

Par M. Bertrandy : — Haute-Vienne, Creuse, Indre, Cher, Nièvre, Vienne, Hautes-Pyrénées, Charente-Inférieure.

4° DÉCRETS. — DÉCISIONS ADMINISTRATIVES. — CIRCULAIRES.

Exposé de la situation de l'Empire. (Janvier 1863.)

(Extrait du *Moniteur universel* du 14 janvier 1863, Annexe A.)

(Voir *l'Annuaire* de 1863, p. 76.,

MINISTÈRE DE L'INTÉRIEUR.

Archives départementales, communales et hospitalières.

La publication des inventaires-sommaires des Archives départementales antérieures à 1790, commencée au mois de janvier dernier, est déjà fort avancée ; elle a lieu d'après un modèle uniforme, et elle est tirée à un nombre d'exemplaires suffisant pour assurer l'échange entre les Préfectures et faire une large part à la publicité ; 66 départements ont terminé l'impression de leur première livraison. Le travail déjà publié renferme 3,160 pages de texte, et présente l'analyse de 16,283 volumes manuscrits, 6,214 plans, 17,524 liasses contenant un total de 1,107,767 pièces, dont la plus ancienne remonte au commencement du VIIIe siècle. Les villes de Lyon, Bayonne, etc., les hospices des Quinze-Vingts et ceux dépendant de l'Assistance publique, à Paris, etc., s'occupent aussi de faire publier les inventaires de leurs collections. La plus grande activité est imprimée à l'exécution de cette œuvre, dont l'ensemble constitue un véritable monument national.

DEUXIÈME RÉPARTITION DE LA COLLECTION DES INVENTAIRES-SOMMAIRES
DES ARCHIVES DÉPARTEMENTALES.

(Extrait du *Moniteur universel* du mois d'août 1863.)

Son Exc. M. le Ministre de l'Intérieur vient d'ordonner la répartition entre toutes les Préfectures de ¡la *seconde livraison* de la collection des inventaires-sommaires des Archives départementales antérieures à 1790 imprimée pendant l'année 1863. Les départements les plus avancés dans ce travail sont : la Cote-d'Or, Eure-et-Loir, Seine-et-Marne, les Basses-Pyrénées, Maine-et-Loire, le Nord, le Bas-Rhin, le Haut-Rhin et Seine-Oise, qui seront prochainement en mesure de mettre en vente les volumes concernant les Archives administratives et judiciaires de ces localités.

Cette publication, faite aux frais des départements, grâce au concours des Conseils généraux, se poursuit avec activité et a été entreprise simultanément dans 79 Préfectures.

Les villes d'Abbeville, Avignon, Bayonne, Boulogne-sur-Mer, Cambrai, Lyon, Ouveilhan, Roubaix, Saint-Maixent, Tarascon, l'hospice impérial des Quinze-Vingts, les établissements dépendant de l'administration de l'Assistance publique à Paris, ont également mis sous presse leurs inventaires dans le format adopté pour les départements, et de manière à former une collection en trois parties distinctes, consacrées aux Archives des Préfectures, des mairies et des hospices de l'Empire.

Exposé de la situation de l'Empire. (Novembre 1863.)

(Extrait du *Moniteur universel* du mois de novembre 1863.)

MINISTÈRE DE L'INTÉRIEUR.

Archives départementales, communales et hospitalières.

Les Archives départementales antérieures à 1790 sont régulièrement classées, et l'impression des inventaires-sommaires en cours d'exécution dans 81 Préfectures a donné lieu à une seconde répartition des livraisons prêtes lors de la session des Conseils généraux. La partie publiée jusqu'à ce jour contient 7,184 pages de texte, et présente l'analyse de 30,494 volumes manuscrits, 8,245 plans, 32,692 liasses formant un total de 1,958,411 pièces. De plus, le public a été mis en possession, sur la demande des Préfets, des volumes entièrement terminés de la Côte-d'Or, du Nord, des Basses-Pyrénées, de Seine-et-Marne, d'Eure-et-Loir, du Bas-Rhin, du Haut-Rhin et de Seine-et-Oise.

Plusieurs villes et quelques établissements hospitaliers ont également mis sous presse leurs inventaires, en adoptant le même format.

MISE EN VENTE DE HUIT VOLUMES DE LA COLLECTION DES INVENTAIRES-SOMMAIRES DES ARCHIVES DÉPARTEMENTALES.

(Extrait du *Moniteur universel* du mois de janvier 1864.)

Sur la demande des Préfets, Son Exc. M. le Ministre de l'Intérieur a ordonné de *mettre en vente les huit* premiers volumes de la collection des inventaires-sommaires des Archives départementales et communales antérieures à 1790, concernant la Côte-d'Or, le Nord, les Basses-Pyrénées, Seine-et-Marne, Eure-et-Loir, le Bas-Rhin, le

Haut-Rhin, Seine-et-Oise, et les communes de Saint-Maixent, Ouveilhan. Les documents administratifs, historiques et judiciaires de
ces localités, sont analysés avec soin dans ces inventaires, et l'acte
le plus ancien remonte au VIII⁰ siècle.

Rapport sur le Budget de 1865.

(*Moniteur Universel* du 12 avril 1864, page 476.)

La nécessité de la création d'un quatrième Inspecteur général des
Archives départementales a aussi fait l'objet d'une demande de renseignements. Il nous a été répondu que le service des Archives a pris
depuis quelques années un grand développement. L'inventaire et
le classement des Archives départementales, communales et hospitalières se poursuit avec activité ; l'administration a fait rédiger et publier les inventaires-sommaires, et ce travail, qui conserve et met en
lumière des éléments précieux pour l'histoire de nos provinces, est
déjà fort avancé. La mise en ordre et la bonne tenue des nombreux
dépôts d'Archives et l'unité de direction de la vaste publication qui
a été entreprise exigent la création d'un quatrième inspecteur général de ce service.

Extrait du *Moniteur Universel* (1).

Procédé pour raviver l'écriture sur les vieux parchemins. — Ce
procédé, de M. Ed. Moride, nous paraît devoir suffisamment intéresser
les archéologues et les paléographes pour en donner l'exposé. Il

---

(1) Nous publions, à titre de renseignement qui peut être très-utile aux Archivistes, l'extrait suivant du *Moniteur* relatif à un des procédés les plus simples
pour faire revivre les anciennes écritures. Un autre procédé analogue a été
employé avec le même succès sur les palimpsestes de la Bibliothèque impériale.

consiste : 1° à ramollir aussi vite que possible le parchemin dans l'eau distillée froide, sans agitation, sans froissement ; 2° à plonger, pendant cinq secondes seulement, la feuille égouttée dans une solution d'acide oxalique au centième ; 3° à laver rapidement dans deux eaux le parchemin, souvent recouvert d'oxalate de chaux, afin de l'en dégager ; 4° à introduire le manuscrit dans un vase fermé contenant une solution de 10 grammes d'acide gallique sur 300 grammes d'eau distillée ; 5° enfin, à le laver à grande eau après l'apparition des caractères, à le sécher entre des feuilles de papier Joseph sans cesse renouvelées, et à soumettre en dernier lieu le tout à la presse. Dans les cas où il s'agit simplement de faire ressortir quelques mots sur un titre, M. Moride se sert de pinceaux, en suivant régulièrement la marche ci-dessus indiquée ; il applique alors alternativement une solution acide et un papier buvard, de l'eau et un papier qui l'absorbe.

M. Ed. Moride recommande d'agir avec délicatesse et promptitude pendant toute la série des opérations qui précèdent, attendu que les parchemins imprégnés d'acide gallique se colorent facilement en rose et même en noir sous l'influence de l'air et de la lumière ; qu'ils se tachent si le papier Joseph est ferrugineux ; que l'écriture est difficile à lire si l'on vient à froisser les feuillets ; qu'ils se raccornissent si la température des solutions est trop élevée, ou lorsqu'on les sèche trop rapidement soit au feu, soit au soleil ; qu'ils se maculent et se recouvrent de moisissures au contact d'un papier buvard trop chargé d'humidité, quand le séchage est trop lent.

Il est bon de changer la solution d'acide dès qu'elle commence à se colorer.

Toutes les encres ne ressortent pas aussi bien les unes que les autres ; il en est qui deviennent très-noires, tandis que d'autres restent d'un jaune pâle.

Il arrive quelquefois que l'encre, entraînée par de l'humidité prolongée, se répand en nappe à la surface des manuscrits ; alors de grandes taches foncées se produisent sous l'action des réactifs, et l'écriture reste illisible, comme il en est lors de la décomposition du parchemin ; mais, il faut le dire, ces cas sont assez rares, et, en dehors de ces exceptions, nous pouvons affirmer que l'on peut, par les moyens décrits ci-dessus, rendre à des caractères anciens à peine perceptibles toute leur netteté, leur fraîcheur et leur teinte noire, comme s'ils avaient été récemment tracés.

L'exposé de ce procédé, tiré d'une notice de M. Ed. Moride, montre consciencieusement à quelles précautions, à quelles minuties il est soumis. Il n'en doit pas moins intéresser et fixer l'attention de tous les amateurs d'anciens manuscrits.

Précédents administratifs.

(Voir les n°s 1 à 15, *Manuel de l'Archiviste*, p. 345; les n°s 16 à 22, *Annuaire de 1862*, p. 90; les n°s 23 à 30, *Annuaire de 1863*, p. 83.)

31. Sur la demande de Son Exc. M. le Ministre de l'Intérieur, Son Exc. M. le Garde des Sceaux, Ministre des Cultes, a décidé que les registres paroissiaux antérieurs à 1790 contenant les actes de naissance, mariage et décès qui étaient, par mégarde, restés jusqu'à présent entre les mains du clergé, doivent être déposés aux Archives communales qu'ils concernent. (*Décis.* du 29 mars 1864, *Moselle.*)

·32. Son Exc. M. le Ministre des Finances a décidé que les papiers modernes provenant des sous-préfectures et destinés à être mis au pilon, lorsqu'ils n'ont pas une valeur suffisante pour faire face aux frais de transport et à la mise au pilon de la papeterie la plus voisine, peuvent être, *par exception et avec autorisation préalable*, détruits par le feu. (*Décision* du 31 mars 1864, *Calvados.*)

33. Sur la demande du Préfet, Son Exc. M. le Ministre de l'Intérieur a décidé qu'un crédit supplémentaire pour le personnel des Archives départementales refusé par le Conseil général, lorsqu'il était nécessaire pour assurer la marche régulière de ce service, pouvait être inscrit d'office. (*Décision* du 8 mars 1864, *Lot.*)

Circulaire.

Paris, le 20 août 1863.

Monsieur le Préfet, j'ai l'honneur de vous adresser : 1° la deuxième livraison de la publication des inventaires-sommaires des Archives départementales, comprenant 46 Préfectures ; 2° la première livraison des 24 nouveaux départements qui ont commencé l'impression de leur inventaire depuis la répartition du mois d'août 1862.

Les départements de Seine-et-Marne, de la Côte-d'Or et des Basses-Pyrénées ont terminé le premier volume de l'inventaire des Archives civiles et judiciaires. Ces volumes ont été mis en vente au profit de chacune des trois Préfectures.

Les départements de Maine-et-Loire, du Nord, du Haut-Rhin, du Bas-Rhin, d'Eucr-et-Loir et de Seine-et-Oise ayant fait imprimer plusieurs séries, les ont également mises dans le commerce.

Les livraisons déjà publiées représentent dans leur ensemble 12 volumes in-4° de 500 pages chacun.

Les 400 exemplaires dont se compose le tirage ont été répartis, en 1862, ainsi qu'il suit :

> 200 réservés pour la vente ;
> 102 au Ministère de l'Intérieur pour les échanges, etc. ;
> 98 qui doivent être livrés à l'Archiviste.
> _____
> 400

Mais, cette année, les villes de Lyon, Avignon, Abbeville, Bayonne et Boulogne, l'Assistance publique et les Quinze-Vingts, demandent à échanger leur inventaire avec ceux des départements.

Son Exc. M. le Ministre de la Maison de l'Empereur a exprimé le désir que 6 exemplaires fussent mis à la disposition des Bibliothèques de la Couronne.

Son Exc. M. le Ministre de l'Instruction publique a également sollicité deux exemplaires et a offert, en échange, des volumes de la collection des documents inédits.

Enfin, M. le Directeur général des Archives de l'Empire réclame un exemplaire, en outre de celui qui lui est attribué par le décret du 22 décembre 1855, et propose des exemplaires d'un ouvrage in-4° contenant la description des sceaux des anciennes provinces de France et destiné aux Archives des départements.

J'ai pensé que, sur les 98 exemplaires disponibles, 16 pourraient être prélevés pour satisfaire aux demandes qui précèdent. Veuillez me les adresser et je vous ferai parvenir les volumes dont l'échange a été proposé.

Je vous prie d'appeler l'attention de MM. les membres du Conseil général sur le degré d'avancement de cette publication, et de leur demander de nouveau leur bienveillant concours.

Recevez, Monsieur le Préfet, l'assurance de ma considération très-distinguée.

Pour le Ministre de l'Intérieur,

Le Conseiller d'État Secrétaire général,

CHAMBLAIN.

———————

Circulaire.

VENTE DES PAPIERS INUTILES APPARTENANT A L'ETAT.

Paris, le 31 mars 1864.

Monsieur le Préfet, la circulaire du 24 juin 1844, relative aux papiers inutiles, prescrit que ceux qui sont déposés dans les sous-préfectures soient, lors de leur mise en vente, transférés au chef-lieu du département. Leur transport donne lieu à des frais qui sont supportés soit par l'État, soit par les départements appelés à profiter du produit de la vente.

Quelques difficultés s'étant élevées, dans certains cas, au sujet de la liquidation de ces frais, Son Exc. M. le Ministre des Finances m'a exprimé le désir que les papiers dont le produit doit être perçu par l'État ne soient pas concentrés au chef-lieu du département sans que le Domaine ait été consulté sur l'opportunité de la mesure.

Cette nouvelle formalité me paraît de nature à prévenir le retour des difficultés qui ont eu lieu dans plusieurs départements. Vous voudrez donc bien, à l'avenir, inviter les agents du Domaine à prendre possession, sur place, des papiers hors de service dont la vente aura été autorisée. Si le Domaine, pour assurer le succès de l'opération, juge à propos de transférer ces papiers au chef-lieu, il sera nécessairement tenu de pourvoir lui-même aux frais qui en résulteront.

Je crois devoir vous rappeler que ces ventes, bien que le produit en appartienne à l'État, ne peuvent être effectuées sans l'autorisation du Ministre de l'Intérieur. Vous devrez donc, comme par le passé, continuer à m'adresser un inventaire en double expédition de ces papiers préalablement à la prise de possession du Domaine.

Je vous prie de m'accuser réception de cette circulaire.

Recevez, Monsieur le Préfet, l'assurance de ma considération très-distinguée.

Pour le Ministre de l'Intérieur :

Le Conseiller d'État Secrétaire général,

CHAMBLAIN.

5° RENSEIGNEMENTS RELATIFS A LA PUBLICATION DE LA DEUXIÈME LIVRAISON DES INVENTAIRES-SOMMAIRES DES ARCHIVES DÉPARTE-MENTALES, EN AOUT 1863.

AIN. — (2ᵉ *Livraison.*) — L'inventaire de ces Archives peu importantes avance très-lentement. La série C est terminée et elle comprend en tout 5 feuilles, dont 2 ont été publiées en 1862 avec la série A. Les trois nouvelles feuilles concernent l'administration de la Bresse, du Bugey, de Gex et de la principauté de Dombes, la création et l'entretien de routes, des quais, des ponts, des places, du canal de Versoix, les droits de péage et de pontonage, le dénombrement des terres possédées par des Genevois, enfin les délibérations des syndics du Tiers-État de la province de Bresse.

AISNE. — (2ᵉ *Livraison.*) — 10 feuilles ont été publiées. Elles contiennent la fin de l'analyse des documents provenant de l'Intendance de Soissons, série C. Les réparations des églises et presbytères, les fontes de cloches, les impositions, les casernes de La Flèche, l'état des récoltes, les décharges et modérations d'impôts accordées par suite de sinistres, d'orages, etc., la remonte de la cavalerie, les travaux militaires, les revues de régiments, les fortifications, les écoles militaires, les plans des routes ; Noyon, Château-Thierry, Chauny, Guise, etc., les désséchements des marais de la Serre, du Laonois, l'école vétérinaire, etc., sont l'objet de correspondances échangées entre Necker, Bertin, d'Ormesson, La Tour Du Pin, Saint-Priest, le maréchal de Ségur, le prince de Montbarry, le baron de Besenval, Calonne, etc.

ALLIER. — La deuxième livraison n'a pas paru.

ALPES (BASSES-). — (1ʳᵉ *Livraison.*) — Les papiers de l'Intendance d'Aix qui intéressent le département ont été analysés et forment 2 feuilles, contenant toute la série C. La correspondance concerne les hospices et hôpitaux, les administrations des communes, l'exploitation des mines, les affouagements, les routes, etc.

ALPES (HAUTES-). — (1ʳᵉ *Livraison.*) — Cette publication a été interrompue par la mort de l'Archiviste ; 5 feuilles sont imprimées : série C, subdélégation de Gap ; série E, familles (2 feuilles). Les noms que l'on y trouve sont : d'Agoult, d'Arnaud, Baile, Castellane, Du Clot, Du Serre, Flotte de Montauban, de Gruel, d'Hugues, Lafont de Savines, Du Lauzon, de Ravel, Richier de Mongardin, Rousset d'Ancelles. Viennent ensuite les notaires et les municipalités. 2 feuilles de la série H concernent la Chartreuse de Durbon.

ARDÈCHE. — (2ᵉ *Livraison.*) — Une seule feuille a été publiée ; elle concerne les États particuliers du Vivarais.

ARDENNES. — (1ʳᵉ *Livraison.*) — Le nouvel Archiviste a fait imprimer les deux premières feuilles de son inventaire, série C, Intendance de Champagne. Les manufactures, les fabriques d'étoffes, de drap, de papier, les marchandises prohibées, etc., sont l'objet d'une correspondance suivie. On y remarque aussi des enquêtes relatives à des érections de terres en marquisats, comtés, etc.

ARIÉGE. — La deuxième livraison n'a pas été publiée.

AUBE. — (2ᵉ *Livraison.*) — 10 feuilles d'analyse des documents de l'Intendance de Champagne ont été imprimées. Ces pièces, qui concernent les administrations communales, sont analysées avec le plus grand soin. L'Archiviste sera en mesure de mettre en vente cette année le premier volume de ses Archives.

AUDE. — (Iʳᵉ *Livraison.*) — L'analyse des papiers judiciaires provenant du grand bailliage de Carcassonne forme cette livraison, composée de 7 feuilles. L'installation des officiers, les jugements, les insinuations de toutes les transactions particulières, les arpentements et bornages de propriétés, offrent un véritable intérêt administratif. Les affaires civiles composent la première partie de ce fonds : des testaments, des contrats de mariage, des partages de succession, des donations, des statuts de corporations d'arts et métiers et des confréries s'y trouvent en grand nombre. Les visites des caveaux des monastères de religieuses de Saint-Dominique, des abbayes de Montaulieu, des temples protestants ; les possesseurs des seigneuries, fiefs et terres nobles ; les désastres causés par les guerres de religion, soit aux églises, soit aux châteaux, bois et étangs y sont indiqués en grand nombre. Les familles de Crussol, de Grignan, évêque de Carcassonne, Lautrec, Lévis-Mirepoix, Malauze, Bellisend, de Maurel, Gabriac, Pennautier et autres soutiennent des procès dont les jugements intéressent particulièrement les propriétés privées. (Voyez la Notice sur les Archives de l'Aude dans l'*Annuaire* ci-après, p. 280.)

AVEYRON. — (1ʳᵉ *Livraison.*) — 5 feuilles de publiées. (Voyez la Notice sur les Archives départementales dans l'*Annuaire* ci-après.)

Bouches-du-Rhône. — (2e *Livraison*.) — Cinq feuilles ont été imprimées. La première feuille, publiée en 1862, a été modifiée, recomposée et remplacée par celle qui se trouve dans la livraison de cette année. (Voyez la Notice sur les Archives départementales ci-après dans l'*Annuaire*.)

Calvados. — (2e *Livraison*.) — La fin de la série A, actes du pouvoir souverain, domaine royal, apanages, occupe 5 feuilles. Les édits et ordonnances sont classés par ordre de matières : commerce et fabrication d'étoffes, pêche fluviale et maritime, manufactures de porcelaines, eaux minérales, droits sur les sucres et autres denrées importées en France, navigation, chevaux, poste et agriculture, mines et métaux, armée de terre et de mer. Le Domaine royal se composait de la vicomté de Caen et de son administration depuis 1475.

L'apanage du duc d'Orléans comprenait les baronnies de Roncheville, de Granville, de Saint-Clair, de Pont-l'Évêque, de Honfleur, la forêt de Trouques, l'abbaye de Troarne, etc.; les arrêts, les plaids royaux, les améliorations faites à Honfleur et à Pont-l'Evêque y sont représentés par un grand nombre d'actes originaux et authentiques.

Cantal. — (1re *Livraison*.) — Une seule feuille a été publiée; elle contient l'analyse des premiers articles de l'Intendance de Clermont, relatifs à l'assiette de l'impôt, dans laquelle figurent les familles principales de cette Généralité : Noailles, baron de Ponières, le duc d'Ayen, Chabannes-Curton, Esquiros de Parieu, etc.; les paroisses de Montmurat, Saint-Mamet, Arpajon, Tournemire, Crandelles, Lascelle, Laroquevielle, etc., pour le dénombrement des populations, des bien-fonds, des récoltes, les mutations de propriétés, les mesures en usage, l'industrie du pays, les routes, etc.

Charente. — (2e *Livraison*.) — Intendance de Limoges (en ce qui concerne ce département). 4 feuilles sont publiées. On y trouve l'état des paroisses de la Généralité, des données précises sur les maladies épidémiques qui désolèrent cette contrée, sur la destruction des loups, les papeteries de l'Angoumois, les tanneries, les travaux dans les paroisses et notamment dans la ville d'Angoulême;, l'état des populations, les impôts qu'elles payaient, les motifs de dégrèvements temporaires, la confection des routes par les ateliers de charité. Les papiers de l'Intendance de La Rochelle, en ce qui concerne ce département, se rapportent au commerce des eaux-de-vie, à la ville de Cognac, à ses priviléges, à ses dépenses et à son cadastre, etc. L'arpentage des paroisses forme collection ; il est très-souvent consulté pour des questions de droit d'usage, cours d'eau, etc.

CHARENTE-INFÉRIEURE.—(2ᵉ *Livraison.*) — 2 feuilles de la série C, relatives aux papiers de l'Intendance, principalement en ce qui concerne les ponts et chaussées, la voirie, les chemins, le port de La Rochelle et ses améliorations, les marais de Gats, de Marennes, d'Arvert, de Rochefort, d'Oleron, etc.

CHER. — (1ʳᵉ *Livraison.*) — Bailliage de Bourges, 6 feuilles. On y remarque des procès-verbaux d'assemblées des habitants, tenues sous la présidence du procureur du Roi, pour les nominations de maires et échevins ; des états nominatifs des gentilshommes figurant dans le ban et arrière-ban, les franchises de Bommier, etc. Les procès sont plaidés contre le prince de Condé comte de Sancerre, les dames Ursulines, les étudiants des grandes écoles, la famille de Morogues, etc.

CORRÈZE. — (2ᵉ *Livraison.*) — Série B, 3 feuilles. Affaire plaidée et jugée par la sénéchaussée d'Uzerche depuis 1614.

CORSE. — (2ᵉ *Livraison.*) — Intendance de Corse, série C, feuilles 2 à 8. Correspondance de l'Intendant avec les ministres du Roi, à Paris : Monteynard, Terray, Turgot, etc., les subdélégués d'Ajaccio, de Vico, de Calvi, Bonifacio, le capitaine Stephano Poli, relatives à la colonie grecque de Cargèse, aux contestations de propriétés, aux concessions de terrains, aux bois et forêts. Des plans très-bien dressés donnent l'état des propriétés par communautés. Mais les registres des insinuations offrent un très-grand intérêt pour les familles. Toutes celles de la Corse s'y trouvent à l'occasion de mariages, testaments, partages de successions, dots, donations, etc. Les bureaux étaient à Bastia, Cervione, Ventisori, Saint-Florent. Ces registres ont une très-grande importance pour les questions de propriétés.

Côte-d'Or.—(2ᵉ livraison.)—Le tome 1ᵉʳ, série B, Cour des Comptes de Bourgogne est terminé et *mis en vente*. L'importance de cet inventaire, qui analyse des documents relatifs à une foule de sujets d'art et de science et aux intérêts les plus précieux des communes de la Côte-d'Or, mérite une attention particulière. Il a été publié par M. Rossignol, aujourd'hui conservateur du musée Gaulois au château de Saint-Germain-en-Laye.

Côtes-du-Nord.—(2ᵉ livraison.)—Séries C et D, 4 feuilles. L'Intendance de Bretagne, les subdélégations de Guingamp, de Lamballe, de Saint-Brieuc, les papiers du commissaire du ban et de l'arrière-ban, de la capitainerie garde-côtes, de la ferme du Domaine, de la ferme du tabac, de la marque des toiles, la commission intermédiaire, etc., se trouvent dans cette série. Les colléges de Saint-Brieuc, de Tréguier et la Société d'agriculture, du commerce et des arts de Bretagne, ne comptent que quelques articles.

Creuse. — Ce département n'a pas encore commencé l'impression de son inventaire.

Dordogne. — Le classement des documents n'est pas achevé; la rédaction et l'impression de l'inventaire sont ajournés.

Doubs. —(2ᵉ livraison.)—La série E, dont les 8 premières feuilles sont publiées, sera très-importante; elle contient l'analyse des documents provenant des grands fiefs qui avaient leurs Archives propres. Il s'agit du comté de Montbéliard. Les traités entre la Bourgogne et le Wurtemberg, le dénombrement des terres et seigneuries, les franchises, immunites et priviléges du comté, les plans des forêts et les procès-verbaux de délimitation, les constructions des halles et marchés, des fontaines, les plantations des jardins, vergers, reboisements des montagnes, visites des églises de la ville, tous les comptes de recettes et dépenses, enfin, les actes particuliers : testaments, contrats de mariages, partages de successions, etc., abondent dans cette riche collection, qui est inventoriée avec soin.

DROME.—(1re livraison.)—Série C, les feuilles 1 à 6 ont paru cette année. Au sujet du contenu de cette livraison, voyez ci-dessus, p. 100.

EURE.—(2e livraison.)—Elle se compose de 5 feuilles, C 1 à 6 et D 1. Les documents analysés sont : l'Intendance de Rouen, en ce qui concerne le département ; les bureaux intermédiaires d'Evreux, Rouen, Pont-Audemer, les Élections d'Andelys, Vernon et Gournay, Bernay, Chaumont et Magny, Conches, Évreux, Gisors, Lyons, Pont-Audemer, Pont-de-l'Arche, Rouen et Verneuil. La série D concerne les colléges de Verneuil, de Vernon et le Puy de musique de Sainte-Cécile à Évreux, fondé en 1571.

EURE ET-LOIR.—(2e livraison.)—Le premier volume de 30 feuilles est *en vente*. Il contient la série B (bailliages du pays Chartrain), analysée avec soin par M. Merlet. En tête du volume se trouve une introduction, dans laquelle M. l'Archiviste fait ressortir l'importance des documents inventoriés.

FINISTÈRE. — La deuxième livraison n'a pas paru.

GARD. — (1re livraison.) — Série C, feuilles 1 à 4, Intendance du Languedoc, en ce qui concerne ce département. L'échange de la baronnerie de Montredon et de la ville de Sommières, donnés au comte d'Eu comme complément de la valeur de la principauté de Dombes, occasionna de grande difficultés, qui se trouvent rappelées dans les documents. Les marais de Beaucaire, l'île de Mol, du Grant-Mont, les créments du Rhône, les desséchements de la Crouselette entrepris par le marquis de Calvière et autres terrains marécageux à Aigues-Mortes, à Saint-Laurent-d'Aigouze, furent l'objet de très-grands travaux exécutés ou surveillés par le Gouvernement. Le bornage de ces terrains nécessita surtout de nombreux procès-verbaux, dans lesquels la commanderie de Saint-Anne figure comme intéressée, ainsi que le grand prieur de Saint-Gilles. Le canal de Nîmes à Aigues-Mortes, celui de Languedoc, etc., y occupent une place importante. Enfin des cartes routières, des plans de travaux contre les irruptions du Rhône, complètent cette série, très-précieuse au point de vue administratif.

GARONNE (HAUTE-).—(2ᵉ livraison.) — Série B, Parlement de Toulouse, feuilles 4 à 7. On remarque dans les documents analysés l'enregistrement de nombreuses réceptions d'officiers nommés à divers emplois, les arrêts du Parlement de 1596 à 1605, des érections de baronnies et de comtés, l'expulsion des Espagnols du Languedoc, la déclaration d'innocence de Catherine de La Trémouille, l'approbation de la capitulation de Saint-Bertrand, ordonnant la séparation du domaine du Roi du domaine de l'État, concernant la nourriture des pauvres, la défense aux créanciers de la Reine de saisir ses revenus, ordonnant de faire réparer l'église de Saint-Papoul et de la pourvoir d'ornements, réprimant l'exportation des grains, déclarant attentatoire à l'autorité du Roi l'excommunication fulminée par l'évêque de Castres contre des membres de la chambre de l'édit, défendant aux religionnaires d'enterrer leurs morts dans l'église de Salviac en Quercy. Tous les arrêts relatifs aux religionnaires méritent une attention spéciale ; ils sont nombreux et donnent une idée exacte de cette lutte religieuse en Languedoc aux XVIᵉ et XVIIᵉ siècles. — Série C, Intendance du Languedoc, feuilles 2 à 8. Le Vivarais, les affaires du consul de Revel, de Bédarieux, de Lespinasse y occupent une place importante; on y remarque aussi la correspondance relative à un fameux voleur de vases sacrés, dit l'*enfant bleu*, qui fut brûlé vif, les deux tours relatives aux mendiants et aux dépôts de mendicité; d'autres concernent l'agriculture, les plantations de vignes et leurs divers modes de culture, les pépinières de mûriers et autres, l'état des recettes, les épizooties (*mal noir*) et l'ordre de détruire toutes les bêtes à cornes qui se trouvaient dans le centre des paroisses infestées, afin de préserver les pays voisins. Enfin les hôpitaux de la province, la faculté de médecine, l'université, les collèges de Cahors, d'Albi et autres y figurent aussi; des ordres sont donnés relativement à divers pamphlets, au Séminaire des Irlandais, aux statuts des corporations des arts et métiers, à la milice, etc.

GERS. — (1ʳᵉ livraison.) — Série C, feuilles 1 à 3, intendance d'Auch et de Pau. Le cadastre des communes y occupe une place notable, mais cette série n'est pas encore terminée.

GIRONDE. — (2ᵉ livraison.) — Intendance de Bordeaux, série C, feuilles 9 à 18. Les affaires traitées dans la correspondance de l'intendant avec les ministres sont de toute nature et concernent toute la province de Guyenne ; les papiers de cette Intendance n'ayant pas été répartis entre les divers départements qu'ils pouvaient intéresser, on y trouve tout ce qui se rapporte à la Dordogne, au Lot-et-Garonne, etc. Les affaires des subdélégations de Sainte-Foy occupent les nᵒˢ 389 à 413 ; Périgueux, Bergerac, Sarlat, Ribérac, Nontron et Thiviers (Dordogne), les nᵒˢ 414 à 506 ; celles d'Agen, Marmande, Nérac, Carteljaloux, Villeneuve, Clairac, Monflanquin et Castillonnés (Lot-et-Garonne), les nᵒˢ 507 à 681 ; celles de Condom (Gers), Dax (Landes), Saint-Sever, Bayonne, la Terre de Labour et les localités de la Gironde, les autres articles jusqu'au nᵒ 899.

HÉRAULT. — (2ᵉ livraison). — Série B, feuilles 6 à 9, amirauté de Cette et de Montpellier, Cour des Comptes, aides et finances, Hôtel des Monnaies de Montpellier. Par suite d'une récente réintégration, il y aura lieu de compléter l'inventaire de la Cour des Comptes. Ce texte se trouvera dans une prochaine livraison. La série C, Intendance du Languedoc, feuilles 1 à 5, contient un curieux travail sur le mouvement de la population du Languedoc, dans lequel on trouve des lettres du cardinal Dubois, d'Amelot, de Chauvelin, du marquis d'Argenson, du duc de La Vrillière, de Malesherbes, de Breteuil, de Maurepas, d'Ory, de Paulmy, etc., relatives à l'administration de la justice, à la police, aux lettres de cachet, etc. Les affaires des religionnaires et des fanatiques des Cévennes commencent au nᵒ 159 et occuperont au grand nombre d'articles.

ILLE-ET-VILAINE. — (1ʳᵉ livraison.) — Série A, feuilles 1 à 5, actes du pouvoir souverain remontant à l'année 1482 et analysés avec beaucoup de soin. Cette série est complète et elle concerne le clergé et ses domaines, la ferme des tabacs, les armoiries, les réhabilitations de noblesse, les usurpations des titres nobiliaires, les nouveaux convertis, le commerce des étoffes de soie et de laine, les faillites et banqueroutes, les Hôtels des Monnaies, le commerce de la librairie et la suppression d'un grand nombre d'imprimés, les passeports de guerre, etc.

INDRE.— (2ᵉ livrison.)—Série E, titres de famille, 6 feuilles. Les noms que l'on y trouve sont les suivants : d'Aigurande, Ajasson de Grandsaigne, Albonet Du Plaist, Anjorant, Arthuys, Aubépin, Aubéry, Augay, Augé, Augier, Cremier de Moume, Barbançois, Barbe de La Tour-Vouillon, Barré, Barellet, Boucheron, Baudet, Beaubois, Beaupoil, Beauvilliers, Bernard de Passebonneau, Bertrand, Bocquet de Montaboulin, Boizay, Boislinard, Bourbon-Condé, marquise de Vatan, Bonnet de Saint-Priez, Boyer de Mousseux, Bruneaud, Burat, Calais Du Cluzeau, Chabrillant, Chinault, Collin de Laminière, Couturaud, Crochereau Du Vivier, Crublier de Chandaire, Crublier d'Oxbeterre, Darchis, Dargier, de Saint-Plantaire, Dauphin, Delacour-Marivault, Deleffe, Delouche, Deschevrettes, Deyobert, Douault, Duhail, Dumont, Dupertuis, Dupin, Dupuy, Durfort, Duris-Dufresne et de Vineuil, Duverdier, Duvivier, Eyros Du Lude, Fongières, Fournier, Gast Du Trochet, Gaucourt, Gaulin, Gaudeau, Godeffroy, Godin Des Rosiers, Grateuil, Grillon, Guénau, Guyot. Cette série sera prochainement terminée; l'analyse des registres des notaires viendra ensuite et fournira d'utiles renseignements sur les propriétés de ce département.

INDRE-ET-LOIRE.—(1ʳᵉ livraison.)—Série A, une feuille; série C, deux feuilles, Intendance de Tours. Nous ajournons à l'année prochaine le compte rendu de cette livraison, dont l'inventaire présentera plus d'intérêt lorsqu'il sera plus avancé.

ISÈRE.—(2ᵉ livraison.)—Série B, Parlement de Grenoble, 15 feuilles. Les arrêts en matière civile sont analysés depuis l'année 1594 jusqu'en 1666. Les affaires y sont très-variées; les communes surtout et les familles peuvent y puiser d'utiles renseignements.

JURA. — (1ʳᵉ livraison.) — Série A, actes du pouvoir souverain et domaine royal, 8 feuilles. L'administration des salines de Salins, qui appartenaient au domaine royal, occupe la principale place dans ce travail.

LANDES.—(2ᵉ livraison.)—Trois feuilles nouvelles ont été publiées ; elles concernent la série B, sénéchaussées de Marsan, de Tartas, les juridictions de Laboueyre, du marquisat de Poyanne, de la baronnerie de Rion, des seigneuries Laharie, d'Auribot, de Sabres, de Brasseux, de Pontoux, de Labrit, de Born, et de la vicomté de Marenne. Pour la série C, elle est composée des subdélégations de Saint-Sever, de Dax et des papiers des ponts et chaussées de ces subdélégations.

LOIR-ET-CHER. — (1ʳᵉ livraison.) — Séries C et D, 2 feuilles.

LOIRE.—(2ᵉ livraison.)—Série B, bailliage du Forez, de l'année 1476 à 1786 ; ces documents sont analysés avec très-grand soin et ont fourni 5 feuilles de texte, d'un très-grand intérêt pour cette partie de la France.

LOIRE (HAUTE-).—(1ʳᵉ livraison.)—Série A, actes du pouvoir souverain, 1 feuille.

LOIRE-INFÉRIEURE.— (2ᵉ livraison.)—Série B, Cour des Comptes de Bretagne, 4 feuilles, relatives aux aveux rendus en la Chambre des Comptes de Nantes, pour Auray, Brest, Carhaix, Châteaulin, Châteauneuf-du-Faou, Conq, Dinan, Fougères, Guérande, etc., pendant les XVIᵉ, XVIIᵉ et XVIIIᵉ siècles.

LOIRET.— (2ᵉ livraison.)—Série A, apanage du duc d'Orléans, 2 feuilles, concernant le comté de Beaugency et tous les fiefs qui en dépendaient, classés par paroisses. De récentes réintégrations retardent l'impression de cet inventaire, qui offrira l'administration complète d'un apanage important de la famille royale.

LOT.—(2ᵉ livraison.)—Série C, feuilles 1 à 4, Intendance de la Généralité de Montauban. La statistique de la population par Élection,

savoir : Montauban, Figeac, Rodez, Villefranche et Milhau ; les contrebandiers qui étaient organisés en bandes exploitant cette Généralité, et les frais de justice que leurs procès occasionnèrent s'y trouvent représentés par des documents originaux; les retraits féodaux
et l'agriculture complètent les principales liasses de ce fonds.

LOT-ET-GARONNE. — (1re livraison.) — Ce dépôt est un des plus pauvres de France. Les séries inventoriées sont : A, C, D, E et G; elles
ne se composent que de quelques articles.

LOZÈRE. — (1re livraison.) — Série B, pariage et cour commune du
Gévaudan, 1291 à 1661, une seule feuille.

MAINE-ET-LOIRE. — (2e livraison.) — Ce département a terminé la
première partie du tome Ier de son inventaire, contenant les séries
A, C, D, E. Les titres de famille rangés par ordre alphabétique
méritent une attention spéciale. Ce travail a été *mis en vente* cette
année.

MANCHE. — (1re livraison.) — Série A, domaine royal, vicomté d'A-
vranche, domaine de Carentan, 5 feuilles : sur l'utilité de ces documents, voyez le rapport du Préfet, ci-dessus, p. 171.

MARNE. — (2e livraison.) — Elle contient une feuille de la série C,
intendance de Champagne.

MARNE (HAUTE-). — (1re livraison.) — Série A, actes du pouvoir
souverain, 1 feuille.

MAYENNE. — (1re livraison.) — Série A, actes du pouvoir souverain,
et série D, colléges de Craon, de Laval, de Château-Gontier, de
Lassay et écoles de charité, en tout deux feuilles. La livraison suivante fera connaître les autres documents administratifs de ce
dépôt.

MEURTHE. — Ce département n'a pas encore commencé l'impression de son inventaire, qui cependant a une haute importance historique.

Meuse.—(2ᵉ livraison.)— Série B, feuilles 3 à 8. On y trouve l'a-
nalyse des documents provenant des bailliages de Verdun, d'Ancer-
ville et du comté de Baulieu, de la haute justice de Trecourt, des
prévôtés de Morlay, Souilly et d'une partie de la Chambre des
Comptes des ducs de Bar. Ces derniers documents offrent un grand
intérêt au point de vue des arts, de l'instruction publique des fortifications, des priviléges et droits d'usage des communes et des
monastères ; des titres de noblesse, des dénombrements de fiefs
y sont également représentés ; l'agriculture, les maladies contagieuses,
les reconstructions d'édifices, etc.

Morbihan.—(2ᵉ livraison.)—Série B, feuilles 1 à 5 : les transactions
particulières soumises à cette juridiction occupent la principale
place dans ce travail, qui doit porter sur un grand nombre de liasses
récemments déposées aux Archives du département.

Moselle. — (2ᵉ livraison.)— Série B, feuilles 2 et 3, Parlement de
Metz, depuis l'année 1659. La topographie, les rentes et revenus
des communes, des généalogies, les actes de foi et hommage, aveux
et dénombrements et les décisions de la Maîtrise des Eaux et Forêts
occupent ces deux feuilles nouvelles.

Nièvre. — (2ᵉ livraison.) — Série B, feuilles 4 à 7, Chambre des
Comptes du duché de Nivernais. On y remarque les comptes de
dépenses et de recettes par châtellenie et les pièces justificatives,
c'est-à-dire toutes les grosses et petites dépenses ordonnées par les
ducs de Nevers jusqu'en 1780.

Nord.—(2ᵉ livraison.)—Ce département a *mis en vente* la première
partie du tome Iᵉʳ ¡de son inventaire, Chambre des Comptes de
Lille. L'importance des documents de ce fonds n'a pas besoin d'être
rappelée.

Oise.—(1ʳᵉ livraison.)—Série B, 1 feuille, bailliage et Présidial de
Beauvais, depuis l'année 1581.

Orne.— (2ᵉ livraison.)— Série A, feuilles 2 à 4, apanage de Monsieur. Baux et recettes du domaine d'Argentan, plans de la ville de

ce nom; haras du Pin, état officiel des étalons, poulinières et poulains de 1749 à 1790 ; vicomté d'Exmes, aveux, dénombrements et mouvances censuelles, ensaisinement, titres concernant toutes les paroisses.

PAS-DE-CALAIS. — (2ᵉ livraison.) — Série B, feuilles 3 à 5, Conseil provincial d'Artois; jugements de ce conseil relatifs à des affaires d'intérêt privé, moulins, seigneuries, cours d'eau. On y remarque cependant un grand nombre d'entérinements de lettres de grâce, ou de commutations de peine pour coups d'épée, coups de couteau et blessures graves.

PUY-DE-DOME. — (1ʳᵉ livraison.) — Série A, actes du pouvoir souverain, 1 feuille.

PYRÉNÉES (BASSES-). — (2ᵉ livraison.) — Ce département a *mis en vente* le tome Iᵉʳ de l'inventaire de ses Archives, série B, Cour des Comptes de Navarre. On connait déjà toute la valeur des documents qui y sont analysés.

PYRÉNÉES (HAUTES-). — (1ʳᵉ livraison.) — Série A, C, D, E, en tout 5 feuilles, actes du pouvoir souverain, Intendance d'Auch et de Pau, États de Bigorre, collége de Tarbes, titres féodaux, titres de famille : Abbadie de Livron, d'Albret, d'Antin, Aspe, Aspet, d'Aux, Barbazan, de Barbotan, Begole, Beon-Sève, Bivan de Bernadias, Boel, Bourbon, de Bours, Du Bouzet, Castelnau, Casteras, La Rivière, de Castillon, Caumia de Baylens, de Chalon, Daure, Esparbès de Lussan, Estornes d'Angosse, Estrac, Faget, Faure de La Jarte, Goisson, Harembure, Encamps, La Fitte, de Lassus, de Lavedan, de Leaumont, etc. Il se trouve de plus dans cette série des recueils généalogiques intéressant un grand nombre de familles. Les communautés et municipalités occupent quelques articles.

PYRÉNÉES-ORIENTALES. — (2ᵉ livraison.) — Série C, feuilles 2 à 9, Intendance de Roussillon; compte de l'extraordinaire des guerres pour l'occupation et la conquête du Roussillon, l'armée étant commandée par le duc de Noailles; régiments qui y prennent part; entretien des fortifications; prisonniers d'État ; bandes d'insurgés (guerre de Catalogne). Ces documents sont purement militaires.

RHIN (BAS-).— (2ᵉ livraison.) — Ce département a *mis en vente* la première partie du tome Iᵉʳ de son inventaire, contenant les séries A, C, D et E (en partie). Ce travail, très-consciencieusement rédigé, nous révèle tous les détails de l'administration allemande de cette partie de l'Alsace.

RHIN (HAUT-). —(2ᵉ livraison.)—Ce département a *mis en vente* la première partie du tome Iᵉʳ de son inventaire. Il contient les séries A, C et E (en partie). Ce travail présentera, avec celui du Bas-Rhin, l'ensemble de l'administration allemande de l'Alsace ; il est également rédigé avec beaucoup de soin.

RHÔNE. — (2ᵉ livraison.) — Série D, feuilles 1 à 4, grand collége de Lyon, dit de la Très-Sainte-Trinité. On y suit les divers perfectionnements introduits dans l'instruction publique par les Jésuites depuis l'année 1565.

SAÔNE (HAUTE-).—(2ᵉ livraison.)—Série B, feuilles 8 à 15, bailliages de Gray (suite). Des causes de toute nature y sont jugées, et la pénalité est en général assez élevée ; plusieurs condamnations méritent d'être citées.

SAÔNE-et-LOIRE. — (1ʳᵉ livraison). — Série A, actes du pouvoir souverain, 1 feuille. Cet inventaire est un de ceux qui s'impriment le plus lentement, malgré les recommandations de l'administration supérieure.

SARTHE.—(2ᵉ livraison.)— Série C, feuilles 4 et 5, Intendance du Mans (suite), D. Collége de La Flèche, depuis 1649 ; collége de l'Oratoire du Mans, XVIIᵉ et XVIIIᵉ siècle ; collége de Courdemanche, depuis 1579 ; colléges des Prestimonies, depuis 1584 ; petites écoles, depuis 1576 ; en tout une feuille.

SAVOIE. — Le classement des Archives n'est pas assez avancé pour que l'inventaire d'une série puisse être rédigé et mis sous presse.

SAVOIE (HAUTE-). — Il en est de même de ce département.

SEINE.—Ce département ne possède que des Archives modernes, à l'exception toutefois des actes de l'état civil, qui forment une collection de la plus haute importance, mais dont il n'existe pas d'inventaire.

SEINE-INFÉRIEURE. — (2ᵉ livraison.) — Série C, feuilles 13 à 22, Intendance de Normandie. Ce travail, très-curieux pour l'histoire administrative de la Normandie, sera prochainement terminé, et il a été fait avec le plus grand soin.

SEINE-ET-MARNE.—(2ᵉ livraison.)—Ce département a *mis en vente* le tome Iᵉʳ de son inventaire, comprenant l'ensemble des Archives civiles. Les documents relatifs aux assemblées préparatoires pour les États-Généraux méritent une attention particulière. La série des familles y est très-importante. A la fin de la série E, et à titre de supplément, se trouve l'inventaire de toutes les Archives communales du département antérieures à 1790. L'état civil de chaque commune a été dépouillé et on en a extrait les actes relatifs aux principaux personnages de chaque localité et aux événements marquants qui s'y sont passés.

SEINE-ET-OISE. — (2ᵉ livraison.) — Ce département a *mis en vente* la série A, maison du Roi et maison de Monsieur, qui termine cette première série.

SÈVRES (DEUX-). — Ce département n'a commencé qu'en 1864 l'impression de son inventaire; la première livraison sera distribuée au mois d'août de cette année.

SOMME.—(1ʳᵉ livraison.)—Série A, actes du pouvoir souverain, domaines, apanages, deux feuilles. Les documents ne remontent qu'à l'année 1608.

TARN.—(2ᵉ livraison.)—Série B, sénéchaussée de Castres, procédures civiles, audiences et jugements, 1595 à 1789, feuilles 3 à 6.

TARN-ET-GARONNE. — Par suite de nombreuses réintégrations dont le classement a absorbé le temps de M. l'Archiviste, la deuxième livraison n'a pas pu être publiée.

VAR. — (2ᵉ livraison.)—Série B, feuilles 2 et 3, greffes des insinuations de Draguignan, judicatures royales de Barjols, de Bargemon, de Callas, de Cotignac, de Fayence, de Foganières, Fréjus,

Lorgues et Varages.—Série C, 1 à 5, Intendance de Provence en ce qui concerne ce département, de 1596 à 1789.—Série E, titres de famille : Ajoult, Ailhaud, d'Albert, Alène, Amic, Aragon, Arbaud, Arnaud, Artigues, Asalvan, Attanoux, Aubert, Audibert de Varages, d'Augery, Aymène, Barbaroux, Baussan, Benoit, Bertrând, Blacas, Blanc, Blanqui, Bonnet, Bousquet, Boyer, Braquettes, Cartier, Castellane, etc.

Vaucluse.—(2ᵉ livraison).—Série C, feuilles 2 à 4, États provinciaux du Comtat, correspondance à ce sujet et en ce qui concerne les routes et chemins, le cadastre par commune, les tailles et impositions.

Vendée. — (1ʳᵉ livraison.) — Série D, feuille 1, collège de Fontenay-le-Comte.

Vienne.—(1ʳᵉ livraison.) — Série C, feuilles 1 à 5, Intendance de Poitiers. Les étalons en chevaux et baudets, l'inspection des manufactures, les assemblées de religionnaires, les offices de trésoriers de France, dont un fut occupé par François Du Fresne, sieur Du Cange, frère du savant auquel on est rédevable de très-précieux ouvrages sur le moyen âge, occupent la principale place dans ce fonds. Le Bureau des finances vient ensuite ; les actes relatifs aux usurpations de noblesse y sont nombreux, ainsi que les aveux et dénombrements.

Vienne (Haute-). — Par suite de nombreuses réintégrations et du classement peu avancé de ce dépôt, l'inventaire n'a pu être mis sous presse.

Vosges.— (1ʳᵉ livraison.) — Série A, actes du pouvoir souverain, 1 feuille, série C, Intendances d'Alsace, de Champagne et de Lorraine en ce qui concerne ce département, Bureau des finances, États provinciaux, 2 feuilles.

Yonne.— (2ᵉ livraison.)—Série E, feuilles 1 à 10, titres de famille, notaires et tabellions, communes et municipalités. Les minutes des notaires méritent une attention spéciale; un grand nombre de ces actes, ayant une origine inconnue, ont été classés par ordre de matières et offrent un intérêt artistique exceptionnel.

Archives communales.

Avignon.—(1ʳᵉ livraison.)—Achat de la ville par les papes, libertés et priviléges, hommages de la ville, légats, vice-légats et gouverneurs, université, collége et études, juridiction, viguiers, consuls, assesseurs, conseillers, vice-gérants, juges de la Cour de Saint-Pierre, trésorier d'Avignon et du Comtat, avocats, procureurs fiscaux, notaires et autres officiers, tels sont les rubriques sous lesquelles sont classés les titres de ces importantes Archives. L'ancien inventaire a été conservé. C'est pour ce motif que les divisions par séries, d'après la circulaire du 25 août 1857, n'existent pas.

Bayonne.—(1ʳᵉ livraison.) — Séries AA et BB, actes constitutifs et politiques de la commune depuis 1170, et administration communale depuis 1455, en tout 8 feuilles. Nous renonçons à citer des documents de ces deux séries ; ils offrent en effet un intérêt trop réel pour l'histoire de cette cité.

Boulogne-sur-Mer. — (1ʳᵉ livraison.) — Ce dépôt, classé avant la publication de la circulaire du 25 août 1857, a été maintenu dans son état ancien : l'inventaire n'est donc pas divisé par séries; 8 feuilles sont publiées. Elles ne concernent que les revenus patrimoniaux de la ville, dans lesquels se trouvent de très-curieux renseignements relatifs à cette cité.

Lyon.— (2ᵉ livraison.) — Série AA, titres constitutifs de la commune et correspondance politique, feuilles 2 à 6; série BB, administration communale, feuilles 1 à 8. Ce travail, fait avec le plus grand soin, offre un intérêt historique spécial. Les troubles de la Ligue et de la Fronde, les arts et manufactures, les artistes et les hommes de lettres, enfin tous les grands travaux exécutés dans la ville, s'y trouvent mentionnés dans des actes officiels.

Ouveillan. — Cette commune a *mis en vente* son inventaire, qui ne consiste qu'en un petit nombre de feuilles.

Saint-Maixent.—Il en est de même de cette commune, dont l'inventaire a été rédigé par M. Richard, élève de l'École des chartes.

ARCHIVES HOSPITALIÈRES.

ASSISTANCE PUBLIQUE DE PARIS.— (1ʳᵉ livraison.)— 9 feuilles sont publiées, elles concernent spécialement l'Hôtel-Dieu ; les documents remontent au commencement du XIIIᵉ siècle, et ils offrent pour l'histoire de Paris de nombreuses indications topographiques des plus précises et des plus curieuses.

QUINZE-VINGTS.—(1ʳᵉ livraison.)—Le classement de ce dépôt a été conservé dans son état ancien, l'inventaire revisé a été mis sous presse, et déjà 5 feuilles sont publiées. Les actes sont ainsi divisés : concessions d'indulgences, quêtes, procurations, baux et comptes, exemptions de la juridiction de l'ordinaire, immunités, fonts baptismaux, reliques, contributions, donations, exemptions d'imposition, etc.

En résumé, neuf volumes d'inventaires-sommaires ont été *mis en vente* en 1863, savoir : Côte-d'Or, Eure-et-Loir, Maine-et-Loire, Nord, Basses-Pyrénées, Bas-Rhin, Haut-Rhin, Seine-Marne, Seine-et-Oise et 72 autres départements ont publié une ou deux livraisons ; total, 81 départements. De plus, cinq villes importantes : Bayonne, Boulogne, Lyon, Ouveillan, Saint-Maixent, et deux hospices : Hôtel-Dieu et Quinze-Vingts de Paris ont également imprimé une livraison.

Enfin nous sommes en mesure d'annoncer que sept nouveaux volumes pourront être *mis en vente* en 1864, savoir : Aube, Aude, Côte-d'Or (tome 2), Gironde, Isère, Rhône et Seine-Inférieure ; et huit nouvelles villes ont mis sous presse leur inventaire : Avignon, Albi, Bar-sur-Aube, Cambrai, Dijon, Grasse, Roubaix et Tarascon.

De tels résultats, obtenus en trois années, pour un travail aussi compliqué, demandant tant d'exactitude et le concours d'un grand nombre d'Archivistes, peuvent être certainement considérés comme très-satisfaisant.

6° NOTICES SUR LES ARCHIVES DÉPARTEMENTALES.

(DÉPARTEMENT DE L'AIN, voyez *Manuel de l'Archiviste*, p. 347 ; — AISNE

Annuaire de 1862, p. 97 ; — ALLIER, *Annuaire* de 1862, p. 106 ; — BASSES-ALPES, *Annuaire* de 1862, p. 111 ; — HAUTES-ALPES, *Annuaire* de 1862, p. 115 ; — ARDÈCHE, *Annuaire* 1863, p. 103 ; — ARDENNES, *Annuaire* de 1863, p. 107 ; — ARIÉGE, *Annuaire* de 1863, p. 110 ; — AUBE, *Annuaire* de 1863, p. 112.)

AUDE.

Jusqu'en 1825 les Archives départementales de l'Aude n'avaient été l'objet d'aucun soin. Lorsque la loi du 5 brumaire an V prescrivit le versement au chef-lieu du département des papiers acquis à l'État, on parut se préoccuper fort peu de la pensée de conservation et d'ordre qui l'avait dictée, et ces papiers, transportés dans les bâtiments de l'évêché, où siégeait alors l'administration centrale, bâtiments devenus plus tard et restés depuis l'hôtel de la Préfecture, y furent littéralement entassés dans les combles et abandonnés dans le plus grand désordre à toutes les chances de destruction. De cette époque de leur mise en tas dans les combles, qu'ils bouchaient en entier, jusqu'à 1825, aucune tentative de classement ne put être entreprise ; le local ne se prêtait par son exiguïté à aucun aménagement possible de casiers ni de tablettes ; d'ailleurs, l'entassement des papiers était tel, que le dépouillement ne pouvait en être effectué sur place. On songea donc à leur déménagement et ils furent portés alors dans l'aile droite du bâtiment de la Préfecture, où les évêques avaient établi la chapelle de leur palais épiscopal. C'est dans ce local, fort convenablement approprié, garni d'un en semble suffisant de casiers et tablettes, qu'eurent lieu, en 1825, les premiers travaux de dépouillement. Une amélioration notable dans la situation matérielle des Archives était réalisée ; il fut même entrepris un commencement d'inventaire ; mais les travaux ne furent pas continués et les Archives restaient ainsi dans le demi-état d'ordre que leur donnait la division par matières qui en avait été faite.

Les premiers travaux sérieux de classement datent de la nomination du prédécesseur de l'Archiviste actuel, en 1836. Dès 1847, il avait classé les séries de A à L, et en avait envoyé les inventaires au Ministère de l'Intérieur. Toutefois, ces inventaires n'ont pas été jugés suffisants et ils ont dû être repris en entier pour la rédaction de l'inventaire-sommaire, ainsi que le classement, qui n'était pas complétement méthodique.

Un nouveau déménagement des Archives vient d'être opéré, ou plutôt s'opère, puisque le local qui leur est maintenant affecté n'est pas encore entièrement approprié. Ce local, qui est situé dans la partie des bâtiments communs de l'hôtel de la Préfecture, se composera de six salles au 1er étage, où est déposée la partie moderne des Archives, et de six autres salles au 2e étage, qui recevront tous les documents antérieurs à 1790. Ces salles ne sont pas peut-être aussi convenablement disposées qu'elles devraient l'être ; mais elles donnent les dévéloppements de casiers suffisants pour le classement des Archives.

Les documents antérieurs à 1790 n'étaient pas considérables, mais ils se sont enrichis par suite de réintégrations qui ne manquent ni d'intérêt ni d'importance. Ces réintégrations, en créant plusieurs fonds, ont accru dans une grande proportion les séries C, D et H, et formé en entier la série B, la plus nombreuse du dépôt, qui était auparavant négative.

Nous allons indiquer les principaux fonds de cette dernière série, tels qu'ils sont constitués d'après leur inventaire-sommaire, livré en ce moment à l'impression :

Grand bailliage de Carcassonne ; sénéchaussée de Carcassonne ; Présidial de Carcassonne; Cour conservatoire du Sceau–mage de Carcassonne ; subdélégation des domaines ; justice de l'équivalent pour les diocèses d'Alet, Alby, Carcassonne, Castres, Mirepoix et officialat de Limoux ; viguerie de Carcassonne ; prévôté et connétablie de la Cité ; châtellenies de Montréal, de Leucate et de Salsigne ou des Tours de Cabardès ; cour royale et viguerie de Termenez et Fenouillède ; temporalité de l'évêche de Carcassonne; temporalité du chapitre Saint-Nazaire de Carcassonne; temporalité des abbayes de Caunes, Lagrasse, Montolieu et Villelongue ; pariage de Conques; vigueries du marquisat de Saissac et des baronnies de Capendu, Cascastel, Couffoulens, Fabrezan, Talairan et Villerouge ; viguerie de la commanderie de Douzens; justice et gruerie de la baronnie de Lavaldaigne ; justice de la baronnie de Caudebronde, etc., etc.

Ces fonds sont au nombre de 71 ; ils comprennent 1,962 articles, registres ou liasses, et ces dernières ne renferment pas moins de 99,115 pièces.

La même série vient de recevoir les Archives de la sénéchaussée de Lauragais et des justices inférieures qui y ressortissaient, les Archives de la viguerie et vicomté de Narbonne avec ses juridictions inférieures, le bailliage de Cuxac, la cour royale de Coursan, la châtellenie de Lésignan, etc., et recevra prochainement celles de la sénéchaussée de Limoux. L'ensemble de ces fonds formera une collection de grande valeur; elle donnera d'une manière à peu près complète la constitution du pays en ce qui touche à la distribution de la justice à ses divers degrés, constitution qui s'établit d'après des désignations féodales qu'il est intéressant de connaître, et qu'il serait difficile de trouver aussi exactement et complétement ailleurs que dans les papiers mêmes qu'ils nous ont laissés.

Les autres réintégrations ont formé, ou complété les fonds suivants :

Cour des Comptes, aides et finances de Montpellier; Maîtrises des eaux et forêts de Carcassonne, Castelnaudary, Quillan et Saint-Pons; colléges des Jésuites et des Doctrinaires; marquisat de Puyvert, qui a reçu deux beaux et volumineux terriers dans le meilleur état de conservation. Ce sont les lièves des droits dus aux seigneurs, d'après les reconnaissances consenties à noble Guillaume de Roux, marquis de Puyvert, qui était président à mortier au Parlement de Toulouse ; baronnie de Montbrun, seigneurie de Saint-Guiraud; loge francmaçonnique la Vraie-Union, à l'Orient de Narbonne; évêché de Saint-Papoul ; chapitre collégial Saint-Michel de Castelnaudary; confrérie N.-D. de Fanjeaux; consorce de Fanjeaux; prieurés de Saint-Paulet-des-Cors-Santz et celui de Sallèles-d'Aude; abbaye de Prouille ; enfin abbaye des Minorettes-Sainte-Claire-des-Casses, fondée par Arnaud, vicomte de Caraman, et sa femme Marguerite d'Ile, vers 1325 ; ce dernier fonds possède le règlement intérieur de l'abbaye, formulé en 1356 par Guillaume, évêque de Montauban. Il est rédigé en langue vulgaire.

Outre les fonds que nous venons de nommer, les Archives de l'Aude renferment dans les Archives civiles les fonds de l'intendance de Montpellier (en partie), des subdélégations de Carcassonne, Limoux et Narbonne, du syndicat général de la province, des syndicats ou administrations diocésaines d'Alet et Limoux, de Carcassonne, de Mirepoix, de Narbonne et de Saint-Papoul, de la terre privilégiée de Chalabre, de plusieurs notaires et tabellions, et dans les Archives ecclésiastiques, qui fournissent tant de faits relatifs à l'organisation sociale, à la constitution féodale, aux divisions territoriales et judiciaires, les fonds suivants :

De l'Archevêché de Narbonne, des évêchés d'Alet, Carcassonne et Saint-Papoul ; des chapitres Saint-Just, Saint-Étienne et Saint-Sébastien et Saint-Paul dans la Métropolitaine de Narbonne; des chapitres épiscopaux Saint-Nazaire de Carcassonne, Saint-Papoul, et des collégiales Saint-Michel de Castelnaudary et Saint-Vincent de Montréal; des abbayes d'hommes de Lagrasse, dont les documents nombreux et riches remontent à l'an 778 ; de Caunes, de Montolieu, de Fontfroide et de Villelongue; et des abbayes de femmes de Prouille de Rieunettes, des couvents des Augustines de Castelnaudary, etc.

Les travaux de classement ont amené, dans leur cours, la découverte de documents intéressant des localités situées dans d'autres départements, et il a été réintégré : dans les Archives de l'Hérault, le volumineux procès-verbal, daté du 13 avril 1671, de la liquidation des dettes de la communauté de Quarante et de la collocation de ses créanciers sur des biens-fonds appartenant à ses habitants en titre particulier ;

Dans les Archives de l'Ariége, un cahier présentant le revenu du fonds et du commerce de la communauté de Labastide de Garderenoux, dressé le 17 mai 1750 ;

Dans les Archives du Tarn, les comptes, avec mandements à l'appui, des années 1758, 64, 65, 66, 67 et 1769, présentés par les fermiers du marquisat d'Ariffat, diocèse de Castres, aux héritiers de messire Albert de Soubiran, marquis d'Ariffat, brigadier des armées du Roi ;

Dans les Archives de l'Ardèche, des pièces relatives à la manufacture d'Aubenas;

Dans les Archives de la Lozère, un gros registre manuscrit, intitulé : Inventaire général des titres du Roi des droitz qu'il prend au pays de Gevaudan étant dans les Archives de Nismes, etc.

Dans le cours de ces mêmes travaux, il a été découvert, en 1854, dans les combles de l'hôtel de la Préfecture, où ils étaient restés enfouis depuis leur versement, en brumaire an V, des documents intéressants et nombreux, provenant, en majeure partie, des administrations diocésaines. Ce sont, pour la plupart, des travaux des assiettes, des répartitions d'impôts, des acquits pour droits de présence des gens des Trois-États aux assiettes diocésaines, des comptes ou règlements des comptes fournis par les receveurs des tailles, des comptes des dépenses des diocèses pendant les guerres de religion, et de la Ligue pour les siéges de Montréal, Castans, Montlaur, Brugairolles ; pour les camps d'Alzonne et de Pezens ; pour la construction des bastions de Carcassonne, etc., etc. Parmi les documents découverts, plusieurs provenaient des corps religieux, et principalement de l'abbaye de Lagrasse, qui fut confirmée en 778, suivant le diplôme de Charlemagne que les Archives possèdent, dans la propriété du territoire de Novalitio, sur lequel elle était construite. Nous citerons comme ayant une véritable valeur paléographique et historique :

Un diplôme, donné le 13 des calendes de juin 844, dans le monastère de Saint-Saturnin, près de Toulouse, à David, abbé du monastère de Saint-Laurent sur la Nigelle (aujourd'hui Nielle), dans la vicomté de Narbonne. Par ce diplôme, Charles le Chauve ratifie et confirme les donations et priviléges dont Louis le Débonnaire, son père, et Pepin d'Aquitaine, son frère, avaient enrichi le monastère de Saint-Laurent. Les donations mentionnées comprennent :

Une chapelle (cella), du nom de Cauchana, sise sur le bord de la mer, et toutes les possessions que le même abbé David avait enlevées au même lieu sur Trasoarius et Théoderedus, en présence d'envoyés du Roi : *Cum rebus quas idem David super Trasoarium et Theoderedum quoram missis sepedicti genitoris nostri conquesierat;*

Les églises de Saint-Marcel, de Sainte-Marie et de Saint-Félix, et celle de Sainte-Marie dans la ville de Carcassonne ;

Enfin, le port (la Nouvelle), situé sur le littoral de la mer, *secus monasterium.* Ce beau diplôme, interligné en minuscules du XIe siècle, est écrit sur vélin de 50 centimètres de côté. Il a été signé par le chancelier : *Jonas, diaconus ad vicem Illudouvici.*

Deux diplômes de Philippe IV :

L'un, délivré à Paris, en juillet 1290, porte confirmation de la vente du village de Montlaur, avec la haute et la basse justice, les fiefs, arrière-fiefs, droits seigneuriaux et dépendances quelconques, faite par Simon de Melun, maréchal de France, à Auger, abbé de Lagrasse, pour la somme de 4,500 livres tournois. Ce diplôme est muni du grand sceau royal en cire verte. Son lien d'attache, formé de fils de soie verts et rouge-orange, n'a pas moins de 30 centimètres de long.

L'autre, délivré en mars 1299, confirme l'abbé de Lagrasse en la possession pleine et entière de la haute, moyenne et basse justice du lieu de Nouvelles, moyennant le payement d'une somme de 200 livres tournois, que ledit abbé donne au Roi, préférant conserver ses droits, par ce moyen, que de les défendre, *in judicio*, devant Simon Brisetestes, sénéchal de Carcassonne, contre Guillaume de Melun, viguier de Fenouillèdes, qui s'était ingéré dans la justice de Nouvelles et avait planté des fourches patibulaires dans son territoire.

Il est regrettable que ce diplôme, qui est d'ailleurs en très-bon état, n'ait conservé qu'un fragment du grand sceau royal dont il était muni.

Des lettres patentes de Louis X, du 1er avril 1315, portant règlement pour la province de Languedoc, en ce qui concernait les fiefs et les arrière-fiefs, les poursuites par garnisons et cometiers pour le recouvrement des créances royales ou privées ; la sortie des vivres hors du royaume ; les statuts et priviléges accordés par les Rois ses prédécesseurs ; le jugement de chaque habitant par le juge du lieu, en matière civile comme en matière criminelle ; l'appel des jugements ; l'usage de la monnaie, les notaires, etc., etc.

Un diplôme de Philippe VI, de l'année 1330, portant confirmation des priviléges et possessions de l'abbaye de Bénédictins de Lagrasse, que le Roi prend sous sa protection spéciale et sa sauvegarde.

Des lettres patentes de Charles V, du 7 décembre 1379, par lesquelles il mande au sénéchal de Carcassonne de forcer les consuls et habitants de Lagrasse à rembourser, à l'abbé et aux religieux, les sommes qu'ils avaient dépensées en frais de voyage ou de séjour à Paris, pour y soutenir, devant le Conseil privé du Roi, leur appel collectif des poursuites dirigées contre eux et contre l'abbaye, par Siacrius de Broa, pour le payement d'impôts dont ils prétendaient être exempts en vertu de certains priviléges.

Des lettres patentes de Charles VI, de 1396, portant injonction au sénéchal de Carcassonne de forcer les consuls et habitants de Lagrasse à rembourser à l'abbé et aux religieux une somme de 28 livres tournois, qu'ils avaient exposées dans le procès soutenu contre eux par l'abbaye en cour de Parlement royal.

Autres lettres patentes, de 1408, du même Roi, au sénéchal de Carcassonne, par lesquelles, reconnaissant qu'il doit être le protecteur et le défenseur des monastères, et surtout de ceux de fondation royale, il l'invite à s'adresser au roi d'Aragon, pour le prier de forcer le camérier de Lagrasse, qui s'était retiré à Perpignan pendant le schisme de Pierre de Lune, à payer le vestiaire des religieux de Lagrasse, *modo atque forma consuetis.*

Plusieurs bulles, dont la plus ancienne est de 1228. C'est une bulle-pancarte de Grégoire IX, portant confirmation des donations faites, en 855, par Charles le Chauve à l'abbaye de Lagrasse. Les autres sont des XIVe, XVe et XVIe siècles.

L'un d'elles, de 1394, commet l'abbé de Saint-Polycarpe pour examiner et confirmer au besoin la transaction intervenue entre l'abbé et les religieux de Lagrasse, au sujet de la rente biannuelle de 40 livres tournois, et annuelle de 45 jambons, que le prieur de Rividario, diocèse de Gironne, devait payer à ladite abbaye, à raison de son prieuré, qui en dépendait directement.

Une autre, de 1420, donne permission à la même abbaye de tenir divers bénéfices en commende pour combler le déficit que présentaient les revenus du vestiaire, depuis que, par suite du schisme de Pierre de Lune, qui avait le roi d'Aragon dans son parti, l'abbaye ne percevait plus ses revenus accoutumés dans l'Aragonais.

Une troisième enfin, de 1453, réunit la prévôté de Lésignan à la mense conventuelle de l'abbaye de Lagrasse.

On doit mentionner aussi, à cause de son intérêt, un cartulaire sur une peau de mouton, moitié grandeur de l'animal, portant la transcription de diverses bulles, priviléges, en faveur des Frères-Prêcheurs, qui avaient un couvent de leur ordre à Carcassonne.

Ces précieux documents, retirés des combles où ils avaient été jetés pêle-mêle avec des papiers administratifs d'une moindre importance, furent mis à part dans un triage rapide, et ils formaient un accroissement inattendu de richesses, lorsque la reconnaissance sommaire des papiers découverts, entreprise dans les formes et la manière prescrites par l'instruction du 24 avril 1841, a de nouveau amené d'autres trouvailles non moins précieuses que les premières. Cette reconnaissance, poursuivie jusqu'à la division par fonds des papiers mis au jour, a produit les plus intéressants résultats. Et ce n'est pas seulement par leur nombre que ces nouveaux documents méritent quelque attention ; plusieurs sont remarquables ou par leur date, ou par leur origine. Pour ne donner qu'un aperçu des plus importants sous ces deux rapports, nous mentionnerons :

—La donation d'un fief, faite *anno vigesimo septimo, regnante Rotberto,* par Poncius, à Sainte-Marie de Lagrasse ;

— La donation des églises de Sainte-Marie et Saint-Paul, situées près de Haute-Rive, diocèse de Toulouse, faite à l'abbé de Lagrasse par Raymond Béranger et son neveu Wielelmus, *regnante Philippo, immo regnante Domino nostro XPU (Christo) ;*

— La donation d'un fief situé à Ferrals, faite à Sainte-Marie de Lagrasse, en 1101, par Raymond de Vilar et ses frères Bernard et Udalgérius ;

— La consécration religieuse de l'église de Saint-Martin de Corneilhan, faite le 8 des ides de mai 1145 par Udalgérius, évêque d'Elne ;

— Un diplôme de 1172, sur beau vélin, d'Ildefonse, roi d'Aragon, comte de Barcelone *et provincie Marchio.* Le roi permet à l'abbé de Lagrasse de bâtir un fort à Rivesaltes, en Roussillon, moyennant le payement annuel de 13 éminées d'orge, le 14 du mois d'août ;

— Le serment de fidélité rendu par les habitants de Corneilhan à l'abbé de Lagrasse, en 1281 ;

— Un diplôme de Philippe le Bel, parfaitement conservé, portant vidimus de lettres patentes du Roi, son père, qui enjoint au sénéchal de Carcassonne de remettre le village de Montlaur, avec toutes ses dépenses, à Simon de Melun, maréchal de France, qui lui en fait hommage lige, en 1283 ;

— Le testament de Béatrix de Alboréga, vicomtesse de Narbonne, rouleau formé de trois grandes peaux de mouton, où parmi de nombreuses donations, d'ailleurs très-minutieusement détaillées, l'on trouve plusieurs clauses curieuses, entre autres un legs de quelques morceaux de son *panni* à ceux qui porteront son corps dans l'abbaye de Lagrasse, 1377 ;

— Deux bulles, avec leur sceau en plomb et en parfait état de conservation, l'une, de Martin V, 1423, qui réunit à l'abbaye de Lagrasse les lieux de Pédilhan, Fons, et Corneilhan, dans le Roussillon, que Pierre de Lune avait donnés à son notaire pendant le schisme ; l'autre est d'Innocent VIII ;

— Enfin, un petit cartulaire en parchemin, qui contient la transcription de diverses reconnaissances, hommages, etc., consentis en faveur de l'abbaye de Lagrasse. Le parchemin n'étant pas opistographique, quelques feuilles ne sont écrites que sur la partie blanche.

De ces découvertes, dont nous ne donnons que quelques rapides indications et des réintégrations qui se sont successivement effectuées, les Archives de l'Aude, qu'il ne faudrait pas maintenant juger d'après les Tableaux numériques par fonds publiés par le Ministère de l'Intérieur en 1848, ont pris pour leur partie antérieure à 1790 une importance qui en fait, non pas, sans doute, un dépôt de première ligne que l'on puisse comparer aux richesses des villes chefs-lieux de Parlement, d'Intendance, etc., mais une collection qui, bien que restreinte à des corps judiciaires, administratifs et religieux sans grandes attributions dans les pays voisins, offre néanmoins un incontestable intérêt aux hommes d'études et de recherches.

Les deux premières livraisons de l'inventaire-sommaire ont été publiés. Le premier volume sera *mis en vente* cette année. (Voyez ci-dessus p. 264.)

ARCHIVES COMMUNALES. — Les Archives communales de l'Aude ne contiennent que peu de titres antérieurs à 1790. Il faut cependant établir deux exceptions pour celles des villes de Limoux et de Narbonne. La première de ces villes a conservé la majeure partie de ses documents, depuis le sac qu'en firent les compagnies du prince de Galles; le classement qui en est commencé fera ressortir leur intérêt. Quant à Narbonne, elle possède de très-riches Archives. Il était regrettable de ne pas connaître les titres qu'elles renferment. Les habitants de Narbonne eurent pendant le moyen âge droit de cité à Constantinople, à Rhodes; ils passèrent des traités de paix et de commerce avec les républiques italiennes, Pise, Gênes, Florence. Des détails sur les titres qui leur conférèrent ce droit, sur les actes relatifs à leur grand commerce, ne peuvent qu'être vus avec intérêt. Les hommes éclairés qui sont à la tête de l'administration municipale ont compris cet intérêt, et, pour donner à leurs Archives municipales le rang qu'elles doivent tenir dans les sérieux travaux dont sont partout l'objet les grands dépôts, ils en ont confié le classement et l'inventaire à l'archiviste du département. Ce travail n'est qu'à ses débuts; on n'en peut encore rien faire connaître. Il faut noter, pourtant, qu'il sera considérable, soit par sa forme, qui sera particulière à la ville de Narbonne, soit par la quantité de documents à inventorier. Parmi ces documents, nous citons 12 thalamus sur parchemin des XIIIᵉ, XIVᵉ, XVᵉ et XVIᵉ siècles et plus de 2,000 parchemins des mêmes dates, qui sont dans le meilleur état de conservation.

La ville de Castelnaudary possède aussi quelques parchemins du XIVᵉ et du XVᵉ siècle. Un homme du pays en a entrepris depuis peu le dépouillement. Enfin, la petite commune d'Ouveilhan a eu le mérite d'inaugurer dans le département la publication de l'inventaire de ses Archives communales en faisant imprimer le sien. Son dépôt n'est pas nombreux ni riche; les titres furent brûlés par le prince de Galles, qui promena le fer et le feu sur tout le Languedoc; mais il donne de précieux renseignements, des détails complétement ignorés sur le pays, et il fournit la preuve de tout ce qui pourrait être colligé de faits pour les sciences historiques, si de semblables publications pouvaient être généralisées.

MOUYNÈS,
Archiviste de l'Aude.

AVEYRON.

On a beaucoup parlé de l'Aveyron sous le rapport des sites que la nature y a ménagés, de l'étonnante variété de ses produits, des monuments qui l'embellissent et des illustrations en tout genre sorties de son sein ; mais nul, que nous sachions, n'a encore fait connaître en détail ses Archives départementales, où se trouvent pourtant réunis des renseignements sans nombre et du plus haut intérêt sur les hommes et les choses de vieille ou de fraîche date de notre département. Essayons aujourd'hui de réparer cet oubli, que nous serions bien tenté d'appeler coupable, si nous ne consultions que la richesse féconde et la bonne conservation du dépôt sur lequel nous allons tâcher d'arrêter un moment l'attention du public aveyronnais.

Les Archives se divisent en deux parties : les anciennes s'arrêtant à 1790 ; les modernes, dont l'origine remonte à cette dernière date et qui vont grossissant chaque année par les versements périodiques qui y sont effectués. Les premières seules vont nous occuper spécialement.

Elles ne comprennent pas moins de 24,500 articles, chiffre très-respectable, sans contredit, et que nous étalons avec une certaine fierté au grand jour de la publicité, car il place notre département, injustement marqué du sceau de la réprobation sous le rapport du développement intellectuel, au quinzième rang, parmi les 89 départements de la France actuelle.

Les Archives particulières des établissements civils et religieux existant à l'époque de la Révolution ont contribué, dans une mesure plus ou moins volumineuse, à la formation du dépôt central. Louis XVI d'abord, par ses lettres patentes du 27 novembre 1789, assura la conservation des Archives des monastères et des chapitres. Plus tard, en avril 1790, une proclamation du même souverain enjoignait aux États provinciaux, Assemblées provinciales, Commissions intermédiaires, intendants et subdélégués, de remettre aux nouveaux administrateurs qui les remplaçaient toutes les pièces et tous les papiers en leur possession. La vente des domaines nationaux fit, à son tour, affluer aux chefs-lieux de district des masses considérables de documents anciens. Enfin, une loi du mois de brumaire an V ordonna la réunion dans les chefs-lieux de département de tous les titres et papiers acquis à la nation. Telle est, en peu de mots, l'origine et la formation de nos Archives départementales.

On comprend aisément dès lors, surtout si l'on a quelques notions de l'état ancien de la province, combien est multiple dans sa composition le dépôt qui nous occupe. Et, en effet, les six à sept cents paroisses composant autrefois les diocèses de Rodez et de Vabres, les abbayes, ainsi que les monastères et les chapitres qui se trouvaient dans l'un et dans l'autre, y sont représentés par de nombreux documents. Les fonds de l'évêché de Rodez et du chapitre cathédral peuvent à eux seuls fournir des matériaux à quiconque entreprendrait d'écrire l'histoire religieuse de la province pendant une période de six ou sept siècles. Visites pastorales à partir de 1417, pouillés, registres des collations et des insinuations, terriers sans nombre, chartes de donations ou de priviléges, rien ne manque de ce qui pourrait contribuer à mener à bonne fin cet intéressant travail.

On pourra, du reste, apprécier en partie l'étendue des ressources offertes, si l'on prend la peine de parcourir le tableau suivant, dressé, antérieurement à 1848, par M. Fontès, alors Archiviste :

Archives civiles. — Juridictions et administrations. — Maîtrise des Eaux et Forêts en Rouergue, de 1684 à 1781 : 48 registres ou volumes, 6 plans, 65 liasses, portefeuilles ou cartons;

Intendance de Montauban, de 1684 à 1789 : 4 volumes ou registres, 23 plans, 18 liasses, portefeuilles ou cartons;

Élections de Rodez, Villefranche et Milhau, de 1718 à 1789 : 3 registres ou volumes, 297 liasses, portefeuilles ou cartons;

Bureau des finances de Montauban, de 1477 à 1787 : 13 registres ou volumes, 4 liasses, portefeuilles ou cartons;

Ponts et chaussées de la Généralité de Montauban, de 1749 à 1789 : 4 registres ou volumes, 110 plans, 46 liasses, portefeuilles ou cartons;

Assemblée provinciale de la **Haute-Guyenne**, de 1779 à 1789 : 23 registres ou volumes, 30 plans, 48 liasses, portefeuilles ou cartons.

Instruction publique. — Collége de Rodez, de 1270 à 1726 : 40 registres ou volumes, 34 liasses, portefeuilles ou cartons, 467 chartes isolées, ou titres sur parchemin.

Féodalité. — Baronnie du Clapier, de 1200 à 1544 : 5 registres ou volumes, 3 liasses, portefeuilles ou cartons, 82 chartes isolées, ou titres sur parchemin ;

Baronnie de Montpaon, de 1272 à 1335 : 1 liasse, 53 chartes isolées, ou titres sur parchemin;

Seigneurie de Roquelaure, de 1203 à 1682 : 10 registres ou volumes, 13 liasses, portefeuilles ou cartons, 643 chartes isolées, ou titres sur parchemin ;

Seigneurie d'Arvieu, de 1288 à 1662 : 5 registres ou volumes, 10 liasses, portefeuilles ou cartons, 455 chartes isolées, ou titres sur parchemin ;

Seigneurie de Rebourguil et Montlaur, de 1418 à 1682 : 4 registres ou volumes, 1 liasse, 70 chartes isolées, ou titres sur parchemin;

Seigneurie de La Raffinie, de 1278 à 1600 : 6 registres ou volumes, 1 liasse, 24 chartes isolées, ou cartons ;

Seigneurie d'Asprières, de 1409 à 1671 : 8 registres ou volumes, 3 liasses, portefeuilles ou cartons, 210 chartes isolées, ou titres sur parchemin;

Seigneurie de Lumençon, de 1360 à 1777 : 1 registre, 1 liasse, 17 chartes isolées, ou titres sur parchemin ;

Seigneurie de Balsac, de 1374 à 1763 : 1 liasse, 31 chartes isolées, ou titres sur parchemin ;

Maisons seigneuriales de Roquelaure, d'Uzès, de Foix, de Clermont et autres, de 1416 à 1676 : 10 registres ou volumes, 23 liasses, portefeuilles ou cartons, 309 chartes isolées, ou titres sur parchemin;

Confréries. — Confrérie du Saint-Sacrement du monastère de Saint-Sernin sous Rodez, de 1472 à 1784 : 1 liasse, 3 chartes isolées, ou titres sur parchemin;

Total pour les Archives civiles : 184 registres ou volumes, 169 plans, 570 liasses, portefeuilles ou cartons, 2,364 chartes isolées, ou titres sur parchemin.

Archives ecclésiastiques.— *Clergé séculier.*— Évêché de Rodez, de 996 à 1789 : 470 registres ou volumes, 62 plans, 250 liasses, portefeuilles ou cartons, 4,575 chartes isolées, ou titres sur parchemin;

Évêché de Vabres, de 1317 à 1615 : 5 registres ou volumes, 7 liasses, portefeuilles ou cartons, 102 chartes isolées, ou titres sur parchemin ;

Chapitre cathédral de Rodez, de 1140 à 1789 : 293 registres ou volumes, 27 plans, 142 liasses, portefeuilles ou cartons, 3,474 chartes isolées, ou titres sur parchemin ;

Chapitre de Villefranche, de 1302 à 1610 : 3 liasses, portefeuilles ou cartons, 31 chartes isolées, ou titres sur parchemin ;

Chapitre de Conques, de 1099 à 1772 : 3 registres ou volumes, 9 liasses, portefeuilles ou cartons, 103 chartes isolées, ou titres sur parchemin ;

Chapitre de Saint-Antonin, de 1279 à 1526 : 7 registres ou volumes, 8 liasses, portefeuilles ou cartons, 37 chartes isolées, ou titres sur parchemin ;

Séminaire de Rodez, de 1676 à 1789 : 1 registre, 3 liasses, portefeuilles ou cartons ;

Séminaire de Saint-Geniez, de 1530 à 1739 : 8 liasses, portefeuilles ou cartons ;

Séminaire de Laguiole, de 1714 à 1787 : 1 liasse ;

Congrégation ou Fraternité des prêtres de Bozouls, de 1474 à 1680 : 12 registres ou volumes, 1 liasse, 19 chartes isolées, ou titres sur parchemin ;

Congrégation ou Fraternité des prêtres de Compeyre, de 1433 à 1750 : 5 registres ou volumes, 3 liasses, portefeuilles ou cartons, 48 chartes isolées, ou titres sur parchemin ;

Congrégation ou Fraternité des prêtres de Milhau, de 1484 à 1787 : 2 registres ou volumes, 3 liasses, portefeuilles ou cartons, 59 chartes isolées, ou titres sur parchemin ;

Congrégation ou Fraternité des prêtres de Salles-Curan, de 1602 à 1758 : 1 liasse, 28 chartes isolées, ou titres sur parchemin ;

Chapellenies (79 fonds), de 1279 à 1783 : 5 registres ou volumes, 29 liasses, portefeuilles ou cartons, 284 chartes isolées, ou titres sur parchemin ;

Clergé régulier. — Hommes. — Abbaye ou hôpital d'Aubrac, de 1252 à 1789 : 93 registres ou volumes, 32 liasses, portefeuilles ou cartons, 247 chartes isolées, ou titres sur parchemin ;

Abbaye de Bonnecombe, de 1149 à 1283 : 121 registres ou volumes, 12 plans, 59 liasses, portefeuilles ou cartons, 3,114 chartes isolées, ou titres sur parchemin ;

Abbaye de Bonneval, de 1172 à 1289 : 10 registres ou volumes, 27 liasses, portefeuilles ou cartons, 219 chartes isolées, ou titres sur parchemin ;

Prieuré du Monastier, dépendant du collége de Rodez, de 1244 à 1675 : 79 registres ou volumes, 26 liasses, portefeuilles ou cartons, 370 chartes isolées, ou titres sur parchemin ;

Prieuré de Saint-Amans de Rodez, de 1290 à 1783 : 22 registres ou volumes, 23 liasses, portefeuilles ou cartons, 564 chartes isolées, ou titres sur parchemin ;

Prieuré de Milhau, de 1334 à 1770 : 12 registres ou volumes, 3 liasses, portefeuilles ou cartons, 162 chartes isolées, ou titres sur parchemin ;

Prieuré de Clairvaux, de 1387 à 1776 : 12 registres ou volumes ;

Prieuré du Sauvage, de 1282 à 1767 : 6 registres ou volumes, 5 liasses, portefeuilles ou cartons, 330 chartes isolées, ou titres sur parchemin ;

Prieuré de Mouret-Lacapelle, de 1453 à 1652 : 4 registres ou volumes, 1 liasse ;

Prieuré de Deux-Aigues, de 1278 à 1457 : 4 registres ou volumes, 1 liasse, 53 chartes, ou titres sur parchemin ;

Prieuré de Cantobre, de 1497 à 1758 : 2 registres ou volumes, 1 liasse, 67 chartes isolées, ou titres sur parchemin ;

Prieuré du Poujol, de 1280 à 1697 : 3 liasses, portefeuilles ou cartons, 47 chartes isolées, ou titres sur parchemin ;

Prieuré de Sainte-Catherine, de 1338 à 1715 : 3 liasses, portefeuilles ou cartons, 52 chartes isolées, ou titres sur parchemin ;

Prieuré de Luganhac, de 1146 à 1756 : 1 plan, 1 liasse ;

Prieuré de Saint-Geniez-d'Olt, de 1481 à 1770 : 1 registre, 1 liasse ;

Prieuré de Bezonne, de 1396 à 1559 : 1 registre ;

Prieuré de Loupiac, de 1292 : 1 registre ;

Prieuré de Notre-Dame-du-Pont, de 1556 à 1735 : 1 registre, 1 liasse ;

Couvent de Chartreux de Rodez, de 1271 à 1697 : 61 registres ou volumes, 32 liasses, portefeuilles ou cartons, 539 chartes isolées, ou titres sur parchemin ;

Couvent des Jacobins de Rodez, de 1309 à 1699 : 93 registres ou volumes, 29 liasses, portefeuilles ou cartons, 657 chartes isolées, ou titres sur parchemin ;

Couvent des Jacobins de Milhau, de 1380 à 1648: 17 registres ou volumes, 3 liasses, portefeuilles ou cartons, 128 chartes isolées, ou titres sur parchemin ;

Couvent des Cordeliers de Rodez, de 1267 à 1719 : 7 liasses, portefeuilles ou cartons, 72 chartes isolées, ou titres sur parchemin ;

Couvent des Cordeliers de Milhau, de 1514 à 1789 : 2 liasses, portefeuilles ou cartons, 59 chartes isolées, ou titres sur parchemin ;

Couvent des Augustins de Saint-Geniez, de 1661 à 1775 : 4 liasses, portefeuilles ou cartons ;

Commanderies d'Espalion et de Limouse, de 1390 à 1601: 3 liasses, portefeuilles ou cartons, 43 chartes isolées, ou titres sur parchemin ;

Femmes. —Abbaye de Saint-Sernin sous Rodez, de 1251 à 1788 : 87 registres ou volumes, 9 plans, 34 liasses, portefeuilles ou cartons, 2,007 chartes isolées, ou titres sur parchemin ;

Abbaye de Sainte-Claire de Milhau, de 1404 à 1769: 2 liasses, portefeuilles ou cartons, 35 chartes isolées, ou titres sur parchemin ;

Couvent des Annonciades de Rodez, de 1392 à 1754 : 5 registres ou volumes, 10 liasses, portefeuilles ou cartons, 295 chartes isolées, ou titres sur parchemin ;

Couvent de Sainte-Catherine de Rodez, de 1466 à 1789 : 3 registres ou volumes, 7 liasses, portefeuilles ou cartons, 280 chartes isolées, ou titres sur parchemin ;

Couvent de Notre-Dame de Rodez, de 1352 à 1786: 1 liasse ;

Couvent dit l'Arpajonie de Milhau, de 1264 à 1648 : 17 registres ou volumes, 3 liasses, portefeuilles ou cartons, 40 chartes isolées, ou titres sur parchemin ;

Couvent des Ursulines d'Espalion, de 1676 à 1787 : 1 liasse ;

Couvent de l'Union de Saint-Geniez, de 1720 à 1781 : 1 liasse.

Hôpitaux et œuvres charitables. — Domerie de Sainte-Marthe à Rodez, dépendant primitivement de l'hôpital d'Aubrac et en dernier lieu du collége de Rodez, de 1074 à 1726 : 16 registres ou volumes, 8 liasses, portefeuilles ou cartons, 364 chartes isolées, ou titres sur parchemin.

Total pour les Archives ecclésiastiques : 1,471 registres ou volumes, 111 plans, 802 liasses, portefeuilles ou cartons, 18,502 chartes isolées, ou titres sur parchemin.

Total général : 1,655 registres ou volumes, 280 plans, 1,372 liasses, portefeuilles ou cartons, 20,866 chartes isolées, ou titres sur parchemin.

Depuis l'exécution de ce grand travail d'ensemble, de nouvelles collections sont venues s'ajouter à celles que l'on avait déjà. Telle est la collection des titres et documents provenant des différents hospices de Rodez ; telle est encore celle résultant des réintégrations opérées par les soins de M. Desjardins, versée naguère dans notre dépôt par celui de Tarn-et-Garonne ; telle est enfin cette série de registres notulaires, ou autres, qui est devenue propriété départementale dans le courant de 1862.

La collection rapportée de Montauban est principalement remarquable à cause des nombreux actes féodaux connus sous les noms divers d'aveux et dénombrements, livres terriers ou censiers, reconnaissances générales ou particulières, qui en font partie. Les communes comme les individus peuvent y faire rechercher des actes utiles à constater leurs droits. Il arrive fréquemment, chacun le sait, que l'autorité judiciaire résout des contestations par application des titres féodaux. Ceux dont nous parlons forment un ensemble de livres terriers relatifs aux localités comprises autrefois dans les comtés du Rouergue et de Rodez, et dans les quatre châtellenies du Rouergue ; de telle façon que, grâce aux autres documents de même nature existant déjà dans le dépôt, il se trouve peu de propriétés sur notre sol aveyronnais sur lesquelles on ne puisse fournir des renseignements touchant l'étendue, les confrontations, la culture et quelquefois aussi les servitudes qui les grevaient. La plupart de ces actes furent rédigés en vertu de lettres patentes données en 1667, date assez rapprochée de l'époque actuelle pour retrouver, en beaucoup de cas, une pièce de terre avec la même dénomination et dans les mains de la même famille.

En attendant que nous puissions faire connaître l'ensemble des terriers déposés aux Archives, voici le nom des localités auxquelles se rapportent ceux dont nous venons de parler :

Ajas, Alpuech, Aubin, Ayssène, Bénaven, Boisse, Bors, Bozouls, Cabrespines, Camarès, Camboulas, Campagnac, Cassagnes-Bégonhès, Cassagnes-Comtaux, Compeyre, Creyssels, Ferrayroles, Flavin, Gages, Lacalm, La Capelle-Bonnance, Laguiole, La Roque-Valzergues, Marcillac, Marnhac, Milhau, Montfranc, Montjaux, Montézic, Montrozier, Murasson, Najac, Onet-le-Château, Outre-Olt, Peyrefiche, Peyrusse, Plaisance, Pousthomy, Rignac, Rodelle, Rodez, Roquecézière, Saint-Affrique, Saint-Geniez, Salles-Comtaux, Saint-Martin-de-Lenne, Sauveterre, Sébazac, Ségur-et-le-Ram, Sénergues, Veauzac, Vendeloves, Villefranche, Villeneuve.

L'inventaire de ces Archives s'imprime en ce moment. La première livraison a été publiée ; elle concerne la Maîtrise des Eaux et Forêts du Rouergue et du Quercy. Toutes les questions forestières et de délimitation de bois particuliers s'y trouvent rappelées. Les plans sont d'une grande utilité pour les intérêts privés. Les Archives du bureau des saisies réelles et des consignations de la sénéchaussée de Rodez terminent cette série.

H. Affre,

Archiviste de l'Aveyron.

BOUCHES-DU-RHONE.

Les Archives départementales des Bouches-du-Rhône occupent un hôtel, entre cour et jardin, sis dans les dépendances de l'hôtel de la Préfecture. Le bâtiment principal, construit au fond de la cour, est élevé de trois étages et percé de neuf fenêtres à chaque étage. Le rez-de-chaussée est occupé par les salles du Conseil de Préfecture, du Conseil général et de diverses commissions et sociétés qui, par tolérance ou de droit, y tiennent leurs séances. Les trois étages supérieurs sont consacrés aux Archives, à savoir : le 1er et le 2me aux Archives anciennes, et le 3me aux modernes. —

Un escalier intérieur et réservé met ces étages en communication.

Les bureaux et la salle du public ne sont pas dans les bâtiments de dépôt, mais au 3me étage d'un corps de bâtisse parallèle au 1er et en façade sur la rue. — Le rez-de-chaussée, le 1er et le 2me en sont occupés par le secrétaire général et les bureaux d'une des divisions de la Préfecture. On arrive aux bureaux des Archives par un escalier commun, qui s'ouvre vis-à-vis de la loge du concierge.

Les bureaux des Archives communiquent avec les salles de dépôt par le 3me étage d'une aile qui a toute la profondeur de la cour.

Les salles de dépôt sont constamment fermées au public. La salle de travail et les bureaux sont ouverts tous les jours de 10 heures à 4 heures.

Les Archives des Bouches-du-Rhône ne contiennent point de titres se rattachant à la série A.

La série B y est représentée par : 1° les Archives administratives du Parlement d'Aix (non encore réintégrées et actuellement déposées sous les toits du Palais de Justice, à Aix) ; 2° la sénéchaussée de Marseille, cédée au département par la ville de Marseille ; 3° la Cour des Comptes, Aides et Finances de Provence ; 4° les amirautés de Marseille et de la Ciotat.

A la série C appartiennent : 1° les registres et papiers des intendants de Provence ; 2° les Archives de la province, c'est-à-dire des procureurs du pays siégeant à Aix ; 3° les comptes rendus des séances des États-Généraux et des assemblées générales et particulières de Provence.

Quelques volumes forment le contingent de la série D ; ils proviennent d'anciennes corporations d'arts et métiers et de confréries et sociétés laïques.

La partie ecclésiastique des Archives des Bouches-du-Rhône est très-riche. Ce sont d'abord, dans la série G : 1° les archevêchés d'Arles et d'Aix ; 2° les chapitres métropolitains de ces deux villes ; 3° l'évêché de Marseille ; 4° son chapitre épiscopal ; 5° les églises collégiales et paroissiales de Saint-Martin, des Accoules, etc.

Dans la série H : 1° divers ordres religieux d'hommes, parmi lesquels les moines de Saint-Victor de Marseille, les Bénédictins de Montmajour d'Arles, les Chartreux de ces deux villes, les moines de

Silvacane, etc., etc. ; 2º divers couvents de femmes, dont les plus riches en documents sont Saint-Césaire d'Arles, Saint-Sauveur de Marseille, etc., etc. ; 3º le fonds considérable du grand prieuré de Saint-Gilles, de l'ordre de Malte, et dans ce fonds plusieurs titres provenant des Templiers de la province et des Antonins de Vienne.

Enfin, les administrations intermédiaires et modernes ont eu soin d'enrichir de telle façon cette partie du dépôt, qu'il serait difficile de dire quels intitulés des séries officielles K à Z et de leurs subdivisions sont sans emploi dans le classement et l'inventaire des Archives contemporaines.

Fonds de la Cour des Comptes, Aides et Finances de Provence (1). —La Cour des Comptes était aux XIVᵉ et XVᵉ siècles la Chambre des Comptes et Archifs, et parfois simplement la Chambre des Archifs du Roi.

Les titres de notre histoire politique, administrative et financière de Provence constituent ce fonds, le plus important sans contredit de tous ceux qui composent le dépôt départemental.

On trouve dans les Archives de la Cour des Comptes : 1º des chartes ou titres séparés ; 2º des registres d'enregistrement ; 3º des registres de comptes. Il convient d'étudier successivement chacune de ces trois divisions des Archives royales pour se faire une idée exacte de leur ensemble.

Des chartes. — 1º Les chartes, au nombre de 2,000 environ, sont aujourd'hui réunies sans distinction de copies authentiques et d'originaux. Il n'en était pas ainsi avant les nouvelles instructions ministérielles de 1857, à plus forte raison antérieurement à 1790.

§ 1. *Tour du Trésor.* — Une série de 823 titres originaux, dont les moins anciens sont de 1337, quand il s'agit de chartes comtales, et de 1370, quand il s'agit de bulles papales, a toujours été connue sous le nom de *Chartes de la Tour du Trésor.*

Cette dénomination leur vient du lieu où elles étaient déposées. Estimées, comme devaient l'être les titres les plus précieux des

(1) La subdivision B 1 n'est pas encore venue aux Archives. — Celle B 2 y entre à peine. — Les notices sur ces deux fonds n'ont pas pu être faites, faute de documents pour le premier, d'un examen suffisant pour le second.

droits de nos comtes de Provence, ces chartes étaient conservées dans une tour fortifiée du Palais Royal, à côté du trésor de l'État et à l'abri de toute invasion. Nous avons la preuve qu'il en était ainsi dès le XIII⁰ siècle.

En effet, le registre *Pedis,* recueil de transcriptions faites à cette époque, contient cette mention : « *Instrumentum originale est in thesauraria regia apud aquis,* » à la suite de quelques-uns des actes copiés, et notamment de l'hommage des Baux au comte de Provence, 1150, de la délimitation du partage des comtés de Provence et de Toulouse, 1125, etc., etc.

Le registre *Pedis* est en grande partie l'œuvre de l'écrivain Raimond (*Raimundus scriptor*), qui nous a rendu non-seulement le service de rédiger d'un style clair et d'une belle écriture la plupart des diplômes de Raymond Bérenger V et de Charles I⁰ʳ, mais encore de nous conserver, par la transcription, un très-grand nombre d'actes antérieurs à son temps et dont les originaux, ne faisant point partie de la *Tour du Trésor,* ne sont pas parvenus jusqu'à nous.

Le registre *Sclaponi*, qui est un inventaire fait en 1379, de tous les biens et revenus de la Reine dans la ville d'Aix, s'exprime ainsi sous la rubrique : § XII, *Turris Thesauri :*

« Il y a dans l'enceinte du Palais Royal d'Aix une tour haute et « fortifiée, où sont enfermés dans plusieurs caisses les priviléges « impériaux, avec leurs bulles d'or ou leurs sceaux en cire, et « d'autres titres constatant les droits immémoriaux de la Reine et « des comtes et des comtesses qui l'ont précédée sur le comté de « Provence, et en outre la charte de l'inféodation du royaume des « Deux-Siciles en faveur de Charles I⁰ʳ, et bien d'autres bulles pa- « pales de grande valeur.

« Cette tour a deux portes ; la première est fermée par une seule « et grosse clé, et la deuxième par trois serrures, dont le sénéchal « tient une clé, et le juge mage une autre ; la troisième ainsi que « celle de la première porte et celles des caisses sont déposées « entre les mains du prieur et de la prieure du monastère royal de « N.-D. de Nazareth, d'Aix, après avoir été préalablement serrées « dans une bourse scellée du sceau du sénéchal. »

La *Tour du Trésor* ne pouvait être ouverte que de l'assentiment et en présence de tous les dépositaires des clefs qui la fermaient. Aussi, ne faut-il pas s'étonner qu'en 1331, en le même état de choses constaté quarante-huit ans plus tard par *Sclaponi*, l'Archiviste Hugues Honnorat n'ait pas pu pénétrer dans la tour pour y transcrire sur l'original l'acte de délimitation de 1125, et ait été réduit à copier cet acte sur une transcription du XIIIe siècle.

« Universis notum fiat quod discretus vir magister Ugo Honnorati,
« regius Archivarius,..... constitutus in regio Aquensi Archivo,....
« ibidem legi fecit et publicari transcriptum cujusdem publici instru-
« menti in quodam registro ipsius Archivi notati, cum originale
« quod in Turri Thesauri palacii regii civitatis Aquensis cum aliis
« regiis privilegiis conservatur, haberi presentialiter non potuit,
« cujus tenor, etc., etc..... » (Cour des Comptes, liasse O, no 1, ancienne cote.)

Louis XIV ordonna, en 1682, à l'intendant de Provence, Alexandre Morand, de dresser un inventaire de toutes les Archives royales d'Aix. Morand se rendit immédiatement aux Archives, où, en présence du premier président de la Cour, les Archivistes lui déclarèrent que les titres des droits et domaines du Roi étaient disposés d'abord dans une salle confiée à leurs soins, puis « dans un autre lieu, « appelé vulgairement *Tour du Trésor*, où l'on disoit qu'il y avoit « aussi quelques anciens titres dont les Archivaires n'avoient au- « cune cognoissance, et que la clef en étoit gardée par deux des « Conseillers de la Cour. »

L'un d'eux, Meyronnet, mandé immédiatement, avoua « que « depuis long temps il n'estoit entré en la Tour du Trésor, ou estoient « seullement quelques vieux coffres remplis de divers enseigne- « mens et parchemins anciens. »

En 1682, on le voit, on avait perdu le souvenir de l'importance des vieux originaux. Ce n'était plus, en effet, que des reliques d'un autre âge, sans utilité évidente.

Les comtes de Provence avaient disparu ; leurs prétentions à une domination lointaine et tracassée étaient mortes avant le dernier d'entre eux. Les rois de France se souciaient peu de vieux parchemins, qui n'ajoutaient ni étendue, ni force à leurs droits sur le comté, et ce n'était certainement pas à ces titres que faisaient allusion les considérants de l'ordonnance de Louis XIV (1).

Aussi n'avait-on aucun intérêt à rendre inaccessibles la Tour du Trésor et toutes ses richesses diplomatiques.

Les clefs en étaient tout simplement confiées à des conseillers de la Cour des Comptes ; mais l'indifférence de tous pour ces chartes précieuses se trouvait en être la meilleure sauvegarde.

Ainsi donc, en 1682, les titres de la *Tour du Trésor* sont soumis à la surveillance nominale de la Cour des Comptes. — Il n'y a donc pas lieu de s'étonner qu'ils aient été depuis et qu'ils soient aujourd'hui encore réunis au fonds des chartes de cette Cour.

En 1747, les Autrichiens avaient fait irruption en Provence, et le maréchal de Belle-Isle avait eu besoin de toute sa promptitude et de son habileté de général consommé pour les empêcher d'envahir le pays.

A cette occasion, tandis que chacun songeait à sauver ce qu'il avait de plus précieux, la Cour des Comptes, dans un excès de patriotisme, se souvint des vieux parchemins de la province, et comme aux temps de Charles-Quint, qui fit le sac de la ville, et de la peste qui à plusieurs reprises éloigna la Cour de son siége, elle songea à abriter avec ses Archives les titres des priviléges du pays et des victoires et conquêtes de ses anciens souverains.

Les chartes de la Tour du Trésor furent donc enfermées dans des caisses de bois, doublées de fer, prêtes à être portées loin d'Aix, au cas où l'ennemi s'emparerait de cette ville.

Peu après et la même année, le danger ayant complétement disparu, les caisses et leur contenu furent replacés dans la tour, dont deux des clefs furent remises à M. de Linage, président de la Cour des Comptes, et la troisième à M. de Broglie, doyen des conseillers.

En 1753, la Tour du Trésor eut besoin de réparations, et une nouvelle fois elle fut dépouillée de ses Archives. — Pendant trois ans, celles-ci restèrent déposées dans les salles de la Chambre des Comptes, et elles ne furent remises en place qu'après la fin des travaux, en 1756.

Ce sont peut-être les seuls exemples que nous ayons du transport de ce lot vénérable de documents hors de la tour, qui, du XIIIᵉ au XVIIIᵉ siècle, les a constamment abrités.

---

(1) Voir aux pièces justificatives le texte de l'édit de 1682.

En 1780, le Palais Royal fut démoli. — La Tour du Trésor subit le sort des bâtiments auxquels elle tenait.

Les Archives furent transportées dans le couvent des Grands-Carmes, et la Révolution les y trouva en 1789. Elle les respecta.

Les membres du directoire du département des Bouches du Rhône et le procureur général syndic, chargés d'apposer les scellés sur les portes des anciennes salles de la Cour des Comptes, nous fournissent la preuve, dans leur procès-verbal de descente du 26 septembre 1791, que si les Archives de la Tour du Trésor étaient toujours séparées de celles proprement dites de la Cour des Comptes, il n'existait plus entre elles cette barrière infranchissable du XIVe siècle; qu'il n'y avait même plus ces portes fermées à double et triple clef, que pouvaient ouvrir seuls les hauts dignitaires de la Cour ou des conseillers spécialement chargés de cette surveillance.

Après avoir « apposé le scellé sur la porte extérieure des grandes « Archives, disent-ils, de suite avons mis le même scellé sur la « porte des petites Archives, où se trouve *l'armoire apelée la Tour* « *du Trésor*, fermée par un barreau de fer..... »

Aujourd'hui, les 813 parchemins de ce fonds ont été confondus avec ceux de la Cour des Comptes. Ils sont tous inventoriés par ordre chronologique. — Mais c'est encore un moyen de reconnaître parfois auquel de ces deux anciens fonds appartiennent les chartes analysées, car celles de la *Tour du Trésor* ne sont jamais postérieures à 1337 (à moins qu'il ne s'agisse de bulles papales). Elles remontent au XIe siècle.

§ 2. *Chartes de la Cour des Comptes*. — Le fonds des chartes proprement dites de la Cour des Comptes contient tous les actes originaux des comtes de Provence, depuis le XIVe siècle (vers 1340) jusqu'en 1680, c'est-à-dire un peu avant l'époque où eurent lieu le classement et l'inventaire ordonnés par Louis XIV (1682).

Il contient, en outre, des vidimus d'une foule d'actes antérieurs à 1337.

Enfin, il existe une troisième catégorie de pièces qui est venue enrichir ce fonds à diverses époques. Ce sont les chartes originales que l'on a portées à l'enregistrement et qui sont restées en la possession de la Cour. Ces chartes n'ont le plus souvent aucun trait aux intérêts ni au domaine de l'État ; elles n'émanent presque jamais de l'autorité souveraine du pays, ni de ses représentants officiels.

La plus remarquable des pièces de cette dernière nature est la donation faite par Teucinde, en 983, de l'île de Montmajour au Monastère de Saint-Pierre-lès-Arles (1).

Grâce à ce document, le fonds de la Cour des Comptes l'emporte de plus d'un siècle en ancienneté sur celui de la *Tour du Trésor*.

L'un et l'autre de ces deux fonds ont été inventoriés en 1682-83 ; celui-ci a eu ses liasses numerotées et les parchemins qui les composaient désignés par les lettres de l'alphabet; celui-là a ses parchemins numerotés et ses liasses ont les lettres indicatives. Tous les deux sont classés par ordre de matières.

D'abord les actes d'un intérêt général sous le titre de *Comes Provincie*, et d'édits et statuts ; puis les traités internationaux ; puis les titres d'un intérêt particulier à telle partie ou à telle autre de la Provence, depuis Gap jusqu'à Nice et Vintimille, depuis les Alpes jusqu'au Rhône, y compris Apt, Orange et Avignon; enfin les hommages et reconnaissances des vassaux de la province.

Le nombre des parchemins de cet ancien fonds de la Cour des Comptes est de 994. En additionnant avec ce nombre celui des pièces de la *Tour du Trésor*, nous avons une somme totale de 1817, qui constitue l'ensemble actuel des chartes du fonds.

II. *Registres d'enregistrement.* — Ainsi que je le disais au commencement de cette notice, la Chambre des Comptes fut, dès la création, une Chambre d'Archives. En effet, à peine voyons-nous mentionner pour la première fois, à la fin du XIII⁰ siècle, les maîtres rationaux de Provence institués par Charles II, à l'imitation de ceux de Naples, que nous les trouvons remplissant en quelque sorte des fonctions de conservateurs d'Archives.

En 1297, le sénéchal Rainald de Lecto reçoit de Charles II l'ordre de faire payer à Henri de Manzano une somme de 100 livres coronats. Les lettres du Roi sont envoyées à la Cour des Comptes. Plus tard, Henri de Manzano se plaint de ce qu'elles sont restées inexé-

(1) La requête pour l'enregistrement de cet acte fixe l'époque de son adjonction aux Archives de la Cour.

cutées; mais avant de lui donner satisfaction, le sénéchal veut savoir officiellement si Henri de Mazano se plaint à juste titre « Sicut con- « stitit per cedulam magistri Petri de Tholosa, rationalis regii in « Provincia, *assumptam de Cartulariis regii Archivi Aquensis*, « missam nobis sub sigillo ipsius, satisfactionem dictorum C libra- « rum eidem militi super juribus et redditibus curie castri de « Mezello, duximus faciendam (1). »

Cet extrait d'un mandat de payement du 29 mai 1299 prouve qu'à cette époque le service des Archives royales était déjà installé, et qu'un rational était particulièrement chargé de l'enregistrement et de l'expédition des pièces.

Les Archives royales étaient dès lors tellement accessibles à toutes les demandes, qu'elles sont qualifiées à cette époque comme aujourd'hui d'*Archives publiques*.

C'est un vidimus dressé en 1306 qui nous en fournit la preuve. Son rédacteur, dès les premières lignes de l'acte, dit qu'on s'est servi pour la transcription d'un registre des Archives publiques d'Aix « quoddam registrum ex Archivo Aquensi *publico* regio. » Ce vidimus est celui de l'acte de délimitation de la Provence fait en 1125.

Le Procureur du Roi le demande lui-même, parce que, dit-il, dans les contestations fréquentes au sujet des limites du comté, on a souvent recours à cet acte de 1125 et qu'il est difficile et dangereux de transporter le registre : « Laboriosum ac *periculosum* esset portare « regestrum (2). »

Pourtant à cette époque il n'y avait pas encore d'Archiviste royal. Ce n'est qu'en 1310 que, par son ordonnance du 25 mai (3), Robert institua un conservateur spécial des Archives de Provence. Pierre de Limosin fut le premier Archiviste royal de notre pays, et en 1311 et 1313 il figure, en cette qualité, parmi les témoins de prestations d'hommage au Roi (4).

---

(1) Ancienne cote : Armoire O, n° 1, folio 185, ligne 10 à 15.
(2) Ancienne cote : arm. Q.-R., 4e carré, n° 1.
(3) Voir le texte de cette ordonnance aux pièces justificatives.
(4) Ancienne cote : registre *Pedis*, f°s 131 et 161.

Hugues Honnorat succéda à Pierre de Limosin. On doit à Honnorat la fin du registre *Pedis*, qui avait été commencé par Raymond (Raymundus scriptor). On lui doit aussi les registres cotés 188 et 189 dans le nouvel inventaire, plusieurs commencements d'autres et un très-grand nombre de transcriptions d'actes anciens. Honnorat travailla beaucoup. Son écriture est nette et très-lisible, sa rédaction précise. Lors de l'édit de diminution des offices royaux de Provence, le 18 avril 1346 (1), Hugues Honnorat était encore en charge. Il fut maintenu. Des lettres patentes de Louis et de Jeanne, datées du 8 octobre 1352 et de Naples, fixent à 20 onces par an (2) le traitement des Archivistes royaux de la Chambre des Comptes (3).

Il serait donc possible que depuis 1346 Honnorat fût mort, et qu'il eût été remplacé, non par un seul, mais par deux Archivistes.

En effet, en 1371 nous trouvons Guigonet Jarente et Louis Durand exerçant simultanément ces fonctions près la Cour des Comptes d'Aix (4). Mais alors et depuis huit ans, par suite de l'ordonnance royale du 13 avril 1363, les Archives avaient pris un développement considérable.

Jusqu'en 1363, les actes notariés intéressant l'État ou la Cour royale pouvaient ne pas être communiqués aux Archivistes. A partir de cette année, il n'en fut plus ainsi et tous les notaires et tabellions jurés furent tenus d'envoyer au dépôt central une expédition authentique de tous les actes de cette nature.

Cette ordonnance contient une disposition qui fut bien plus féconde encore pour l'avantage et l'accroissement du dépôt. Elle porte que tous les priviléges, donations, provisions d'office, actes de garantie et d'assignation émanés des comtes et des comtesses de Provence ou de la Cour et accordés à des Provençaux, ou ayant trait à des terres, à des revenus, ou à des offices de ce pays, devront être enregistrés par les Archivistes royaux.

Il ne faut pas rechercher, en dehors de cet article, l'origine et la cause de cette série magnifique des 135 registres d'enregistrement,

(1) Voir l'extrait de cette ordonnance aux pièces justificatives.
(2) D'après mes calculs l'once valait environ 62 francs.
(3) Voir l'extrait de cette ordonnance aux pièces justificatives.
(4) Reg. Rubei (ancienne cote), page 61, ligne 6.

s'étendant du milieu du XIVe siècle jusqu'à 1789 et comprenant 57,000 documents (1).

Nous lisons dans une ordonnance royale de la même année et du 18 avril les motifs du paragraphe constitutif de ces enregistrements.

Les grands officiers de la Cour, y est il dit (2), à cause de l'ignorance où ils sont des actes émanés de la Reine ou de la Cour elle-même, sont amenés à causer de très-graves préjudices à la considération ou aux intérêts de l'État. Pour remédier à ces très-fâcheux inconvénients, les actes seront transcrits dans des registres que ces officiers pourront consulter en toute occasion.

Cette même préoccupation engagea la Reine à établir, par la voie du sénéchal et des rationaux et Archivistes, une surveillance sévère sur les notaires et tabellions de Provence. Quiconque parmi ceux-ci exerçait sans autorisation et en dehors du nombre réglementaire devait être cassé et puni par le sénéchal. Les notaires inscrits devaient, sous peine de perdre leur charge, envoyer aux Archives dans les deux mois après leur date tous les actes intéressant la Cour qu'ils pourraient avoir à rédiger.

Les lettres royaux du 21 mai 1367 restreignirent encore la faculté de rédaction laissée aux notaires et augmentèrent d'autant les devoirs, les travaux et les attributions des Archivistes (3).

Il paraît pourtant que ces ordonnances, celles surtout de 1363, ne furent pas immédiatement suivies d'effet, et les maîtres rationaux jugèrent nécessaire de les mettre une nouvelle fois en évidence. Ce fut le but de la notification qu'en firent ces magistrats le 3 mars 1376 à tous les officiers du Comté (4).

En outre des 135 volumes d'enregistrement appelés anciennement *magna regestra*, et dont la suite complète forme la première partie du fonds actuel de la Cour des Comptes, il existe dans ce fonds un certain nombre de volumes qui doivent se rattacher par leur nature aux *magna regestra*.

Ce sont d'abord les *parva regestra*, ou registres d'un format plus

---

(1) Voir aux pièces justificatives le texte de cette ordonnance.
(2) *Idem*.
(3) Voir le texte de ces actes aux pièces justificatives.
(4) *Idem*.

petit, qui ont été écrits presque tous au XIIIᵉ siècle et dont quelques-
uns sont des recueils d'ordonnances royales.

Ce sont ensuite les *Comes Provincie*, série nombreuse de volumes
n'offrant pas tous un même intérêt ; mais à la plupart d'entre eux
peut s'appliquer la remarque importante faite à propos de quelques
petits registres.

Elle doit s'appliquer aussi à la suite des volumes dits du *Juge
mage*, qui s'ouvre par un registre d'ordonnances de Charles II
(1297-1300), et se continue et se termine par des recueils d'ordonnances de Louis II, Louis III, René et Charles III.

Çà et là, au milieu des comptes des diverses vigueries de Provence, on rencontre des registres ayant le même caractère que ceux
du *Juge Mage*.

Il est peut-être opportun de dire que c'était en vertu d'édits spéciaux que ces recueils d'ordonnances avaient été dressés.

On ne trouve pas dans les Archives des Bouches-du-Rhône le texte
de l'édit originaire. Il a dû être promulgué vers l'an 1270, car les
registres des sénéchaux Hugues Des Voisins « *de Vicinis* », Jean
Scott, Guillaume Estendard, faits peu après cette année, ont dû l'être
en conformité d'ordres de Charles Iᵉʳ. A mesure que l'on approche
de la fin du siècle, les registres des sénéchaux de Provence deviennent moins rares; mais il serait possible que les interruptions
que l'on rencontre dans cette série ne soient pas le fait de vols ou
de pertes d'Archives, mais simplement celui d'une exécution incomplète des règlements.

C'est ce que semblent prouver les considérants de l'ordonnance
du 19 janvier 1303, dans laquelle Charles II menace des peines déjà
établies pour de pareils cas quiconque de ses officiers de Provence,
sénéchal, viguier ou juge, ne se soumettra pas à l'enregistrement de
ses propres actes, et à sa sortie de fonctions, n'en transmettra pas à
son successeur le registre scellé de son sceau (1); le sceau était ici
non-seulement une preuve d'authenticité, mais, en outre, de la responsabilité de l'officier vis-à-vis de tous, tant au point de vue de l'esprit
que de la rédaction et de la transcription des actes.

(1) Voir aux pièces justificatives le texte de cet édit.

J'ai pourtant constaté que les sénéchaux s'étaient très-rarement soumis à cette injonction, tandis que les officiers comptables ont fait un usage constant et presque général du scellé, comme nous le remarquerons à propos des registres de comptes.

Une autre suite de volumes à rattacher aux enregistrements est celle des baux à ferme de péage, d'atelier monétaire, de gabelle, etc., etc., concédés par la Cour à divers particuliers et à diverses époques. Ces copies étaient l'œuvre des Archivistes, ainsi que le prouvent l'ordonnance de 1367 et *l'enquête faite en* 1379 par Sclaponi, et dont voici le texte :

« § XVI. Archivarii debent facere instrumenta venditionum jurium
« curie.

« Item, est sciendum quod jura gabellorum et pedagiorum Pro-
« vincie et diversorum aliorum jurium atque sicle reginalis consue-
« verunt vendi et vendi debent per ipsos dominos magistros ratio-
« nales ad incantum.... undè, quando est necessarium habere
« pecuniam pro curia, in ipsa venditio fuit sine incantu et instru-
« menta recipiuntur et fiunt per dictos archivarios vel alterum
« ipsorum. » (*Reg. Sclaponi, fᵒ 6. B. 7.*)

Aux XVIᵉ et XVIIᵉ siècles, les Archivistes royaux remplirent bien souvent aussi des missions de commissaires ou de secrétaires-enquêteurs, pour dresser des états et inventaires soit des armements de terre ou de mer, soit des phares de la côte et des lieux fortifiés de la Provence, soit des prises faites sur les ennemis, etc.

Leurs procès-verbaux n'ont rien de financier et rentrent encore dans l'espèce des registres d'enregistrement.

Enfin, on peut joindre à ceux-ci les enquêtes faites en divers temps sur les droits du Roi en Provence; les livres de fouage et de chevauchée, et les statuts des villes et cadastres que les auteurs du classement de 1683 ont conservés dans leur reliure, avec tel ou tel cahier de comptes de vigueries ou de villes provençales.

Je ne veux pas oublier, en finissant cette nomenclature des diverses parties de la série complète des volumes d'enregistrement, 1ᵒ le registre *Potentia* qui, quoique appartenant à la Cour des Comptes, est le tome Iᵉʳ des registres des États de Provence, 2ᵒ les registres *Pergamenorum* et *Crucis*, recueils de transcriptions antérieures à l'ordonnance de 1363 et dont la plupart faites au XIIIe siècle sont des copies d'actes du XIIe ; 3° les registres de reconnaissances et d'hommages des possédant fiefs de Provence.

La série complète des registres d'enregistrement comprend environ 750 volumes, s'étendant du XIIe siècle à la fin du XVIIIe.

III. *Registre des Comptes.* — Avant d'être un bureau d'enregistrement, la Chambre des Archives provençales était simplement une annexe de la Chambre des Comptes.

C'est ainsi que la considérait Robert, lorsque, créant un office d'Archiviste par son édit de 1310, il faisait de ce fonctionnaire l'adjoint de l'auditeur des comptes : « Item, ordinamus quod in co-
« mitatibus ipsis Provincie et Forcalcherii sit tantum unus thesau-
« rarius, rationum auditor, cui adjungatur scriptor unus qui per
« nos, dum fuerimus presentes, vel dum aberimus per senescalum,
« inibi ordinetur *ad adjuvandum auditorem eumdem et custodiendum*
« *Archivum.* Auditor autem quaternos rationum sigillet et sigillatos
« tradat ipsi notario conservandos..... Datum Aquis, anno Domini
« MCCCX, die XXV maii. »

Les Archives ne se composaient donc réglementairement, en ce temps-là, que des cahiers de comptes, apportés chaque année, à Aix, de toutes les parties de la Provence, depuis les dernières années du XIIe siècle (1).

Malgré les statuts du XIIIe siècle, qui ordonnaient leur centralisation à Aix, il est peu probable qu'au commencement du XIVe les registres de comptes fussent nombreux aux Archives de la Cour. Les viguiers devaient, il est vrai, venir à Aix, chaque année, apporter les cahiers de leur gestion; mais ces cahiers étaient pour la plupart dressés sans ordre, et lorsque la Cour avait à les consulter, elle n'y trouvait qu'obscurité et confusion, et les droits et les intérêts du Roi et de l'État en souffraient considérablement. C'est ce

---

(1) Le paragraphe 1er des *Statuta Provincie* de 1286 prouve ce fait : « In
« primis quod quilibet vicarius sive bajulus teneatur reddere computum cum
« clavario Aquis coram majoribus. » (Livre rouge, p. 12.)

que nous apprennent les préliminaires de l'édit du 19 janvier 1305, dont le but est surtout de remédier à de.tels abus.

Il est donc probable que ces comptes informes n'auront pas été conservés avec le soin qu'on a mis à nous transmettre en parfait état les registres de comptes du XIVᵉ siècle, dressés en conformité de l'édit dont je viens de parler (1). C'est là une des explications les plus rationnelles de la disproportion qui existe entre le nombre si petit de nos registres de comptes du XIIIᵉ siècle, et celui déjà considérable des registres semblables du XIVᵉ siècle.

Ces registres formaient alors le noyau principal des Archives de la Cour, qui tenait, pour la facilité des recherches, sans doute, ses séances d'audition des comptes dans la salle même des Archives. C'est ce qu'en 1331 déclare Hugues Honnorat, lorsque, dans l'exercice de ses fonctions et en exécution de lettres patentes du sénéchal Philippe de Sanguinet, il fait lire, à haute voix, l'acte de 1125 :

« Universis notum fiat quod..... magister Hugo Honorati, regius
« Archivarius comitatuum Provincie et Forcalquerii,. exsequendo
« quasdam litteras..... Philippi de Sanguineto, militis, regii dic-
« torum comitatuum senescalli, *specialiter sibi missas, constitutus*
« *in regio Aquensi Archivo in quo raciones regiorum officialium*
« *comitatuum predictorum audiuntur et solite sunt audiri*,.... legi
« fecit et publicari transcriptum cujusdam publici instrumenti.....
« etc., etc. (2). »

Bien que les ordonnances de 1363 et 1367 eussent défini les fonctions nouvelles des Archivistes, tout à fait distinctes alors de celles des auditeurs, la reddition des comptes continua à avoir lieu dans la salle même des Archives. C'était là qu'en 1379 étaient les siéges des rationaux, et qu'était faite en dernier ressort l'épuration des comptes des clavaires, percepteurs et officiers comptables quels qu'ils fussent. Cette opération terminée, et seulement alors, les cahiers vérifiés étaient confiés à la garde des Archivistes (3).

La salle des Archives publiques était dans le Palais royal. — Les

---

(1) Voir son texte aux piéces justificatives.

(2) Anc. cote, liasse O, n° 1, arm. Q.

(3) § XV, de l'enquête Sclaponi. (Voir le texte aux piéces justificatives.)

registres, tant de comptes que d'enregistrement, tant anciens que nouveaux, les hommages des prélats, barons, communautés et villes de Provence, les vidimus des chartes de la Tour du Trésor en formaient le dépôt. Tout était rangé dans des armoires de bois fermées et dont les Archivistes avaient les clefs, et ils ne pouvaient rien communiquer ni même montrer sans l'autorisation du sénéchal, ou d'un maître rational (1). Les expéditions des actes ne pouvaient même être délivrées qu'en vertu d'une permission de ces magistrats (2).

Les fonctions d'Archivistes continuèrent depuis 1363, et pendant assez longtemps, à être séparées de celles d'auditeurs. C'est ce que prouvent les lettres de provision d'office de Guigonet Jarente et Louis Durand (1371), de Jean Ganhon (1374), de Georges Arnaud (1410), de Jean Arnaud, son frère, et de Bertrand de Rosset (1411) et de Jean Pigon (1415). Celui-ci fut le premier à s'immiscer de nouveau dans l'audition des comptes. Il était, en 1432, lieutenant de Mgr. Jacquet de Villechartie, rational royal (3). Ses successeurs immédiats furent simplement Archivistes. Mais en 1463 Amédée Clari reçut du roi René des lettres patentes qui le nommaient en même temps rational et Archivaire (4). — Il en fut de même pour Ét. de Cornaglis, qui prend ce double titre en tête du registre *Pavo* (5), qu'il commença en l'année 1469. Dès lors, il n'y eut plus aux Archives que des auditeurs-Archivaires. En 1483, on en trouve quatre exerçant simultanément ces doubles fonctions ; ce sont : Jean Lauset, Guil. de Lessart, René Lucas et Antoine Figuier.

Le registre *Serena*, 1543-44, donne le nombre et le nom des Archivistes rationaux ou auditeurs existant alors près la Cour des Comptes, à savoir : Balthasard Albert, Honnorat Clari et Thomas Boisson. Ces Archivistes payèrent à eux trois une somme de 1,500 livres pour obtenir la suppression de trois nouvelles charges créées par édit royal de cette année, et dont les titulaires auraient partagé

---

(1) § XIV de l'enquête Sclaponi. (Voir le texte aux pièces justificatives.)
(2) Je donne à la fin des pièces justificatives le texte de l'une de ces autorisations.
(3) Reg. 243 (anc. cote), p. 289 et 405.
(4) Voir le texte aux pièces justificatives.
(5) B. 16, in principio.

avec les anciens Archivistes les bénéfices d'enregistrement et d'expédition (1).

Les revenus casuels, conséquence toute naturelle de la vénalité des offices, n'existaient pas anciennement et même peu après la réunion de la Provence à la France. Ainsi, vers 1485, l'Archiviste rational, Étienne de Chaleu, n'avait qu'un traitement fixe qui était de 50 florins par an (2). C'est qu'à cette époque l'ordonnance du 18 avril 1363 était encore en vigueur, qui défendait aux Archivistes de recevoir quoi que ce soit en dehors de leurs appointements fixes, en leur recommandant toutefois de ne pas mettre trop de temps à livrer les expéditions qu'on leur demandait : « Non plus racione « salarii exigant, nec confectionem ipsorum instrumentorum [plus] « prorogent quam sit racionabile atque modestum. »

Soit à cause du développement des affaires, soit par tout autre motif, le chiffre des auditeurs-Archivistes augmenta successivement, et à la fin du XVII⁰ siècle ces officiers étaient près la Cour des Comptes d'Aix au nombre de huit. Mais il paraît que le service n'en était pas mieux fait et que la surveillance du dépôt souffrait d'autant plus, que chaque Archiviste se croyait en droit de compter sur les soins et la vigilance de ses collègues ; peut-être même y eut-il d'autres causes aux abus que nous signalent les documents officiels du temps.

Le Roi reçut avis qu'un nombre considérable de titres et registres importants concernant ses domaines avaient été enlevés et soustraits des Archives de la Cour des Comptes d'Aix, et que, dans la recherche des droits usurpés sur Sa Majesté, il avait été produit divers extraits dont les originaux ne se trouvaient plus au dépôt de cette Cour. On fut même jusqu'à inspirer à Louis XIV la crainte que s'il n'était promptement remédié à ces désordres, les titres des droits royaux pourraient être bientôt entièrement dissipés et perdus.

L'intendant de Provence, Alexandre Morant, fut chargé par le Roi de faire lui-même une descente dans les salles des Archives royales, de vérifier la situation et de procéder immédiatement à un

---

(1) B. 37, fol. 130.

(2) Environ 425 francs.

classement et à un inventaire très-détaillé, qui deviendrait par suite celui de la prise en charge des Archives par leurs conservateurs.

Le 13 avril 1682, Alexandre Morant appela devant lui deux des Archivistes, et avant même de commencer l'état préliminaire et simplement numérique du dépôt, il désira savoir par eux quels étaient le mode de conservation des titres et le nombre et la méthode des inventaires existants, et la forme des expéditions et le quantum des droits perçus, etc., etc.

« A quoy les dits Archivaires ont dit que les dictes Archives es-
« toient régies par les huict auditeurs secrétaires et Archivaires
« establis en la dite Chambre des Comptes de Provence, chacun
« desquels avoit une clef pour y entrer ; que pendant trois ou quatre
« siècles on avoit conservé les titres du Roy, communautez et parti-
« culiers de la province qui ont souhaité de les faire enregistrer
« aux Archives pour leur conservation, et ce dans un lieu fort serré,
« obscur, humide et sousterrain, sans aucun ordre et en confusion,
« à cause du transport qu'on a esté obligé de faire des papiers en
« divers temps, soit pendant la guerre de Charles-Quint qui fit
« mettre le feu au Palais, soit lorsque la ville d'Aix a esté affligée
« de la maladie contagieuse, ce qui est arrivé trois fois depuis le
« commencement de ce siècle, dont la dernière fut en 1649 ; que,
« lors de ces transports, l'on n'a point observé aucune formalité qui
« parroisse, qu'on mettoit seullement les titres dans des coffres de
« bois qui sont encores dans ce premier et ancien depost des Ar-
« chives ; que deux auditeurs les accompagnoient et restoient tour
« à tour au lieu ou ils estoient transportez, pour en empêcher la
« dissipation ; qu'environ l'année mil six cent, on eut moyen d'avoir
« un lieu plus spacieux, qu'on appelle présentement la grande salle
« des Archives ; que l'on tira pour lors de cette voute souterraine
« les comptes, papiers et titres qu'on creut les plus utiles, moins
« rongez et gastez par la poudre et par l'humidité, et pour les mettre
« dans quelque ordre, on a fait faire des armoires ou l'on a remis
« les gros registres, les adveus et dénombrements, les hommages,
« les titres en manipules, pendans, claveres, petits registres et les
« comptes des receptes generales et particulieres de la province ;
« qu'il n'y eust aucune procedure au suiet et lors du dit rangement

« qui fut fait par les sieurs auditeurs, ainsy qu'ils le jugèrent le plus
« commode pour leur soullagement et pour trouver avec plus de
« facilité les titres dont on leur demandoit des expeditions; que les
« gros registres sont marqués au dos et même quelques uns sur la
« couverture par un nom qui leur a esté donné suivant la fantaisie
« de l'auditeur qui les a fait compiler et seulement pour les distin-
« guer, avec une table au commancement qui dénote les titres y
« contenus, lesquels registres sont conservez dans deux grandes
« armoires; que les titres en manipule, ou petits cahiers, clavères,
« pendans, informations des droits du Roy et autres documents et
« petits registres sont rangez dans les armoires qui sont marquées
« par les noms des vigueries auxquelles ces titres ont quelque ra-
« port, pour les trouver avec plus de facilité quand on les demande ;
« qu'il y a deux repertoires généraux pareils en tout aux tables qui
« sont au commancement des gros registres, quelques repertoires
« pour les nouveaux baux et hommages, ausquels les auditeurs et
« Archivaires ont travaillé de temps en temps pour leur soullage-
« ment particulier dans la recherche des titres qui leur sont deman-
« dez, mais que les manipules, clavaires, petits registres et autres
« documents cy dessus ne sont compris dans aucun inventaire ;
« qu'ainsy il n'y en a point de général qui contienne tous les titres
« et qu'on n'a jamais fait de recolement sur les répertoires qui sont
« aux Archives et qui ont esté compilés par quelques auditeurs, sans
« formalité et pour leur seulle commodité ; que l'ordre qu'on tient
« presentement et même depuis nombre d'années est que les Ar-
« chivaires tiennent cinq registres : le 1er des hommages, le 2me des
« dénombrements, le 3me des investitures, et ces trois premiers
« regardent particulièrement la fonction des Archivaires, qui seuls
« reçoivent les actes y contenus; — le 4e est le registre du Roy
« dans lequel sont les édits et déclarations ; et le 5me, nommé le
« registre courant, — qui contient toutes les lettres patentes qui
« regardent les particuliers, comme lettres de noblesse, concessions,
« priviléges, érections de terres, donations, provisions d'ofﬁciers,
« baux à ferme — a rapport avec les gros registres dont il fait partie
« estant compris dans les repertoires generaux ; que pour les expe-
« ditions des extraicts lorsqu'on en demande quelques uns, l'un des

« auditeurs en fait la recherche sur le memoire qui luy est donnez
« par la partie, et après avoir trouve le titre, il le remet au com-
« mis qui travaille à l'expédition dans un bureau particulier, et dez
« qu'il est achevé, l'auditeur le collationne, le signe et remet en-
« suitte l'original du titre a l'endroit d'ou il l'a tiré, et que le droit
« est de 30 sols par roolle des titres françois et de 40 sols de ceux
« qui sont en latin, pour tous droits, les rools estans de 18 à 20
« lignes en chaque page. »

Le tableau numérique de tous les registres et pièces quelconques
des Archives, ayant été dressé immédiatement après la déposition
ci-dessus, et signé par l'intendant qui assista à sa confection, il fut
procédé à l'inventaire général des Archives. Ce travail considérable,
commencé le 13 avril 1682, fut terminé le 15 février 1683.

Les registres y sont désignés par leurs titres, s'ils en ont, par
l'armoire et l'étagère de l'armoire où ils sont placés, et par le
numéro d'ordre qui leur est assigné; ils le sont encore par l'indication de la matière qu'ils contiennent. le nom du rédacteur, le
nombre des cahiers qui les composent, les années extrêmes, la matière, les noms des auteurs de ces cahiers, et par les années extrêmes des actes ou cahiers contenus dans les registres, le nombre
des feuillets tant des divers cahiers des registres que des registres
eux-mêmes.

Cette méthode, excellente pour les registres d'enregistrement,
presque tous homogènes, parce qu'ils avaient été faits à Aix par les
Archivistes royaux, ou avant eux par les notaires de la Cour royale,
eut de très-mauvais résultats au point de vue d'un bon classement
pour les registres des comptes des vigueries.

Ces registres sont le plus souvent composés de cahiers non-seulement d'origine et de nature très-diverses, mais parfois de dates
très-éloignées, de telle sorte que la suite d'un compte de clavaire
(ou trésorier municipal), du XIVe siècle, est relié avec les comptes
d'un clavaire de toute autre ville du XVe ou du XVIe siècle.

En somme, l'inventaire de 1682, en constatant, article par article,
le contenu des Archives, en confirma le désordre, au lieu de le faire
disparaître. Le passé ainsi réglé et paraphé, on songea au présent
et à l'avenir.

Le 25 mai 1683, Louis XIV signa un règlement général pour la conservation des titres de ces Archives de Provence. Ce document, dont il m'a paru très-utile de donner le texte aux pièces justificatives, contient des dispositions précises sur les devoirs des Archivistes, en tant que conservateurs et expéditionnaires ; il diminue le prix de leurs travaux et leur impose des obligations très-raisonnables et très-utiles relativement à l'enregistrement des actes et à la tenue de leur inventaire.

Mais on y chercherait vainement la trace d'un nouveau mode à suivre dans le classement des registres de comptes. On doit pressentir cette indifférence pour ces intéressants volumes, à voir avec quelles indications sommaires sont désignés les comptes du XVIIIᵉ siècle. Ils les traitaient beaucoup moins bien que nous ne faisons aujourd'hui à l'endroit des Archives modernes. Pourtant, les motifs qui peuvent excuser notre préférence pour les anciens titres leur manquaient généralement. Nous sommes Archivistes paléographes, ils étaient auditeurs-Archivistes. Mais j'ai dit généralement, et il pouvait se faire que parmi ces auditeurs il se fût rencontré des érudits capables de recherches archéologiques et amateurs de renseignements inédits sur le passé. C'est en effet ce qui arriva en 1682.

Je suis heureux de rendre hommage, à cette occasion, à la mémoire de ces laborieux auditeurs-Archivistes, plus Archivistes qu'auditeurs, dont il me suffira de citer les noms, Gastaud et Bonnaud de La Galinière, pour qu'aussitôt tous ceux qui s'occupent de notre histoire se souviennent de leurs vastes et intelligentes compilations.

Leurs répertoires topographiques, biographiques, historiques, existant aujourd'hui en manuscrit aux Archives du département, n'ont pas peu contribué depuis près de 200 ans à épargner bien des recherches à l'aventure, et ils ont, dans ces dernières années, fourni des renseignements fort utiles, je crois, pour la confection du *Dictionnaire géographique de la France*.

Bonnaud de La Galinière et Gastaud furent spécialement chargés, sinon de la rédaction de l'inventaire, du moins de sa direction. Qu'importaient à ces érudits les registres de comptes de leur siècle ? Aussi, tandis qu'ils consacrent jusqu'à 6 pages à l'analyse d'un seul volume du XIVᵉ ou du XVᵉ siècle, ils se contentent de 20 pages à peine pour l'inventaire des 1080 cahiers ou registres de comptes, fournis à la Cour, dans le XVIIᵉ siècle, par la recette générale du pays, par les recettes particulières de Marseille, d'Aix, d'Arles, de Draguignan, de Forcalquier, de Digne, etc., etc. ; par la trésorerie du Palais, par le Taillon général, par les couvents royaux du pays, etc., etc.

Ces 1080 registres ou cahiers, ainsi inventoriés en bloc, ne nous sont pas tous parvenus. Un certain nombre a été perdu sans doute dans les transports successifs des Archives, d'abord du Palais royal aux Grands Carmes, puis des Grands Carmes au département, puis enfin de la Préfecture d'Aix à celle de Marseille. Ce qui en reste, joint au solde dont s'est accru le dépôt, depuis 1683 jusqu'en 1790, et aux registres antérieurs à 1600, inventoriés dans le catalogue officiel de 1682, donne aujourd'hui un total de 1800 volumes environ.

Le fonds de la Cour des Comptes se compose donc :

1° De 1817 chartes, 983-1800 ; 2° de 750 volumes d'enregistrement, XIIᵉ siècle— 1790 ; 3° d'environ 1,800 registres ou cahiers de comptes, sauf réintégrations et découvertes nouvelles, 1249-1790.

Il existe de ce fonds, aux Archives départementales des Bouches-du-Rhône, plusieurs inventaires soit généraux, soit particuliers : 1° l'original de l'inventaire général, fait en 1682-83, de tout le dépôt sis aux Archives publiques de la Cour des Comptes ; les procès-verbaux de récolement y sont signés par le premier président et l'avocat général de la Cour, par les deux auditeurs-Archivaires, commis à cet effet, et par Alexandre Morant, Intendant des justice, police et finances de la Province, 1 vol. in-fol. ; 2° une copie faite au siècle suivant de l'inventaire qui précède, 1 vol. in-fol. ; 3° l'original de l'inventaire des chartes de la Tour du Trésor (1683), en 1 volume mince, in-fol., signé comme celui de la Cour des Comptes ; 4° une copie faite au siècle suivant de l'inventaire qui précède, 1 volume mince, in-fol. ; 5° l'inventaire analytique, fait en 1572, des 48 premiers grands registres d'enregistrement, de *Pergamenorum* à *Potentia*, 1 vol. in-fol. ; 6° l'inventaire analytique, fait en 1632, de tous les actes contenus dans 39 registres d'enregistrement, de *Vulpes et Lepus* à *Obedientia*, 1 vol in-fol. ; 7° l'inventaire analytique, fait en 1782, des derniers registres d'enregistrement, Miroménil, Mayol, Saint-Simon et Assemblée nationale exceptés, 1 vol. in-fol. ; 8° le répertoire des actes contenus dans les Archives de la Cour des Comptes, rédigé par ordre alphabétique de noms propres d'hommes et de lieux et de matières, par M. Gastaud, Archiviste-auditeur de la Cour des Comptes, 3 vol. in-4° ; 9° le répertoire topographique de Bonaud de La Galinière, 2 vol. in-4°.

L'inventaire des chartes de la Tour du Trésor et de la Cour des Comptes, avec la transcription et parfois la traduction des pièces les plus importantes, a été de nouveau dressé sous M. le préfet de Villeneuve et par son ordre par M. Rostand, Archiviste départemental des Bouches-du-Rhône.

LOUIS BLANCARD,

(Les pièces justificatives et la suite de cette Notice seront publiées dans le prochain *Annuaire*)

II. ARCHIVES COMMUNALES.

1° PERSONNEL. — RÉDACTEURS DES INVENTAIRES DES ARCHIVES ANTÉRIEURES A 1790.

(Voyez *Manuel*, p. 350, *Annuaire* de 1862, p. 118, *Annuaire* de 1863, p. 128.)

BOUCHES-DU-RHÔNE. — *Aix*. — M. Mouan.

—   —   *Arles*. — M. Robolly.

CHARENTE. — *Angoulême*. — M. Castaigne.

ILLE-ET-VILAINE. — *Dol*. — M. Gautier.

LOIRET. — *Orléans*. — M. Veyrier du Muraud, *élève de l'École des Chartes*.

NORD. — *Dunkerque*. — M Caux.

—   — *Valenciennes*. — M. Caffiaux.

PAS-DE-CALAIS. — *Boulogne.* — M. Labbé Haigneré.

PUY-DE-DOME. — *Thiers.* — M. Gustave Saint-Joanny.

SOMME. — *Amiens.* — M. Billoré.

— — *Abbeville.* — M. Drincourt.

— — *Doullens.* — M. Warmé.

— — *Péronne.* — M. Hiver.

2° DÉLIBÉRATIONS DES CONSEILS GÉNÉRAUX RELATIVES AUX
ARCHIVES COMMUNALES.

(Voyez *Manuel*, p. 352, *Annuaire* de 1862, p. 118, *Annuaire*
de 1863, p. 126.)

Les nombreuses et importantes délibérations des deux sessions de
1862 et de 1863 des Conseils généraux, relatives aux Archives Départementales, recueillies dans cet *Annuaire*, nous obligent à remettre
à l'*Annuaire* de 1865 le résumé des délibérations des mêmes assemblées en ce qui concerne les Archives communales.

3° DÉCISIONS ADMINISTRATIVES ET CIRCULAIRES.

Nous ne pouvons reproduire cette année que les deux circulaires
suivantes de MM. les Préfets de l'Aube et de la Drôme relatives au
classement des Archives communales.

CIRCULAIRE.

**Inspection des Archives communales par M. l'Archiviste
départemental.**

Troyes, le 15 octobre 1857.

A MM. les Sous-Préfets et Maires du département.

MESSIEURS, une instruction ministérielle, en date du 16 juin 1842,
a prescrit le classement et l'inventaire des Archives Communales;

elle a, en même temps, déterminé la manière dont ce classement et cet inventaire doivent être exécutés. Cette instruction se trouve au' Bulletin officiel du Ministère de l'Intérieur ; elle a été, par conséquent, adressée à toutes les communes de ce département, et, de plus, signalée et commentée dans le *Recueil des Actes administratifs* par plusieurs circulaires de mes prédécesseurs, notamment par celle du 14 septembre 1853, à laquelle je vous prie de vous reporter.

Cependant, quoique l'instruction ministérielle précitée remonte aujourd'hui à plus de quinze ans, il est encore dans ce département plusieurs communes dont les Archives sont restées sans inventaire ni classement ; il en est d'autres où les opérations n'ont pas été faites conformément aux prescriptions ministérielles.

Il est temps de faire cesser un état de choses aussi regrettable. J'ai d'ailleurs reçu de Son Excellence M. le Ministre de l'Intérieur de nouvelles et pressantes instructions à ce sujet.

Les Maires des communes dans lesquelles la circulaire du 16 juin 1842 n'a pas été exécutée sont donc invités à faire classer et inventorier sans délai leurs Archives, de telle sorte que le double de l'inventaire soit adressé à la Préfecture et soumis à mon approbation le 1er janvier 1858.

MM. les Maires ne devront pas perdre de vue qu'une des parties essentielles de ce travail consiste à écrire sur chaque pièce la lettre de série (A, B ou C, etc.), ainsi que le numéro d'ordre, et à fixer sur chaque liasse portant cette lettre et ce numéro une étiquette disposée de telle sorte qu'elle puisse être vue du premier coup d'œil. Les Archives seront rangées de manière à être consultées le plus commodément possible. Ainsi, l'on ne doit jamais entasser les volumes à plat les uns sur les autres : ils doivent être dressés debout, chaque rayon ne portant qu'un rang de volumes ou de liasses. Le nombre des rayons sera fixé en conséquence.

Je recommande à MM. les Maires toutes les mesures propres à assurer la conservation des Archives Communales, et à maintenir l'ordre qui y aura été une fois établi. Les Archives devront être conservées non pas au domicile particulier du Maire, mais à la maison commune. MM. les sous-préfets exerceront à ce sujet, dans leurs tournées, une surveillance active ; ils s'assureront aussi que les Archives Communales ont été mises à l'abri de l'humidité, de l'incendie et des autres causes de destruction.

Toutes les fois qu'il y aura impossibilité de placer les Archives dans une salle spéciale fermant à clef, elles devront être au moins enfermées dans une armoire fermant à clef. Le timbre de la mairie sera apposé sur chaque volume et sur chaque pièce détachée. Les Actes de l'État civil devront être cartonnés et le Bulletin des Lois au moins broché, ainsi que le Moniteur des Communes, le Recueil des actes administratifs et le Bulletin officiel du Ministère de l'Intérieur. MM. les Maires ne doivent pas perdre de vue la responsabilité qui pèserait sur eux, si, faute de ces précautions, des pièces venaient à s'égarer. A chaque changement d'administration, un récolement complet des Archives de la commune doit être fait avec soin, et il en est donné, par le successeur, une décharge au Maire sortant ; or si, faute de précautions suffisantes, des pertes avaient eu lieu, si le désordre introduit dans les Archives nécessitait un nouveau classement, le Conseil municipal serait rigoureusement en droit de réclamer du fonctionnaire sortant la réparation du dommage causé à la propriété communale.

Partout où le travail de classement et d'inventaire des Archives n'a pas encore été fait, il pourra être nécessaire d'accorder aux secrétaires de mairie une rétribution spéciale pour le travail extraordinaire qui en résultera. Cette rétribution devra être fixée par les Conseils municipaux, sur la proposition des Maires, qui, toutefois, ne mandateront cette somme qu'après que l'inventaire aura reçu mon approbation.

En ce qui concerne le prix du cartonnage des actes de l'État civil et le brochage des collections imprimées, il devra être débattu de gré à gré par le Maire ; mais le marché qu'il aura passé avec un relieur sera préalablement soumis au Conseil municipal.

Je suis informé que des relieurs ambulants parcourent les campagnes et demandent des prix exagérés : il est bon que MM. les Maires sachent qu'à Troyes le cartonnage des registres de l'État civil ne coûterait qu'un franc, et le brochage des in-8° vingt-cinq centimes. MM. les Maires feront prudemment de fixer d'avance le nombre de volumes à composer avec les cahiers de l'État civil et les numéros des différentes publications; on peut cartonner, pour la somme de dix francs, une collection ordinaire des actes de l'État civil, de 1650 à 1853, et brocher, pour douze francs environ, la collection complète du Recueil des actes administratifs. Dans la plupart des communes du département, le total des frais de reliure et de brochage ne devra pas dépasser la somme de cinquante francs environ.

Recevez, Messieurs, etc. (1).

Le Préfet de l'Aube,

Vᵗᵉ DE CHARNAILLES.

Valence, le 31 décembre 1863.

A MM. les Maires du département.

MESSIEURS, on lit dans l'*Exposé de la situation de l'Empire* présenté au Sénat et au Corps législatif :

« Sur la demande des Préfets, Son Exc. M. le Ministre de l'Inté-
« rieur a ordonné de mettre en vente les premiers volumes de la
« collection des *Inventaires-sommaires des Archives Départemen-*
« *tales antérieures à* 1790, concernant la Côte-d'Or, le Nord, les
« Basses-Pyrénées, Seine-et-Marne, Eure-et-Loir, le Bas-Rhin, le
« Haut-Rhin, Seine-et-Oise, et les communes de Saint-Maixent,
« Ouveillan, Lyon, etc. Les documents administratifs, historiques
« et judiciaires de ces localités sont analysés avec soin dans ces
« *Inventaires*, et l'acte le plus ancien remonte au VIIIᵉ siècle. »

D'ici à quelque temps, la première livraison de l'*Inventaire-sommaire des Archives Départementales de la Drôme antérieures à* 1790

---

(1) Dans une circulaire plus récente M. le Préfet ajoutait :

« MM. les Maires se garderont de s'adresser aux relieurs ambulants. Je leur rappelle, à ce sujet, mes circulaires des 15 octobre 1857, 4 mai 1858 et 9 novembre 1859, insérées au *Recueil des actes administratifs*. Ils devront charger du travail dont il s'agit des relieurs patentés dans le département et présentant les garanties de capacité et de moralité désirables.

« J'engage MM. les Maires à faire inscrire soit au budget additionnel de 1861, soit au budget primitif de 1862, un crédit destiné à subvenir, en tout ou partie, aux frais de reliure et de brochage des collections des Archives. »

sera, je l'espère, achevée aussi, et je vous informerai de l'époque de sa mise en vente.

Mais il ne suffit pas de posséder l'inventaire des documents déposés à la Préfecture, les communes du département, à l'exemple des autres communes de l'Empire, doivent encore désirer un travail semblable pour leurs Archives particulières.

En attendant que cette œuvre si désirable puisse être commencée, vous devez, dès aujourd'hui, faire apposer le sceau de votre mairie sur chacun des titres anciens et modernes qui s'y trouvent, rechercher avec soin tous ceux qui, en violation des circulaires ministérielles du 16 juin 1842 et du 25 août 1857, sont restés exposés à l'humidité, ou qui, dispersés sans ordre ni classement, ont pu être détournés ou prêtés. Trop souvent, en effet, des documents précieux, en passant de main en main, se perdent ou se détériorent, et l'ignorance seule a pu faire regarder comme inutiles des pièces anciennes, parce qu'elles étaient illisibles.

Il vous appartient, Messieurs, de veiller attentivement à ce que jamais, sous aucun prétexte, un document communal ne sorte de la mairie. Si vous avez besoin de l'analyse, de la transcription ou de la traduction d'un titre ancien, vous pouvez toujours me le faire parvenir, par une voie sûre, afin que je charge de ce travail M. l'Archiviste départemental.

La publication prochaine de l'*Inventaire* de tous vos documents antérieurs à 1790 vous démontre d'une manière assez évidente l'importance que le Gouvernement de l'Empereur attache à la conservation de ces témoins utiles du passé. En effet, ils ne servent pas seulement à reconstituer l'histoire locale et même l'histoire nationale, ils sont encore invoqués avec fruit pour la conservation ou la revendication de droits communaux. Ainsi, pour n'en citer qu'un exemple récent, la ville de Die, propriétaire d'une partie de la forêt de Vassieux, a été fort heureuse de retrouver dans ses propres Archives et aux Archives Départementales des titres anciens qui lui ont permis de répondre à des prétentions particulières et de conserver intacte sa jouissance.

Des faits de même nature peuvent se reproduire souvent, et l'estampillage ainsi que la mise en ordre de vos Archives communales, en facilitant l'inventaire qui doit en être fait prochainement, assureront à la fois des matériaux précieux à la science et à l'administration.

Agréez, Messieurs, etc.

Le Préfet de la Drôme,

Mis DE CASTELLANE.

4° NOTICES SUR LES ARCHIVES COMMUNALES.

(Voir les précédentes Notices *Manuel*, p. 356, *Annuaire* de 1862, p. 130, *Annuaire* de 1863, p. 132).

Rapport à M. le Maire sur les Archives de la ville d'Arles par M. Robolly, Archiviste.

MONSIEUR LE MAIRE, à la suite d'un rapport qui lui a été récemment adressé par M. l'Archiviste du département, M. le Sénateur chargé de l'administration des Bouches-du-Rhône a bien voulu témoigner du bienveillant intérêt qu'il portait à vos Archives et à la personne qui en a la charge.

Je ne saurais mieux justifier un témoignage si flatteur qu'en faisant connaître au Conseil municipal, en un exposé court et précis, l'état actuel du classement et de l'inventaire. — Je serais heureux s'il pouvait fixer un instant votre attention et la sienne.

De tout temps, l'administration municipale s'est préoccupée de la conservation et de la mise en ordre des Archives de la ville.

Bien avant l'édit de 1708, qui créait des offices de gardes des Archives près les Parlements, Cours des Comptes, Cours des Aides, Bailliages, Sénéchaussées, etc., et l'arrêt du Conseil d'État du Roi, du 26 février 1743, qui instituait les secrétaires Archivistes des communautés, vos devanciers, Monsieur le Maire, avaient confié la garde de notre dépôt municipal et le soin d'en dresser l'inventaire à des citoyens dont le patriotisme égalait la probité et les lumières.

En effet, nous lisons dans le premier volume des *Conseils* qui remonte à 1426, et sous la date du 26 mars 1430, que l'assemblée, désireuse de mettre de l'ordre dans les Archives et de veiller à leur sûreté, commet trois de ses membres pour en faire l'inventaire et ordonne la confection de quatre coffres fermés à deux clefs, dont une devra demeurer au pouvoir des Syndics ou Consuls, et l'autre entre les mains des commissaires Archivistes.

Un siècle après, en 1569, deux citoyens érudits, MM. Honoré de L'Estang-Parade et Jean de Romieu, Archivaires de la Communauté, sont chargés par le Conseil de traduire en français et de transcrire sur vélin les titres les plus importants, *pour avoir plus facile intelligence d'iceux.*

Au nombre des officiers de la maison commune élus annuellement le premier jour de mai, étaient deux Archivistes : l'un noble et l'autre bourgeois, lesquels étaient ordinairement confirmés dans leur charge *à moins de forfaiture.*

Du XVII⁰ siècle à nos jours, cet emploi a été confié à une seule personne.

Les anciens inventaires que nous possédons portent les dates de 1538, 1569, 1611, 1667, 1691 et 1775, et ont été rédigés d'une manière sommaire, il est vrai, par MM. Raynaud, de L'Estang , d'Augières, Claude et Jean Sabatier et Étienne Robolly, mon grand-père.

Enfin, la construction toute spéciale de la salle des Archives, sa porte et son épais treillis de fer à l'extérieur, l'emménagement des vastes armoires qui en garnissent le pourtour et les défenses si souvent renouvelées par le Conseil d'y introduire du feu, vous prouvent surabondamment la prévoyance et la sollicitude de nos anciens Consuls pour notre riche dépôt.

C'est qu'en effet peu de villes possèdent d'aussi nombreux et d'aussi précieux documents que la nôtre.

A côté des chartes authentiques, des concessions de franchises municipales, des sages statuts de police, de la volumineuse correspondance de nos rois avec la ville, depuis Charles VIII jusqu'à Louis XVI, des nombreux et intéressants manuscrits que nous ont légués l'historien Anibert et l'annaliste Pierre Véran, on trouve les titres de nos richesses matérielles, c'est-à-dire, des déclarations de l'actif et du passif de la commune à diverses époques, des états de ses biens, revenus, charges, droits et usages d'un si grand intérêt pour la défense et la conservation de son vaste domaine, réduit aujourd'hui à de si minces proportions par l'effet des guerres civiles du XVIᵉ siècle et de la révolution française.

La belle collection de la comptabilité, qui part de l'année 1400 et qui se compose de 1,083 registres, tous reliés en parchemin ou en basane, nous fournit de bien curieux détails sur les événements dont notre ville a été le témoin. — Ainsi, par exemple, nous trouvons des notes de dépenses pour l'armement et l'équipement de milices improvisées, à la tête desquelles marchaient les Consuls et les commissaires *pour le fait de la guerre,* à l'effet de chasser les bandes sauvages des rois d'Aragon dont les incessantes incursions en Camargue, durant la première moitié du XVᵉ siècle, répandaient le pillage et la dévastation ; d'autres, pour l'arrivée et le séjour en cette ville des rois, princes, gouverneurs de la province et autres personnages, des représentations de mystères et de scènes mythologiques en leur honneur, du menu de leurs repas et des présents que la ville était en usage de leur offrir.

Nous y trouvons la preuve de la protection toute particulière que nos magistrats accordaient aux sciences et aux arts, en *stipendiant* et en exemptant de certaines charges locales les médecins, les chirurgiens, les herniaires, les ménétriers, les bateleurs et enfin les industriels, qui s'engageaient à fixer leur demeure en cette ville et dont la profession devait tourner au profit de nos administrés. — Nous y voyons encore la manière dont ils entretenaient nos voies de communication, en employant à leur viabilité les loisirs des prisonniers condamnés.

Quel spectacle plus intéressant que celui qui nous montre le bon roi René présidant l'Assemblée des notables de la ville, dans l'église du vénérable couvent des Frères-Prêcheurs, leur exposant sa détresse et la dure nécessité où il se trouve de faire appel à leur générosité, pour satisfaire à l'insatiable cupidité de *son beau neveu* Louis XI (1) !

---

(1) Conseil du 18 septembre 1477.

Dans les séances des 20 et 22 du même mois, l'Assemblée délibère de prier le Roi d'accepter, outre les présents d'usage, c'est-à-dire 12 barraux de vin de Crau, 24 torches de cire et 24 livres de dragées, la somme de 4,000 florins et 1,000 setiers de blé.

Les Archives de l'ancien greffe de l'Écritoire, dont il est regrettable que la partie antérieure à 1692, époque de leur acquisition par la commune, soit au pouvoir d'un notaire de la ville, viennent journellement en aide à nos concitoyens dans leurs différends, en leur faisant connaître la délimitation et les charges de leurs propriétés.

L'intérêt historique n'est donc pas seul en cause dans cette question de conservation, de mise en ordre et d'inventaire des Archives.

Je rappellerai en passant un fait qui se lie douloureusement à leur histoire.

Les annales nous rapportent qu'en 1536 notre dépôt eut à subir l'épreuve la plus cruelle qu'il lui ait été donné de traverser. Deux soldats de la garnison ayant été emprisonnés dans l'Hôtel-de-Ville, pour avoir volé un vivandier, furent remis en liberté par leur régiment qui s'ameuta et qui mit le feu à la maison commune pour les délivrer. — Le prince de Melfe, gouverneur de la ville, ne pouvant appréhender les coupables et voulant cependant faire un exemple, en fit pendre sur-le-champ quelques-uns des plus mutins à la porte de la Cavalerie ; mais cet acte de sévérité n'empêcha pas la perte irréparable d'une assez grande quantité de titres précieux.

Nous n'avons pas eu à déplorer, comme en tant d'autres endroits, la dispersion ou le brûlement de nos Archives, ainsi que l'ordonnait la loi barbare du 17 juillet 1793. Le directoire du district d'Arles, il faut lui rendre cette justice, ne fit pas plus de cas du décret de la Convention du 5 janvier précédent, qui prescrivait le triage des papiers et parchemins et leur envoi à l'administration de l'artillerie de la marine, pour *en faire des gargousses*. Cette époque de transition n'apporta que du désordre dans notre dépôt municipal et, sauf la vente de deux objets d'art qui y étaient conservés, le *ballotier* en argent servant aux élections communales et les belles clefs, aussi en argent, fleurdelisées à bossages, que nos Consuls offraient aux souverains à leur entrée dans nos murs, rien n'indique la perte ou la soustraction d'aucun document intéressant.

Ce fut pour réparer ce désordre purement matériel qu'en 1819 un de vos prédécesseurs, M. de Jonquières, dont le nom, comme maire, est synonyme de renaissance et qui, à ce titre, demeurera désormais attaché à une foule d'institutions et d'améliorations sans nombre, conçut l'heureuse idée de les faire classer et inventorier. — Il confia cette tâche à un savant paléographe, M. Rostan, Archiviste du département, qui, de concert avec mon père, se mit immédiatement à l'œuvre. — Ce travail sommaire se poursuivit sous l'active et intelligente impulsion de M. le baron de Chartrouse, votre père, dont le passage dans nos administrations locales a laissé parmi nous d'impérissables souvenirs, et n'a pu être terminé par suite du dépouillement des volumineux papiers composant les *Archives hautes*. — On appelait ainsi 85 grands sacs suspendus à autant de consoles à la retombée de la voûte et qu'ont remplacés les 24 armoires supérieures.

Après ce dépouillement et ce classement, œuvre de longue haleine, ces pièces ont été reliées en volume, peu à peu, suivant les ressources du budget, et ont pris place dans les anciennes Archives.

L'inventaire de ces titres se continuait, lorsque le Gouvernement Impérial, suivant en cela les traditions protectrices de nos Archives, a, dans son incessante sollicitude pour tout ce qui tient à l'histoire nationale et à la bonne administration des communes, prescrit la confection des inventaires de toutes les Archives Départementales, Communales et Hospitalières. — Il a donné des instructions et un cadre uniformes pour ce grand travail, et enfin il a nommé des inspecteurs généraux pour en surveiller l'exécution.

C'est à la suite de la première inspection générale, au mois de juin 1861, que votre Archiviste a dû remanier entièrement l'ancien classement pour le mettre en harmonie avec la circulaire ministérielle du 25 août 1857.

Ce travail, par suite des changements opérés dans la subdivision des travées des armoires, a exigé un assez long temps. — Les Archives anciennes, c'est-à-dire antérieures à 1790, ont été séparées des modernes. Elles se composent de près de 2,000 registres ou volumes et d'une centaine de liasses, plans et rouleàux isolés et sont renfermées dans 30 armoires fermées à clef.

La première série AA de l'inventaire, intitulée : *Actes constitu-*

tifs et politiques de la commune, est terminée, sauf les notes de référence que la continuation du travail viendra grouper à la suite. Elle se compose de 30 *articles* ou registres, enfermant 3,400 pièces, dont 640 sur parchemin et dont l'analyse forme 14 cahiers grand in-folio de 10 feuilles chacun, soit 280 pages.

La série B-B : *Administration communale*, c'est-à-dire, délibérations du Conseil municipal, nomination des Consuls et officiers de ville, greffes, etc., est composée de 90 volumineux registres, dont 62 appartiennent aux Conseils. Ces derniers sont écrits en latin jusqu'en 1481, en langue vulgaire ou patois, depuis cette époque jusqu'en 1503, et en français depuis lors.

Cette série, sur laquelle on appelle l'attention toute particulière des Archivistes à cause de son importance, comprend déjà 13 cahiers d'analyse semblables aux précédents.

Un appariteur de la Mairie a estampillé et folioté ces deux séries, ainsi que le prescrivent formellement les instructions, et je profite de cette circonstance, Monsieur le Maire, pour vous prier d'ordonner la continuation de ce travail, suspendu depuis l'année dernière.

J'ai dû interrompre provisoirement mon inventaire pour m'occuper de l'installation des Archives modernes dans les 18 armoires qui leur sont propres.

A l'époque de la dernière inspection et sur l'invitation de l'inspecteur général, vous avez bien voulu m'autoriser à faire confectionner quelques centaines d'enveloppes-liasses sur le modèle adopté pour les Archives de l'Empire, afin de placer nos dossiers d'une manière régulière et d'en faciliter la recherche. — J'espère avoir terminé ce travail dans les premiers mois de l'année prochaine.

A. ROBOLLY.

Arles, le 28 décembre 1863.

Destruction des Archives de la ville de Carcassonne.

Ce jourd'hui trentième Brumaire, l'an deuxième de la république française, une, indivisible, quatre heures après midi, Nous Jean-Marie Guilhen, maire, officiers municipaux, procureur de la commune et notables composant le Conseil général de la commune de Carcassonne cité, accompagnés du citoyen Charles Aussumac, secrétaire-greffier de la commune, du citoyen Maguelonne Naucadery, juge de paix du canton de Carcassonne cité, au milieu du bataillon de la garde nationale de la dite cité, commandé par le citoyen Loubet, drapeau flottant, et de la compagnie des invalides ou vétérans de la garnison de la dite cité, commandée par le citoyen Girot, capitaine de la dite compagnie, nous sommes rendus sur la place de la Liberté, ci-devant de Belle-Vue, où nous avons fait apporter tous les titres, priviléges, immunités accordés à la dite commune de la cité par nos ci-devant Rois, ou pour mieux dire tyrans, despotes qui insultaient à l'égalité, ainsi que deux registres de reconnaissances consenties, en 1781, par les habitants ou possesseurs de biens-fonds et maisons de la présente commune, au ci-devant Roi le guillotiné; et étant parvenus dans cet ordre sur la dite place de la Liberté, et après avoir fait trois fois le tour des papiers et du bois destinés à faire le feu de joie, le citoyen Guilhen, maire, deux officiers municipaux et le secrétaire-greffier y ont mis le feu aux quatre coins, au milieu des cris de vive la République, une, indivisible, la liberté, l'égalité, périssent les tyrans. Le feu ayant duré pendant une heure, les citoyens qui s'y étaient rendus en foule, le Conseil général de la commune et tous les assistants, ont, pendant ce temps, avec la joie la plus vive, chanté l'hymne des Marseillais, la Carmagnole et autres couplets patriotes. Le feu étant éteint et les papiers, parchemins, registres, etc., entièrement consumés, nous nous sommes retirés dans le même ordre à la maison commune, et après avoir sur la porte donné l'accolade fraternelle aux commandants du bataillon de la garde nationale et de la compagnie des vétérans, sommes entrés dans la salle publique de la dite maison commune, où nous avons dressé le présent procès-verbal les jours et an susdits.

> Signé : A. Baux, officier municipal ; Guilhen, maire ; Rieux, officier municipal ; Jⁿ Giret, officier municipal ; Valeur, Aussenac, secrétaire, greffier.

III. ARCHIVES DES MAISONS HOSPITALIÈRES.

1° PERSONNEL. — RÉDACTEUR DES INVENTAIRES.

(Voyez *Manuel*, p. 360, *Annuaire* de 1862, p. 137, *Annuaire* de 1863, p. 146.)

Ille-et-Vilaine. — *Dôle.* — M. Gautier.
Loire-Inférieure. — *Nantes.* — M. Chapelain.
Seine. — *Paris.* — Assistance publique. — M. Tournier.
Somme. — *Abbeville.* — M. Bonvalet.
   —   *Amiens.* — M. Lescureux.
   —   *Péronne.* — M. Villemant.
Pas-de-Calais. — *Arras.* — M. Rambure.
   —   *Montreuil.* — M. Braquehay.
   —   *Saint-Pol.* — M. Ansart.

2° DÉLIBÉRATIONS DES CONSEILS GÉNÉRAUX RELATIVES AUX ARCHIVES DES MAISONS HOSPITALIÈRES.

Les mêmes motifs qui nous ont fait ajourner à l'*Annuaire* de 1865 le compte rendu des délibérations relatives aux Archives communales, nous forcent aussi d'ajourner les délibérations relatives aux Archives des hospices.

3° DÉCRETS, DÉCISIONS ADMINISTRATIVES ET CIRCULAIRES.

(Voir *Manuel*, p. 362, *Annuaire* de 1862, p. 140,
Annuaire de 1863, p. 148.)

Faute d'espace, les documents relatifs à ces deux parties de
l'*Annuaire* seront publiés en 1865. Nous faisons toutefois une exception pour la Notice suivante.

————————

4° NOTICE SUR LES ARCHIVES ANTÉRIEURES A 1790 CONSERVÉES
DANS LES HOSPICES.

(Voir *Manuel*, p. 362, *Annuaire* de 1862, p. 141,
Annuaire de 1863, p. 148.)

**Chartes en langue vulgaire, de 1219 à 1250, relatives
à l'aumônerie de Saint-Barthomé.**

Les chartes rédigées en français pendant la première moitié du
XIIIe siècle sont rares ; plus rares encore, quand il s'agit de contrats passés entre des bourgeois.

Ces considérations, qui ont porté M. P. Marchegay à publier dans
la Bibliothèque de l'École des Chartes onze pièces rochelaises extraites du Chartrier de Fontevraud (Archives de Maine-et-Loire) et
antérieures à l'année 1251, nous ont décidé à nous mettre à sa suite,
en publiant sept pièces inédites de la même époque que nous avons
trouvées à la bibliothèque de La Rochelle.

Ces pièces font partie de la collection des titres qui avaient été
réunis à la nouvelle aumônerie de Saint-Barthomé (Saint-Barthélemy), plus connue sous le nom de son fondateur Alexandre Aufredy.
Cette aumônerie, établie en 1202, est désignée dans les chartes sous
le nom de « maison aumosnère que fahu Alixandres Aufrei funda
« en La Rochele devant l'iglize St-Berthome. » On trouve aussi la
forme « Aufroi » au lieu « d'Aufrei » , et dans toutes les chartes
latines le génitif « Aufredi » (fils d'Aufrei). Cette collection ne

comprend pas moins de *onze cent soixante-treize* pièces antérieures au XVIᵉ siècle, sur lesquelles on en compte *quarante-trois*
avant 1300, dont *trente-et-une* en langue vulgaire. Les deux plus
anciennes chartes françaises (1219-1220) concernent la Maladrerie
de Saint-Ladre (Saint-Lazare) de La Rochelle.

Toutes les formes orthographiques de l'original ont été scrupu-
leusement reproduites dans notre transcription. Les mots abrégés
ou qui manquaient, par suite de déchirures du parchemin, ont été
rétablis, aussi souvent que possible, suivant les indications que
fournissent les mêmes mots entiers, ou, à leur défaut, l'orthographe
du temps. On a indiqué par des crochets les membres de phrase
suppléés.

L'écriture des originaux est d'un beau caractère gothique. Des
points et quelquefois des barres inclinées de droite à gauche séparent
les différentes parties de la phrase. Les i sont généralement accen-
tués; les minuscules c et t, l et e, s et r, n et u se confondent souvent;
les r initiales se prolongent au-dessous de la ligne; les v rem-
placent quelquefois les u au commencement des mots, ou plutôt
l'u a deux formes distinctes suivant sa place dans le mot ; on remarque quelques conjonctions de lettres et un petit nombre de
sigles. Les abréviations sont plus multipliées dans les pièces latines
que dans les pièces françaises, et deviennent plus fréquentes en
approchant de la fin du XIIIᵉ siècle. Les lettres majuscules semblent
réservées aux noms de baptême et ne se trouvent devant les sur-
noms que lorsqu'ils indiquent le nom du pays qui, à défaut de noms
de famille, distinguait les individus qui avaient reçu au baptême le
même saint pour patron.

Les chartes des années 1232 et 1248 sont dentelées à la partie
supérieure, et ont été détachées d'une souche qui portait les premières lettres de l'alphabet.

Toutes les chartes étaient revêtues de sceaux destinés à en attester
l'authenticité. Les sceaux tenaient lieu de signatures et ils étaient
toujours mentionnés dans les actes ; malheureusement ceux de nos
chartes sont brisés, et il ne reste que quelques fragments de cire
adhérents aux lacs.

La charte nº 1 (1219) porte seulement le sceau du donateur ; le n° 2 (1220) ceux des parties contractantes; le n° 3 (1229) celui de la commune de La Rochelle, ce qui rentre dans la première catégorie, puisque le maire était le donateur; le n° 4 (1232) le sceau du prieur de la nouvelle aumônerie. Les chartes nos 5 et 6 (1248) constatent le privilége du maire de La Rochelle de valider les actes par l'apposition du sceau de la commune « en maire garentie de vérité » et à la requête des parties. Ce privilége fut partagé avec l'archidiacre d'Aunis, comme nous le voyons par la pièce n° 7 (1250) et, après 1250, avec le garde du scel de la sénéchaussée de Saintonge établi à La Rochelle par le roi de France.

Il ne reste attaché aux titres d'Aufredi du XIIIᵉ siècle que des fragments du sceau de la commune de La Rochelle, qui est en cire verte et paraît identique à celui des Chartes de Fontevrault. On distingue, d'un côté, un navire sur une mer agitée, et sur l'autre face le maire à cheval. Le dessin en paraît très-soigné.

Il existe aussi à la bibliothèque de La Rochelle des copies de trois chartes françaises (1229, 1232 et 1238), extraites par le père Jaillot des Archives de la cathédrale et de la commanderie du Temple, pour servir à l'histoire du père Arcère; mais comme l'orthographe de ces transcriptions a paru suspecte aux personnes compétentes, nous n'avons pas cru devoir les comprendre dans ce travail.

La classification des pièces par ordre de dates nous était imposée par le but principal de cette publication : offrir des documents pour l'histoire de la langue. Les Chartes que nous publions constatent que la langue était formée dans l'Aunis dès le commencement du XIIIᵉ siècle.

La Rochelle, Août 1863.

Louis DE RICHEMOND,
Archiviste-adjoint de la Charente-Inférieure.

Analyse détaillée des sept Chartes antérieures à l'année 1251.

I. — *Mars* 1219. — Donation pieuse à l'hospice Saint-Lazare de La Rochelle, par Pierre Ymbert et sa femme Florence, des droits qu'ils avaient sur 14 quartiers de vigne appartenant auxdits religieux et situés au fief de Rochefort.

II. — *Mai* 1220. — Donation pieuse au même hospice par Hugues et Savary de Rochefort, frères, de tous les droits qu'ils avaient sur 16 quartiers de vigne appartenant auxdits religieux et situés au fief de Rochefort; les frères de Saint-Lazare doivent, en reconnaissance de cette aumône, une demi-livre de cire, chaque année, à Noël.

III. — *Avril* 1228. — Donation pieuse ou remise à la Nouvelle-Aumônerie, fondée par Alexandre Aufredi, d'une rente annuelle de dix livres par le maire et les bourgeois de La Rochelle. Cette rente représentait l'*herbergement* des Frères de l'Ordre mineur dans l'aumônerie.

IV. — *Novembre* 1232. — Cession par la Nouvelle-Aumônerie à Sime de Lafaye d'un *herbergement* qu'elle possédait à Marsilly, à . raison de 25 sous tournois de cens annuel.

V. — *Septembre* 1248. — Cession par Peirenele Blancharde, avec le consentement de son mari, Conain Le Peleter de Borc, à Hélye Giraut, bourgeois de La Rochelle, d'une pièce de vigne située au fief Savary, qu'elle tient à 10 sous de cens des frères de la Nouvelle-Aumônerie. Cette vente est faite à raison de 110 sous en monnaie poitevine, payés comptant.

VI. — *Novembre* 1248. — Cession par Arsent, nièce de feu Jean Achart et femme de Denis Joubert de Vovent, à Henri l'Anglais, des droits qu'elle avait sur deux maisons, deux places et un verger situés à La Rochelle, *à Chep de Vile*, à raison de 54 sous, 8 deniers, de cens annuel, dont 40 sous payables en deux termes à Arsent et à ses hoirs; 13 sous et 4 deniers aux frères de l'hôpital de Saint-Jean du

Perrot et 16 deniers aux frères de la Vieille-Aumônerie de La Rochelle.

VII. — *Mai* 1250. — Acensement par Hugues de Mirambeau, à la Nouvelle-Aumônerie, de deux pièces de pré pour vingt années, à raison de 20 livres tournois.

IV. BIBLIOTHÈQUES ADMINISTRATIVES DES PRÉFECTURES.

Toutes les Préfectures et le plus grand nombre des sous-préfectures de France ont rédigé le catalogue de leurs bibliothèques. Nous donnerons des notices sur les plus importantes dans l'*Annuaire* de 1865.

TABLE DE L'ANNUAIRE DE 1864.

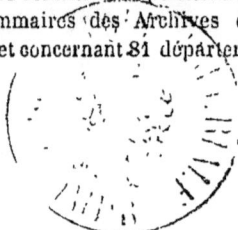

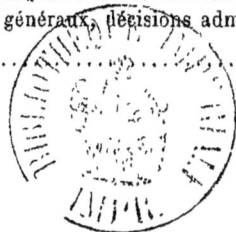

Paris, imp. de Paul Dupont, rue de Grenelle-Saint-Honore, 45. (554)